中文社会科学引文索引（CSSCI）来源集刊

新史学
New History

第十五辑

文化传播与历史书写
Cultural Diffusion And Historical Writing

主编 陈恒 王刘纯

中原出版传媒集团 大地传媒
大象出版社
·郑州·

图书在版编目(CIP)数据

新史学. 第15辑 / 陈恒, 王刘纯主编. —郑州：
大象出版社, 2016.1
ISBN 978-7-5347-6831-6

Ⅰ.①新… Ⅱ.①陈…②王… Ⅲ.①史学—文集
Ⅳ.①K0-53

中国版本图书馆 CIP 数据核字(2016)第 021261 号

新史学　第十五辑
陈　恒　王刘纯　主编

出 版 人　王刘纯
责任编辑　郑强胜
责任校对　钟　骄
装帧设计　王　敏

出版发行　大象出版社(郑州市开元路 16 号　邮政编码 450044)
　　　　　发行科 0371-63863551　总编室 0371-65597936
网　　址　www.daxiang.cn
印　　刷　河南新华印刷集团有限公司
经　　销　全国新华书店
开　　本　787mm×1092mm　1/16
印　　张　22
字　　数　427 千字
版　　次　2016 年 1 月第 1 版　2016 年 1 月第 1 次印刷
定　　价　48.00 元
若发现印、装质量问题,影响阅读,请与承印厂联系调换。
印厂地址　郑州市经五路 12 号
邮政编码　450002　　　电话 0371-65957865

编 委 会

主　编　陈　恒　王刘纯

顾　问　(以姓氏笔画为序)
　　　　于　沛(中国社会科学院)
　　　　王　旭(厦门大学)
　　　　王晴佳(美国罗文大学)
　　　　向　荣(复旦大学)
　　　　刘北成(清华大学)
　　　　刘新成(首都师范大学)
　　　　李剑鸣(复旦大学)
　　　　何兆武(清华大学)
　　　　沈　坚(浙江大学)
　　　　张广智(复旦大学)
　　　　陈启能(中国社会科学院)
　　　　侯建新(天津师范大学)
　　　　钱乘旦(北京大学)
　　　　彭小瑜(北京大学)
　　　　Chris Lorenz(荷兰阿姆斯特丹自由大学)
　　　　Donald R.Kelley(美国拉特格斯大学)
　　　　Frank Ankersmit(荷兰格罗宁根大学)
　　　　Gunter Scholtz(德国波鸿大学)
　　　　Immanuel Wallerstein(美国纽约州立大学)
　　　　Jörn Rüsen(德国埃森人文学科学研究所)
　　　　Jürgen Kocka(德国柏林自由大学)
　　　　Lucian Hölscher(德国波鸿大学)

Richard T. Vann（美国卫斯理公会大学）

编　委（以姓氏笔画为序）

王以欣（南开大学）

王海利（北京师范大学）

刘文明（首都师范大学）

刘　健（中国社会科学院）

李隆国（北京大学）

宋立宏（南京大学）

张前进（大象出版社）

陈　雁（复旦大学）

陈　新（浙江大学）

郑强胜（大象出版社）

岳秀坤（首都师范大学）

周　兵（复旦大学）

孟仲捷（华东师范大学）

俞金尧（中国社会科学院）

洪庆明（上海师范大学）

徐松岩（西南大学）

徐晓旭（华中师范大学）

彭　刚（清华大学）

合作杂志　*Chinese Historical Review*（美国）

History and Theory（美国）

Journal of the History of Ideas（美国）

Journal of World History（美国）

Review（美国）

WE ARE GRATEFUL TO THE ABOVE JOURNALS FOR GRANTING US THE COPYRIGHT PERMISSIONS.

目录 Contents

专题研究

1　何谓"双天"
　　——论《旧约》希伯来语中"天"(šāmayim)一词双数形式的来源及文化意义 …………………………………………………………………… 白　钢

8　斯福得里亚斯事件与斯巴达城邦政治中的王权 ………………… 贾文言

21　罗贝尔伯爵的"宠物"狼
　　——中世纪欧洲贵族与农民的关系问题透视
　　…………………………………………………［美］威廉·切斯特·乔丹　文

36　制造教皇权力
　　——11世纪和12世纪西欧的教权理论、教会法与教皇政府 ……… 刘　林

45　埃及农民对战争的社会记忆 ……………………［埃及］雷姆·萨德　文

53　自由、精英与宪政：哈维·曼斯菲尔德的保守主义核心理念钩稽 ……… 朱　兵

71　16世纪早期至17世纪中叶葡萄牙海洋帝国的果阿—澳门—长崎贸易航线
　　……………………………………………………………………… 顾卫民

89　第一次世界大战前奥地利与台湾的贸易 ……………………… 李今芸

104　索尔·阿林斯基的"后院"组织与社会资本 …………………… 黎云意

113　为了"文明的利益"：美国与巴拿马运河（1903—1914年）……… 刘义勇

史学史与史学理论

130　论希腊历史写作 ………………………………［德］维拉莫维兹　文

145　阿波罗 …………………………………………［德］维拉莫维兹　文

157　时间、历史与道：章学诚与马丁·海德格尔 …………………… 王晴佳

180　希罗多德《历史》中"真实"的呈现：与"记忆"及"探究"模式的互动 ……… 何　理

193　斯特拉博及其《地理学》··李铁匠

217　黎塞留的三种面相：一项历史编纂学的考察
　　··[英]约瑟夫·伯金　文

239　在社会启蒙与激进的秩序思想之间
　　——意识形态极端年代的欧洲社会之科学化
　　··[德]卢茨·拉斐尔　文

258　从全球史的视角来反思美国革命：迈克尔·朱克曼访谈录············魏　涛

评　论

272　两种文化回顾：1945 年以来英国大学的人文学科············
　　··[英]彼得·曼德勒　文

292　英国皇家历史学会主席彼得·曼德勒在中国学术访问············管洪亮

296　凿通埃及古今的艰难跋涉——读王海利教授著《埃及通史》·······娄　滔

光启讲坛

304　"伊斯兰国"（ISIS）现象探讨和研究四人谈··················
　　··朱威烈　李伟建　黄民兴　王建平

文献与史料

331　描述匈人的最早文献··刘衍钢

何谓『双天』
——论《旧约》希伯来语中『天』（šāmayim）一词双数形式的来源及文化意义

□ 白 钢

摘要：本文试图结合历史比较语言学与比较语文学的方法，论证《旧约》希伯来语的"天"（šāmayim）一词所具之双数形态，与阿卡德语 šamê 具有结构与意义的高度相关性，源自前缀 ša 与名词 mayim"水"的结合，其义为"有水之所在"。故 šāmayim 之双数形式需追溯 mayim 之双数形式，而后者则深受巴比伦创世史诗 Enūma eliš 之影响：最初的世界由代表地下淡水的 Apšu 与代表海中咸水的 Tiāmat 和合而生。由于史诗 Enūma eliš 所体现的马杜克信仰是公元前 19 世纪到公元前 16 世纪巴比伦第一王朝的产物，因而可借此为《旧约·创世记》文本的时间上限提供某种判别依据。而 Enūma eliš 所记述之创世谱系可以与《旧约·创世记》之开篇构成一种特殊的互文关系。

关键词：《旧约·创世记》；天"有水之所在"；天的双数与水的双数；巴比伦创世史诗；马杜克信仰

《旧约》希伯来语中的 šāmayim"天，天空"一词，长久以来因其采用的双数形式（-ayim）而引发针对其内在含义的推测。一位出色的德国古典学家在其探索《旧约·创世记》与赫西奥德《神谱》之内在关联的论文中，将《创世记》第一句便出现的 šāmayim 一词直接译作 Doppelhimmel"双天"。[1] 旧约中出现的某些表述形式，如 šᵉmê haššāmayim"天之天"及 šāmayim wašᵉmê haššāmayim"天，与天之天"，固然未必意味着早期以色列人明确认为天具有双重或多重的形态，而更可能意味着对于其敬仰之唯一神灵所居之处的充满赞美感叹意味的特定修辞手法，[2] 但无疑是 šāmayim 一词效果历史及文化义域的有机组成。

šāmayim 一词在整个闪米特语系中绝非孤立地存在，在许多其他闪米特语系中都可以找到与其同义的相关词

---

[1] Hans Joachim Mette, Hesiodeum, Glotta 35, 1956, pp.297-299 (Kleine Schriften, Frankfurt 1988, pp.117-119).

[2] J. Edward White, *The Early History of Heaven*, Oxford 1999, pp.54-63.

汇:阿卡德语 šamū(总是出现为复数,其属格宾格为 šamê);乌迦利特语 šmm;古叙利亚语 šᵊmāya;阿德语 šamû, šamūtu("雨水");古西南阿拉伯语 š-m-h;埃塞俄比亚语 samāyě(复数:samāyāt)等。这种同一词根在闪米特语系的普遍分布指向某种共同的意义起源。

各种有关 šāmayim 的词源学解释,几乎都不无明智地倾向于将其理解为前缀 ša 与名词 mayim"水"的结合,这可以在阿卡德语 šamê 一词形式中寻到完美的对应:ša 在阿卡德语中,充当关系代词——指示代词,意为"具有……者",并经常用于表达从属关系的名词链条(Genitive Chain)中,如 bēlum ša bītim = bēl bītim "房屋的主人",则 ša-mê 之本义为"具有水的……"(另可参照 ša 的否定形式 ša lā "没有……者",eqlum ša lā mê "无水之地")。某篇阿卡德语早期文献更确认了这种在天与水之间的意义关联:šamê ša-mê^{meš}, "天,即有水之所在"。

一个仔细阅读《旧约·创世记》(Genesis)的读者,往往会发现一个有趣而多少有些令人困惑的现象:严格依照文本,创世的神并没有创造水。在神说"要有光"从而使世界从莫可名状的混沌黑暗(tohû wābohû)中摆脱出来之前,清晰地记载着神的灵(rûᵃh 'elohîm)漂浮在水面上('al-ppenê hammāyim)(Gen. 1, 2)。而在光明与黑暗被加以区分后第二日,神所说的并非"要有水",而是"在水间要有 rāqî'a",进而将水通过 rāqî'a 分隔为上下两部分,并将 rāqî'a 称作天(Gen.1, 6-8)。rāqî'a 一词在七十子译本(Septuaginta LXX)中被译作 στερέωμα,在哲罗姆(Hieronymus)的拉丁语译本中被译作 firmamentum,这也成了各种后代西方语言的《旧约》译本中对于该词翻译的基本形态。在汉语语境中,此词或者应译作苍穹(而非和合本所译之空气)。天的命名,在此意义上本就是基于水的分隔所作,正合于 ša-mê "有水之所在"的词源学解释。

结合古代巴比伦的思想传统,这一问题会呈现出更为清晰的脉络。古代西亚最伟大的史诗《吉尔伽美什》[1],记述了乌鲁克城的王者吉尔伽美什(Gilgamaš)与其通过生死搏斗而惺惺相惜结为至交的英雄恩基度(Enkidu)在人间创立不世功业的传奇。在恩基度因神意裁决而去世后,吉尔伽美什意识到自己也终有一死,从而一改此前的人间功业之旅,转而追求永生。当吉尔伽美什历经艰险寻到传说中的在大洪水中幸存并为诸神赐福获得永生的智者乌特那庇什提牟(Utnapištim)后,在史诗巴比伦语版(Standard Babylonian version)第十块泥板中,乌特那庇什提牟向吉尔伽美什描述了大洪水的

---

[1] R. C. Thompson, *The Epic of Gilgamesh*, Oxford 1930; E. A. Speiser, *The Epic of Gilgamesh*, in ANET2 pp.72-99;最新的版本可参考 Andrew R. George, *The Babylonian Gilgamesh Epic: Critical Edition and Cuneiform Texts*, Oxford 2003。

故事。这一部分内容与另一部巴比伦史诗《阿特拉哈西斯》(Atraḫasis)①中关于大洪水的记述恰可相互印证,而阿特拉哈西斯也正是乌特那庇什提牟的另一个名字。②依据这两部史诗,以恩利尔(Enlil)为领袖的诸神通过降下暴雨消灭人类,智者乌特那庇什提牟(阿特拉哈西斯)在对人类亲善的神埃阿(Ea,亦名恩基 Enki)的指引下,提前建造大船将其亲人、工匠、物资与各种动物安置其中,从而得以于大洪水的毁灭性的灾难中存活下来。这也正是《旧约》所载之大洪水与诺亚方舟故事的来源。传说中依照神意从天而降伴随的大暴雨及大洪水,正是闪米特民族"天,即有水之所在"这一信念极清晰强烈透入灵魂深处的体现。

考虑到阿卡德语(及相应之文明)在公元前2000—前600年在整个西亚地区的巨大影响及其作为该区域各国间交流的通用语言(lingua franca)的历史地位,阿卡德语 šamê 一词进入包括希伯来语在内的各种闪米特语言家族并被其充分吸收转化为自身词汇的一部分,是完全可以想象与理解的。另一方面,如果将 ša 视作原始闪米特语的元素,它只在阿卡德语中被相对完整地保留而在其他闪米特语语言中消逝或为其他元素所替代,则在表达"天"的各种闪米特语词汇(由前缀 ša 和名词水构成)中留下了它的痕迹③。

因而,《旧约》希伯来语中本义为"有水之所在" šāmayim 的双数形式,源于 mayim "水"一词使用的双数形式。需要进一步追问的便是,何以 mayim 一词具有双数的特征?

基于《创世记》的文本,一种可能的解释路径是:神通过造出 rāqî'a 将水分为上下两部分,因而水的本质可以通过这种由 rāqî'a 之分隔作用而形成的双数形态加以把握。这意味着一种词义的循环界定:šāmayim "天"意味着"有水之所在",mayim "水"意味着"通过 rāqî'a 分隔而成的两部分",rāqî'a 被命名为 šāmayim "天"。

巴比伦传统再次为这一意义的探索提供了线索。一部以其开篇短语为题的巴比伦史诗《创世史诗》(Enūma eliš)"当(天)是高的",共有1092行诗文被较为

---

① W. G. Lambert/ A. R. Millard, *Atraḫasis, The Babylonian Story of the Flood*, Oxford 1969. 另可参考 S. Dalley, *Myths from Mesopotamia*, Oxford 1989, pp.1-38; J. Bottéro/ S. N. Kramer, *Lorsque les dieux faisaient l'homme*, Paris 1989, pp.527-624; B. R. Foster, *Before the Muses. An Anthology of Akkadian Literature*, 2 Vol., Bethesda, Md., 1993, pp.158-201; TUAT iii. pp.612-645.

② 阿特拉哈西斯(Atraḫasis)意为"(拥有)超群-智慧者",巴比伦语名乌特那庇什提牟(Ut-napištim)可回溯至苏美尔语名鸠什杜拉(ᵐUD-ZI "日子/阳光/时光—生命"),Ut 当为 UD 之对音,与—napištim 这一属格形式结合,意为"生命的日子/阳光/时光"。

③ SBOT Jes. 58. 11 将 šāmayim 解释为 mayim 的使动(causative)形式,"造成雨水者"。这虽然缺乏更进一步的历史语言学论证,不过就大体方向而言,与上述解释无根本差异。

完整地保留在七块泥板上。① 它记述了从世界的起源直至巴比伦的主神马杜克（Marduk）成为诸神之主，在诸神之战中击杀作为大海之人格化代表的远古母神蒂阿玛特（Tiāmat），以其尸体重整天地，安置诸神，定序宇宙，创造人类，接受诸神礼赞并令其建造人间圣所巴比伦。全诗以对马杜克五十个名号的咏颂及其附记而告终。这一作品在巴比伦的新年庆典的第四天被表演传唱②，是巴比伦文化—教仪式中极为重要的组成。

依照这部《创世史诗》的谱系，世界最早的生灵—神灵为阿普苏（Apšu）与蒂阿玛特（Tiāmat），他们结合而生拉赫木（Laḫmu）与拉哈姆（Laḫamu），拉赫木与拉哈姆生安舍尔（Anšar）与齐舍尔（Kišar），安舍尔与齐舍尔生诸神，其长子为阿努（Anu），阿努生努丁木德（Nudimmud），即智慧之神埃阿（Ea），埃阿生马杜克。埃阿设计杀阿普苏，蒂阿玛特造出大量魔怪欲为阿普苏复仇，马杜克为诸神所请击败蒂阿玛特及其党羽，终成诸神之主。

Apšu 与 Tiāmat，在巴比伦语中分别代表地下之淡水与海中之咸水，以此两者为世界之起源，是闪米特民族将世界理解为由淡水与海水和合而生的古老信仰的人格化形态，而直接由其所生的 laḫmu 与 laḫamu，在阿卡德语中意为"毛发繁盛者"，其词根 l-ḫ-m 在闪米特语中对应之义为紧密相连与斗争，一种可能的语义关联是：毛发在互相缠绕中生发繁盛，而这种纠缠紧连的过程也引发了彼此间的挤压对抗乃至斗争③，这预示着世界通过淡水与海水和合而成的同时，冲突—斗争也随之而生。如同这一史诗所展现的，这种斗争涉及一切诸神，甚而引发诸神之战与主神的更替。

希伯来语中水（mayim）一词的双数形式，虽通常被解释为一种特殊的复数形态，但对照巴比伦《创世史诗》（Enūma eliš），则可知此双数形式，正是史诗将水作为地下淡水与海中咸水和合而成之世界本源的思想在希伯来人语言中的反映。

Enūma eliš 着力刻画的诸神之争与马杜克上升为唯一主神，带有强烈的现实政治指涉：伴随着公元前 19—前 16 世纪的

---

① W. G. Lambert/ S. B. Parker, *Enūma eliš*, Oxford 1966; ANET, pp.60-672; S. Dalley 1989, pp.227-277; Bottéro/ Kramer 1989, pp.602-679; Foster 1993, pp.351-402; TUAT iii. pp.565-602.

② 另一说为在新年庆典与每个月的第四天被表演。参见 M. L. West, *The East Face of Helicon: West Asiatic Elements in Greek Poetry and Myth*, Oxford 1997, pp.67-68。

③ 阿卡德语 laḫāmu, leḫēmu "毛发（生长）繁盛"，laḫmu, laḫumu "毛发繁盛的"，laḫḫumu "带有长毛的外衣"；与其相关的另一组阿卡德语 lêmu, laʾbmu "吃，喝"。旧约希伯来语 l-ḥ-m: 1."战斗"，2."吃（面包）"; leḥem 面包；食物。乌迦利特语 lṣm "吃，进食" vt., "食物，面包" mlḥmt "战斗，战役"。古叙利亚语 laḫmā "面包，饮食"；etlaḫama "威胁" vt., luḫāmā "威胁" n.。阿拉伯语 laḫama "熔合，结合"，talaḫama "相互争斗"，iltaḫama "紧密相联；相互撕咬"，laḥm "肉"。l-ḥ-m 在西北闪米特语（旧约希伯来语、乌迦利特语、古叙利亚语）中"面包"之义或者源于将面包的制作视为面粉不断挤压成型之过程，这又赋予了同一词根的动词以"吃"的意义。在阿拉伯语中，吃这一行为所及之对象，从面包变作了肉。

巴比伦帝国将整个两河流域纳入其版图，巴比伦城成为整个帝国的政治—文化中心，原本作为巴比伦的地方性神祇马杜克获得了对于原有的苏美尔神系中其他主神（如恩利尔、阿努、埃阿）的优先地位，成为诸神之王；作为马杜克的人间代表，巴比伦王成为万邦之王。巴比伦第一王朝崛起的历史背景，帮助史诗提供了一种有别于传统苏美尔—阿卡德神系传统、融合了传统闪米特宗教元素与巴比伦本土信仰而充满瑰玮想象、夸张铺陈、深思密义的创世传说——诸神谱系。

《旧约》作为记载犹太人经历若干世纪包罗各种传说、诗歌、历史、预言、智慧文学等不同内容—形式之材料的综合文献，有"犹太人的图书馆"之称。《旧约》之文本，可以通过细致的比较区分在不同篇目间的语言的层次，考察其相对其他诸种闪米特语言之异同与发展脉络。作为《旧约》开端的《摩西五经》，其来源与编纂颇为复杂。后世学者将其分为雅赫维卷（Yahwistic，最早将神称为יהוה YHWH 的文献，成书于公元前 950 年左右）、埃洛希姆卷（Elohistic，神被称作'elōhîm，一个古老闪米特语'el"神"一词的意味深长的复数形态，成书于公元前 721 年左右）、申命记文献（Deuteronomist，成书于公元前 650 年左右）、祭司经卷（Sacerdotal，由祭司编纂的强调献祭与律法的文献，成书于公元前 538 年左右）等几个层次。《创世记》之编纂成文于《摩西五经》当属较晚，但其语言则应属于《旧约》最古老的部分之一，一般认为，可上溯至公元前 12 世纪或更早的时间，此时犹太人作为外来者从南部进入巴勒斯坦地区，并将 'ibrîm "越界而来者（从彼处到来者）"作为自己的命名（LXX Gn. 14,13 ὁ περάτης）。不过其时间之上限则无法确认。

如果我们接受这一假设，即作为《创世记》第一句中词汇的 šāmayim，对应于阿卡德语（巴比伦语）ša-mê 的模式，由前缀 ša 与名词 mayim 结合而成，意为"有水之所在"，mayim 之双数形式则是参照巴比伦史诗 Enūma eliš 中关于世界最初由代表地下淡水之 Apšu 与代表海中咸水之 Tiāmat 和合而生的创始论传说被加以构造，而 Enūma eliš 作为巴比伦第一帝国崛起与兴盛过程中体现 Marduk 信仰之高度成熟的思想产物，时间当不早于公元前 17 世纪[①]，考虑到从一种文本之生成流播并对于周边民族产生影响甚而在此基础上构造类似"水"和"天"这样的核心词汇，这一过程至少持续百年以上，那么《旧约》中最古老部分的成文时间上限，当不早于公元前 15 世纪。

---

① W. Sommerfeld, Der Aufstieg Marduks, Neukirchen-Vluyn 1982, pp.174-181. 另有观点认为这一作品成文于公元前 12 世纪，考之多方要素，较难成立。参见 B. F. Batto, *Slaying the dragon: mythmaking in the biblical tradition*, Louisville 1992, p.35。

部分缩写：

[1] AHW – W. von Soden, *Akkadisches Handwörterbuch*, Wiesbaden 1965–1981.

[2] ANET – J. B. Pritchard (ed.), *Ancient Near Eastern Texts in relating to the old testament*, Princeton 1955.

[3] Biella – J. C. Biella, *Dictionary of Old South Arabic, Sabaean Dialect*, Harvard Semitic Studies 26, 1982.

[4] CAD – *The Assyrian Dictionary of the Oriental Institute of the University Chicago*, Chicago 1956.

[5] Köhler-Baumgartner – L. Koehler/ W. Baumgartner, *Lexicon in veteris testamenti libros*, Leiden 1958.

[6] Leslau – W. Leslau, *Comparative Dictionary of Geez (Classical Ethiopic): Geez-English, English-Geez, with an Index of the Semitic Roots*, Wiesbaden 1987.

[7] LS – C. Brockelmann, *Lexicon Syriacum*, Hildelsheim 1966.

[8] Olmo Lete / Sanmartín – del Olmo Lete, G. / Sanmartín, J., 2003.

[9] *Ugaritic language in the alphabetic tradition*, translated by W. G. E. Waston, Leiden.

[10] SBOT – P. Haupt (ed.), *The Sacred Books of the Old Testament*, Leipzig 1893–1904.

[11] TUAT – *Texte aus der Umwelt des Alten Testaments*, Gütersloh 1982.

[12] Wehr – H. Wehr, *Arabisches rterbuch für die schriftsprache der Gegenwart, Arabisch-Deutsch*, Wiesbaden 1985.

（注：本文中所涉及的各种闪米特语系语言，阿卡德语参照 AHW 与 CAD,《旧约》希伯来语参照 Köhler-Baumgartner，乌迦利特语参照 Olmo Lete / Sanmartín，古代叙利亚语参照 LS, 阿拉伯语参照 Wehr, 古西南阿拉伯语参照 Biella, 埃塞俄比亚语参照 Leslau。）

Abstract: This text tries, with the combination of the methods of historical comparative linguistics and comparative philology, to prove that the dual form of the OT Hebrew word šāmayim "sky, heaven" is cognate to Akkadian word šamê and composed of the prefix ša– and the word mayim "water", with the meaning "the place where of water". So the dual form of šāmayim derives from the dual form of the word mayim, which reflects the influence of Old Babylonian creation epic Enūma eliš, in that the origin of the world is described as the combination of personalized subterranean water Apšu and sea water Tiāmat. The deeply rooted Marduk belief in the epic Enūma eliš reflects the rise of first Babylonian Dynasty in Mesopotamia during 19–16 centuries B.C. It can serve as criteria for the determination of the time ceiling of Genesis Text. The lineage of world creation described in epic Enūma eliš forms a special intertextuality with the beginning of OT Genesis Text.

Keywords: Old Testament Genesis,

šāmayim "the place where of water", dual form of šāmayim and mayim, creation epic Enūma eliš, Marduk belief

作者：白钢，复旦大学中文系副教授

专题研究

斯福得里亚斯事件与斯巴达城邦政治中的王权

□ 贾文言

摘要：王权终身制、国王担任陆军统帅等制度性因素和军事才能、人格魅力等非制度性因素共同推动了阿哥西劳政治权威的建立。虽然阿哥西劳能够建立远超其他国王的政治影响,但他所代表的王权并不能遮蔽城邦的其他政治机构,监察官和公民大会依然是其执政时期的权力中心,其政治意图的实现离不开与监察官、公民大会的合作。斯福得里亚斯事件所体现的依然是斯巴达政治运作情况的一般性特征,并非斯巴达城邦政治的例外现象。

关键词：斯福得里亚斯事件；斯巴达；阿哥西劳；城邦政治；王权

公元前379/378年,在贝洛比达斯等民主派人士的带领下,底比斯推翻了国内亲斯巴达的僭主政权。面对底比斯的这一革命形势,斯巴达城邦并没有接受底比斯新政府提出的和谈建议,而是选派了国王克列奥姆布鲁图斯率军出征底比斯。但克列奥姆布鲁图斯并未向其发起攻击,在将部分军队以及所有金钱都交给随军将领斯福得里亚斯后,自己率剩余军队返回了斯巴达。不久,斯福得里亚斯率领一支军队企图偷袭雅典的庇雷埃夫斯海港,因计划不周而失败,史称"斯福得里亚斯事件"或"斯福得里亚斯突袭"。该事件发生时,恰值包括阿哥西劳的好友伊特莫克勒斯在内的三位斯巴达使节在雅典出使,于是雅典城邦立即将他们逮捕。在这些使者百般声明该事件绝对没有得到斯巴达城邦的官方许可,他们对此也毫不知情并承诺回到城邦后一定要严惩肇事者的情况下,最终被释放回国。突袭的消息传到斯巴达后,监察官立即宣布召回肇事主角,并准备以死刑对其进行控诉。但该事件的最终处理结果却是使者严惩肇事者的许诺以及监察官以死刑进行控诉的意图都未能实现,这一切皆要归因于斯巴达的另一位国王阿哥西劳,即虽然突袭没有城邦的官方许可,但肇事者因为阿哥西劳的干预而被无罪开释。①

围绕该事件发生的一系列制度性与史实性问题,学术界讨论颇多。卡特里奇认为,斯福得里亚斯的审判证明公民大会不具有真正权力。② 与之相类似,祝宏俊也指出,公民大会的权威在该事件中已经荡然无存。③ 与此同时,祝宏俊强调,从公元前7世纪初到公元前5世纪中期的这段时间,斯巴达政治并不像传统所认为的那样缺少民主成分,但对于包括该事件在内的公元前5世纪中期之后的斯巴达政制性质,他认为是贵族寡头政治。④ 晏绍祥虽然肯定了古典时期的斯巴达政治制度中具有相当浓厚的民主因素,但对于斯福得里亚斯事件,他认为这是斯巴达政治中的例外。⑤ 安德鲁斯则指出,在该事件与弗伊比达斯案件中,斯巴达城邦的一般看法是一个需要严肃注意的因素,而这并不是所有寡头制都具备的。⑥ 可以说,阿哥西劳在该事件中的表现和作用,并不单纯关乎阿哥西劳个人的历史形象,而是直接影响到学术界对斯巴达政制性质的认识,因此释读阿哥西劳在该事件中的地位和作用是理解斯巴达政治中王权地位的关键。本文的主旨就是在分析影响阿哥西劳政治权威的因素及其在城邦制度中地位的基础上,通过剖析斯福得里亚斯事件中阿哥西劳的表现与地位,对王权及其在斯巴达城邦政治中的地位进行尝试性评价。

一

卡特里奇在评价阿哥西劳的政治影响力时曾指出:"阿哥西劳继承王位三十年的斯巴达史,从某种程度上讲,就是阿哥西劳的历史。总的来说,他的一生如此紧密地与斯巴达的命运联系在一起,其程度远远超过了克列欧美涅斯一世。"⑦ 可以说,这种影响力是其政治权威的一部分,那么阿哥西劳又是如何建立远超其他国王的政治权威的呢? 在诸多讨论中,汉密尔顿的观点较具代表性。他认为这主要可分为制度性因素和个人因素两个层面。前者主要是城邦在制度上授予国王的权力,后者强调个人因素在王权政治地

---

① Xenophon, *Hellenica*, 5.4.20-33[本文对古典著作的引用,如未特别注明,皆出自美国哈佛大学出版社"洛易布古典丛书"(Loeb Classical Library)]; Diodorus, *The Library of History*, 15.29.5-6; Plutarch, *Pelopidas*, 14.1.; Plutarch, *Agesilaus*, 24.4。
② Paul Cartledge, *Agesilaos and the Crisis of Sparta*, Baltimore, 1987, pp.130-138.
③ 祝宏俊:《古代斯巴达的公民大会》,《世界历史》2008年第1期。
④ 祝宏俊:《斯巴达"监察官"与政治分权》,《世界历史》2007年第4期。
⑤ 晏绍祥:《古典斯巴达政治制度中的民主因素》,《世界历史》2008年第1期。
⑥ A. Andrewes, "The Government of Classical Sparta", in E. Badian (ed.), *Ancient Society and Institutions: Studies Presented to Victor Ehrenberg's 75th Birthday*, New York, 1966, p.17.
⑦ Paul Cartledge, *The Spartans*, New York, 2003, p.193.

位中的作用。①

在制度性因素中,汉密尔顿尤为强调国王的军事权力对其政治权威形成的重要性,他认为这有助于促使国王形成长久且持续的影响力。因为相比于一年一任的监察官,国王的优势是极为明显的:国王的任期是终身性的,加上大量军功以及延续性政策的推行,有可能形成一个以国王为中心的政治团体。正是基于此,国王确实能够建立比监察官和长老会更高的政治权威。对此,托马斯也指出,"斯巴达的宪制机制没有消除个人领导权在城邦中的角色,结果是个人领导权在决定城邦政策方面依然是一个不可忽视的因素"②。可以说,这种从制度角度去分析国王之所以能建立较大政治权威的思路,有助于我们认识阿哥西劳权力的来源。

然而,制度性因素并不足以解释阿哥西劳为什么能够形成如此大的政治权威,因为这是所有斯巴达国王所共有的,而他的政治影响却是其他国王所不能比拟的。除了前述卡特里奇的评述,考克威也强调虽然阿哥西劳也曾受过批评,但他从未像他的兄弟阿吉斯以及同时代的保萨尼阿斯那样被审判。③ 因此,在制度性因素之外,汉密尔顿所言的个人因素应该发挥着更为重要的作用。这种个人因素,简言之,就是他卓越的军事才能以及独特的人格魅力。卓越的军事才能对于国王极为关键,甚至于不掌握王权的人也可借此建立强大的政治权威,如吕山德和安塔尔吉达斯,他们单凭担任海军统帅就可建立起极大的政治影响。而阿哥西劳也是通过卓越的军事功绩,开始逐渐树立自己的权威。例如,在科林斯战争的一次战役中,他率军消灭敌军万余人。正是基于如此战绩,竞争对手的权势才开始摇摇欲坠。截至科林斯战争结束时,他已拥有了压倒性的政治影响力。④

而他的独特人格魅力最主要的体现就是他正确地处理了国王个人与城邦整体利益之间的关系,强调城邦整体利益高于个人利益,并落实到实际行动上。例如,为了斯巴达乃至整个希腊世界的利益,他总是选择与最强悍的敌人斗争。⑤ 当使者而不是将军的身份更合乎城邦的利益时,他会毫不犹豫地接受使者的身份。⑥ 当他认为能够为城邦服务时,他从不畏辛劳和艰险,毫不吝啬钱财,也不以个人身体的虚弱和年事已高为借口,并认为对自己的臣民尽义务是国王的责任。⑦

---

① Charles D. Hamilton, *Agesilaus and the Failure of Spartan Hegemony*, Ithica and London, 1991, pp.41-66.
② C. G. Thomas, "On the Role of the Spartan Kings", *Historia*, Bd.23, H.3(1974), pp.257-270.
③ G. L. Cawkwell, "Agesilaus and Sparta", *The Classical Quarterly*, Vol.26(1976), pp.62-84.
④ Cornelius Nepos, *Agesilaus*, 5.1-2.
⑤ Xenophon, *Agesilaus*, 6.1.
⑥ Xenophon, *Agesilaus*, 2.25.
⑦ Xenophon, *Agesilaus*, 6.1.

在留克特拉战役后,更是以多种方式为恢复城邦的地位而努力,他将自己在海外挣取的金钱悉数上交给城邦,即使是别人赠予给他的物品,他也从不据为己有。① 当然,在这些行为的背后,我们无法排除阿哥西劳的私心,如普鲁塔克注意到他在追求个人利益。② 但无论如何,正是因为他把城邦的利益放在首位,所以很好地处理了与包括监察官在内的城邦权威者以及与竞争者、亲属、朋友、普通斯巴达公民等各类人的关系。色诺芬、普鲁塔克以及尼波斯等对此有大量的描述③,在此就不再一一列举。无可置疑的是"他的言行德操和为政之道能够赢得人心的归附"④。

对于阿哥西劳的个人因素在其权威树立的过程中所起的作用,汉密尔顿认为"阿哥西劳似乎具有使他能够影响和赢取大量斯巴达人支持的个人品格。这些个人品格,加之娴熟地运用他的权利、特权以及斯巴达国王王权的便利,使得他在运用政治权力的过程中虽然并不是没有障碍,但是在斯巴达实质上是独一无二的"⑤。对于这种现象,保罗·克罗谢在分析从克列欧美涅斯一世到克列欧美涅斯三世之间27位斯巴达国王的权力与影响力的基础上,认为斯巴达的国王虽面临其他政治机构的制衡,但他们仍然掌握着仅次于长老会和监察官的权力。尽管有优达米达斯这样软弱的国王,但也有阿哥西劳这样相对独立的国王。托马斯对此表示认同,并认为斯巴达国王假如能够更加重视城邦的军事需要,并通过强势展示个人领导权和军事领导权,可能能够在城邦赢得更广泛的认同。⑥ 芬利的评述对此也予以了印证,他认为国王在斯巴达制度中到底是一个冲突性的或和平性的因素,抑或什么都不是,完全取决于国王个人的人格,而不是其宪法地位。⑦

对于以上分析,可以说仍有进一步讨论的空间。如就阿哥西劳的军事才能而言,无疑汉密尔顿认为是卓越的,其对于国王政治影响的形成的推动作用是客观存在的,但问题是阿哥西劳固然能够率领军队取得胜利,但后世怀疑其军事能力的言论也是大行其道的,如认为他所取得的胜利只是体现在具体的战役上且不是决定性的;认为他缺乏长远的战略眼光,正是他与底比斯为敌的政策最终覆灭了斯

---

① Cornelius Nepos, *Agesilaus*, 7.2-3.

② Plutarch, *Agesilaus*, 4.

③ Xenophon, *Hellenica*, 3.3.3, 3.4.29, 5.3.20; Xenophon, *Agesilaus*, 8.7, 11.7-13; Plutarch, *Agesilaus*, 2-5; Cornelius Nepos, *Agesilaus*, 7.3-4.

④ Plutarch, *Agesilaus*, 5.2.

⑤ Charles D. Hamilton, *Agesilaus and the Failure of Spartan Hegemony*, p.58.

⑥ C. G. Thomas, *On the Role of the Spartan Kings*, pp.257-270.

⑦ M. I. Finley, *The Use and Abuse History*, London, 1975, p.169.

巴达霸权。① 一些事例也证明其军事才能远远称不上卓越，如在返回斯巴达之前，他在东征波斯的过程中总共只发动了一次较为成功的突袭。② 而斯福得里亚斯事件的最终处理结果也似乎反映了阿哥西劳缺乏深入的考虑，因为正是这一事件直接导致了雅典决定全力支持底比斯，并创建了第二次雅典海上同盟，而斯巴达也因此被迫面临与底比斯和雅典的两线作战。③ 汉密尔顿在对阿哥西劳的人格进行分析时，过高地强调了其人性中光辉的一面，而忽视了阴暗的一面。例如当阿吉斯去世时后，阿哥西劳能够充分利用吕山德的影响力达到自己继承王位的目的。④ 在记述阿哥西波里斯病逝的消息传至斯巴达时，色诺芬特意提到，阿哥西劳并没有因对手去世在公众面前表现出大家所预料的那样欣喜若狂。⑤ 据此，可以推断出阿哥西劳善于做表面文章，这从侧面反映了阿哥西劳深谙政治之道。最后，即使是人格魅力等非制度性因素在阿哥西劳构建自己的政治权威时发挥了决定性作用，我们也无法彻底排除其背后存在的制度性因素所发挥的作用。如芬利曾指出在战场上惯于服从士兵在公民大会上听取官员们辩论时，是否会放弃这种平时的习惯而理性地行使权利是值得怀疑的。⑥ 在这种情况下，阿哥西劳有可能利用国王的身份来提升自己的政治影响力，只是我们无法对此进行精确的分析。但从总体上来看，阿哥西劳政治影响的构建离不开制度性因素与非制度性因素的互相作用，也许强调两者之间的相得益彰更为得当，而在其背后是阿哥西劳个人对于两者因素的调适与运用。

二

虽然阿哥西劳拥有远超其他国王的政治权威，但这并不意味着他能摆脱斯巴达城邦制度对他的限制。对王权的限制在莱库古那里既已存在，之所以对其施以限制，"因为莱库古不希望国王因此而想成为僭主，也不愿公民们因此滋生嫉恨"⑦。体现在立法上，最主要的就是在宗教、政治等方面给予国王一系列特权的同时，莱库古又设置并采取了一些限制王权的机构和措施，这主要表现为：让长老会在军国大事上与国王有同等权利，国王与监察官每月要交换誓言，公民大会具有

---

① Charles D. Hamilton, *Agesilaus and the Failure of Spartan Hegemony*, p.66.
② Xenophon, *Hellenica*, 3.4.5-4.4.1.
③ Diodorus, *The Library of History*, 15.29.7-8.
④ Plutarch, *Agesilaus*, 3.
⑤ Xenophon, *Hellenica*, 5.3.20.
⑥ M. I. Finley, *The Use and Abuse History*, p.170.
⑦ Xenophon, *Constitution of the Lacedaemonians*, 15.2-8.

决议权。① 在具体实践过程中,它们又有所发展和变化,截至阿哥西劳担任国王时主要体现为如下几个方面:

第一,公民大会授予国王军事指挥权,并决定哪位国王去率领军队。虽然国王可以通过军事领导权树立权威,但和平与战争的决定权由公民大会掌握。对于能否率军出征,国王只有建议权,没有决定权。如在斯福得里亚斯事件之前,在选任由谁去担任远征底比斯的统帅时,阿哥西劳借口按照法律自己已免除兵役而推脱,但他本人并不能决定谁应去统帅军队。② 当国王在外率军作战时,斯巴达城邦可随时将其召回,如公元前394年阿哥西劳被城邦从小亚细亚召回,而当时的战争形势对其是极为有利的。③

第二,国王不仅要面临另一位国王,而且还要接受海军统帅的挑战和制衡。斯巴达设置双王制的目的,就是让其相互竞争和相互掣肘,从而极大地缩减王权的实际权限。在其担任国王期间,阿哥西劳一直面临着来自阿哥西波里斯、克列奥姆布鲁图斯等国王的竞争,尤其是阿哥西波里斯,他推行与阿哥西劳相反的政策,并赢得了广泛的支持。④ 随着伯罗奔尼撒战争的进行,斯巴达在波斯的资助下建设了海军,但斯巴达城邦并没有将海军领导权授予国王,而是以民选人员去担任海军统帅。亚里士多德认为,这几乎是设置了另一位国王,导致了城邦的不和。⑤ 于是,阿哥西劳除了面临前述另一位国王的竞争,还要时刻承受来自海军将领的挑战与制衡。如吕山德曾两度担任海军统帅,并借此建立了政治影响力。阿哥西劳在公元前396年第一次作为国王带军出征,虽然他极力效仿阿伽门农,但整个出征计划的提出以及前期准备工作都离不开吕山德,甚至完全可以说是吕山德个人意志的体现。⑥ 吕山德超越王权的行为迫使阿哥西劳与其展开了各种明争暗斗,这些斗争是如此激烈,以致吕山德想去改革斯巴达的王政制度。⑦ 曾担任过海军统帅的安塔尔吉达斯主导了斯巴达与波斯的和谈,这意味着彻底放弃了阿哥西劳与波斯为敌的政策。在对待底比斯的政策上,安塔尔吉达斯甚至批评阿哥西劳,认为是他连续对底比斯用兵使其掌握了用兵之道。⑧ 最后,海军统帅的设置,除了削弱国王的权限,还极大地提升了公民大会的

① Xenophon, *Constitution of the Lacedaemonians*, 15.6; Plutarch, *Lycurgus*, 5.
② Plutarch, *Agesilaus*, 24.1–3.
③ Cornelius Nepos, *Agesilaus*, 4.1–2.
④ Diodorus, *The Library of History*, 15.19.4.
⑤ Aristotle, *Politics*, 1271a40.
⑥ Xenophon, *Hellenica*, 3.4.7; Plutarch, *Agesilaus*, 23.
⑦ Plutarch, *Agesilaus*, 8, 23–24.30; Plutarch, *Moralia*, 212C.
⑧ Plutarch, *Pelopidas*, 14; Plutarch, *Agesilaus*, 26; Plutarch, *Moralia*, 189F, 213F.

地位,因为此举是用民选官员分享了国王的军事指挥权,这也意味着斯巴达政治中民主因素的增强。

第三,国王在战场上的行为要面临城邦的限制。根据莱库古立法,国王在战场上拥有最高权力,他决定何时开战和何时停战①,希罗多德甚至认为国王有宣战权。②但随着时间推移和形势变化,斯巴达城邦开始逐渐限制国王在战场上的权力。修昔底德注意到,斯巴达的宣战权已经转归监察官。③对于在战场上对王权的限制,除了按照惯例两名监察官跟随国王一起作战外④,还增加了一个人数不等的委员会。这种委员会的设置,大体可以追溯到公元前418年。当时,在面对进攻阿尔戈斯的大好形势下,国王阿吉斯由于擅自撤兵而痛失好局。回到国内后,斯巴达人要求拆毁其房屋,并处以巨额罚款。最后,斯巴达人同意免予处罚,但是设置了一个10人委员会,规定不经其同意,国王不得自作主张。⑤对阿哥西劳而言,在公元前396年他第一次远征小亚细亚时,斯巴达城邦派遣了多达30人的委员会充当顾问。⑥而从第二年这个30人委员会到期,由另外一个30人委员会接替的情况来看,这一举措似乎已经制度化。⑦可以说,这种限制并不是针对阿哥西劳个人的,而是针对国王的。因为公元前381年,在奥林苏斯战争中,斯巴达城邦对另一位国王阿哥西波里斯也派遣了30人委员会充当顾问。⑧这是斯巴达城邦对国王战场上行为的限制与制约,据此可以看出,即使是单纯的军事行动,留给国王的自由度也并不是很大。

可以说,以上制度性限制措施极大地削弱了阿哥西劳的王权,诚如伯里所评述的:"(王权)在很少的几个地方存在,而斯巴达是其中之一。但是,假如它在这里能够得以留存,它的权力要在两个方面受到制约。它不仅受制于斯巴达国家的其他机构,而且受制于它特有的双王制。……国王的权力受到了极大地削弱。"⑨具体到阿哥西劳,虽然作为国王他是终身任职的,但从其上台的过程和实质来看,他的胜出其实是斯巴达公民在他与阿吉斯一世的儿子两者之间选择的结果。他的政治生涯也并非一路高歌,也曾遭遇挫折,最大的体现就是他反对底比斯的政策

---

① Xenophon, *Constitution of the Lacedaemonians*, 14.
② Herodotus, *The Persian Wars*, 6.56.
③ Thucydides, *History of the Peloponnesian War*, 1.67, 72, 68.
④ Xenophon, *Hellenica*, 2.4.36.
⑤ Thucydides, *History of the Peloponnesian War*, 5.63.
⑥ Xenophon, *Hellenica*, 3.4.2.; Plutarch, *Agesilaus*, 6.; Plutarch, *Lysander*, 23.
⑦ Xenophon, *Hellenica*, 3.4.20.
⑧ Xenophon, *Hellenica*, 5.3.8.
⑨ J. B. Bury, *A History of Greece to the Death of Alexander the Great*, London, 1967, pp.121-122.

曾两次被迫放弃：一次是公元前392年在斯巴达召开的和平会议上，当时是承认了底比斯在彼奥提亚联盟中的地位；另一次在公元前377年，他的这一政策不仅在斯巴达城邦内部遭到克列奥姆布鲁图斯一派的反对，还遭到盟友的极大反对。而在公元前376年到前371年长达六年的时间内，阿哥西劳的活动更是不见于史书[1]，这其中固然有他因战受伤影响的因素，但更多的还是因为其政策缺乏斯巴达人的广泛支持。

三

由于王权处于城邦制度性措施的限制之中，所以处于制度框架下的阿哥西劳并没有能力遮蔽其他政治机构的运转。如普鲁塔克在分析阿哥西劳执政时期城邦的权力格局时，曾指出长老会和监察官掌握着城邦政务和主权。[2] 关于长老会的情况，虽然普鲁塔克认为其地位较高，但除了负责审判斯福得里亚斯和处理基那冬阴谋时曾出现，总体上它在阿哥西劳执政时期出现的概率很小。[3] 至于在瑞特拉中所规定的长老会与国王联合对公民大会行使否决权的状况，在有关文献的记载中则没有体现。[4] 因此，一般认为长老会在阿哥西劳执政时期并没有掌握很大的权力。

相比于长老会极低的出现概率，监察官倒是被色诺芬、柏拉图以及亚里士多德所经常提及，并指出他们具有极大的权力。如柏拉图在《法律篇》中曾借斯巴达人麦基卢斯之口，认为由于监察官拥有僭主般的权力，斯巴达的政制甚至也具有了僭政的特点。[5] 亚里士多德指出监察官掌握了近乎僭主的专断权利，在这种情况下，王权也不得不仰其鼻息。[6] 这无疑意味着监察官在阿哥西劳统治时期充任了关键角色。柏拉图与亚里士多德所记述的监察官的这种角色，其实色诺芬也曾在多处提及。例如，色诺芬指出传统上属于国王的宣战权，在绝大多数情况下已经改由监察官行使。而外邦使节到达斯巴达后，所求见的也是监察官而不是国王。这种情况在阿哥西劳执政时期依然没有改变。[7] 在某些特殊的情况下，监察官不但可以直接任命军事统帅，甚至可以代表城邦将城邦主权委托给个人。如公元前379年，在听取了来自底比斯流放者的陈述后，监察官直接任命克列奥姆布鲁图斯

---

[1] R. E. Smith, "The Opposition to Agesilaus' Foreign Policy 394–371B. C.", *Historia*, 1954, pp.274–288.

[2] Plutarch, *Agesilaus*, 4.

[3] Xenophon, *Hellenica*, 3.3.8.

[4] A. Andrews, "The Government of Classical sparta", p.17.

[5] Plato, *Law*, 712D.

[6] Aristotle, *Politics*, 1270b14–15.

[7] Xenophon, *Hellenica*, 3.2.6–25, 4.2.9, 5.2.8–12, 5.3.13, 5.4.47, 6.3.18, 6.4.17, 7.4.9.

为陆军统帅。① 在留克特拉战役后,面对斯巴达历史上史无前例的人数众多的战争逃脱者,监察官看到城邦缺少人力而不想对这些人进行惩罚,于是授予阿哥西劳全权,让其改革法律。② 与此同时,城邦不经选举就直接任命安塔尔吉达斯为监察官也足以看出斯巴达对于监察官的重视。而其他的一些事情也反映了监察官的地位,如在阿哥西劳刚刚即位不满一年时,基那冬企图发动政变,告密者是直接向监察官揭发了该阴谋。在听取具体的情况后,监察官并没有召开小公民大会,而是在召集了监察官和一些长老会成员后就直接下达了命令。③ 当阿哥西劳从亚洲返回,监察官迪弗里达斯传达城邦入侵彼奥提亚的命令,虽然阿哥西劳认为此举不妥,但他还是服从了监察官的命令。④ 这其中有阿哥西劳对监察官示以恭顺的成分,但也反映了监察官在和平与战争等重大问题上的权威。而监察官因为阿哥西劳的影响力而对其直接进行处罚的事实,也从另一个角度说明了监察官与国王之间权重的高低。⑤ 这一切充分说明了此时的监察官在城邦政治中拥有独一无二的权力,实际上是斯巴达城邦的象征与代表。

与监察官一起经常被提及的还有公民大会,色诺芬曾有多次记述,从侧面反映了监察官和公民大会在城邦中的权威。但该时期公民大会的地位并没有引起国内外学者的充分重视,如德圣克罗阿和卡特里奇认为,斯巴达的公民大会更像橡皮图章,至少是作用有限。⑥ 祝宏俊虽从整体上肯定了古典时期公民大会的历史地位,但通过弗伊比达斯事件和斯福得里亚斯事件,力图证明当时公民大会的权威已经荡然无存,并逐步失去政治意义。⑦ 与以上意见不同的是晏绍祥,他注意到此时的公民大会是斯巴达政治生活中必要的组成部分。⑧ 而从文献记载的情况来看,公民大会在这一时期所发挥的作用其实要远远高于我们目前对它的认识。从公元前404年到公元前371年,在色诺芬的《希腊史》中,有六处明确提到斯巴达的公民大会。⑨ 在这些实例中,公民大会在战争与和平、接见来使以及任命将领出征等问题上,都拥有

---

① Xenophon, *Hellenica*, 5.4.14.
② Plutarch, *Agesilaus*, 30; Plutarch, *Moralia*, 191C, 214B.
③ Xenophon, *Hellenica*, 3.3.4-11.
④ Plutarch, *Agesilaus*, 17.
⑤ Plutarch, *Agesilaus*, 5.2.
⑥ G E. M. de Ste Croix, *The Origins of the Peloponnesian War*, London, 1972, pp.124-125.; Paul Cartledge, *Agesilaos and the Crisis of Sparta*, pp.129-132.
⑦ 祝宏俊:《古代斯巴达的公民大会》,第24-26页。
⑧ 晏绍祥:《古典斯巴达政治制度中的民主因素》,第11-15页。
⑨ Xenophon, *Hellenica*, 2.2.19, 2.4.38, 3.2.23, 4.6.3, 5.2.11, 6.3.3.

最终的决定权。而阿哥西劳在亚细亚作战时的两个细节,对于城邦的权威也有所揭示:一是他对提特劳斯特签订和平协议提议的答复是和平与战争的决策权掌握在城邦手里。① 二是他在行军途中接到来自城邦的命令,除了陆军统帅,他还可以控制海军将领一职,因此他任命自己的亲属皮山德担任海军统帅。② 从表面上看,这体现了阿哥西劳的影响力,但追本溯源,我们可以发现这其实来自城邦授权。最后,此时公民大会的召集和主持者是监察官,这可以在某种程度上有力地减少国王以及贵族对公民大会的影响,从而使得公民大会所讨论的内容更加符合斯巴达民众的利益。

在监察官和公民大会扮演城邦权力核心角色的情况下,作为国王的阿哥西劳要想实现自己的意图,需要更多地求助于监察官和公民大会,尤其是监察官。帕克在对公元前 405 年到前 371 年斯巴达帝国的外交政策进行考察后,认为"监察官控制了外交事务,而国王很可能是通过他们实现自己的外交主张"③,这印证了阿哥西劳在外交政策上对监察官的依赖。

四

由于监察官和公民大会等机构在城邦中发挥着关键性作用,这极大地制约了阿哥西劳运用政治影响的空间,使得他并没有能力去遮蔽其他政治机构的运转,体现在斯福得里亚斯事件中,就是监察官以及公民大会等城邦机构仍在正常运转。

第一,突袭发生时,在雅典出使的斯巴达使者指出该事件没有得到公民大会的授权,这说明战争与和平的大权掌握在公民大会手中。

第二,当突袭的消息传至斯巴达时,监察官在第一时间做出反应,宣布将其召回并以死刑进行起诉。这不仅说明了监察官是斯巴达城邦的代表,而且意味着他们是城邦的公诉人,在司法领域具有起诉权。

第三,阿哥西劳与克列奥姆布鲁图斯两位国王一开始在判罚意见上的分歧,也较充分地体现了斯巴达设立双王制使其相互牵制、相互竞争的意图。虽然由于阿哥西劳转变了态度,而最终出现了两者意见较为统一的局面,但需要注意的是,他们之间合作的实现,完全是因为阿奇达姆斯为斯福得里亚斯求情的结果,这种合作只是客观效果上的"合作",并且就合作的概率而言,晏绍祥很明确地指出其具有偶然性。④

第四,当时斯巴达城邦内部出现三种不同的意见,即以克列奥姆布鲁图斯为首

---

① Xenophon, *Hellenica*, 3.4.27; Plutarch, *Agesilaus*, 10.
② Xenophon, *Hellenica*, 3.4.29; Plutarch, *Agesilaus*, 10, 17.
③ H. W. Parke, "The Development of the Second Sparta Empire 405-371", *The Journal of Hellenic Studies*, Vol.50(1930), pp.37-79.
④ 晏绍祥:《古典斯巴达政治制度中的民主因素》,第 16 页。

的一派倾向于无罪释放,但是他们畏惧阿哥西劳和他的朋友;另外,还有一派的立场介于两者之间。① 类似的事情也发生在对弗伊比达斯的审判中。② 面对斯福得里亚斯所犯的错误,不同意见本身就是民主的外在体现,这说明阿哥西劳既无法阻止另一个国王提出相反意见,也无法控制中间派别的意见。而且,就阿哥西劳在斯福得里亚斯事件中所发挥的作用而言,充其量不过是改变天平的"筹码",因为他是在改变"自身立场"的基础上去附和了克列奥姆布鲁图斯一派的主张。如果硬要说阿哥西劳在该事件中体现了其强势的影响,这种影响亦不过只是体现在他所领导的那一派别之中,具体表现为采用说服的方式去劝解自己人改变立场。

第五,事件的处理要充分考虑城邦利益。当阿奇达姆斯首次向阿哥西劳求情时,阿哥西劳回答说:"对于你而言,我可以予以赦免;但是如果我没有对他这种损害城邦利益的利己行为提出惩罚,我该如何获得城邦的原谅?我不知我该如何去做。"③透过阿哥西劳拒绝阿奇达姆斯的理由,可以看出维护城邦利益是判罚的基本原则。可以说,在这一事件中,严惩斯福得里亚斯更符合斯巴达的利益,因为这样可以维护雅典与斯巴达的友好关系,从而在与底比斯发生战争的情况下避免两线作战。只是很遗憾,阿哥西劳最终选择了支持无罪宣判。对于这一判罚意见,即使是推崇阿哥西劳的色诺芬也直言,该判罚在拉开戴蒙人中是"最不合乎正义的"。④

从以上分析来看,阿哥西劳个人在斯福得里亚斯事件中的作用其实是有限的,而学者们之所以认为斯福得里亚斯事件凸显了阿哥西劳的个人因素,并否定斯巴达的政治制度中存在民主因素,最主要的证据在于:一是认为该事件反映了公民大会权威的荡然无存。⑤ 二是认为当两位国王之间意见一致时,他们基本可以控制长老会,让监察官和公民大会难有作为。⑥

关于第一点,从审判的具体过程而言,该审判由长老会裁决,与公民大会的干系并不大。对于审判由哪个机构进行,在色诺芬、狄奥多鲁斯以及普鲁塔克三位古典作家中,只有狄奥多鲁斯予以提及,他认为是长老会。⑦ 虽然色诺芬与普鲁塔克没有明确提及,但从阿哥西劳在整个事件中的表现以及审判过程中出现的分

---

① Xenophon, *Hellenica*, 5.4.25-27; Plutarch, *Agesilaus*, 24-25.
② Plutarch, *Agesilaus*, 23.6.
③ Xenophon, *Hellenica*, 5.4.28-30.
④ Xenophon, *Hellenica*, 5.4.24.
⑤ Paul Cartledge, *Agesilaos and the Crisis of Sparta*, p.138;祝宏俊:《古代斯巴达的公民大会》,第24页。
⑥ 晏绍祥:《古典斯巴达政治制度中的民主因素》,第16页。
⑦ Diodorus, *The Library of History*, 15.29.6.

歧来看,长老会的概率更大一些。而从审判结束后民众的反应来看,也似乎反映了该审判结果并非由公民大会做出。可以说,狄奥多鲁斯的记载是可信的。需要注意的是,虽然民众对审判的结果有异议,但这并没有形成对长老会审判结果的否定意见。之所以会如此,是由斯巴达的政治制度所决定的,即当长老会与监察官和国王共同掌握司法权力时,如果长老会内部存在分歧并且不能形成统一的意见,才会将讨论的事务移交给公民大会。由此我们推断,在斯福得里亚斯事件中没有涉及公民大会,只不过是因为在审判的过程中最终形成了较为一致的意见,从而避免了将其提交给公民大会。因此,在这个意义上讲,斯福得里亚斯事件并非反映了公民大会权威的荡然无存,它恰恰是体现了斯巴达的政治制度正在顺畅运转。

关于第二点,如前所述,两位国王之间的竞争较为充分地体现了斯巴达设置双王制的初衷,而他们之间的合作具有非主观性和偶然性。

可以说,在斯福得里亚斯事件的处理过程中,阿哥西劳貌似体现了远超其他国王的政治影响,但究其实质不过是充当了改变天平的"筹码"。在这一事件中,阿哥西劳的政治影响并没有超越城邦制度的界限,他仍在城邦制度的掌控范围之内。从历史上的情况来看,斯巴达城邦对于包括阿哥西劳在内的个人政治影响的控制是极为成功的,因为包括国王在内的任何斯巴达个人,一旦不认同或者不遵守城邦的期望和限制,最终都将难逃悲惨的结局。斯巴达历任国王中不乏被罚款、废黜乃至被流放者,如斯巴达历史上较为强势的国王克列奥美涅斯,虽一度很成功,但最终仍不免以自尽的方式结束生命。[①]保萨尼阿斯仅仅是因为通过休战而不是战争的方式取回阵亡者的尸体,就遭到了城邦的控诉。[②]

结语

根据斯福得里亚斯事件所反映的阿哥西劳的作用以及各个政治机构运作的实际表现来看,阿哥西劳实际上受到城邦制度的严密限制。虽然他在王权终身制、世袭陆军统帅等制度性因素,以及他卓越的军事才能、独特的个人魅力等因素的相互作用之下,能够产生远超其他国王的政治影响,但是这种政治影响并没有超越城邦,并无法遮蔽其他政治机构的运转,公民大会和监察官在政治运转过程中依然扮演着权力核心的角色,而阿哥西劳所代表的王权只不过是城邦政治的一部分。在这种情况下,斯福得里亚斯事件实际上并非斯巴达政治的例外现象,它依然体现了斯巴达政治运作情况的一般性特征。虽然由于长老会在审判时最终形成了较

---

① Herodotus, *The Persian Wars*, 5.39.
② Xenophon, *Hellenica*, 3.5.25.

为一致的意见,使得公民大会的作用没有得到充分体现,但作为权力核心的监察官在整个事件中仍发挥着相当积极的政治作用,它不仅代表城邦将斯福得里亚斯召回,而且以城邦公诉人的身份对其提起了司法控诉。而阿哥西劳所代表的王权,虽然貌似体现出强势的政治影响力,但他既不能阻止另一位国王提出相反意见,也不能阻挡中间派提出意见,而在最终的判罚中,他的角色充其量不过是改变天平的"筹码"。我们有充分的理由相信,以阿哥西劳为代表的王权在斯巴达政治中所发挥的作用要远低于学术界的评估,以王权为代表的君主制因素在斯巴达政体中的重要性仍需进行深入分析。而那些认为自公元前5世纪中期之后监察官的权力遭到严重削弱、公民大会权威荡然无存的说法,也明显地忽视了该时期在斯巴达政治生活中所存在的诸多民主因素,因此并不符合当时的政治实际。

The Sphodrias Incident and the Kingship of Spartan Politics

Abstract: The Crown tenure, King served as army commander and other institutional factors and military talent, charisma and other non-institutional factors jointly promote the formation of his political authority. While Agesilaus establish political influence far beyond other kings, but he cannot thwart other political institutions, which include the Ephors and the Assembly still was the center of power in politics. The political intentions of Agesilaus would not be realized if cannot cooperate with the Ephors and the Assembly. The Sphodrias incident embodied the general characteristics of the Spartan political operations; it was not an exception phenomenon in Spartan politics.

Keywords: The Sphodrias Incident, Sparta, Agesilaus, Politics in Greek Polis, Kingship

作者:贾文言,上海师范大学人文与传播学院博士后、枣庄学院历史系讲师

罗贝尔伯爵的『宠物』狼
——中世纪欧洲贵族与农民的关系问题透视

□［美］威廉·切斯特·乔丹 文

摘要：贵族与农民的关系问题是欧洲中世纪史研究领域中一个传统的话题。本文另辟蹊径,选取路易九世的侄子阿图瓦伯爵作为研究对象,描绘他在保持贵族传统生活样式的同时,还做出一项非同寻常的举动:养了一只"宠物"狼。这只狼不仅多次袭击农民的家禽和家畜,还对农民的人身安全构成严重威胁。由这位伯爵统辖的乡间民众,生活在对狼的深深恐惧之中。作者利用现有的零星史料,采取叙事史的笔法,并结合心理学和疾病史等学科的知识,呈现了一幅作为统治者的贵族是如何控制和恫吓作为被统治者的农民的生动图景,令人耳目一新。

关键词：中世纪；欧洲；贵族；农民

一、罗贝尔伯爵（1250—1302年）：其人

本故事的主人公阿图瓦伯爵罗贝尔,是13世纪法兰西国王、后被罗马教廷封为"圣路易"的路易九世的侄子。这个伯爵的父亲,是圣路易的弟弟,也叫罗贝尔,战死在十字军东征的沙场上,小罗贝尔从未见过他。这位伯爵的母亲是一位贵族女性,名叫布拉班特的马蒂尔达（Matilda of Brabant）,在丈夫死后成为"单身母亲"的她独自抚育了小罗贝尔四年,后来改嫁给圣波尔（Saint-Pol）伯爵,与他一起来抚养这个孩子。作为一名贵族孤儿（即便父母中只有一位先于孩子去世,中世纪法律中仍使用"孤儿"这一术语）,小罗贝尔后来养成的那种无节制的嗜好可能源于父母溺爱的影响。[①]尽管这种推测没有多少确切的证据,但是不得不让人这么想。在法兰西国王起自圣路易这一直系中,养育孩子肯定不是"放养"的。男孩和女孩都被强行灌输——也就是说,被反复教导——这样一种理念,即他们应该过上一种有德行的、稳重的、堪称楷模的生活,正如他们那神圣的先祖路易九世那样。

---

① Barbara Hanawalt, *Growing up in Medieval London: The Experience of Childhood in History*, New York: Oxford University Press, 1993, p.90.

在此,这位圣徒具体的道德形象较为关键。路易九世是回避贵族娱乐的。① 他一边依靠自己的直系亲属为生,一边给自己施加通往道德完善的压力和推力,其方式往往会使现代读者将路易九世描述成一个带有强迫症的国王,而这一描述是类似于当时人或与那一时代较为接近的人的认识的。而且,在这位圣徒国王生命的晚年,他还写出了两套有关理想行为的规范,据称是由他亲笔完成的,他希望他的长子和女儿,意即他们所有的继承人,能够循之践行。如今这两套行为规范以圣路易的《教子书》和《训示书》而知名。② 若说圣路易的后代们总是严格地遵行所有这些规范,那是不真实的,不过背离它们就得付出一定的代价。其中的原因在于,圣路易赋予了卡佩王朝神圣不可侵犯和不容亵渎的性质,开辟了凡是偏离其行为范式的后继者们都要承受世人指责的先例。③

这种对良好品行严格的、甚至是狂热的坚持的一些消息,肯定传播到了马蒂尔达家里,她的孩子罗贝尔伯爵也肯定耳有所闻,因为路易九世直到1270年才去世。确实,对于这位出生于1250年、性格还处于养成期间的年轻伯爵来说,他应该听闻到其王叔对邪恶行为的警告和对一心向善的鼓励。在其与这位伟大人物闲聊时,小罗贝尔应该对一些现象感到惊奇,即国王从不打猎,从不咒骂,从不赌博;对比武大赛深表厌恶;喝酒时还要在酒中掺一些水;杜绝吃精美的菜肴;穿的衣服朴素得令其妻子都会生厌;对于那些地位卑微的人,国王避免摆出一国之主的架势(而架势正是体现贵族高贵之不可缺少的组成部分,但也是通往傲慢自大的轻松一步)。④ 小罗贝尔知道,他的这位圣徒般的叔叔,也厌恶战争,唯一也是重要的例

---

① 关于这一点有许多相关材料,现已集中收录在勒高夫的《圣路易》一书中并得到其分析,见 Jacques Le Goff, *Saint Louis*, Paris: Gallimard, 1996, pp.595-641。不过,这并不意味着,路易九世是反对贵族的。正如勒高夫所展示的,具体情形要复杂得多。

② David O'Connell, ed., *The Instructions of Saint Louis: A Critical Text*, Chapel Hill, N.C.: U.N.C.Dept. of Romance Languages, 1979; *The Teachings of Saint Louis: A Critical Text*, Chapel Hill, N.C.: University of North Carolina Press, 1972. 亦见 *Les propos de saint Louis*, trans. David O'Connell, Paris: Gallimard, Julliard, 1974. 正是圣路易的友人和传记作家让·德·儒安维尔(Jean de Joinville)一再声称,这些书是由国王本人亲手完成的;Jacques Monfrin, ed. and trans., *Vie de saint Louis*, Paris: Garnier, 1995, p.589, p.739。

③ 参见以下文献列举的例子:Jean de Joinville, *Vie de saint Louis*,第761段;*Lettres secrètes et curiales du Pape Jean XXII (1316-1334), relatives à la France*, vol. 1, ed. Auguste Coulon, Paris: Fontemoing, 1913, 第1015号,竖行868-870。

④ William Jordan, "The Case of Saint Louis", *Viator*, vol. 19 (1988), pp.209-217; Jacques Le Goff, *Saint Louis*, pp.595-641; Malcolm Vale, *The Princely Court: Medieval Courts and Culture in North-West Europe, 1270-1380*, p.188.

外,是对穆斯林的征讨,即所谓的"圣战"。① 事实上,小罗贝尔应该听说过,这位善良国王所珍爱的理想,一个他自己甚至都无法触及的理想,是成为一名谦卑的和爱好和平的上帝的臣仆,成为一名具有托钵僧特点的圣洁的乞丐,抑或成为一名厉奉苦行和素食的西多会修士,而非一介武夫。② 他也应该听说过,这位国王是如何逐字逐句把这一信息不单传递给他的家人,也传递给初学修士和年轻修女的。③ 我猜测,不过也仅仅是一个猜测,当小罗贝尔一天天长大,并有机会向其朋友讲述这位日益具有传说色彩的圣徒国王的时候,他会倍加享受与王叔之间的那段记忆。我猜测,相比于他与王叔相处的真实岁月,小罗贝尔会在后来生涯中更加享受那段记忆。这种重温青少年快乐时光的做法,一定会给他带来真正的精神慰藉。

实际上,当小罗贝尔长大成人后,他与那位苦行僧般的王叔大异其趣。的确,他模仿了圣路易宗教信诚方面的一些较为引人注目的做法,如在濯足星期四那天为许多穷人洗脚,向他们施舍救济金等。④ 但是,他的许多行为也潜在地抵制这位圣徒国王的榜样作用,而与高档次的贵族娱乐活动保持一致。⑤ 例如,他经常兴致勃勃地从事狩猎活动,并为此养了不少猎犬和猎鹰。⑥ 他还养了一个小丑,以供自己和宫廷成员娱乐;此外,他还资助了一批游方艺人。小罗贝尔喜欢下棋,并热衷购买配有象牙棋子的精美棋盘。他让人在位于埃丹(Hesdin)的公园安置了多尊机械雕像,以供消遣之用。⑦ 在他的宫廷,比武大赛是一项重头戏。他还热衷于各种各样的战争。另外,小罗贝尔喜欢精美的服饰,这由他支付给毛皮商人的酬

---

① 路易九世痴迷于十字军东征的所有方面,在 Jean Richard, *Saint Louis: roi d'une France féodale, soutien de la Terre sainte*(Paris: Fayard, 1983)一书中有着很好的研究。关于路易九世对其他各种战争的厌恶(尽管他并不是一概拒绝支持它们或参与它们),见 William Jordan, *Louis IX and the Challenge of the Crusade: A Study in Rulership*, Princeton: Princeton University Press, 1979, pp.195-206。

② William Jordan, "Louis IX: Preaching to Franciscan and Dominican Brothers and Nuns", in Michael Cusato and Guy Geltner, eds., *Defenders and Critics of Franciscan Life: Essays in Honor of John V. Fleming*, Leiden and Boston: Brill, 2009, pp.233-234; idem, *Unceasing Strife, Unending Fear: Jacques de Thérines and the Freedom of the Church in the Age of the Last Capetians*, Princeton: Princeton University Press, 2005, pp.38-39, 57.亦见 Jacques Le Goff, *Saint Louis*, pp.328-344。

③ William Jordan, "Louis IX: Preaching to Franciscan and Dominican Brothers and Nuns", pp.219-235.

④ Malcolm Vale, *The Princely Court: Medieval Courts and Culture in North-West Europe, 1270-1380*, p.237.

⑤ 关于贵族文化的总揽性著作很多,可见 Malcolm Vale, *The Princely Court: Medieval Courts and Culture in North-West Europe, 1270-1380*; John Baldwin, *Aristocratic Life in Medieval France: The Romance of Jean Renart and Gerbert de Montreuil, 1190-1230*, Baltimore: Johns Hopkins University Press, 2000; David Crouch, *The Birth of Nobility: Constructing Aristocracy in England and France, 900-1300*, Harlow, U.K., and New York: Pearson/Longman, 2005.

⑥ Malcolm Vale, *The Princely Court: Medieval Courts and Culture in North-West Europe, 1270-1380*, pp.70, 179-180, 293.

⑦ Anne Hagopian van Buren, "The Park of Hesdin", pp.127-130.

金中可以看出。① 还有,他养了一只宠物:狼。

二、罗贝尔伯爵的狼:贵族权力之表征

"宠物"这一词语的使用,也许属于我的个人偏好。我们必须从自身的观念中去除这样一种成见,即宠物指的是一种纤巧的动物,若不纤巧,至少也是亲切友好的动物,它对外人也许凶巴巴,但对主人则表现得很温顺和友善,就像如今的看门狗或猎犬似的。不过,在这一术语所处的19世纪感伤意识之中,狼压根不是什么宠物,尽管它作为资产阶级文化的典型,在过去几十年里得到充满智慧的书写。② 还有,本故事讲述的狼是小罗贝尔的那只狼,它被饲养并非为了狩猎,为了充当食物(就像家畜),为了保护主人(他但可让看门狗来做这件事),为了心灵或触觉的需要,抑或为了其他任何目的,而是纯粹为了将狼视为自己贵族身份的象征。试着想象一下,某一贵族将猛兽作为自己的图腾,或将狼作为自己的纹章符号,或将其祖先的哺育者追溯到狼(正如罗慕路斯和瑞摩斯的故事),那么鉴于农民对狼的感知,一位贵族饲养一只狼,必定是对权力的一种声称。③ 相比于凶猛的猎狼犬,或是系有皮带的獒犬,狼给人的印象更为深刻,主人可以释放它以对农民实施威胁,那种眼神仅是一瞥、一闪的威胁;只是由于"贵族职责"(noblesse oblige)之所在,使得狼主人有所节制,不敢肆意放纵它们,以对中世纪乡村社会那些辛苦的农民构成伤害。顺便说一句,我认为,并不是所有贵族都这么干,或者说,并不是所有农民都这么想。不过,正是生活于中世纪这一时期的有识之士,他们懂得并评论道,对动物权力的如此展示,哪怕是动物自身受到管制,它们身上也隐含着此种信息。④ 当然,潜在的受害者不可能完全把握得住领主的意图。不过,这些有识之士清楚,既然在男人(和女人)身上有足够多的原罪,那么他们也许会突破谦恭礼貌和基督徒怜悯的种种限制而做出一些伤天害理的事情,这些例子是屡见不鲜的。

---

① Malcolm Vale, *The Princely Court: Medieval Courts and Culture in North-West Europe*, 1270-1380, pp.186, 336-337.

② 围绕这一文献的一篇优秀的导论,被收录在标题为"好的养殖:在家庭领域之内"("Good Breeding: Inside the Domestic Sphere", by Harriet Ritvo, Katherine Grier, and Jacqueline Milliet in *Animals in Human Histories*, ed. Mary Henninger-Voss, Rochester, N.Y.: University of Rochester Press, 2002)的三篇文章之中。

③ 对于狼图腾和狼纹章问题,见 Stephen Glosecki, "Wolf [Canis lupus] and Were-wolf", in Carl Lindahl and others, eds., *Medieval Folklore*, 2 vols., Santa Barbara, Calif., and elsewhere: ABC-Clio Books, 2000, vol. 2, pp.1057-1061; Georg Scheibelreiter, *Heraldik*, Vienna and Munich: R. Oldenbourg Verlag, 2006, p.52;关于罗马起源的故事,见 Thomas Wiseman, *Remus: A Roman Myth*, Cambridge: Cambridge University Press, 1995。

④ Jamie Kreiner, "About the Bishop: The Episcopal Entourage and the Economy of Government in Post-Roman Gaul", *Speculum*, vol.86 (2011), p.346.

狼是干什么的？① 为何在中世纪会设置捕狼奖金？② 为何会存在设陷阱捕狼和猎狼（用古法语讲，loviers）这样一门职业？③ 为何驯化一只狼会是一个很伟大的神迹（神迹是圣洁的显性标志）？④ 在改善狼的形象方面，人们已有过许多的努力，不过仍须做出进一步的努力。原因在于，司空见惯的狼的刻板形象已经成为人类系统消灭它们的借口，以至于在某些地方狼已灭绝或近乎灭绝。当然，人们采取拯救狼的大多数举措，是非常值得赞赏的。在中世纪的欧洲，少数人的死亡可直接归因于狼的伤害，而在现代社会，更少数人的死亡可归咎于它们。像《小红帽》（Little Red Riding Hood）这样的警世故事，已经腐蚀数代儿童们对狼的形象的感知；在这本有关性变态者即儿童性骚扰者的寓言集中，附有不少拿狼来类比他们的漫画。在引发人们焦虑方面取得同样成功的是那些有关狼人的众多叙述，这些狼人因为失去人性而成为可怕的、嗜血的杂交野兽，他们用利齿杀戮或感染男人、女人和小孩。⑤ 另外，在中世纪的道德故事和童话中，如像玛丽·德·法兰西（Marie de France）所创作的那些作品中，将狼描绘

---

① 我获取的大多数信息大体来自以下文献：关于狼的自然史方面，见 David Macdonald and Priscilla Barrett, *Mammals of Europe*, Princeton and Oxford: Princeton University Press, 1993, pp.92-93；关于中世纪环境中的狼，见 Aleksander Pluskowski, *Wolves and the Wilderness in the Middle Ages*, Woodbridge, U.K.: Boydell, 2006。亦见 Gherardo Ortalli, *Lupi, genti, culture: uomo e ambiente nel Medioevo*, Turin: Einaudi, 1997。

② 关于捕狼奖金、一只母狼奖金翻倍的证据，见 *Actes normands de la Chambre des comptes sous Philippe de Valois: 1328-1350*, ed. Léopold Delisle, Rouen: A le Brument, 1871, p.21 以及 Edouard Decq, "L'administration des eaux et forêts dans le domaine royal en France aux XIVe et XVe siècles", parts 1 and 2, *Bibliothèque de l'Ecole des chartes*, vol. 83 (1922), p.109 中所列举的参考文献；William Jordan, *From Servitude to Freedom: Manumission in the Sénonais in the Thirteenth Century*, Philadelphia: University of Pennsylvania Press, 1986, p.102, n. 1; Xavier Halard, "Loup aux XIVe et XVe siècles en Normandie", *Annales de Normandie*, vol. 33, 1983, pp.189-197. 关于中世纪狼群的行为，Halard 一文列举的证据带有他自己的猜测成分，尽管有趣但富有争议。

③ 关于中世纪的猎狼活动，见 Aleksander Pluskowski, *Wolves and the Wilderness in the Middle Ages*, pp.97-109。

④ 例如，在圣布里吉特传（Life of Saint Brigit）中写有一整群狼为这位女圣徒服务，并放牧猪群的故事，此举"与它们的习性相反", Sean Connolly and J. M. Picard, "Cogitosus's 'Life of Saint Brigit': Content and Value", *Journal of the Royal Society of Antiquaries of Ireland*, vol. 117 (1987), pp.18-19. 我要感谢耶鲁大学的安吉拉·格里森（Angela Gleason），是他让我注意到这一片断的。

⑤ 具有开创意义的作品是 Sabine Baring-Gould, *The Book of Were-Wolves: Being an Account of a Terrible Superstition*, London: Smith, Elder and Company, 1865；对于中世纪这一时段，尤见该书第 15—68 页。不过自此之后，有许多著作对这一问题展开了研究：Norman Hinton, "The Werewolf as Eiron: Freedom and Comedy in *William of Palerne*", in Nona Flores ed., *Animals in the Middle Ages: A Book of Essays*, New York and London: Garland, 1996, pp.133-146; Caroline Bynum, *Metamorphosis and Identity*, New York: Zone Books, 2001; Noël Menuge, *Medieval English Wordship in Romance and Law*, Cambridge: D. S. Brewer, 2001, pp.73-80; Aleksander Pluskowski, *Wolves and the Wilderness in the Middle Ages*, pp.172-192。

成贪婪形象的做法也颇为普遍。① 当然，伊索寓言故事《狼来了》(Boy Who Cried Wolf)也是以狼的这一固化形象来构思这出戏的。② 在当时，大学当局为了让学生们在没有老师监督的情况下仍遵守学校的各种规章制度以及继续只讲拉丁语，他们被事先告知他们中间有"间谍"，而那些通风报信的人便被视为是恶毒的狼。③

此外，在中世纪，一些吹毛求疵的演说充斥着狼的负面隐喻，而这种做法远甚于古典时代，尽管罗马人曾向他们中世纪的后人"以身示范"过，如将卖淫女比喻成母狼(拉丁语 lupa)，将她的巢穴(拉丁语 lupanar)比喻成妓院(the stews)。此外，食言的、无视条约协定的中世纪统治者，也会被比作狼。④ 更为重要的是，那些背叛信仰的人和异端分子，都是狼。⑤ 还有，玷污教会的人被说成是像狼一样的渡鸦。⑥ 诸如此类，不胜枚举。⑦

不过，在对狼的看法方面，大多数中世纪农民可能得益于自己的生活经验，而较少受到文学修辞和教会讽喻的影响。不夸张地说，他们居住在恶劣环境的边缘，他们及其生活容易受到动物，尤其是那些偏离正常猎食行为的动物的影响，后者原本是与人们保持一定的距离的。⑧ 也就是说，群狼是以野外的鹿和其他动物为生的。当它们能够找到猎物时，他们倾向于生存在远离村庄的地方，游荡在荒郊野岭之中。因此，当我们在文本中读到有关狼在中世纪捕食农民的家畜或伤害农民人身时，这些描述几乎总是针对与狼群

---

① Aleksander Pluskowski, *Wolves and the Wilderness in the Middle Ages*, pp.118-167; Joyce Salisbury, "Human Animals of Medieval Fables", in Nona Flores ed., *Animals in the Middle Ages: A Book of Essays*, New York and London, 1996, pp.49-65。普罗科菲夫(Prokofiev)起初的故事《彼得和狼》(*Peter and the Wolf*)明显取材于这类传说；参见 Simon Morrison, *The People's Artist: Prokofiev's Soviet Years*, New York: Oxford University Press, 2008, pp.46-47。(玛丽·德·法兰西，12世纪法国女诗人，关于其生平信息，后人知之甚少。她以流传后世的一些叙事短诗而知名。——译注)

② Aesop, *The Fables, Together with the Life of Aesop*, Chicago and New York: Rand, McNally, 1897, pp.189-191 ("The Shepherd's Boy")。

③ Rainer Schwinges, "Student Education, Student Life", in Walter Rüegg and Hilde de Ridder-Symoens eds., *A History of the University in Europe*, 2 vols., Cambridge: Cambridge University Press, 1992, p.227.(该书有中译本，由河北大学出版社于2008年推出。——译注)

④ Martina Stein-Wilkeshuis, "Scandinavians Swearing Oaths in Tenth-Century Russia: Pagans and Christians", *Journal of Medieval History*, vol. 28 (2002), p.167.

⑤ Christine Ames, *Righteous Persecution: Inquisition, Dominicans, and Christianity in the Middle Ages*, Philadelphia: University of Pennsylvania Press, 2009, p.23, p.25; Elizabeth Lapina, "The Mural Paintings of Berzé-la-Ville in the Context of the First Crusade and the Reconquista", *Journal of Medieval History*, vol. 31 (2005), pp.317-318.

⑥ Daniel Thiery, *Polluting the Sacred: Violence, Faith and the 'Civilizing' of Parishioners in Late Medieval England*, Leiden and Boston: Brill, 2009, p.93.

⑦ Stephen Glosecki, "Wolf [Canis lupus] and Were-wolf"一文中第1057-1061页有着连串的叙述。

⑧ Aleksander Pluskowski, *Wolves and the Wilderness in the Middle Ages*, pp.73-97.

走散的孤狼。由于在野外猎食或争斗过程中为了赢得或保持优势地位而受伤，那些形单影只的孤狼发现捕捉那些温顺的动物（如家羊或家牛等）比较具有诱惑力。

此外，疾病，尤其是狂犬病①，是人们疏远狼的另一原因。疾病使得狼很难跟上同伴，而只得自己照顾自己——这种方式既无成效也很危险，因为疾病很有可能扩散到人类身上。关于狂犬病，环境保护论者已经正确地指出，感染此疾病的死亡人数绝非那么高。不过，正是由于这一疾病的特性，使得它进入到中世纪和近现代农民的大众传说之中，导致人们对孤狼的恐惧。首先，要是被患有狂犬病的狼咬上一口，就必须马上进行根治性治疗，即对伤口处进行深度的烧灼，这种疗法既令病人极为痛苦，且治疗完之后在身体上留有瘢痕，尽管如此，此疗法自古以来就被证明是可行的。不幸的是，对于受害者来说，如果病原体还在起作用的话，如果受害者在有治疗或没有治疗的情况下仍出现症状的话，那么他生还的希望将极其渺茫乃至毫无希望。实际上，倘若症状显而易见时，患者幸存下来的合理预期直到近来几乎都是不存在的。狂犬病几乎算得上是一种很独特的疾病。一旦受害者显示出症状，包括典型的口吐白沫和对水的恐惧，那么死亡就几乎不可避免。巴斯德著名的疫苗接种法必须是在受害者显示出症状前使用。糟糕的是，与大多数疾病的过程相反，当狂犬病严重伤害到躯体，身体由此显得衰弱时，内啡肽（endorphins）②并不总是发生效用。人体的疼痛并非像通常的那样自行消停，从而迎来安详的死亡。相反，一旦染上狂犬病，受害者将陷入极度痛苦之中，并伴随着疼痛的突然发作和尖叫声，一直到其死去时为止。

自从亲眼看到一位染上狂犬病的受害者死去后，伟大的生物学家、后来成为美国哲学协会一员（1976年）的刘易斯·托马斯（Lewis Thomas），一直对之念念不忘。在一篇发表于1993年11月23日号的《纽约时代杂志》上的访谈录中——当时托马斯正处于病危之际（1个月后他就去世了）——他如是说道："真是没有比死亡的痛苦更折磨人的了。"他坚称，"我非常确信，疼痛直到死亡之时才消失"。

许多人害怕死亡，因为他们认为，如此不可抗拒的经历一定是痛苦的，但是我已见过许多例死亡，其中一例颇为独特，我不曾知道某人经历过像痛苦挣扎那样的事情……你知

---

① Cecil, *Textbook of Medicine*, 23rd ed., ed. Lee Goldman and Dennis Ausiello, Philadelphia: Saunders Elsevier, 2008. 见词条"狂犬病"（Rabies）。

② 内啡肽亦称安多芬或脑内啡，是一种内生性的类吗啡生物化学合成物激素。它是由脑下垂体和脊椎动物的丘脑下部所分泌的氨基化合物，能与吗啡受体结合，从而产生跟吗啡、鸦片剂一样的止痛作用和快感。——译注

道,当人体感觉到它行将远去时,某事就会发生——内啡肽。它们将自己附着在痛感神经细胞上。一处例外是,当我还很小的时候,一位在新奥尔良一家慈善医院接受治疗的病人。早上,我看到他在打滚。他被一只疯狗咬伤;他不断地嘧语并咆哮着:他将要死去。他不能自控地反复说到自己的症状。他陷入痛苦之中。人们认为,他已经疯了。那天下午,他死了。我猜想是不是狂犬病没有刺激到他的脑干的某一中心,这一中心是用来阻止那种疼痛的。①

当刘易斯·托马斯接受这一采访时,他已是一位拖着病弱之躯的老人,当时他正在思考自己行将到来的死亡问题。他的分析过于简单。狂犬病,正如我已经暗示的,是一种复杂的疾病。并非每一个受害者都是如此的不幸,以至于不能陷入昏迷状态之中。不过正如托马斯所描绘的那样,在当时也许有八成的死亡是极度痛苦的。就某种程度而言,现代社会中人的死亡和临终场景及对之的回忆,算得上是一件令人慰藉的事情,这是因为,那些处于疼痛之中的人当其肉体走向生命的终点时,他们是在救护车、医院、疗养所或护理所中度过的,他们是在自己的卧榻上进入"熟睡"状态的。相反,多数狂犬病受害者承受着巨大的痛苦,以至于那些耳闻目睹过这些死亡场景的人们事先告知周边的群众要提防这类野兽,不论是狼也好,还是野狗也罢,它们那么一咬,就会造成极为惨痛的死亡。而实际上,拿来污蔑野生犬科动物的上述那种场景并不多。尽管如此,为了应对动物带来的这种可怕的疾病,人们有必要祈祷圣徒保佑。不足为奇的是,挑选出的圣徒是猎人的守护神圣休伯特(Saint Hubert)。② 需要说明的是,由狂犬病造成的死亡人数可能是极少的;尽管如此,这些数字在对狼尤其是孤狼进一步妖魔化方面有着非常大的影响力。于是,如一些圣徒传记所阐明的那样,就需要一位圣徒来恢复那份受到孤狼威胁的自然和谐。③ 在亚西西的方济各(Francis of Assisi)死后的一百年时间里,回忆录作家们把这位圣徒想象为古比奥之狼的主人,他终止了这只狼的血腥袭击,而之所以这样来进行人物塑造,只是因为此举是神圣(sanctity)强有力的

---

① 托马斯认定咬人的动物为松鼠,不过在这一问题上他也许出了错,因为松鼠患有狂犬病的概率,如果说并非不存在,那也是极其稀少的。

② C. F. Brown, "St. Hubert", *Catholic Encyclopedia*, vol.7, New York: Robert Appleton Company, 1910, 也可以链接 http://www.newadvent.org/cathen/07507a.htm。

③ 关于在中世纪文学中供圣徒驱使的"良狼"(good wolf)方面的信息,见 Aleksander Pluskowski, *Wolves and the Wilderness in the Middle Ages*, pp.167-170。

表现。①

小罗贝尔是从哪儿弄到这只狼的？最有可能的情形是，这位伯爵正在狩猎，就在这一捕杀——此举非常有助于界定中世纪和近代的贵族②——的过程中，他偶然遇到一只狼崽。若是得到许可的话，猎犬们原本会杀掉这一不幸运的小同类，只是狩猎的侍从或仆人为了他的主人可能援救了这只狼崽，才避免了上一幕的发生。当这只狼崽长大成年后，那些曾经想当场杀死它的猎犬们依旧保持对这只成年狼的敌意，且对这只成年狼变得更加小心，与它保持一定的距离，当然，猎狼犬特别是训练有素的狼杀手除外。

正是一个名叫吉约特（Guillot）的人，他与小罗贝尔的那只狼有着密不可分的联系。③ 如果我勾勒的情节梗概是正确的话，那么很有可能正是由吉约特来驯化和喂养这只狼崽的，并在它仍处于幼崽时期与其一起玩耍。（相比于其他人和其他动物，这只成年狼很可能对吉约特没那么大的威胁性）这是如今狼从幼崽养育到成年的典型方式，也由于这一点，大多数动物组织现在并不鼓励人们将狼作为宠物来养。④ 真是由罗贝尔的仆人选择将狼放出，以在"明显……不受惩罚"的情况下袭击当地家畜的吗？⑤ 或者吉约特这样做，是因为他的主人喜欢观看这一场景或听闻大屠杀的声音？或者尽管这只狼套有项圈（它有一个项圈）⑥和锁链（可能有），但是它还是逃出了围栏？由于与当时的事件相隔遥远，要做出明确的判断似乎是不可能的，不过在狼袭击家畜的广度方面，则留有出奇好的证据。在1302年春的三个月时间里，那只狼杀死了家羊（18只）、羊羔（2只）、牛犊（2头）和鹅（3只）。这些不是小罗贝尔的家羊，也不是他的羊羔，也不是他的牛犊和鹅。它们均属于当地农民的家禽或家畜。当然，小罗

---

① David Salter, *Holy and Noble Beasts: Encounters with Animals in Medieval Literature*, Woodbridge, U.K.: D. S. Brewer, 2001, pp.25-32.

② Marcelle Thiébaux, "The Mediaeval Chase", *Speculum*, vol. 42 (1967), pp.260-263; Werner Rösener, "Adel und Jagd: Die Bedeutung der Jagd im Kontext der adeligen Mentalität", in Agostino Paravicini Bagliani and Baudouin Van der Abeele, eds., *La chasse au moyen-âge: sociétés, traités, symbols*, Florence: Edizioni del Galluzzo, 2000, pp.129-150.

③ Archives Départementales (AD) de Pas de Calais (加来海峡省档案馆), Register A 162, fol.74 r. (Malcolm Vale, *The Princely Court: Medieval Courts and Culture in North-West Europe*, 1270-1380, p.181). 对于这一及随后的手稿文献引用，珍娜·菲利普斯女士以原件予以了核实；她亦曾为我提供这方面的手稿开本的数码照片。

④ 例如，网上链接 http://www.ehow.com/how_2056673_own-pet-wolf.html 和 http://www.hsus.org/press_and_publications/press_releases/wolf_and_wolf-dog_hybrid.html。

⑤ Malcolm Vale, *The Princely Court: Medieval Courts and Culture in North-West Europe*, 1270-1380, p.181.

⑥ AD: Pas de Calais, Register A 162, fol.74 r. (Malcolm Vale, *The Princely Court: Medieval Courts and Culture in North-West Europe*, 1270-1380, p.181.)

贝尔对他们予以了赔偿。①

补偿农民的损失已成惯例,其实也是贵族的一项主要责任,因为自从救赎经济占主导地位以后,他们滥施不予补偿这样的淫威,其后果是可怕的。② 当这只狼的恐怖统治仍在那年春天时隐时现时,小罗贝尔外出打猎。这时,他的猎犬们既不全身心地到处嗅闻,也不全身心地到处搜寻,结果它们将沮丧情绪发泄在偶然遇到的四只母羊身上。对于农民们的这一损失,小罗贝尔给予8块法国先令作为赔偿金。③ 次月,小罗贝尔一行在追逐并终于杀死一头雄鹿的同时,撞倒了一位贫困农夫的田地里的禾苗。尽管这位农夫获得4块法国先令的赔偿金,不过这并不能保证他的庄稼不会被再次践踏。④ 贵族狩猎者钟情于在开阔地上打猎,因为在那里他们可以策马追逐猎物,而不用担心树上的枝条伤人。⑤ 对庄稼地的使用所做出的种种限制(这些限制对贵族狩猎颇为有利)往往是农民或整个村庄租赁贵族土地时所处的境遇。⑥ 那种反制力,即王权试图通过立法来保护农民的财产(尤其是在近代早期),用杰罗姆·布鲁姆(Jerome Blum)的话来说,遭到贵族狩猎者们的全盘反对和完全漠视。⑦ 不过关于这一话题,尚须做出更多的工作,才能对布鲁姆的这一说法做出合理的评估。

不管怎样,由这只狼引发出许多非常不一样的问题。据我所知,没有哪一条习俗强迫农民接受贵族之宠物狼来损害自己的家畜,或在他们及其家人内心中激起恐惧。而实际上,恰是相反的情形才是历史的真相。应该说,在村庄和田地的外围到处觅食的狼,往往已给农民们造成了极

---

① 关于这只狼袭击家畜和小罗贝尔的赔偿情况,见 AD: Pas de Calais, Register A 162, fol. 39 r.-49 r.; Register 178, fol. 68 v.-70 v。(亦见 Malcolm Vale, *The Princely Court: Medieval Courts and Culture in North-West Europe*, 1270-1380, p.181。)

② Thomas Bisson, *The Crisis of the Twelfth Century?: Power, Lordship, and the Origin of European Government*, Princeton: Princeton University Press, 2009, p.451; Paul Freedman, *Images of the Medieval Peasant*, Stanford: Stanford University Press, 1999, pp.50-55.

③ 关于这一问题及相关问题,见 AD: Pas de Calais, Register A178, fol. 69 v.-70 v。(亦见 Malcolm Vale, *The Princely Court: Medieval Courts and Culture in North-West Europe*, 1270-1380, p.181。)

④ AD: Pas de Calais, Register A 178, fol. 67 v. (亦见 Malcolm Vale, *The Princely Court: Medieval Courts and Culture in North-West Europe*, 1270-1380, p.181。)其他学者注意到,贵族狩猎者有践踏农民庄稼的嗜好;例如,见 G. G. Coulton, *The Medieval Scene: An Informal Introduction to the Middle Ages*, London: Cambridge University Press, 1930, p.59; and idem, *Medieval Village*, Cambridge: Cambridge University Press, 1925, pp.117-118。早期修正派学者,如亨利·萨维奇(Henry Savage),试图将贵族践踏庄稼的发生率和意义降至最低程度,见"Hunting in the Middle Ages", *Speculum*, vol. 8 (1933), p.35, n. 1。

⑤ 对中世纪贵族狩猎活动的一种总的看法,见 Lucien-Jean Bord and Jean-Pierre Mugg, *La chasse au moyen âge: Occident latin*, VIe-XVe siècle, Aix-en-Provence: Editions du Gerfaut, 2008。

⑥ Jerome Blum, *The End of the Old Order in Rural Europe*, Princeton: Princeton University Press, 1978, pp.81-82.

⑦ Jerome Blum, *The End of the Old Order in Rural Europe*, p.82.

大的破坏。① 那一著名口号,即被剥夺法律保护之人长着狼的头,意指任何抓住他的人可以光明正大地和不受惩罚地动用力所能及的手段来行使正义,要么将这一恶棍斩首,要么将他处以绞刑,而人们对于那些危及自己家畜或社区的孤狼,也理应如此办理。② 那么,一位贵族在管制自己的宠物狼方面采取的措施是如此之少,或者说如此不得力,这一现象本身就令人深为困惑了。有关厄地伯爵"恶作剧"的故事,也许切中肯綮。在路易九世第一次十字军东征期间(1248—1254),这位伯爵养了一头小熊。由于管教不严,这头小熊溜到另一贵族让·德·儒安维尔(Jean de Joinville)——路易九世的好友兼传记作家——的仓院里,那里有不少家禽。结果,这头小熊吃掉了一些母鸡和阉公鸡。对此,儒安维尔感觉整件事很有趣,不过"看护这些家禽的女仆人"并不觉得有趣,她拿起棍子驱赶这头小熊。③

在这只狼于1302年春天吃掉农民的家畜之后,小罗贝尔所采取的那种措施不可能是农民们所想要的。它读起来就像一则笑话:小罗贝尔为这只狼套上铃铛,这样的话,当这一野兽挣开锁链,前往农民的田地里、羊圈里和乡村绿地上时,他们就有了信号。④ 我几乎可以肯定的是,当小罗贝尔或其仆人吉约特为这只狼身上的铃铛付款时,他放声大笑起来。他之所以放声大笑,是因为他采取的这一举措让他想起《伊索寓言》中那一为猫戴上铃铛的有趣故事。这一寓言讲述的是,老鼠们想象出一幅更美好的世界图景,不过前提是,它们要知道猫何时跑过来。它们的解决方案是,在猫的脖子上戴上一副铃铛。但是在这一寓言的各个版本中,没有一只老鼠一马当先甘愿冒着生命危险来为猫戴上铃铛。⑤ 这一寓言在中世纪疯

---

① 对于英格兰13世纪和14世纪早期的例子,见 G.J.Turner ed., *Select Pleas of the Forest*, Selden Society 13, London: Bernard Quaritch, 1901,xiii; *Calendar of Inquisitions post mortem and Other Analogous Documents Preserved in the Public Record Office*, 26 volumes to date, London: His/Her Majesty's Stationery Office, 1904, 卷1:第42页,no.166及第275页,no.809;卷3:第258页,no.388及第280页,no.418;卷4:第84页,no.128;卷6:第253页,no.427。

② 这一隐喻是在狭义上使用,一方面指向失去法律保护之人,即那些遭到刑事法庭(capital courts)判刑而拒绝出庭回复重罪指控的人,另一方面指向其他一些群体,如那些通过逃走来逃避流放惩罚的人,或那些在没有得到官方宽赦恩典的情况下返回到原来判其流放之罪的司法辖区的人;William Jordan, "A Fresh Look at Medieval Sanctuary", in Ruth Mazo Karras, Joel Kaye, and E. Anne Matter, eds., *Law and the Illicit in Medieval Europe*, Philadelphia: University of Pennsylvania Press, 2008, pp.24-26.

③ 在此,我引用了卡洛琳·史密斯(Caroline Smith)的近期译著《儒安维尔和维尔阿杜安:十字军东征编年史》(*Joinville and Villehardouin, Chronicles of the Crusade*, London: Penguin Books, 2008)之第583段。这一分段方式遵从了雅克·孟弗兰(Monfrin)的批评版本和现代法语译文《圣路易传》。

④ AD: Pas de Calais, Register A 178, fol. 76 r.(亦见 Malcolm Vale, *The Princely Court: Medieval Courts and Culture in North-West Europe*, 1270-1380, p.181。)

⑤ Aesop, *Fables*, p.205.

狂流行,并得到广泛的引用,也许在14世纪的伟大诗歌《农夫普洛曼》(Piers Plowman)里得到了最为巧妙的表达,该诗运用这一寓言意在指出限制暴君的困难;①而得到小罗贝尔及其饲狼员效仿的此一寓言,则构成一起达到登峰造极之境地的反讽,尤其鉴于为狼戴上铃铛仍未能阻止狼的大肆袭击活动的发生。由这只狼身上传出的铃铛声只不过是在预示其凶恶行径的到来。正如历史学家马尔科姆·瓦勒所说:"这一动物(指代狼——作者注)对活生生猎物的嗜好,只能以如此纵容来继续满足它。"②

三、1302年金马刺战役与罗贝尔伯爵的殒命

这是在1302年6月。相比于将狼套上铃铛,以恐吓农民和动物并从中获得乐趣,战争对于小罗贝尔来说甚至更为有趣。不过,这一切都是历史笑谈。1285年,小罗贝尔在所谓的阿拉贡征讨战争中与阿拉贡国王交战。随后在1287年,他率领军队奔赴安茹治下的西西里,当时此地被阿拉贡的征服者占领。前一战争尝试旨在惩罚阿拉贡国王彼得,他支持西西里民众反抗法国人在那里长达20年的独裁统治,当时统治西西里的是圣路易的弟弟、小罗贝尔的叔父安茹的查理,不过惩罚之举以失败而告终。后一战争尝试旨在恢复西西里岛由安茹的查理的继位者来统治,这位继位者亦以查理而著称,是安茹的查理的儿子,不过战争活动还是以失败而结束。对于小罗贝尔来说,较为成功的军事活动当属近来法国人与佛兰德尔伯爵们的战争。1297年,他率领军队前往佛兰德尔,取得菲内斯战役(The Battle of Furnes)大捷。不过事实证明,佛兰德尔人是没有那么容易被征服的。

到1302年,法兰西与佛兰德尔之间再度发生热战。是年7月,当小罗贝尔那只套有铃铛的狼仍为新奇之物时,他再次奔赴战场。像许多法国贵族一样,他逐渐对佛兰德尔人表现出憎恶情绪。法国人认为,这些人可以被击败,并有望在最低限度激怒他们的情况下让其表示忠诚(这种忠诚要以庄重的誓言来体现)。然而,与预期的局面相反的是,佛兰德尔人违背了他们的誓言,放弃了他们的效忠。对于这一现象,上自法兰西国王美男子腓力四世,下到贵族阶层,他们普遍感觉,该是教育这群屡教不改的叛乱分子和背信弃义者的时候了,要让这些人对自己将要受到的惩罚没齿难忘。在国王腓力四世的命令下,小罗贝尔召集并率领军队于1302年7月开进佛兰德尔,在这一过程中,法

---

① 关于这一寓言的流行情况,见 Paul Baum, "The Fable of Belling the Cat", *Modern Language Notes*, vol. 34 (1919), pp.462-470;对于其在《农夫普洛曼》一诗中的运用,见 John Alford ed., *A Companion to Piers Plowman*, Berkeley: University of California Press, 1988, pp.78-79。

② Malcolm Vale, *The Princely Court: Medieval Courts and Culture in North-West Europe*, 1270-1380, p.181.

国军队肆意蹂躏佛兰德尔的乡村,所到之处就将其化为灰烬。库特赖城(Courtrai)刚好位于法军的行军路线之中,小罗贝尔试图拿下该城,但是他在 7 月 9 日和 10 日的军事行动中受挫。

与此同时,就在该城外,佛兰德尔的军队正在准备应战;他们中有不少是只受到粗浅训练的城镇民兵,从佛兰德尔各地而来以会战法国人。起初,尽管佛兰德尔人处于地形上的有利地位,不过他们并不是法国人的对手,后者于 11 日用步兵加强连来攻击前者。目睹着法军大肆屠杀的场景,小罗贝尔相信胜利在望,于是想借机彰显光荣之名。他下令撤回步兵,以骑兵冲锋的形式来完美收官。但是战场上的坑洼和水沟星罗棋布,这就削弱了骑兵的那种震慑作用。于是,佛兰德尔士兵将法国贵族从战马上拉了下来,并将其砍成肉酱。那些仍在马背上的法国骑士赶紧撤退,不过这是极为困难的,因为他们不仅受到水沟的妨碍,还受到那些步兵的阻挡,因为后者撤退到有效防御的位置的工作尚未完成。于是屠杀在继续——无一俘虏生还下来,这要么是故意为之,要么是杀兴所至。在这一战争中,数千法国士兵被杀害。入侵法军被彻底击败。法国贵族骑兵所装备的金马刺被佛兰德尔人当作战利品,悬挂在库特赖的圣母教堂(Church of Our Lady)长达数十年。库特赖战役更以金马刺战役而广为著称。[1] 一对原本属于小罗贝尔的金马刺,就在激战那天在战场上消失不见了。

四、结语

尽管有关小罗贝尔与这只恶狼的联系的记忆仍在延续[2],不过我不知道在那只狼的身上发生了什么。小罗贝尔的继承人是他的女儿马奥(Mahaut)。[3] 一般来说,贵族女性享有贵族男性身上的许多价值观念,尽管不是全部。她们养养宠物,不过这在爱吹毛求疵的男性教士看来是不行的,比如说,修女养松鼠就得不到他们的支持。[4] 世俗贵族女性甚至打猎,不过相比他们的男性同胞来说,显得要温和得多。例如,她们让自己的宠物雪貂钻进兔子洞,那些受惊的小兔子于是逃往另一出洞口,不过这一出洞口已被仆人事先秘密地监视着。贵族女性做的工作就是,

---

[1] J. F. Verbruggen, *The Battle of the Golden Spurs (Courtrai, 11 July 1302): A Contribution to the History of Flanders' War of Liberation*, 1297-1305, rev. English version, ed. Kelly De Vries, tr. David Ferguson, Woodbridge, Suffolk, U.K., and Rochester, N.Y.: Boydell Press, 2002.

[2] Lodewyk van Velthem, *Voortzetting van den Spiegel Historiael* (1248-1316), 3 vols., Brussels, 1906-1938, vol. 2, pp.294-297. 对于这一文献出处,我要感谢珍娜·菲利普斯的提示。

[3] Jules-Marie Richard, *Une petite-nièce de Saint Louis: Mahaut, comtesse d'Artois et de Bourgogne (1302-1329). Etude sur la vie privée, les arts et l'industrie, en Artois et à Paris au commencement du XIVe siècle*, Paris: H. Champion, 1887.

[4] 例如,一名 13 世纪的鲁昂大主教便是位爱吹毛求疵的教会人士。详见 *The Register of Eudes of Rouen*, trans. Sydney Brown, New York and London: Columbia University Press, 1964, p.82, p.110, p.260, p.293, p.334, p.347, p.692, p.719。

用小笼筐套在出洞口，以套住从里面逃出的一只或数只受到惊吓和毫无戒心的小兔子。啪的一声，小笼筐的门被锁上了。① 小兔子接下来便成了宠物，而贵族女性带着它打道回府。不过，兴奋的雪貂很有可能高兴得过了头。它们一定在兔子洞里抓到了一两只小兔子，它们在仆人取回这些小兔子前将之撕成血淋淋的碎片。雪貂就是这德性。② 所有这些还可视为良好、正派的贵族娱乐，而这与小罗贝尔那样的人的精神状态有着相当少的共同点，毕竟后者是养狼的人。

不过我猜，仅是一种猜测，即狼终于被视为一种累赘（liability）。于是，马奥女伯爵可能做出一种姿态：要么将狼好好地管制好，要么将其杀死，以改善与当地村民的关系。此举可能甚至为女伯爵赢得了村民的爱戴（她如今成为这些人的统治者）。但是具体情形无人知晓，将来也不会有人知晓。还有，我想你也许想聆听这一我已向你们讲述的、正如它的结尾一样有始无终的故事，因为它提出了如此多有趣的问题，如关于贵族和农民的文化问题；关于在中世纪传说中，就某种程度而言，生活中一种最为重要、最具有标志性意义的动物的角色问题。

Count Robert's "Pet" Wolf
William Chester Jordan, trans.

Abstract: The problem of relations between nobles and peasants, is a quite traditional topic in the research area of medieval Europe history. This article opens a new path to choose Count Robert of Artois as a research subject, describing that while he kept the traditional life style of the aristocracy, he took an extraordinary step: to keep a "pet" wolf. The wolf not only attacked domestic fowl and livestock, but also seriously threatened the physical security of peasants. The countryside people dominated by the count, were living in the shadow of profound fear. The author uses the existing, sporadic evidence, adopts the way of narrative hisotry, and combines the knowledge of psychology and medecine, thus freshly demonstrating a picture of how the aristocracy as rulers controled and intimidated the peasantry as the ruled.

Keywords: Middle ages, Europe, Aristocracy, Peasants

---

① Elisabeth Zadora-Rio, "Parcs à gibier et garennes à lapins: contributions à une étude archéologique des territoires de chasse dans le paysage médiéval", *Hommes et terres du Nord*, 1986, pp.133, 137-138.

② Alexander Thomson, "A History of the Ferret", *Journal of the History of Medicine*, Autumn 1951, pp.471-480; http://chestofbooks.com/reference/American-Cyclopaedia-V7/Ferret.html.

该文于 2010 年 4 月 23 日在美国哲学协会上宣读,2011 年 12 月发表在《美国哲学协会学报》(Proceedings of the American Philosophical Society)上,2012 年 4 月获得亨利·艾伦·莫奖(The Henry Allen Moe Prize)。

关于罗贝尔伯爵的传记细节、其家族的详情以及他们对阿图瓦的管理信息,参见 Malcolm Vale, The Princely Court: Medieval Courts and Culture in North-West Europe, 1270-1380, Oxford: Oxford University Press, 2001; Carola Small, "Profits of Justice in Early Fourteenth-Century Artois: The 'Exploits' of the Baillis", Journal of Medieval History, vol. 16 (1990), pp.151-164; idem, "The Builders of Artois in the Early Fourteenth Century", French Historical Studies, vol. 16 (1989), pp.372-407; Anne Hagopian van Buren, "The Park of Hesdin", in Elisabeth MacDougall, ed., Medieval Gardens, Washington, D.C.: Dumbarton Oaks Research Library and Collection, 1986, pp.115-134。所有这些研究基本上都取材于留存下来的、有关这位伯爵及其继承人统治时期的、丰富的财政账目;其中仅有一小部分被发表,见 Bernard Delmaire, ed., Le compte général du receveur d'Artois pour 1303-1304, Brussels: Académie Royale de Belgique / Koninklijke Academie van België, 1977。在此,我想对普林斯顿大学历史系的博士生珍娜·菲利普斯(Jenna Phillips)表示感谢,她与我一起分享她的有关阿图瓦账目方面的知识。

作者:威廉·切斯特·乔丹,普林斯顿大学历史系教授;武汉大学历史学院吕浩俊译

专题研究

制造教皇权力
——11世纪和12世纪西欧的教权理论、教会法与教皇政府

□ 刘 林

摘要：11世纪和12世纪西欧的教会改革不仅是中世纪政治思想的一次转折，也是欧洲政治实践的一次重要转变，而变化的关键是教皇制的建立，即在世俗王权之外，教皇作为新的权力的一极出现。抛开社会环境因素讲，教皇制在某种程度上是当时教权主义者们人为制造的。对教皇权力的构建主要从两个方面展开，始于理论，成于实践。这一时期的教会学者们通过对传统文献进行引用、再解释甚至篡改，在理论与法律层面实现了教皇拥有最高权力的目的。与此同时，教皇的政治实践也随之展开，一个有效率、集权式教皇政府建立起来，并且通过派遣教皇使节以及大力推行罗马的宗教仪式，教皇的权力覆盖了整个西部基督教世界。

关键词：教皇；权力；理论构建；格里高利七世；教皇政府

在11世纪中叶之前，教皇并非基督教世界的宗教领袖，他实际上只是罗马地区的主教，还经常受制于罗马贵族或世俗王权。而到了13世纪，教皇已成为西欧社会中举足轻重的人物，以罗马教廷为中心的、一种强有力的教皇政府建立起来。这一转变可以被认为是中世纪历史中最重要、也是最值得探寻的问题之一。国外学界对此方面的研究由来已久，对材料的梳理已很翔实，观点亦很丰富，代表性的学者包括：授职权之争领域的权威布卢门特尔以及泰伦巴赫、中世纪政治思想史领域的著名学者沃尔特·厄尔曼、安东尼·布莱克以及布莱恩·蒂尔尼等。国内学界对这一问题也较为关注，一些学者的著作中涉及了相关问题，但鉴于这一问题的复杂性，对此还有进一步集中研究的必要。本文集中探讨教皇制的建立过程，即教皇权威以怎样的方式在思想理论和政治实践中被制造出来。

一、理论构建

教皇制的理论阐释具有一定的传统，11世纪之前诸多的宗教文献和法令中已包含了丰富的关于教权问题的论述,而教皇权力至上的思想也在其中被表达出来。这些早期的文献成为"教皇革命"时期的理论创新的基础,正是在对传统的回溯中教皇派理论家们为其教皇至上的观点找到了合理性和依据。

《圣经》是基督教诸多理论的权威和来源,它也成为教皇制最根本的支撑。如《马太福音》16:18-19:"所以我告诉你,你是彼得,是磐石,在这磐石之上,我要建立我的教会,甚至死亡的权势也不能胜过它。我要给你天国的钥匙,你在地上所禁止的,在天上也要禁止;你在地上所准许的,在天上也要准许。"①这是教会学者在论述教皇权力时最常引用的一段材料,它谈到耶稣在命令彼得建立教会的同时,也赐予了他统治的权力,而作为圣彼得的继承人,教皇们也同样拥有这种"禁止与准许的权力",因此,他们可以对整个基督教世界进行统治。此外,《圣经》在多处描写了彼得的独一性和特殊的能力,如《使徒行传》10章12节、《约翰福音》21章10节,这些材料也成为日后教皇权力的最重要的理论来源。

教父时代是基督教理论的大发展时期,教皇的权力也同样成为教父们探讨的一个重要问题。利奥一世是教皇权力的最早宣传者之一,他特别强调教皇作为圣彼得的继承人身份以及由此而拥有的统治权。②利奥一世使用头部和器官的形象来定义罗马教会与基督教世界其他教会的关系③,这一比喻成为教皇制理论中的经典表述,之后的教皇派理论家们也多以这种方式为教皇的最高权力辩护;格拉修斯关于政、教关系的论述贯穿于整个中世纪的政治思想之中,成为处理政、教关系的一个基本原则。他提出"两种权力"并立的概念:"尊敬的皇帝,这个世界被两种权力统治着,一种是教士的神圣权力,一种是世俗的王权。"在格拉提安那里两种权力之间并非对立,而是分工协作的关系:"基督……根据其各自适合的行为和特殊的尊严,将两种权力区分开来……因此,基督教帝国的皇帝为获得永生需要求助于主教,而主教们在处理尘世事务时也需要依靠皇帝的指导。"④两种权力的思想也被11世纪的教会改革者们所继承,但他们对两者之间关系有了新的阐释,对教皇权力至上的强调已经超过了以往的分工合作的认识。

除了较为早期的文献典籍,8世纪和9世纪所伪造出的一批教令集也成为了教皇权力的法律来源。其中,《君士坦丁的赠礼》(*Donatio Constantini*)是最著名的一份伪造品,根据《赠礼》,君士坦丁皇帝

---

① 《圣经·马太福音》16:18-19。
② Kevin Uhalde:"Pope Leo I on Power and Failure", *The Catholic Historical Review*, Vol. 95, No. 4 (Oct., 2009), p.671.
③ 伯因斯主编:《剑桥中世纪政治思想史》,程志敏等译,三联书店2009年,第385页。
④ A. Black, *Political thought in Europe 1250-1450*, Cambridge University Press, 1992, p.44.

将整个帝国的西部赠予了教皇西尔维斯特:

> ……我将给予常提及的、至福的西尔维斯特,即所有人的教宗,以我们的宫殿作为他的居所,并我们所有的省份、其他的宫殿、罗马和意大利的城市以及西部的所有地区;我将统治这些地区的权力赐予他(西尔维斯特)以及他的继承者们,我再次决定并命令上述地区由他(西尔维斯特)来管理,并合法地将其赐予神圣罗马教会作为其永久财产。……①

这份文件是完全站在教皇的立场上所创造的,它给教皇的权威提供了历史传统和世俗法律的依据,沃尔曼认为这是"纯意识形态的术语诠释了历史的事实"②。在 16 世纪的意大利人文主义学者洛伦佐证明其为伪造之前,它一直是教皇制最重要的辩护材料。除此之外,《伪伊西多尔教令集》(Pseudo-Isidore)也在教权理论以及教会法的发展过程中发挥了很大的作用。这部作品诞生于查理曼帝国解体的混乱之中,其最初目的是为了维护主教群体的权利,使他们免受世俗权力的控制,尤其是刑事诉讼的指控。③ 但作者的意图在随后学者的引用和解释中

发生了转变,他所关注的主教的权利不再被提及,这部作品成为制造教皇权力的最主要的法律来源之一。

伴随着"教皇革命的进行,11 世纪和 12 世纪涌现出一大批为教宗制辩护的理论家,如席尔瓦坎迪达的亨伯特(Humbert of Silva Candida)、彼得·达米安(Peter damian)、教皇格里高利七世(Gregory Ⅶ)、圣维克多的雨果(Hugh of saint Victor)以及明谷的伯纳德(Bernard of Clairvaux)等等,他们以传统文献为基础,通过引用、再解释甚至篡改,将教皇权力至上的理论推向了高峰,使其成为中世纪中后期政治思想领域中的主流观念。

早期的关于教皇权力的论述在 11 世纪再次得到关注和强调,教皇派理论家们往往将这些观点直接纳入自己的理论之中。利奥一世所提出的"圣彼得的继承人"的观念在之后很长一段时间内都并没有产生实际的影响,但改革派的教皇们却将这一身份当做其权力的依据,使圣彼得的声音真正地表达出来。格里高利七世处处以圣彼得的继承人自居,1704 年在一封写给匈牙利国王所罗门(Solomen)的信件中,他先后四次以圣彼得之名对国王发号施令。④ 在 1705 年的《教皇敕令》

---

① H. Bettenson, *Documents of the Christian Church*, Oxford University Press, 1943, pp.141-142.
② 沃尔特·厄尔曼:《中世纪政治思想史》,夏洞奇译,译林出版社 2011 年,第 53 页。
③ Thomas F. X. Noble: "Morbidity and Vitality in the History of the Early Medieval Papacy", *The Catholic Historical Review*, Vol. 81, No. 4 (Oct., 1995), p.518.
④ Thomas F. X. Noble: "Morbidity and Vitality in the History of the Early Medieval Papacy", *The Catholic Historical Review*, Vol. 81, No. 4 (Oct., 1995), p518.

中,他仍然重申了这一概念:"如果罗马教皇的职位是依照教会法的程序所授予的,那么毫无疑问,它也是荣耀的圣彼得所认可的。"① 此外,利奥一世以身体器官来比喻教会等级关系的论述也被其他改革理论家所引用,例如,亨伯特在《论神圣罗马教会》(De sancta Romana ecclesia)中谈道:如果教会的头部不健全,那教会的其他部分也不可能健康②,这是他发出的继续推进教皇制度改革运动的迫切号召。由此可见,在制造教皇权力理论的过程中,从传统的文献中摘引出符合自身目的的观点和材料是一种最常用、最直接的方式,但教皇派理论家们并不止于此,他们通过对材料的深入挖掘与再解释创造出了新的内容。

对传统材料的再解释即是一种理论创新,它赋予材料以新的内涵,并最终通过旧的题材表达出新的观点。教皇派理论家们正是在这一意义上通过重新挖掘早期的文献,表达出他们时代的教宗制的新理论。"双剑论"是中世纪政治思想中表达政、教关系的一个传统比喻,它来自《圣经》:"他们说:'主啊,请看!这里有两把刀。'耶稣说:'够了'。"③传统意义上的双剑——物质之剑与精神之剑分别属于国家与教会,并且两者的关系趋向于合作,但在授职权之争后这一解释发生了转变。1146 年圣伯纳德在写给教皇犹金三世(Eugenius)的信中谈道:"两把剑都是圣彼得的,无论何时需要时他都可以拔出,一把他亲手掌握,一把由他的权威来控制。"④伯纳德的观点并没有完全否定君王的权威,君王依然握有世俗之剑,但它是由教皇授予的,教皇才是两把剑即两种权力的最终所有者。这一转变所表达的观点是显而易见的:教皇拥有至上的权威,教权高于俗权。

除直接引用和再解释之外,教皇派理论家在使用传统文献材料时也常对原文进行一些篡改,以达到为教皇制辩护的目的。例如,1081 年格里高利七世在给亨利四世的信中引用了杰拉斯的话,但同时进行了修改,"省略了陈述国王'对人类进行统治'以及他只是为了神圣的事务而服从于神职人员权力的内容,以便让杰拉斯的那个句子符合他争辩的论点:'基督的牧师应该被当作国王、诸侯和所有忠诚之人的父亲和主人。'"⑤早期改革手册《七十四名称集》引用了《伪伊西多尔教令集》中的 148 个段落,同时也对原文进行了大量的修改,该作者"用篡改过的罗马教皇法令代替了教规法典这一术语,使罗马教皇法令成了教规。在其他地方,他

---

① B. Tierney, *The Crisis of Church and State* 1050-1300, Toronto Press,1988,pp.50-51.
② 伯因斯主编:《剑桥中世纪政治思想史》,第 349 页。
③ 《圣经·路加福音》22:38
④ B. Tierney, *The Crisis of Church and State* 1050-1300, p.94.
⑤ 伯因斯主编:《剑桥中世纪政治思想史》,第 416 页。

在伪法比安的文本中加入了'未经罗马教皇授权'的语句,改变了文中禁止开除主教职务的含义;此外他还通过类似的修改,将主教的调任篡改为'由神圣罗马教会的授权和许可'决定"①。在这种文本的修改中体现出中世纪政治思想的转变,早期的神圣王权的观念被教权至上的新观念所取代,具有集权性质的教皇制的意识形态也表达出来。

11世纪和12世纪的教皇派理论家的努力取得了显著的成果,教皇至上的观念在这一时期得到广泛的传播和接受,并在现实层面上发挥作用。教皇的绝对权威首先从"完满的权力"(plenitudo potestatis)这一观念中体现出来。这一术语来自罗马法,利奥一世最早将其应用在表达教皇与其代理者的权力关系上,通过《伪伊西多尔教令集》这一概念被改革派理论家所继承,英诺森三世经常使用它来表达教皇政府的权力。② 厄尔曼将"完满的权力"解释为:"教皇的权力超越世上的一切并且不隶属于任何人。"③这一观念包含两层含义:首先是教皇的权力高于一切世俗权力,这意味着教皇在世俗事务上拥有绝对权威,这一至上性并非由世俗统治者所授予,而来自于教皇职位本身。④ 这里需要强调的是,大多数教皇派理论家们并没有否定世俗君主的统治权,他们只是强调在理论上教权高于俗权,但教皇不直接进行统治,"如果教皇随意干涉世俗事务或亲自践行世俗权力,那么所有的教皇主义者们都会认为他僭越了权限"⑤。其次,教皇所具有的"完满的权力"还体现在与主教的"部分的权力"的对比中。"罗马教会有权审判所有人:没有人可以对它的判决提出上诉;没有人可以审判它;所有人都有权向它提出上诉,由它来判决。"⑥而主教的司法审判权力仅限于他自己的教区之内,他只是他自己教区内法官。⑦ 这一对比表达了教皇权力大于主教权力的原则,而这也成为等级式的、集权化的教皇制的基础。

除了理论层面,法律层面也是构建教

---

① 伯因斯主编:《剑桥中世纪政治思想史》,第380页。

② Kenneth Pennington: "The Canonists and Pluralism in the Thirteenth Century", *Speculum*, Vol. 51, No. 1 (Jan., 1976), p.35.

③ W. Ullmann, *Medieval Papalism*, London, 1949, p.78.

④ William D. McCready: "Papal Plenitudo Potestatis and the Source of Temporal Authority in Late Medieval Papal Hierocratic Theory", *Speculum*, Vol. 48, No. 4 (Oct., 1973), p.655.

⑤ William D. McCready: "Papal Plenitudo Potestatis and the Source of Temporal Authority in Late Medieval Papal Hierocratic Theory", p.656.

⑥ J. A. Watt: "The Theory of Papal Monarchy in the Thirteenth Century: The Contribution of the Canonists", *Traditio*, Vol. 20 (1964), p.269.

⑦ Gerd Tellenbach, *Church, State and Christian Society at the Time of the Investiture Contest*, Trans. by R.F.Bennett, Basil Blackwell, 1948, p.142.

皇权力的一个重要部分,正是从11世纪和12世纪所创造的大量的教会法规中,教皇的"完满的权力"被具体表达出来。教皇最重要的法律权力有两个方面:一是立法权,教皇获得这一权力并没有太大的障碍和争议,因为"把教皇教令作为教会法的主要来源也就等于是将教会的立法权归之于教皇"①。通过参与立法,教皇可以将其主张纳入到法律之中,格里高利七世就将教皇制以法律形式颁发出来,在1075年的教皇敕令中,格里高利从各个方面规定了教皇所拥有的无上权力。②除了直接制定法律,教皇还可以通过确认宗教会议的决议使其具有法律效力③,12世纪宗教改革时期的教皇们通过这一方式极大地促进了以罗马教廷为中心的教会集权制的发展。此外,教皇最重要的法律权力体现在司法审判权上,这也是最能体现教皇"完满的权力"的地方。格拉提安大师的《教会法汇要》规定:教皇具有司法首席权。"因此作为教会高级都主教,他有权审理所有主教的终诉案件。作为依职权所做的发言不能错误,如同世俗的最高法院所做的判决不能错误一样,因为世界上已经没有更高的法院可以上诉。"④通过践行这一权力,教皇还可以任免主教,从此意义上来讲,具有最高司法权力的教皇俨然基督教世界的君主。

需要强调的是,在教皇制的构建过程中,理论早于实践,早在1050年之前,教皇制的理论就已经形成了一种深厚的传统。11世纪的教会理论家们首先是这一传统的继承者,先前的文献材料是他们论述的来源和起点,但在此基础之上,各种新的关于教皇权力的观点被创造出来,如厄尔曼所认为的,正是在这一时期教权理论进入了它的成熟期。但教皇制的成功不仅仅是通过理论辩护而达到的,从利奥九世开始的改革派教皇们的实践也是至关重要的,他们建立了一个强有力的教皇政府,并通过一些积极的措施最终将教皇权力扩展出罗马,传播到整个基督教世界。

二、政治实践

教皇政府的建立开始于利奥九世时期。利奥掌权过程中的一个关键人物是德皇亨利三世,亨利三世对罗马教会的干涉在事实上导致了以利奥九世为首的改革派的上台,教皇权威也正是在他的保护下建立的。⑤ 利奥任职期间的两个措施对之后罗马教会的发展产生了很大影响,一是组建了一个改革小组,上文所述的几位重要的教皇派理论家都是这小组的成员,如亨伯特、达米安以及未来的教皇

---

① 彭小瑜:《教会法研究》,商务印书馆2003年,第176页。
② B. Tierney, *The Crisis of Church and State 1050-1300*, p.49.
③ 哈罗德·伯尔曼:《法律与革命——西方法律传统的形成》,贺卫方等译,中国大百科全书出版社1993年,第120页。
④ 奥斯瓦尔德·莱舍尔:《教会法原理》,李秀清、赵博阳译,法律出版社2014年,第56页。
⑤ Zachary Nugent Brooke, *The English Church and the Papacy*, Cambridge University Press, 1989, p.27.

格里高利七世,这个团体成为改革以及教皇集权的最有利的武器。① 其次,利奥开始改革之前的教廷机构设置,试图建立一个以教皇为中心的执政团体。利奥任命改革小组的人担任枢机主教,从而改变了这一职位的性质,之前的枢机主教只是授予罗马高级教士的荣誉称谓,但这时的任职者们成为了教皇最信任的顾问和管理者。② 此外,枢机主教也经常被利奥以教皇特使的身份派往各地,例如亨伯特就曾以这一身份出行君士坦丁堡,但正是他的鲁莽导致了东、西罗马教会的正式分裂。通过派遣特使这一方式教皇加强了与外界的联系,扩大了教皇的影响力。总之,利奥九世的积极举措加强了教廷的执政能力,正是在他的时代教皇政府初现雏形,从这个意义上讲,这位僧侣出身的教皇是一位改革的先锋。

尼古拉斯二世的执政也在两个方面获得了成功。1059 年的《教皇法令》对教皇权力的发展至关重要,它重新规定了教皇选举的程序:"当普世罗马教会的任职者去世后,枢机主教们应首先聚集一起就选举进行商讨;然后他们召集其他的红衣教士;再然后召集其他教士以及罗马人民给予新的选举以同意,要以最谨慎的方式避免以任何方式而偷偷潜入的贿赂的罪恶。"③这一新的选举方式排除了世俗权力的干涉,有效地保障了罗马教会的独立性以及教皇的权力。④ 尼古拉斯二世的另一个重要举措是与意大利半岛南部的诺曼人建立联盟,这是教皇政府建立独立外交的一次行为,它从一个侧面反映了这个新政府的行动力和决心,因为这个联盟意味着与德皇关系的破裂,但同时也加强了教皇政府的独立性。

教皇权力的一次突破性进展发生在格里高利七世时期,他第一次将教皇的绝对权力付诸实践。1075 年的《教皇敕令》是格里高利执政的总纲,他以圣彼得的口吻要求对整个基督教世界实行统治。在与主教的关系中,格里高利试图以各种方式来加强对主教的控制,直接发号施令、召集宗教会议、派遣特使,甚至动员世俗领主以反对违规的主教。格里高利的举措加强了罗马教廷的中央集权,西欧教会作为一个整体的目标得到进一步实现。⑤ 格里高利七世另一个重要的行动是要取得对主教的授职权力,这也吻合他之前的改革敕令,即"只有他一个人可以罢免或复任主教"⑥。而这一行为必然导致俗权

---

① Gerd Tellenbach, *The Church in Western Europe from the Tenth to the Early Twelfth Century*, Trans by Timothy Reuter, Carmbridge, 1993, p.146.
② 布莱恩・蒂尔尼、西德尼・佩因特:《西欧中世纪史》,袁传伟译,北京大学出版社 2011 年,第 214 页。
③ B. Tierney, *The Crisis of Church and State 1050-1300*, p.42.
④ F.Donald Logan, *A History of the Church in the Middle Ages*, Routledge, 2012, p.111.
⑤ Gerd Tellenbach, *The Church in Western Europe from the Tenth to the Early Twelfth Century*, p.205-209.
⑥ B. Tierney, *The Crisis of Church and State 1050-1300*, p.49.

的激烈反对,因为在之前没有明确法令的时期,主教常常由世俗领主直接任命,所以,德皇亨利四世在给格里高利七世的信中愤怒的回击道:"因此,你,该受这种诅咒,以及我们全体主教的判决和我们自己惩罚的家伙,应该下台并放弃你所篡夺的使徒职位。让另一个人升任圣彼得的宝座。我,亨利,受上帝恩赐的国王,同我们全体主教一道对你说:下台,下台,你将永远被诅咒。"①授职权之争在格里高利时代并没有解决,他自身也因此陷入一种悲剧之中,但他对教权至上理念的实践对教皇制的发展产生了重要影响,教皇的精神权威和实际的政治权力在格里高利七世的改革运动中得以扩大。② 1122 年的《沃尔姆斯协定》以妥协的方式解决了双方的争端,但这对教皇来讲无疑是一种胜利,教皇的统治权得到进一步肯定,教廷的威信大大地增加了。

教皇政府在向整个基督教世界传播其权力理论之时,教皇使节是最重要的一个工具。这一职位在 11 世纪教会改革之前就已存在,教皇与君士坦丁堡和德皇的交往需要通过使节来进行。但这一时期的教皇使节并不十分重要,数量很少,鲜有重要人物担任这一职位,他们的名字也很少留下。③ 这一状况在利奥九世之后发生了根本性的变化,随着教皇权力的增长,教皇使节成为一个具有影响力的重要职位。教皇特使多由改革派的人士担任,格里高利七世在成为教皇之前就以这一身份积极参与到地方教会的改革中。在改革之后,格里高利七世尤其强调这一职位的重要性,《教皇敕令》的第四条规定:"他的使节,即使教阶较低,在宗教会议中也高于一切主教并且可以做出废除主教的判决。"④教皇使节在改革期间发挥了重要的作用,他们将改革的理念传播到西欧各地区的教会之中,同时,他们也促进了教皇集权的发展,教皇通过其代理者加强了对地方主教和教会的控制。

教皇权力大力扩张的另一个方式是通过推行其宗教仪式来实现的,这一文化层面的宣传在某种程度上甚至比行政手段更有效力,伴随着罗马宗教仪式的传播教皇的权力逐渐渗透到西欧社会的各个地方。罗马的宗教仪式在格里高利七世时期取得了很大成功,"他和他的使节在宗教会议上开始寻求强制实施这一正确性。与此类似,在格里高利七世的宗教会议上,教皇开始宣布掌握追封圣徒的权力"⑤。另外一个凸显教皇权力的宗教仪式是"大披肩"(Pallium)制度,即当选的大主教由教皇授予大披肩,以确认其身份

---

① 哈罗德·伯尔曼:《法律与革命——西方法律传统的形成》,第 92 页。
② A. Black, *Political thought in Europe 1250-1450*, p.42.
③ Gerd Tellenbach, *The Church in Western Europe from the Tenth to the Early Twelfth Century*, p.68.
④ B. Tierney, *The Crisis of Church and State 1050-1300*, p.42.
⑤ 伯因斯主编:《剑桥中世纪政治思想史》,第 395 页。

的有效性。这一仪式在中世纪早期就已存在,它是一种高级荣誉,一开始并不只是针对大主教,10世纪和11世纪时它成为大主教的特权。在改革时期,它被以教会法的形式确认下来,英诺森三世尤其强调这一程序的重要性并且"禁止没有大披肩当选的都主教使用大主教的头衔"①。"大披肩"制度得到教皇派人士的广泛支持,因为它很好地诠释了教皇的"完满的权力"的观念,主教通过获得大披肩而拥有相应的治权的同时,教皇也在赠予大披肩的过程中彰显了其所拥有的最高的权力。

11世纪和12世纪教皇在政治领域的实践是非常成功的,在一定程度上将教皇派理论家的主张变成了现实。一个强有力的教皇政府建立起来,它在效率及执政能力方面远超同时代的世俗政府。通过积极的政策,教皇实现了在整个西部教会的集权统治,一种具有普遍性的、等级制的教会体系建立起来,而教皇成为它的首领。另外,这一时期的教皇也扩大了他们在世俗统治方面的权力,这导致的一个结果是对俗权造成制约,一种教会和国家对立的二元政治结构由此建立起来,这对西欧历史的发展进程产生了重要的影响。

The Construction of Papal Power

The Clerical Theory, Canon Law and Papal Government of Western Europe in the 11th and 12th Century

Abstract: The church reform in the 11th and 12th century is an important turn for both the medieval political thought and the European political practice, and the key of this is the establishment of the Papacy, which means a papal power was manufactured beside the secular kingship. The construction of papal power started from the theory, but only through the practice it was finally achieved. During this time the traditional documents were quoted, reexplained and even altered by the papal theorists, the reasonability of the papacy was admitted in the theoretical and juristical fields. At the same time, an effective and centralized papal government was built, and through the papal legates and the Roman liturgy the papal power spread across the whole Christendom.

Keywords: Pope, Power, Theoretical Construction, Gregory Ⅶ, Papal Government

作者:刘林,南京大学历史系博士研究生

---

① 彭小瑜:《教会法研究》,第185页。

专题研究

埃及农民对战争的社会记忆

□ [埃及]雷姆·萨德 文

摘要:20世纪以来,中东问题成为学界研究的热点,尤其是对中东战争的研究尤为突出。本文讲述了埃及农民对中东战争的社会记忆,占埃及总人口近一半的农民作为一个边缘社会群体,对于许多问题的记忆可能与其他社会群体的回忆不同。农民作为士兵参与战争,往往强调的是具体和直观的社会现实,他们认为战争"几乎是一个历史事件",它与一个特定的时间和地点无关。同时,埃及农民认为战争中以色列的胜利,在很大程度上就是通过欺骗得来的,而罪魁祸首是美国或苏联。

关键词:中东战争;埃及;农民

一提到中东,人们首先会想到战争、动乱、恐怖等。正如罗杰·欧文在其著作《中东战争的复合影响》中写道:"这样或那样的战争一直是20世纪中东生活的特色。其中不仅包括20世纪的两次世界大战,还包括在以色列、巴勒斯坦和阿拉伯邻国之间短时间的激烈冲突;各式各样的内战伴随着类似于也门、苏丹、阿曼、黎巴嫩这些国家的外部参与;以及20世纪80年代漫长的伊拉克和伊朗之间旷日持久的战争。"因此,可以说战争在中东地区无处不在,如影随形。就战争本身而言,不同的社会阶层对战争有着不同的看法和态度,本文主要谈谈农民视野中的战争。

20世纪的中东战争,特别是第三次中东战争引发的一系列问题,仍在影响着今天的阿以局势。1967年的第三次中东战争,亦称六日战争或"六·五战争",是"先发制人"战争的典范,是20世纪军事史上最具有压倒性结局的战争之一。它是阿拉伯国家与以色列在中东地区进行的一场大规模战争,最后以埃及、约旦和叙利亚联军的彻底失败而告终。此次战役后,以色列占领了由埃及控制的加沙地带和西奈半岛、约旦控制的约旦河西岸和耶路撒冷旧城、叙利亚的戈兰高地共6.5万平方公里的土地,数十万阿拉伯平民逃离家园沦为难民,大量农民生活在水深火热之中。这场战争虽已过去近50年,但广大农民群众对其仍记忆犹新。

农民对战争的现实观

农民的历史观念与他们的个人经历和参与是分不开的,尤其是农民作为士兵参与战争或作为埃及国家的成员目睹了这些重大的事件。农民在回忆政治事件和社会发展时,往往与回忆自己的生活有着非常密切的联系。对目前埃及历史更好的理解可以通过把农民的回忆和记忆作为历史来源来获取。[1]

20世纪60年代,通货膨胀和生活水平不断恶化是埃及农民所遇到的主要问题,烦扰他们的主要事情是较高的物价,他们认为当前窘迫的生活状况是由战争引起的,而罪魁祸首是美国或苏联。

雷姆·萨德采访农民赛义德(参加过也门战争、1967年和1973年战争)时,问道:"为什么会发生六日战争?"他答道:"战争就像一个无序的状态。为了利益,大国喜欢在其他国家之间制造不和。如当我们对抗以色列需要武器时,我们要去哪儿找武器?是美国或苏联。我们使用这些武器对付其他人。我们得到他们提供的最先进的武器和硬通货。但是他们将我们拖入了债务,导致我们生活贫困。"

1967年六日战争爆发前夕,埃及出现了严重的经济危机,国民生产总值每年增长的速度仅为0.3%。在1965—1966年,埃及的经济开始衰退。出口作物和粮食产量的下降再一次导致外汇困难。因为战争,在农村几乎所有男性必须服兵役,男性劳动力短缺持续存在,女性和儿童高负荷劳动而收入过低。棉花、大米和(1964年)谷物的减产导致了严重的经济问题。1966年与1964年相比,棉花产量下降了20%,棉产量的不足导致硬通货储备的减少;食物短缺促使零售食物价格上涨了11.5%,同时导致整个国家全面的物价上涨。1965—1966年进口小米和面粉的价格(5500万埃镑)超过同期埃及出口商品的价格(5200万埃镑)。为了补偿贸易逆差,埃及政府采取赤字财政,到1966年每年借款平均高达6000万埃镑,陷入债务危机,不久第二次的外汇危机袭击了埃及。

埃及农民认为"战争是一个历史事件"[2]。这些困难制约了国家发展和战斗能力,使埃及政府无力对1967年战争备战,同时也导致民众贫困化。

农民对战争的实践观

占总人口近一半的农民作为一个特殊的社会群体,对于许多问题的记忆可能与其他社会群体的回忆不同。在《伟大的战争和现代记忆》这本书中,保罗·福塞尔论述了第一次世界大战对现代欧洲人

---

[1] Adams, *Development and Social Change in Rural Egypt*, p.123.
[2] James Toth, *Rural Labor Movements in Egypt*, 1961-1992, pp.159-160.

思想的影响。① 他通过观察当时的文学作品和回忆录,分析了战争中幸存下来的现代记忆方法。当我们观察埃及农民对战争的回忆时,他的许多见解非常有用。福塞尔记录了第一次世界大战如何影响当时的人们对第二次世界大战的看法,他们认为两次世界大战"几乎是一个历史事件"。② 埃及农民看待战争也是如此,他们把战争视为一个事件或大量类似的事件。

一方面,面对战争,埃及农民有理由捍卫自己的"土地"和"家园"(国家)。赛义德说:"我们正在为我们的土地战斗。如果他们(敌人)来了,站在我们的家园中,而我们不做任何事情,他们就会坐下来。如果我们去睡觉或离开,他们会占据我们的家园而我们将无法将他们赶走。我们的战争是这样的,我们正在为我们的家园和土地战斗。"③

另一方面,农民作为一个社会本体,往往强调的是具体的和直观的社会现实。据那些参战的农民回忆,战争经历直接带来的是具体的和亲身的感受,战斗后的亲身描述和重复的提及死亡是常见的。个人的具体战争经验——战斗情况——在所有的战争中是相同的,无论总的结果是胜利还是失败,每次战斗都是悲伤的。④ 下文是三位农民士兵所经历的战争。一位是阿布·阿萨德讲述了他在 1953 年的一次例行训练,一位是苏丹叙述了他参与六日战争的经历,第三位是赛义德描述 1973 年战争的过程。尽管这三个事件有不同的背景,但特定事件的描述几乎是相同的。

阿布·阿萨德的故事:"当完成训练之后,我们执行演习以确保我们的训练已取得成功。我们 30 名士兵乘坐一辆卡车,到某个地方后分成两部分,一部分人模仿埃及人,另一部分人模仿敌人。下车后,在三百或四百米开外,矿井突然爆炸,天翻地覆。在尘埃落定后,我站起来,这是真主注定的命运。其余的人,有的头身分离,有的身体一分为二,有的腿被炸断。他们就像一群被机枪射击的鸽子,除了我没有人站起来,我慌慌张张跑开,他们所有人被炸得粉碎。"

苏丹的故事:"飞机开始扫射我们。人们被炸飞,帐篷与汽车葬身在火海中。我藏在一个洞里直到尘埃落定。眼前景象是可怕的。烧毁的汽车残骸,腿、胳膊、头分家的残躯。我们尽最大努力收集他们的躯体并安葬他们。"

赛义德的故事:他对 1973 年十月战争的描述始于苏伊士运河。在苏伊士运河,他的中队被围攻:"我们被包围了。飞

---

① Tamari, "Soul of the Nation: The Fallah in the Eyes of the Urban Intelligentsia," pp.74-83.
② Rosemary Sayigh, Palestinians: *From Peasants to Revolutionaries*, p.121.
③ White, "The Value of Narrativity in the Representation of Reality", p.2.
④ Adams, *Development and Social Change in Rural Egypt*, p.163.

机、坦克和车辆撞击着我们,像有一把扫帚驱赶着我们……我不知道有多少天没有看见面包。当夜晚来临时我们爬着寻找任何可以吃的。在夜间,如果我发现了一棵小棕榈树会砍掉叶子吃。我们寻找草——人们践踏的草——吃掉它,在我口中草尝起来像蜂蜜一样美味。"

以上这些埃及农民对战争的记忆是从所有战争的一般性出发,它与一个特定的时间和地点无关。在这个意义上,它不从属于一个关于特定历史事件的政治评论的过程。

农民对战争的政治观

六日战争对于农民来说,是具有里程碑意义的事件,他们不仅目睹战争对整个埃及和(阿拉伯)国家的巨大打击,而且他们见证了"政治"因素的参与,几乎每个人都足够清晰地记得那时发生了什么。当提及1967年6月9—10日的政治事件时,悲剧的元素是明显的(英雄、恶棍、背叛、阴谋、命运)。当然,悲剧英雄是纳赛尔。[①] 1967年战争失败是纳赛尔政权和埃及人民的致命伤。

具体地说,1967年的记忆影响了一代人。雷姆·萨德在采访海格·沃赫时,问在纳赛尔时期发生了什么事。他回答说:"阿卜杜·纳赛尔被称为'战争英雄',但当他进入巴勒斯坦战争时,他失败了,1970年,心脏病发作而死,阿卜杜·纳赛尔在痛苦中死亡。其挫败的原因是,我们想要解放巴勒斯坦。所以我们进入巴勒斯坦,约旦和叙利亚与其签订协议,建成一个州。当纳赛尔掌权时拒绝使用英语,因此谁会加入苏联?而纳赛尔想从埃及驱逐苏联人时,苏联还想创建一个军事基地,纳赛尔告诉他们:不,我们不需要你。然后苏联人欺骗了他。"沃赫接着说:"仔细倾听,1965年苏联人怂恿以色列对付巴勒斯坦,直到1967年事件开始升级。苏联人仍欺骗纳赛尔,告诉他,不会让以色列先动手。这样,当战争开始时,以色列袭击了我们的机场。我们被束缚了,而以色列走了进来。"1967年6月9日早晨,纳赛尔说:"在今天,我放弃总统的职位,我不会再是共和国的总统,而是一名普通公民。我真心诚意地告诉你们,我准备承担全部责任。"当然国家没有接受,人民也不答应,他们从四面八方拥挤到开罗,"你让他来看我们或者我们会去看他,告诉我们,如果他死了,他不应该把我们扔在火里,然后离开我们"。第二天,纳赛尔说:"根据人们的要求我撤销了昨天的声明,因为我服务于人们。"

据乔恩·金奇的《中东战争》记载:在纳赛尔宣布辞职演说的前半小时,人群已聚集在开罗各主要广场上,举着要求纳赛尔撤销辞职的横幅和标语牌。演说结束前几分钟,长长的车队就已经隆隆地开上开罗的各条大街。尽管天空中没有一

---

① Hobsbawm, *Nations and Nationalism*, p.46.

架飞机,但是几十门高射炮轰得响彻全市,其时间之长、火力之猛,是开罗闻所未闻的。开炮的命令是统帅部下达的。军方想用这种办法来驱散人群,制止民众要纳赛尔重新执政的呼喊。这是迄今军方对总统表示敌意的一次最明目张胆的示威活动。但结果毫无用处。成千上万的人——很多人热泪盈眶——拥上开罗、亚历山大和埃及其他城市的街道,示威支持纳赛尔总统,要求他取消辞职的呼吁书。

雷姆·萨德在采访苏丹时,回忆说:"他们在零时开始攻击机场。的确,我们有很好的武器,但是我们的机场被攻击而瘫痪。因此,当领导试图与机场取得联系时,没有成功,如果不是叛国的话,我们会赢得这场战争。我告诉你,我们只是士兵,所以我们不知道,但人们说,阿卜杜勒·哈基姆·阿密尔在机场与瓦尔达会晤,这是阿密尔和以色列之间约定的一个计划。士兵们士气低落,我承认对于他们没有什么错,问题在于领导,没有人确切地知道是什么。是挪用公款,还是阿密尔过于自负?如果有空军掩护,我们将在1967年对以色列采取行动,因为以色列(的规模)还不及这个'木屋'。叛国,是的,叛国。美国也帮助以色列,在这点上我们不能站在美国的一边。纳赛尔感到这种压力,他在广播和电视上宣布辞职。埃及人听闻辞职消息后非常伤心。

在部队有的士兵自杀,有的拿石头砸伤自己。在这个时候,他怎么能辞职而离开我们!军队起义了。然后他又回到了总统位置上。"①阿布·马格拉比表达了类似的观点,村里的重要守卫说:"挫败的原因是阿密尔的背叛。他收受贿赂,而且一些人说他喝多了。每个人都说一个不同的事情,但总之都是背叛。"赛义德对挫败背后的原因采用了相同的解释:"背叛发生的原因在于我们埃及人是善良的。我们对抗敌人而不是朋友——这是一个敌人。大国告诉埃及,'不要开始攻击,不要开始战争'。他们说,我们没有做任何事情。所以他们先开始。飞机来了,然后坦克,他们站在苏伊士运河。西奈沙漠的每个人被杀害或作为俘虏。这是叛国。"②赛义德对6月9日事件的描述提供了一个重要信息:6月9日我不得不转移到另外一个位置,我想用推土机铺平道路,我启动了推土机但它没有开始。然后我告诉自己我正在回家,我正在回家。我走在主干道上,等待着。我看到法尤姆省的巴士来了,我拿着我的包,走进了公共汽车。当公共汽车到达库姆,这是一个检查点。他们逮捕了那些属于军队的人。警官问我从哪里来,我说卡纳特。他问我做什么工作,我说司机,并给他们看我的身份证。然后他们搜查我,我的运气不好,他们在我的口袋里发现了军人证件。所以他们

---

① El-Shorbagi, *Mudhakkarat' an harb Octobar li-Gami' al-talaba* [Notes on the October War for all students], p.14.
② Soueif, *In the Eye of the Sun*, p.412.

让我离开公共汽车。我发现自己是唯一离开公共汽车的人,我开始怀疑他们要对我做什么。然后我告诉自己,他们能做的最糟糕的事情就是送我回到战争,我已经习惯那儿。①

他们带我去库姆的警察局,当我进去的时候,发现近四百人像我一样。所以我想,要死我们能一起死,要活能一起活着。然后,他们带来了一个巨大的卡车,把我们转移到法尤姆省的警察局。到那里后,一名不戴警帽的警察,双手插在口袋里,对我们说:"你们是把挫败带给我们的婊子儿子吗?你们正在被抛弃!你们都应该被枪杀。"然后我们喊道:"我们不是婊子的儿子。你是婊子的儿子。"他提高了嗓门,而我们都在叫喊直到警官在我们面前消失。不久马米尔(官员)出来,命令把我们关在学校,而不是警察局。他们带我们去学校,把我们放到教室。我们打破了窗户。马米尔问我们有什么要求,我们要求见家人。然后一名警察走进教室问我们的村庄在哪儿。我的家人来了,带来了炉子、茶、食物、炊具和一切。如果你在夜里看到了这个景象——以为学校的院子里在过圣纪节(圣徒的生日)。②

其实通过分析雷姆·萨德采访埃及农民海格·沃赫、阿布·马格拉比、赛义德和苏丹的记录,会发现埃及农民的说法不无道理。随着这场战争的秘密材料被纷纷解密,人们发现,在这场战争中,以色列的胜利,在很大程度上就是通过欺骗得来的。

1967年5月22日,埃及宣布封锁蒂朗海峡后,美国即明确表示支持以色列。5月23日,美国与英法等国商讨国际护航计划,要求联合国对中东局势"给予最优先的考虑",以迫使纳赛尔收回封锁令。美国总统约翰逊通知埃及说:"埃及无权干涉任何国家在亚喀巴湾的自由航行,如果美国用和平手段开放亚喀巴湾的努力失败,那么将不惜使用武力作为最后手段。"③以色列则接受了美国提出的"48小时内暂缓向亚喀巴湾派出船只进行示威性通航"的建议,于25日派外长埃班前往华盛顿,同美国总统约翰逊、国务卿腊斯克、国防部长麦克纳马拉紧急磋商,谋求美国的具体保证。约翰逊对埃班说:"以色列不会被孤立,除非以色列单独行动。并保证美国会在军事上充分保卫以色列。"

5月26日,苏联在关键时刻向约翰逊建议:"两国采取行动缓和中东局势。"即苏美分别承担约束埃及和以色列的任务。当天,约翰逊照会以色列总理艾希科尔,要求他"不诉诸武力"。以色列政府

---

① El-Shorbagi, *Mudhakkarat an harb Octobar*, p.6.
② Fussell, *The Great War and Modern Memory*, pp.120-121.
③ U.S.Arms Control and Disarmament Agency, *World Military Expenditure and Arms Transfers* (Washington, D.C.: ACDA, 1982).

接到照会后,耍了一个花招,成功地借助一份假情报,借美苏特别是苏联之手束缚了埃及的手脚,以色列总理艾希科尔通知美国政府说,他已得到埃及即将发动进攻的"紧急情报"。美国立即将"情报"告知苏联政府,并召见埃及驻美大使卡迈勒,要他立即将约翰逊的信转交纳赛尔。信中说:"埃及必须停止采取任何可能导致大规模战争的军事行动。"① 苏联得知此事后十分紧张,命驻埃及大使立即求见埃及总统。纳赛尔于5月27日凌晨3时被叫醒,接见苏联大使。苏联大使向他转达了美国通知的内容,并强调埃及不能首先开火,"因为开第一枪的人在政治上处于难以防守的地位,苏联已从美国得到保证,以色列不会发动进攻,如果以色列发动进攻,苏联不会坐视不顾。如果纳赛尔发动战争,他必须依靠自己单独作战"。

5月底,以色列政府认为发动战争时机已到,他们认为美国虽然口头上不同意以色列"首先行动",但如果以色列真的挑起战争,美国也不会不管。同时,以色列情报机关"摩萨德"分析了5月末克里姆林宫内部激烈的夺权斗争和西奈半岛危机之间的联系。② 1964年赫鲁晓夫倒台后,苏联领导权由勃列日涅夫(苏共中央第一书记)、柯西金(部长会议主席)和波德戈尔内(最高苏维埃主席团主席)分掌。在中东事务上,三人看法存在分歧:

勃列日涅夫支持埃及逼迫以色列让步的战争威慑策略,柯西金较稳健,波德戈尔内持中间立场。最后的结论是:决策层的意见分歧,可确保苏联不会强力干预中东冲突。事实也正是如此,"六·五战争"后,遭受重创的埃及军队迫切需要苏制新式武器,恢复军力以对抗以色列。而苏联为了与西方阵营搞"缓和",竟与美国一道在中东地区维持"不战不和"的局面,屡次推迟早已承诺的武器供应,并不时阻难埃以消耗战中的埃及。

此外,战争初期以色列空军大规模的突然袭击,使时任埃及副总统兼武装部队最高副统帅、国防委员会副主席的阿密尔本人已不知所措。这种恐怖造成的自卑驱使阿密尔总司令做出了要西奈防御部队撤退的决定;但他既不向纳赛尔报告,也不征求参谋们的意见,他武断地向西奈防御部队下达了撤退的命令。命令仅仅两个字:"撤退。"③ 而在此之前,总参谋部的参谋们正在研究仍按计划实施作战的问题。他们认为,埃军经过反击可以阻止以军前进;即使在最坏的情况下,也可以在吉大加法、米特拉山隘、吉迪山隘以东阻止以军前进。可是就在这时阿密尔总司令突然发出了撤退的命令,这使参谋们和部队陷入了混乱。奉命撤退的部队既不知道撤退的顺序和路线,又得不到掩

---

① Danet, *Pulling Strings*, p.243.
② Galnoor, "Israeli Society and Politics," pp.193-194.
③ Shama and Iris, *Immigration without Integration*, pp.137-138.

护,在以军的快速追击下,遭到了惨重失败。从上面关于挫败的叙述,可以看到优先考虑的一个悲剧元素是阴谋。阴谋被视为失败的主要原因,混乱是阴谋论述的一个关键字。作为一个名词,混乱拥有强大的伊斯兰内涵,其通常适用于更广泛的社区:埃及、阿拉伯或穆斯林。它指的是一种更高层次的邪恶并由不是道德共同体一部分的一个人或一个组织操控。① 它是用来解释战争的失败和不发达的埃及和阿拉伯世界。换句话说,阿密尔、俄罗斯和美国在这方面几乎是可以互换的。

所有这些都充分展示了一种情况:不仅仅是战争本身,也是过去战争的记忆累积的影响,甚至是新的战争存在的威胁成了影响埃及农民的重要因素。总之,本文通过分析农民对战争的现实观、实践观和政治观,尝试说明农民对战争的记忆是整合的而不是独立的。他们拥有一种边缘化的意识,同时试图在国家历史中为自己寻求一席之地。

War in the Social Memory of Egyptian Peasants

Abstract: Since the 20th century, the Middle East issue studies is becoming a hot spot of academic research, especially the study of Middle East War. The essay makes a survey of war in the social memory of Egyptian peasants. Peasants, who constitute almost half the Egyptian population, as a marginal social group, may be different from other social groups memories. Peasants, as soldiers in the war, often emphasizes specific and intuitive the social reality. They came to think of the wars "as virtually a single historical episode", it has nothing to do with a specific time and place. At the same time, the peasants think that Israel's victory is largely through deception. The chief culprit is the United States or the Soviet Union.

Keywords: Middle East War, Egypt, Peasants

译自 Steven Heydemann eds., *War, Institutions and Social Change in the Middle East*, California: University of California Press, 2000, pp.240-255。

本文系高校人文社会科学重点研究基地"亚洲区域发展研究中心"项目"战争与中东城市发展研究"(2013323)的阶段性成果。

译者:石磊,山西师范大学

---

① Poggi, *The State: Its Nature, Development and Prospects*, p.20.

自由、精英与宪政：哈维·曼斯菲尔德的保守主义核心理念钩稽

□ 朱 兵

摘要：作为当代美国一位重要的保守主义政治思想家，哈维·曼斯菲尔德深受著名德裔美籍政治哲学家列奥·施特劳斯的精神启发，是一位立场坚定的施特劳斯主义者。沿施特劳斯之足迹，曼斯菲尔德秉承一种返本开新式的治学理路，那就是主张通过对古典政治哲学理念的弘扬以救治现代性以及建立在其之上的现代政治制度的种种弊病。此外，曼斯菲尔德的保守主义思想亦深受亚里士多德、马基雅维利、伯克、托克维尔等西方先贤的理论启发，与20世纪60年代美国政治社会大变动的实际情景更是相生相伴。在对"自由""平等"和"民主"等现代核心政治价值理念的权衡掂量之中，曼斯菲尔德立场坚定地捍卫"自由"之首要地位与优先性。在曼斯菲尔德对良善政治秩序的思考中，精英扮演着指引作用，可以借其对抗现代社会的不断平庸化、同质化与低俗化。与此同时，他也主张在宪政的框架和精神谱系之中化解和修弥当今美国所面临的诸多实际政治难题和挑战。再者，曼斯菲尔德的保守主义思想并非纯粹的理论推演和书斋叙事，而是带有明显的实践品格和现实指向，体现出对美国现实政治的精准把脉与缜密省思。

关键词：美国自由主义；列奥·施特劳斯；自由；平等；民主

作为当下美国一位著名的保守主义思想家，哈佛大学教授曼斯菲尔德（Harvey C. Mansfield, Jr., 1932— ）自始至终强力捍卫其师施特劳斯（Leo Strauss, 1899—973年）的精神遗产，虽然他并没有直接拜学于施特劳斯，但可称之为施氏的私淑弟子。曼斯菲尔德始终秉承一种施特劳斯式保守主义情怀，那就是主张返本开新，用古典政治哲学之中的丰富智慧来救治现代性的诸种弊病和克服现代西方文明所面临的深刻危机。在曼斯菲尔德的保守主义视野下，既有对美国宪法文本原初精神的敬重，对美国特色式粗朴个人主义（rugged individualism）的重申，对权力过于集中的大政府之批判，也有对德行（virtue）、伟大（greatness）、抱负（ambition）、

品质(merit)、荣耀(honor)等诸多古典政治品性的颂扬,还有对传统文化价值观(尤其是宗教和习俗)的弘扬。在对美国建国时期所确立的政治精神之回溯中,曼斯菲尔德找到了自身保守主义思想之原点,在对亚里士多德、马基雅维利、伯克、托克维尔等古典先贤的研究中,他吸取了自己保守主义学理体系的基本智识资源,在对当代美国现实政治的针砭中,曼斯菲尔德更是实现了将这种保守主义精神从象牙塔到大众传媒的实际推演。作为一位直率而敢言的公共知识分子,曼斯菲尔德在美国的诸多报纸杂志(尤其是具有保守主义倾向一类的)上发表了大量的政论和书评文章,引发了学界的极大关注和争议,被冠之以"哈佛的保守主义之君"①。然而,对于曼斯菲尔德这位最为知名的在世的施特劳斯主义者,尽管其部分著述已有中译本面世且已有相关文章对其思想的某些侧面进行解读②,但总体而言,对其思想全景缺乏足够的梳理和剖析,这对于我们认识施特劳斯学派这个特殊的保守主义派别以及整个的美国保守主义阵营是不充分的。鉴于此,本文试图对曼斯菲尔德的保守主义思想进行概览式的钩稽,清点其中的核心概念和关键词汇,以期对认识曼斯菲尔德政治思想的全貌有抛砖引玉之效。

一、曼氏保守主义思想之形塑

作为西方世界的主流政治思潮之一,保守主义有区别于社会主义、自由主义等其他各类主义的独特信条,其中包括质疑理性的全能性,承认人性的弱点,强调传统的力量,主张政府权力的有限性和社会的自主性与自发性,反对激进变迁和革命等。保守主义的特征可以被简化为两点:"作为一套相当连贯的关于人、社会以及政府本质的预设,以及作为对由于历史发展而发生在一个特定社会和政治体之中的社会、经济和政治变迁的一种回应。"③《当代政治哲学指南》一书认为,保守主义具有三种特征:传统主义、怀疑主义和机能主义。④ 凯克斯则认为,保守主义思想具有四种特征:多元主义、怀疑主义、传

---

① Damon Linker, "The Prince of Harvard", *National Review*, Nov. 20, 2000.

② 具体有:《驯化君主》(冯克利译,译林出版社2005年);《男性气概》(刘玮译,译林出版社2009年);《新的方式与制度——马基雅维利的〈论李维〉研究》(贺志刚译,华夏出版社2009年)。中文学界对曼斯菲尔德思想的某些侧面已有所关注,但其思想的核心环节仍有待大力发掘,参见刘玮:《为〈男性气概〉申辩》,载复旦大学思想史研究中心主编:《思想史研究》第六辑中《希腊与东方》,上海人民出版社2009年,第317—337页;王涛:《曼斯菲尔德与男性气概》,载《读书》2010年第10期,第59—66页。亦可参见刘玮为《男性气概》一书所写的译后记。

③ Russell G. Fryer, *Recent Conservative Political Thought: American Perspectives*, Washington D.C.: University Press of America, 1979, p.51.

④ Anthony Quinton with Anne Norton, "Conservatism", in Robert E. Goodin, Philip Pettit, Thomas W. Pogge.eds., *A Companion to Contemporary Political Philosophy*, second edition, vol.I, Oxford: Wiley-Blackwell, 2007, pp.294-298.

统主义和悲观主义。① 在《剑桥20世纪政治思想史》一书中，保守主义更被细化为如下的派系：反动型保守主义（代表人物有历史学家斯宾格勒）、激进型保守主义（代表人物有心理学家荣格、法学家卡尔·施密特）、中道性保守主义（代表人物有奥克肖特）、新右派（哈耶克、诺齐克、沃格林、施特劳斯、丹尼尔·贝尔、欧文·克里斯托尔等思想名家皆属此列）、后现代保守主义。② 可以说，曼斯菲尔德的保守主义思想大体符合以上列举的诸多保守主义之基本特征，尤其是新右派一脉，但由于参照美国的具体国情而呈现出自身的特色。

在现代西方尤其是英美的政治思想脉络中，保守主义在相当大的程度上是传统主义加上古典自由主义，保守主义的实质是自由主义，是自由主义与传统主义的完美结合。③ 由于特定的历史积淀和演进，英美的保守主义思潮主要扎根于自由的土壤中，不管如何蜕变，都不至于沦为一种具有极端顽固倾向的原教旨思想，不至于沦为与现代社会历史发展趋势相背离的思想。④ 因此我们可以这样说，保守主义仅仅是西方政治思想中自由主义的适当变体而已。或许会出现这样的情况，那就是在英美这样的国家中，在保守这个社会的神圣传统的努力之中，当回顾历史之时，发现除了自由主义的元素之外无物可保。⑤ 美国虽然脱胎于英国的文化母体，但由于美国具有更为特殊的历史和文化背景，因此在其政治思想谱系中，保守主义与自由主义更是一体两面的关系。正如路西斯·哈茨所言，美国从来都没有真正的保守主义传统，美国所能拥有的只能是"不真实的保守主义"⑥，他认为美国独特的历史进程导致其发展了一种与欧洲社会不同质的保守主义谱系："他认为美国没有发展社会主义和保守主义那种极端化的意识形态，因为它不具有欧洲社会从封建传统所继承而来的阶级关系的遗产。与此相反，普遍化的美国意识形态是一种洛克式的自由主义，建立在个人自

---

① ［美］约翰·凯克斯：《为保守主义辩护》，应奇、葛水林译，江苏人民出版社2003年。

② Noel O'Sullivan, "Conservatism", in Terence Ball & Richard Bellamy eds., *The Cambridge History of Twentieth Century Political Thought*, Cambridge: Cambridge University Press, 2003, pp.151-164.

③ 刘军宁：《保守主义》，中国社会科学出版社1998年，第26-29页。

④ 朱德米：《自由与秩序：西方保守主义政治思想研究》，天津人民出版社2004年，第7页。

⑤ Kenneth M. Dolbeare, *American Political Thought*, Fourth Edition, Chatham, New Jersey: Chatham House Publishers, INC, 1998, pp.3-5.

⑥ 查尔斯·邓恩认为，美国的保守主义思想包括十大信条：连续性、权威性、社群性、神性（Diety）、责任感、宪政秩序脉络之中的民主、财产及其拥有权、自由的优先性、精英政治原则、对国外的共产主义以及国内的更具扩张性的中央政府之厌恶。以此而论，美国保守主义的具体类型有：新保守主义者、自由至上主义者、中西部保守主义者、传统主义者、宗教保守主义者。参见：Charles W. Dunn, "Conservatism on Center Stage", in Dunn, Charles W., ed., *The Future of Conservatism—Conflict and Consensus in the Post-Reagan Era*, Wilmington, Del: Intercollegiate Studies Institute, 2007.

由的价值、进步和民主之上。试图成为一个欧洲类型的保守主义者——暗示着对诸如等级制度和序列这样的封建遗存观念的坚守——就不能真正地正视美国经验;美国人能真正'保存'的唯一传统是自由主义传统。"① 鉴于此,只有对美国政治文化的独特历程有充分的认识,我们才能厘清如今美国保守主义与自由主义在义理上既互相依赖(inter-dependent)、互相联结(co-related)又互相回应(reciprocal)的复杂微妙关系。

曼斯菲尔德的保守主义理念衍生于美国政治思想演进的独特历史语境之中,而美国宪法和《联邦党人文集》等美国建国基本文献则是其保守主义思想之源头活水。对于几乎可以说奠定美国诸多政治制度理想类型的《联邦党人文集》,曼斯菲尔德评价极高:"比起我们这个时代的任何政治学书籍来,阅读《联邦党人文集》会让你对议会、总统制和司法部门有好得多的理解。我可以确信无疑地这么说。你将会了解我们制度的精神:它是运行不善吗?或是现在是在做该做的事情吗?如果你想要解决那个问题,我认为《联邦党人文集》将会是首要选择。"② 诸如,曼斯菲尔德认为他所着力弘扬的自由政府形式就是反对大政府的有限政府,是一种新的、非亚里士多德意义上的宪政政府,这种宪政政府可以在美国宪法中找到,其原则也已在美国制宪者和缔造者的著述之中清晰阐明。此外他还认为,《联邦党人文集》清晰明了地呈现了保守主义原则,尽管它没有提到"保守主义"一词,但是在今天,比起任何其他更明确的保守主义者最近的著述,它们都更应该被视作关于保守主义的更加权威的来源。这两本著作之所以被视为保守主义思想之经典,在于他们都深深植根于美国的特定情境之中。在这两本著作之中,我们可以发现那种对自由主义理论不信任的保守主义精神,以及对一种特定政体实际运作中的民主自由之习俗和民情的欣赏。对保守主义者而言,保存普遍同意的形式意味着坚持宪政的合法程序,以及在政府和人民之间保持一种距离,允许一个保守主义政府依照原则行事,美国的保守主义在起源、形式和内容上都应该是美国式的。曼斯菲尔德继续认为,保守主义当然可以从外部的资源里吸取养分,但是这些资源应该在参照美国的可能性的情况下予以解读。美国不能抛弃自由主义的伟大原则,首先是自治政府的原则,以及与其相伴的获取和保存自治政府的宪法形式。③ 可见,曼斯菲尔德始终以美国建国

---

① Bruce Pilbeam, *Conservatism in Crisis? Anglo-American Conservative Ideology after the Cold War*, London: Palgrave, pp.10-11.

② http://chicagomaroon.com/2013/02/22/uncommon-interview-harvey-mansfield/

③ Harvey C. Mansfield, "A Plea for Constitutional Conservatism", in Dunn, Charles W., ed., *The Future of Conservatism—Conflict and Consensus in the Post-Reagan Era*, pp.51-55.

之初的诸多基本原则作为起点和标尺来衡量当今美国的政治思想走向,肯定传统权威的作用、历史演进的有机性和个体环境的特殊性,并吸取其中的有用资源对现实政治的诸多问题进行纠偏和匡扶。

此外,曼斯菲尔德的保守主义思想也受到许多经典政治思想家的启发,伯克和托克维尔是支撑起曼斯菲尔德保守主义思想框架的两个主要人物。作为公认的现代保守主义的创始人,伯克在曼斯菲尔德的保守主义思想体系中扮演着重要的角色。在曼斯菲尔德的处女作《政党政府与政治家艺术》一书中,伯克是曼斯菲尔德探讨现代政党观念形成过程中的核心人物。曼斯菲尔德认为,伯克是第一位主张政党是自由社会令人尊重的特征之人。而在此之前,党派总是被视为一种派别、猜忌和疾患的标志,政党的出现引起了自由社会的政治巨变。同主流观念一样,曼斯菲尔德认为"保守主义"一词与伯克密切相关,"无论从政治意义上还是哲学意义上,我们都应提到埃德蒙·伯克(Edmund Burke)的名字,伯克是法国大革命的第一个也是最伟大的反对者,它是第一位保守主义者,尽管他其实并未使用这个词。"①他继续指出:"伯克首先表明,保守主义是一种反动,因此它反对那种它发现糟糕的东西,而非提出一些向前的新主张。甚至当它变革的时候,它也是治愈或是解决由革命派所肇端的更糟糕的改革。其二,我认为它表明保守主义的困境,那就是介于退步与慢步之间。保守主义者可以选择回到过去曾经存在的好时光。这种选择的麻烦在于它是破坏性的,会促使自身的某种革命。或者保守主义慢步,这意味着对那些高呼进步的刺耳之声进行调和……它是一种调试、缓和与节制。"②在曼斯菲尔德的眼中,伯克主张的保守主义首先是一种回归,回归到自然法或是古典的自然正当,这与经过修正的现代自然正当观念是不同的。他还认为,伯克给我们展示了保守主义的优点和缺点。它的第一个优点就是承认或是主张那种回归的必然性。保守主义部分是对更好的过去之回返,部分是对更好的现在之接受。更好的现在代表了现代人对古代人那种不可否认的进步,诸如英国宪法对罗马共和国的那种进步。保守主义是一种模棱两可的理论,没有一种单独和确定的实际结果,它作为一种行动指南,没有自由主义那么具有误导性,后者总是希望前行。③

作为一个带有保守主义气质的自由主义(或曰贵族式自由主义)宗师,托克

---

① [美]哈维·曼斯菲尔德:《保守主义与美国的自由的两篇演讲》,载赵敦华主编:《哲学门》(总第11辑),北京大学出版社2005年,第176页。
② Bruce Cole, "Translating Politics: A Conversation with Harvey Mansfield", Humanities 28.3 (May/June 2007).
③ Harvey Mansfield, "Burke's Conservatism", in Ian Crowe, ed., *An Imaginative Whig*; *Reassessing the Life and Thought of Edmund Burke*, Columbia, Missouri: University of Missouri Press, 2005, pp.61-68.

维尔"对保守主义者尤其重要"。① 曼斯菲尔德是西方学界公认的托克维尔研究专家，他不仅和已故前任夫人温特罗普一同翻译了托克维尔的名作《美国的民主》，而且在诸如《剑桥托克维尔指南》这样的权威著作之中亦占有一席之地，近年更有一部名为《托克维尔简介》的专著面世。学界认为，曼斯菲尔德所完成的《美国的民主》译本更加全面地植根于西方政治思想传统中，反映了托克维尔在欧洲思想界中总体上升到了一种更高的位置。② 作为曼斯菲尔德的学生，马克·布里茨曾这样评价其师："确实，他标志性的贡献之一，便是帮助重建了托克维尔的那种真正重要性……比起帮助重建早期思想家和探寻模式的恰当地位来说，没有什么更加重要的任务了。"③ 作为曼斯菲尔德的基本思想资源之一，托克维尔已经深深地嵌入曼斯菲尔德的思想构架之中。曼斯菲尔德对《美国的民主》中诸如美国式个人主义、宗教、社团、多数人暴政以及"柔性专制"(soft despotism)④等核心理念曾多次论及，他认为托克维尔已经指出，现代的、理性主义的哲学家们通过用一种物质主义的教义取代上帝的意旨而削弱了民主，这种教义认为人类主要不是由个人德行和集体努力驱动的，而是受巨大的、非人格化的超越其控制的力量所驱动。⑤ 曼斯菲尔德还指出，除多数人的暴政之外，托克维尔认为民主社会所滋生的"柔性专制"可以导致其自身的覆灭而走向独裁政治。托克维尔曾反复强调"大政府"的危害，认为"大政府"是他所谓的"个人主义"的结果，那是一个今天通常在"粗朴的个人主义"之中被认为是积极的词汇，但他认为这是民主的一种疾患，人们在人群中有一种无能和无力感。一个人不能自主做任何事情，生活似乎被巨大而非人力的力量所操控，无人能与之抗衡，因此，退守自身或是家庭或是你的小圈子而不试图在政治上对事务产生影响是合乎情理的。因此个人主义和大政府便结合在一起，后者是前者的结果。因为你认为你不能做任何事情，你完全愿意政府为你包办。⑥ 曼斯菲尔德以后对这种"柔性专制"所带来的危险有反复的论

---

① Noemie Emery, "Restless Virtue", *National Review*/November 20, 2000, p.52.

② Seymour Drescher, "Review on *Democracy in America*. By Alexis de Tocqueville.Trans.and ed. by Harvey C.Mansfield and Delba Winthrop (Chicago: University of Chicago Press, 2000)", *The Journal of American History*, September, 2001, pp.612-614.

③ Mark Blitz, "Harvey Mansfield: an Appreciation", in Sharon. R Krause & Mary Ann Mcgrail eds., *The Arts of Rule—Essays in Honor of Harvey Mansfield*, Lanham, MD: Rowman & Littlefield, 2009, pp.399-400.

④ 托克维尔在《论美国的民主》一书结尾处专辟一章，名为"民主国家害怕哪种专制"，其中对那种与以往的专制类型都不相同的压迫类型进行了描述，详见[法]托克维尔：《论美国的民主》（下册），董果良译，商务印书馆1995年，第869—870页。

⑤ Harvey Mansfield, "Lacking Elevation——A Review of *Alexis de Tocqueville: A Life* by Hugh Brogan," *The New Criterion*, May 2007, pp.64-67.

⑥ Bruce Cole, "Translating Politics: A Conversation with Harvey Mansfield," *Humanities* 28.3 (May/June 2007).

及,他因而认为:"如果你想审视民主制的问题的话,没有什么东西比托克维尔的著作更好了。他对未来很长时间会发生的事情都看清楚了,他比我们都看得清楚,因为我们身处其中。生活在民主时代开启之时的巨大优势便是他自身仍然保持的某些遗留记忆,通过其家庭获得之前的以及法国旧制度的记忆。如果你阅读他关于民制的著作,他总是将其与贵族制相对比。这样的事情再也没有谁做过,而他每次这样做的时候都是发人深思的。"①

值得一提的是,曼斯菲尔德的保守主义思想并不是一种象牙塔内的产物,而是在特定的历史背景中孕育而成的。20世纪60年代的美国可谓内忧外患,外有和苏联的争霸,内有汹涌澎湃的学生运动、民权运动、妇女解放运动和反战示威。对许多保守主义者而言,20世纪60年代是很特别的十年,在这个大反叛、大动乱和大转型的年代里,后来西方社会所出现的所有问题都播下了种子,美国知识界出现了鲜明的"左转"和与之相对的"右转",新左派和新右派应运而生,如果说这个年代因其激进主义和反文化倾向而最为人们所铭记的话,它也是一个保守主义愤懑的年代。② 曼斯菲尔德曾这样说道:"美国是,或者直到最近是一个被自由主义者所控制的国家,然而自从60年代末之后,在美国已经没有多少自由主义者了——也就是传统的新政自由主义者。"③可见,除维护美国的建国之初的古典自由主义精神之外,对20世纪60年代之前的已经包含政府干预的进步主义式自由主义思想之捍卫,则是曼斯菲尔德保守主义思想的另一个基点。

可见,施特劳斯的崇古情结将曼斯菲尔德的眼光导向了美国的传统中,曼斯菲尔德的保守主义思想不以古典政治哲学,而是以美国的立国精神和宪政之魂为基点,他力图保守的是美国原初的带有古典品性的自由主义精神。此外,在精神气质上,曼斯菲尔德的保守主义思想深受亚里士多德的影响,那就是对政治问题的关注不能虚悬论理,而应眼光向下关注具体现实,从马基雅维利那里,曼斯菲尔德理解到了要使事物保持活力需要不断返回初始状态,牢记自己的源头活水,而在伯克

---

① http://chicagomaroon.com/2013/02/22/uncommon-interview-harvey-mansfield/

② Bruce Pilbeam, *Conservatism in Crisis? Anglo-American Conservative Ideology after the Cold War*, p.21.在审视20世纪60年代的美国社会大变动给美国思想所造成的影响时,曼斯菲尔德对美国社会的诸多新思潮进行了强烈批判,其中包括性革命、越战综合征、女权主义、家庭的瓦解、毒品和犯罪、环境主义、摇滚乐、后现代文学和电影、下层社会、教育的政治化、平权行动、平等主义。参见:Harvey Mansfield, "The Legacy of the Late Sixties", in Stephen Macedo, ed., *Reassessing the Sixties——Debating the Political and Cultural Legacy*, New York: W. W. Norton, 1997, pp.21-45.对于这一时期的社会思想背景的基本介绍,参见[美]纳尔逊·曼弗雷德·布莱克:《美国社会生活与思想史》(下册),许季鸿、宋蜀碧、陈凤鸣译,商务印书馆1997年。

③ Harvey Mansfield, "The Legacy of the Late Sixties", in Stephen Macedo, ed., *Reassessing the Sixties——Debating the Political and Cultural Legacy*, p.21.

和托克维尔等具有保守主义情怀的现代思想家那里,曼斯菲尔德找到了自己保守主义的基本理论支点和资源。发生于20世纪60年代的美国社会政治文化大变动则对曼斯菲尔德保守主义思想的形成更是具有催化剂的作用。在上述各种理论和现实的交互影响下,曼斯菲尔德独特的保守主义理念孕育而生。

二、曼氏保守主义思想众面相

(一)基本立场

美国的保守主义思想派别众多,既包含草根阶层也有精英阶层,既有居于学院之内也有居于学院之外的,但"施特劳斯学派"在美国的保守主义思想谱系中无疑扮演着重要的角色,布鲁姆、曼斯菲尔德和潘格尔等施特劳斯的门徒"是现代保守主义之中的重要声音"[1]。尽管曼斯菲尔德培养出了众多成为新保守主义者[2]的学生,但就精神本原而论,曼斯菲尔德的保守主义思想在骨子里是古典式的,正如曼斯菲尔德自身所言:

> 是的,我通常被视为保守主义者,而且这是有些道理的。我有时也自称为保守主义者。但这不是完全的事实或者甚至不是主要的事实,它是一种党派性的事实。我所信奉的神灵比起保守主义来更为高远——某种诸如自然正当的事物:对于我们赖以生存的正义和原则,有某种自然的基础吗?其基石是什么?它真正地把我们带回到一种问题而不是一种立场。但是保守主义是我的立场。那是因为自由主义的过度,或者是今天被称为自由主义的事物。我首先因为我的反共产主义立场而成为一个保守主义者。在20世纪50年代,在我看来自由主义对共产主义是温和的——我因此与他们分道扬镳——而自从那之后便在其他事情之上如此,今天尤其是大政府的问题。但是我将保守主义理解为对自由主义的一种回应。它不是一种我们从一开始就采取的立场,而仅仅是当我们被其他人所威胁的时候采取的,这些人想要带走或是破坏值得保存的东西。我认为今天的保守主义的主要任务是将自由主义从自由主义者手中拯救出来。他们误解了自身的学说;滥用了它并使其对自由与和平都变得危险。因此,我们不能在保守主义和自由主义之间做出一个完整的对比。例如,洛克是一个最佳类型的自由主义者,我确信他在今天

---

[1] Bruce Pilbeam, *Conservatism in Crisis? Anglo-American Conservative Ideology after the Cold War*, p.16.

[2] 对于新保守主义的基本特征,曼斯菲尔德认为:"对自由主义者幻想破灭的新保守主义者,形成了对自由主义之真实面貌的一种批判,而且这种批判是从内部进行的。"见 Harvey Mansfield, "An Idea and Its Consequence", *National Review*, February 12, 1996, p.54。

会成为一个保守主义者。①

当被问及"作为一位保守主义者意味着什么"之时,曼斯菲尔德这样回答道:"我对此并不是很惬意,因为这只是短暂意义上的政治标签。在其他环境中我可能想象成为一个自由主义者,因为作为一个保守主义者总是有很多难处。我尤其想到两个,首先如果一个保守主义者意味着坚守传统,传统却总是包含自相矛盾的成分,因此一个人必须有选择性而不是简单地保守。另外一个困难是策略的问题。你应该缓行还是回返?缓行意味着保持已经做的事情,减慢做的速度。它意味着保持过去与现在的一种联系。回返意味着在当前和过去之间做出某种决裂,因此不再保持那种联系。"②鉴于此,有学者指出了曼斯菲尔德这种保守主义思想所具有的情境性特征,这恰好符合亨廷顿对保守主义思潮的第三种分类③:"真正的保守主义具有这样一种特征,那就是关注时尚翻新中仍然经久不衰的东西。曼斯菲尔德所给出的定义是保守主义者想要保守——在这里他使用了马修·阿诺德的标准——世界上所言所思之精粹之物。他说,'保守主义总是回应型的;它并不创始,它对那些想要破坏的人进行回应。如果环境改变的话,我将会乐意改变。如果所有的哈佛人都是保守主义者,我将会变成自由主义者。用哈利法克斯勋爵的话来说,我是一个装饰者(trimmer)。'"④施特劳斯学派锲而不舍的强力批评者、加拿大女学者德鲁里曾说:"新保守主义太过极端从而不能在任何意义上用保守主义这一语词来指称它。古典保守主义之所以有吸引力是因为它对政治有着适度的期待;它禁绝了所有作为危险梦想的乌托邦方案。古典保守主义很节制并很警惕激进的变革是因为它明白社会不能像一座砖屋子那样建造。古典保守主义重视秩序和稳定过于一切。"⑤可见,正如曼斯菲尔德自己所宣称的那样,他所秉持的正是古典保守主义思想。

对于保守主义,曼斯菲尔德给出了这样的定义:"保守主义是对自由主义的反动。尽管这一概念并不那么好界定,但自由主义的社会信条以权利为基础,进步则是其目标。作为对自由主义的反动,保守主义与自由主义彼此关联,它以自由主义为起点,是自由主义的小兄弟。"⑥可见,

---

① Symposium: "What is Conservatism for? An Interview with Harvey Mansfield", *The Point*, issue 3, Fall 2010.
② Josh Harlan & Christopher Kegay, "The Question of Conservatism", *The Harvard Review of Philosophy*, Spring, 1993, p.30.
③ [美]塞缪尔·亨廷顿:《作为一种意识形态的保守主义》,王敏译,刘训练校,载《政治思想史》2010年第1期,第155—178页。
④ Janet Tassel, "The Thirty Years War: Cultural Conservatives Struggle with the Harvard They Love", *Harvard Magazine*, 2000.
⑤ [加]莎蒂亚·德鲁里:《列奥·施特劳斯的政治观念》,张新刚、张源译,王利校译,新星出版社2010年,第23页。
⑥ [美]哈维·曼斯菲尔德:《保守主义与美国的自由的两篇演讲》,第176页。

曼斯菲尔德所秉持的保守主义其实与自由主义的精神内核是完全一致的。他认为，美国人都是某种程度上的自由主义者，然而，那些今天被视作自由主义者的人并不具有这种古典自由主义。今天的自由主义者已经屈从于道德虚无主义。首要的是，自由主义者害怕做出判断（除了那些敢于做出判断的人），但是德行依赖于褒贬并进行评判。对德行的否定就是除去关于杰出的标准，一个忘记德行的自由社会将遭受平庸和犯罪，那就是美国现在的状况。曼斯菲尔德接着指出，自由主义者很疲惫、沮丧、受挫和奄奄一息。但是他们留下的烂摊子需要收拾，一种现在被称作保守主义的与原初自由主义更加接近的新自由主义需要准备就位。①曼斯菲尔德还认为："一部自由宪法和一个自由市场之间的联系原初是自由主义的发现，重建那种联系现在则是保守主义的任务。"②因此，在处理保守主义与自由主义的关系上，曼斯菲尔德提出了自己独到的见解："原则与审慎、回返与缓行，这种双重策略使保守派必须承担起捍卫自由主义的任务。捍卫自由主义意味着捍卫自由主义的原则，这是自由主义的精髓。而这同样是审慎的，由于这样自由主义就不会消灭，否则取代自由主义的力量将会更糟。"③

可见，曼斯菲尔德始终是在与现代自由主义的参照对比之中阐述自己的保守主义观的，他没有创造一种新的意识形态以代替自由主义的野心和狂妄，而是力图使自由主义保守自身思想的精髓，不为时代流变而稀释甚或遗失。此外，正如上文所述，保守主义思想之中蕴含着对传统的敬畏，而宗教则是传统中非常重要的一个因素，"在当今主要的政治意识形态中，保守主义也许是最具有宗教色彩和宗教关怀的。保守主义为自己赋予的一个重要使命就是支持与维护宗教生活，捍卫宗教自由"④。曼斯菲尔德对宗教极为重视，他认为"今天的哲学——以及科学——不仅需要容忍和尊重宗教，而且也要向它学习"⑤。因此有学者指出，曼斯菲尔德著作中另外一种惯常的关怀便是宗教与现代宪政政体的关系："但是正如曼斯菲尔德所提醒我们的，大量的保守主义（而且相当多的自由主义）思想家将宗教视为必要的，它可以使大多数人具有道德性以及自控力，没有这些的话，有限政府是不可能的。因此教士们也必须被驯服，而不会失去行动的能力。"⑥

---

① Harvey Mansfield, "The National Prospect", *Commentary*, 100:5(1995:Nov.), p.85.
② Harvey Mansfield, *America's Constitutional Soul*, Baltimore: Johns Hopkins University Press, p.45.
③ [美]哈维·曼斯菲尔德：《保守主义与美国的自由的两篇演讲》，第178页。
④ 刘军宁：《保守主义》，第175页。
⑤ Harvey Mansfield, "Atheist Tracts—God, they're predictable", *The Weekly Standard*, 13 August, 2007.
⑥ Jerry Z. Muller, "The Princes Pay Tribute. Book Review", *Public Interest*, Summer, 2001.

（二）自由优先于平等

几近百年之前，梁任公已清晰明了地指出："平等与自由，为近世欧洲政论界最有价值之两大产物。"①保守主义者对平等问题有自己独特的看法，这可以说是保守主义与其他意识形态分歧最大的地方之一，"确确实实，对自由的偏爱胜过平等潜存于保守主义思想的根基"②。罗西特认为，保守主义和自由主义的差别在于："两者都致力于西方所理解的那种自由，但是保守主义者认为自由是某种需要保持和捍卫的东西，而自由主义者认为其是需要促进和延伸的东西。"③也正如凯克斯所言，"自由主义者越是倾向于平等主义，他们就越靠近左翼的社会主义；他们越是不倾向于平等主义，他们就越向右翼的保守主义靠近"④。保守主义对基本权利的平等十分同情，对结果的平等则十分警惕。⑤我们不妨先看看同为施特劳斯主义者的布鲁姆对平等主义的激烈批判，他认为：

真实的价值是人们能够赖以生存的东西，它能够塑造一个产生伟大行为和思想的民族。……平等主义意味着千人一面，因为它赋予那些僵化的人以力量，他们只能利用旧的价值，别人已经创造出的价值，它没有活力的、其倡导者并不信奉的价值。平等主义是以理性为基础，这种理性是否认创造性的。尼采的全部思想都是对理性平等主义的抨击，它揭示了现在人们惯常谈论的价值是多么无聊——左翼对尼采的推崇又是多么令人吃惊。⑥

曼斯菲尔德对这种观点是颇为认同的。一方面，曼斯菲尔德强调平等在自由民主体制之中的重要性，他认为，"在我们的民主制度中，政治尤其是由你没有得到平等的对待这样一种感觉所驱动的"⑦。但另一方面，曼斯菲尔德认为，过度平等将会带来很大的害处，他所秉持的精英观导向对平等持一种警惕的态度，这在他与另一位著名的施特劳斯主义者哈瑞·雅法（Harry Jaffa）的对照之中体现得尤其明显。曼斯菲尔德和雅法都钦佩美国的建国者们和宪法，然而他们对人类平等问题的观点却几乎背道而驰。雅法肯定林肯的声明，那就是"人人生而平等"这条不言自明的真理是美国人心中"所有道德准

---

① 梁启超：《先秦政治思想史》，岳麓书社2010年，第5页。
② Clinton Rossiter, *Conservatism in America*, New York: Knopf, p.24.
③ Clinton Rossiter, *Conservatism in America*, p.58.
④ [美]约翰·凯克斯：《反对自由主义》，应奇译，江苏人民出版社2005年，第124—125页。
⑤ 刘军宁：《保守主义》，第148页。
⑥ [美]艾伦·布鲁姆：《美国精神的封闭》，战旭英译、冯克利校，译林出版社2007年，第157页。
⑦ [美]哈维·曼斯菲尔德：《如何理解政治——人文知识能对科学说什么》，邓正来译，载《复旦学报》（社会科学版）2009年第2期，第57页。

则之父",但曼斯菲尔德认为,"人人生而平等"仅仅是"不言自明的半个真理"。①而且曼斯菲尔德认为,"盲目强调平等实际上可能会削弱对精英的监督和制衡。他们的精英地位,包括随之而来的报偿(经济利益、社会地位)应该建立在对社会发展的贡献的基础上。没有自由民主的政治精英,就没有自由民主政体的建立和健康发展;没有工商企业阶层,就没有活跃的自由市场;没有追求知识和思想的知识阶层、艺术人士,就没有科技、文化、思想和艺术的发展。一个合理的社会,即一个保障自由的秩序,就应该相应地保障民主参政的权利、言论、探讨、思想、表达的权利、财产的权利。这些权利与自由社会主要的精英群体的活动相对应"②。

曼斯菲尔德将对平等主义的批判进行了延伸,他认为,发端于20世纪60年代的一个极大的疾患便是将美国宪法转化成了一种平等主义的工具,这个平等主义的原则认为平等并不意味着平等权利,而毋宁是权利的平等运用,或是运用权利的平等权力。因为它声称除非运用权利的权力是平等的,否则权利是不平等的。但是如果人们有平等的权力,那么他们不需要平等的权利,因为运用权利的结果已经在平等权力的首要条件中得到保证了。那就是为什么这种平等被视作结果的平等,与机会的平等相对。那么,为了达到一种结果的平等,那些没有平等权力的人必须被平等化。平等化成了政府的首要职责。曼斯菲尔德继而认为,这种平等化的观念与自由主义之下权利的形式化相颉颃,一种权利的形式化保护了行使它的权利,因为如果一种权利的内容是详细说明的,我们不再随心所欲地自由使用它。例如,言论自由的权利不能规定应该说什么,选举的权利也不能规定必须怎么选。如果说政府试图使说话者平等化以至于每个人在他的言语之中都有平等的权利,或者是选票有同样的权力,那么政府通过试图指示它必须如何行使而剥夺或是带走了这种权利。如果一种权利的形式都被指定了以使得所有权利在事实上平等以及所有的公民在权力上平等的话,权利就不再是权利了。特色需要不平等,因为它或多或少比其他东西多一点,否则没有东西是有特色的。除非所有的事情都是一样的,否则我们不能赞成所有的事情。曼斯菲尔德最后总结到,自由民主是平等和不平等的混合物,着重点当然是在平等上。我们持守平等权利的实践,但是这样的权利的意思是不平等使用的自由。自由主义的弱点就是它不可避免地似乎承诺比它所能够给予的更多的自由,比它想

---

① Thomas G. West, "Jaffa Versus Mansfield", *Perspectives on Political Science*, Fall 2002, Volume 31, Number 4, pp.235-246.

② 容迪:《精英的抱负与自由主义——与哈维·曼斯菲尔德的访谈》,载哈佛燕京学社、三联书店编:《公共理性与现代学术》,三联书店2000年,第92页。

要给予的更多。因此自由社会总是需要以自由主义的精神明智地、理智地和温和地进行治理。没有自由主义者就没有自由主义;它的弱点阻止它自动地运行。它需要明白其弱点的人,将其转化为能量,因为一个强大而自由的民族总是一个自由运行的民族。①曼斯菲尔德继续认为:"今天野心勃勃的自由主义者,本来应该站在'容忍不平等的地位'一边,却不审慎地与多数人站在一边,要求更多的平等化和持平。"②可见,曼斯菲尔德认为,今天的自由主义者已失去了真正的自由主义者的基本精神,在对平等的追求上走上了一条茫茫不归之路,忽视了对自由理念的尊重和对形式平等或权利平等的坚持,破坏了自由民主体制的内在和谐和运行机理。而在健康的自由民主制框架之中,应该以宪法的基本精神为最高凭据,自由与平等应该保持一种平衡的张力,平等是民主政治的底色,而自由则应该是血脉,两者不可偏废,但当需要在两者之间进行取舍时,曼斯菲尔德认为,自由无疑比平等更加重要。

(三)自由高于民主

在西方国家所实行的自由民主制(liberal democracy)中,自由与民主是相互依存、不可偏废的,"自由是'中和'民主的一种碱,调和民主天然蕴藏的腐蚀性的酸"③。在自由与民主之间,存在着极其微妙复杂的关系:

> 民主的核心特征是建立在政治平等之上的多数决定的原则。与多数决定相一致的原则是平等的原则。自由的国家未必尽是民主的国家,而民主的制度也未必不会妨碍自由。自由与民主,尽管是同为世人所追求的两个目标,但却有着各自的内在逻辑。一旦这两种逻辑互不相容,两者就会发生冲突。保守主义并不反对民主,只是在民主妨碍自由时,要求民主服从自由。保守主义者一向认为,自由高于民主,民主是自由的一个手段,自由是民主的目的。当代保守的自由主义者则把自由主义与民主之间的界限划得更清。当民主妨碍自由的时候,保守主义与古典自由主义的答案是,民主应该服从于自由。民主服从于自由的思想和立场来自人类的保守主义和古典自由主义的大传统,或者保守的自由主义大传统。保守主义所能接受的只能是自由的民主,而不是其他的民主,更不是纯粹的民主。④

作为美国政治思想的关键词,"'自

---

① Harvey Mansfield, "The Legacy of the Late Sixties", in Stephen Macedo, ed., *Reassessing the Sixties——Debating the Political and Cultural Legacy*, pp.21-45.
② Thomas G. West, "Jaffa Versus Mansfield," pp.235-246.
③ 刘瑜:《民主的细节》,上海三联书店2010年,第29页。
④ 刘军宁:《保守主义》,第116页。

由'与'民主'这两个概念有着千丝万缕的密切联系,共同构成了美国价值的基础"①。作为托克维尔的资深研究者,曼斯菲尔德应该同意托克维尔所言的"民主是一种天意"的说法,但就整体而言,保守主义思想对民主充满忌惮之心,"对保守主义者而言,纯粹的民意意味着猖獗的自私自利,将社会摧毁成一个由疏远的、原子化的个体组成的团体,权威与文明也将终结"②。布鲁姆表达得更为直接明了:"不管何时何地,民主的持久特征是趋向于从根本上否认优越,尤其是与统治有关的优越,从而压制一切优越主张,无论是后天的还是先天的。……渴望成为天下第一和赢得伟大声誉都是人的天性,如果加以适当的训练,它会成为心灵中的巨大力量。民主本身敌视这种精神,阻碍着它的实现。这是所有古代民主的问题所在。"③

对于民主与自由之间的权衡,曼斯菲尔德明显地偏向自由一方,他认为,美国宪法体现出了平民主义与精英主义之间的糅合。"美国宪法提供了特别的政府,因为这种政府是民选的,然而政府也从人民中抽身而退以便人民可以在民主选举中进行评判。在一个民主的选举之中,人们选择政府并对他们选择的这个政府进行评判。人们既对他们所选择的政府负责,当他们拉开距离对其进行评判的时候也是不负责的。如果他们投票罢免了现存的政府,他们不用为自身在上一次选举中的错误选择道歉。他们是至高无上的,至高无上者不用谴责自身,也不用道歉。我们的宪法政府将平民主义和精英主义结合起来,我们现在可以看到,两者都是以一种健康的方式来理解的。它的平民主义旨在保存尤其是选举那样的同意形式,反对那种通过民意测验进行统治的诱惑或是接受司法能动主义的侵入。它的精英主义被设计来在人民和政府之间保持距离,不是鼓励对权利的滥用,相反是使政府可以依照原则连续地行动——也就是负责任地行动。这种联合反对危险的平民主义和精英主义的相反方向上的组合:那种期望无止境民主化的平民主义以及那种不顾人民需要(尤其是得到他们同意的需要)而希望这种民主化的精英主义。"④

美国思想家克林顿·罗西特曾言:"保守主义心境之中最为重要的元素是贵族精神。"⑤曼斯菲尔德的思想中存在着这种强烈的贵族式精英主义元素,他曾这

---

① 刘军:《自由对美国意味着什么》,《读书》2012年第9期,第70页。

② [澳]安德鲁·文森特:《现代政治意识形态》,袁久红等译,江苏人民出版社2005年,第124页。

③ [美]艾伦·布鲁姆:《美国精神的封闭》,第280—281页。

④ Harvey C. Mansfield, "A Plea for Constitutional Conservatism", in Dunn, Charles W., ed., *The Future of Conservatism—Conflict and Consensus in the Post-Reagan Era*, pp.51-55.

⑤ Clinton Rossiter, *Conservatism in America*, p.50.

样说道:"我的这种关心源于一个事实,即大多数人往往持漠不关心的态度。他们持续地需要这种少数的存在。亚里士多德总是强调这种少数和多数的区分。今天我们不再用这种语言,而只是说人民;而人民中的少数与多数的事实上的区分则没有得到足够的重视。"①曼斯菲尔德也将精英主义与积极自由结合在了一起:

> 自由主义并不积极(正面)地给出定义,而是消极定义——那些消极的特点使人游离在社会化过程之外。……走出这种(个人主义)困境的方式是为那些自由主义的少数人提供余地、容量、可能性和机会,使那些想要有所作为而且有能力的创业型少数在政府之外组织起来。如果是在政府之内的话,一定要确保(权力和政策过程)非集中的方式,而不总是通过一个中央权力。(一切都通过一个中央权力)只是会增加权力的单一和冷酷。在自由社会中,权力应该是分散的(distributed),在政府之内和政府之外都是如此。而且权力的位置总是应该向那些新的有创业精神(有抱负)的人开放,让他们能够(有机会选择)在边远的地方竞选职位,或开辟和经营新的生意。……他们必须被考核,或批准,或胜选,或产品畅销。你不能自以为是、特立独行,而必须按照社会的意见来造福社会(to benefit the society in the opinion of the society)。但另一方面,他们一旦当选或得到核准就应该有自由在政经等领域去行事、去作为、去创造,而不是一言一行都被紧盯。②

曼斯菲尔德政治思想之中强烈的精英主义色彩鲜明地体现在他的民主观上,在一篇名为《民主和民粹》的文章中,曼斯菲尔德对民粹主义的形式进行了梳理,指出这种民粹主义与良性民主的发展是背道而驰的,尤其与宪法的基本精神相背离。曼斯菲尔德首先指出,美国宪法的成功经常被注意到,但是几乎没有得到解释。通常的答案是如果宪法带来了更多的民主,那么它就会被遵守。但是如果民主掌权了会发生什么事情呢?一旦民主建立了,最严重的危险可能不是来自外部,而是来自民主自身,那就是美国的建国者们的信念。他们所制定的宪法的成功归功于对这种危险的注意。麦迪逊在《联邦党人文集》中将其称为"多数派别",这在今天被称作民粹主义。"民粹主义的"和"大众的"通常可以互换使用,但是这种差别是根本性的。"大众的"是人们想要的,但"民粹主义的"是通过宪法之外的附加的方式来给予人们他们想要的东西。民粹主义在美国政治中不是新事物,而且它有多种形式。民粹主义那

---

① 容迪:《精英的抱负与自由主义——与哈维·曼斯菲尔德的访谈》,第86页。
② 容迪:《精英的抱负与自由主义——与哈维·曼斯菲尔德的访谈》,第84—89页。

种断断续续的方式与在选举中表达人们所想要的宪法方式是有所区别的。民粹主义的不同形式都有一种焦躁不安的共同属性,那就是一个民族对通常的方式感到厌倦而准备尝试某种新的东西。毫无疑问他们代表了美国民主特有的那种原动力(generic force),甚至对所有现代民主也是如此。正如托克维尔所提醒我们的,我们的民主处在一种不断地使自己更加民主化的进程中。民粹主义情绪之下的民主倾向于对宪政形式和体系没有耐心,将其视为人们和政府之间的障碍。它想要政府对民意反应更加迅速和坚定。民粹主义和宪政民主之间的差距相当于麦迪逊所划分的民主和共和国之间的差异。麦迪逊所称之为民主的东西我们可以称之为"纯粹民主":这是人们直接而不是通过他们的代表进行统治的状态。麦迪逊(以及其他的建国者)认为这样一种政体只有对小城市才是适合的,而不是现代国家。在历史研究的基础上,麦迪逊总结到,这样的民主容易遭受煽动家的侵害,具有从无政府状态到暴政的大变动的特征,美国需要的是一种不受制于"纯粹"民主之缺陷的新共和国。因此建国者们在对先前的共和国进行批判和审视之后着手制定一种宪法。他们不相信仅仅采取民主便会解决他们的问题。他们的智慧今天对我们仍然是一种指南,因为民粹主义的威胁是民众政府永恒的魔鬼。

对人们而言,宪政空间(constitutional space)的好处是可以与政府有某种程度上的疏离;这个空间使他们可以判断政府。如果政府对民意反应得太忠实了,那么人们就会因为距离太近无从评价了。对政治家的普遍不信任对一种民主可能是健康的,但是也可能是一种对责任的逃避。民主政府需要负责任的公民,正如他们需要诚实的政治家一样。宪政空间是美国民主的精髓。它使一个民众政府在必要的时候可以做不受欢迎的事情,与此同时以正当的方式为人们的裁定做好准备。宪政距离是民主疾患的民主式的疗法,因为它发挥了一个民主民族最大的潜能——最好的领袖以及对他们最好的集体判断。宪法空间没有在政府之中确保成功,但是它提供了最好的机会。民粹主义虽然具有受民众欢迎的策略,但是没有使民主政府更加平民化。相反,民粹主义通过使政府变得胆怯和使人们焦躁而降低了民主的合法性。我不是指使民主更加民主化总是错误的。但是民主需要一种宪法来使自身免于民粹主义的诱惑。[①]可见,曼斯菲尔德对过度的民主亦即民粹主义十分戒备,他主张应在宪政的框架之中消融民粹主义的潜在危险,使其与自由保持一种和谐的张力,而非一种带有破坏性的激进与撕裂。因此曼斯菲尔德不断地强调宪法的至尊地位,"在这个世纪里,虽然有来自进步主义者和自由主义者的

---

① Harvey C. Mansfield, "Democracy and Populism", *Society*, July/August, 1995, pp.30-32.

重复不断的批判和愚蠢的谏言,宪法劫后余生。该是使我们的政策适合于一个有限政府的时候了,这正如宪法所建议的那样。这是对我们而言最可行的自治政府"①。

结 语

曼斯菲尔德的保守主义观念是对美国传统的自由主义精神之保守,可以称之为保守的自由主义(Conservative liberalism),或曰贵族式自由主义(Aristocratic liberalism)。与此同时,曼斯菲尔德的保守主义观奠基于丰富的思想资源之上,诸如伯克和托克维尔这样的大思想家给予了曼斯菲尔德必要的学理启示和立论根基,而施特劳斯的思想启发在曼斯菲尔德的思想构架中时隐时现。曼斯菲尔德的保守主义思想体现在其平等观、精英观、民主观以及宪政观之中,他一以贯之地强调自由的首要性,在其保守主义思想体系中,借用德沃金的话而言,自由是一种"至上的德行"(sovereign virtue),这在他对过度民主亦即民粹主义的排斥,以及对平等主义的忌惮中体现得尤为明显。总之,曼斯菲尔德的保守主义思想既有坚固而厚实的原初起点,又有悠远而古典的政治哲学根基,还有施特劳斯式价值观的指引,更有对美国现实政治语境的密切关注,体

系宏大而不失精细,理论敏感度强而又非空泛之谈。正如亨廷顿所言:"保守主义从不问终极的问题,因而也不提供终极的答案。但是,它的确提醒人们关注社会秩序的制度性前提。当这些前提受到威胁时,保守主义不仅是适当的,而且是必需的。在维护美国自由主义所取得的成就的过程中,自由主义者除了转向保守主义之外没有其他可资利用的资源。特别是,对他们来说,保守主义意识形态在今天的美国仍占有一席之地。"②曼斯菲尔德也曾直率地说到,美国是一个被自由主义者所控制的国家,然而自从60年代末之后,在美国已经没有多少自由主义者了——也就是传统的新政自由主义者。自从60年代末期之后,激进分子已经接管了自由主义,现在就是那些通常被视作自由主义者的人,传统的真正自由主义者之中的多数现在被称作保守主义者,保守主义者最近已经来到风口浪尖。③依此而论,曼斯菲尔德所提倡的保守主义思想是与美国当代政治生态密切相关的,具有较强的实践品格,他所维系和弘扬的是美国传统的自由主义血脉,需要以一种"矫枉过正"的保守主义姿态来回返自由主义的原初精神,这对于美国政治天平的良性平衡和美国主流意识形态的新陈代谢有积极的

---

① Harvey Mansfield, "The National Prospect", *Commentary*, 100:5(1995:Nov.), p.85.
② [美]塞缪尔·亨廷顿:《作为一种意识形态的保守主义》,第178页。
③ Harvey Mansfield, "The Legacy of the Late Sixties", in Stephen Macedo, ed., *Reassessing the Sixties——Debating the Political and Cultural Legacy*, pp.21-45.

促进作用。

Liberty, Elites and Constitutionalism: An Exploration of Harvey Mansfield's Core Conservative Values

Abstract: As an important conservative thinker in contemporary America, Harvey Mansfield was greatly inspired by the famous Germany born American political philosopher Leo Strauss (1899 – 1973) and remains a staunch Straussian. In the footsteps of Strauss, Mansfield holds on the research route of "returning to the old in order to rekindle the new", which denotes promoting the ideas of classical political philosophy to cure the diseases of modernity and the modern political system basing upon it. Besides, Mansfield's conservative thoughts are also hugely influenced by western sages such as Aristotle, Machiavelli, Burke and Tocqueville and closely related to the practical situation of political and social disruptions in 1960 America. In comparing and weighing among essential political values such as liberty, equality, and democracy, he defends the pivotal status of liberty in a distinctive and bold way. In his consideration of good political order, elites play the leading role, who could counter the mediocrity, homogenization and vulgarization of modern society, at the same time, he also proposes to resolve and repair the practical political problems and challenges facing contemporary America within constitutional framework and spiritual genealogy. Moreover, Mansfield's conservative thoughts are not only theoretical deduction and ivory tower narrative, but with evidently practical character and reality orientation, which manifests his accurate diagnosis and meticulous reflection of American practical politics.

Keywords: American Liberalism, Leo Strauss, Liberty, Equality, Democracy

作者：朱兵，天津师范大学政治学博士后流动站研究人员、贵州大学人文学院副教授

专题研究

16世纪早期至17世纪中叶葡萄牙海洋帝国的果阿—澳门—长崎贸易航线

□顾卫民

摘要：本文以全球史的观点讨论了16世纪早期至17世纪中期葡萄牙海洋帝国的果阿—澳门—长崎的贸易航线，这是葡属印度国在东方最重要的贸易航线。本文的内容涉及这条航线的兴起、发展和衰落直至关闭的经过，葡萄牙船只在各口岸运输的货物品种以及澳门和长崎这两座葡萄牙殖民地城市的崛起，还讨论了葡萄牙人的贸易方式及其与天主教传播的关系。

关键词：16至17世纪；果阿；澳门；长崎；贸易

1510年11月25日，葡萄牙人在葡属印度第二任总督阿尔伯奎克（Afonso de Albuqerque，1453—1515年）的率领之下，攻占了印度西海岸的重要港口城市果阿。后来，葡萄牙人将葡属印度的首府从科钦迁到了果阿。[①]作为葡属印度国（Estado da India）的首都，果阿是由里斯本通向印度西海岸航线的终点；但是在整个欧洲到远东的航线上，它又处于一个很关键的中间位置。从果阿出发，葡萄牙人有多条航线通往东方，它们是由瓦斯科·达·伽玛（Vasco da Gama，1460—1524年）开辟的从里斯本到印度的航线的延伸。其中，葡萄牙人由果阿出发通过马六甲前往澳门再到日本长崎的航线是最为重要的，葡萄牙人在这条航线上的贸易活动是与澳门和长崎这两个葡萄牙殖民地城市的兴衰密切相关的。

本文从全球史的角度就这条航线本身从16世纪早期的起始和形成、发展以及17世纪40年代最后终止的原因，以及它与果阿、澳门和长崎等葡萄牙殖民地城市的关系展开讨论，由此揭示地理大发现时代葡萄牙人来到东方以后

---

① José Nicolau da Fonseca, *An Historical and Archaeological Sketch of the City of Goa*, New Delhi, Asia Educational Service, 1986, pp.137-139.

印度洋和太平洋之间贸易网络的相互联系以及运作。①

一

葡萄牙人来到印度西海岸以后,用武力摧毁了印度洋上原有的由南亚本地区穆斯林主导的海上香料贸易,然后加强了自己的贸易垄断体系。葡王曼奴埃尔(Manuel the Fortunate,1495—1521年)声称自己是"埃塞俄比亚、印度、阿拉伯和波斯地区的征服、航海以及贸易的主人"(Lord of the Conquest, Navigation and Commerce of Ethiopia, Arabia Persia, and India),以后历代葡萄牙国王,都拥有这一称号。②

根据皮尔森(M.N. Pearson)教授的研究,从15世纪的上半叶开始,葡萄牙人以果阿为中心,主要想要实现三个目标:第一,葡萄牙王室以及葡属印度当局发布的一系列谕令以及命令旨在垄断一切的香料贸易。在果阿、科钦以及印度西海岸的所有葡萄牙占领的殖民地,香料贸易是由王室以及代理人专营的,他们用最便宜的价格从亚洲买进,并以高昂的价格从欧洲卖出。为此,葡萄牙人的军舰在海上拦截这些印度本地穆斯林的船只,同时也扶植一些傀儡政权,允许他们从事一些较小规模的胡椒贸易。第二,葡萄牙人要垄断在亚洲内部的一些特定的地点——往往就是由葡萄牙人建立的居留地以及一些较小的带有要塞的商站周边的贸易活动,只有葡萄牙王室指定的船只才能够经营这些港口之间的贸易。第三,从果阿和科钦出发的葡萄牙军舰为航行在印度洋上的葡萄牙商船以及其他参与船队的印度本地的小船提供护航,接受护航的船队必须从葡萄牙人那里获得通行证,葡萄牙人以颁发通行证作为他们在印度洋和太平洋

---

① 有关这一主题的主要西文著作可见:(1) C. R. Boxer, *The Portuguese Seaborne Empire*, 1415-1825, New York, Middlesex: Penguin, 1969, pp.57-64. (2) C. R. Boxer, *Fidagos in the East*, 1550-1770, London, Oxford University Press, 1968, pp.15-28. (3) C. R. Boxer, *Portuguese India in the Mid-Seventeenth Century*, Delhi, Oxford University Press, 1980, pp.35-54. (4) C. R. Boxer, *Portuguese Merchants and Missionaries in Feudal Japan*, 1536-1640, Hong Kong, Variorum, 1997, pp.27-77. (5) C.R. Boxer, *The Great Ship From Amacon*, Annals of Macao and Old Japan Trade, 1555-1640, Lisbon, Centro de Estudos Historicos Ultramarinos Lisboa, 1959,见其中相关章节。(6) James C. Boyajian, *Portuguese Trade in Asia under the Habsburgs*, 1580-1640, Baltimore and London, The John Hopkins University Press 1993. pp.232-236. (7) A.J.R. Russell-Wood, *The Portuguese Empire*, 1415-1808, *A World on the Move*, Baltimore and London, The John Hopkins University Press, 1998, pp.18-38, pp.80-81. (8) Geoffrey C. Gunn, *History WithoutBorders, The Making of an Asian World Region*, 1000-1800, Hong Kong: Hong Kong University Press, pp.159-184. 主要的中文著作有:(1)张廷茂:《明清时期澳门海上贸易史》,澳亚周刊出版有限公司,2004年,第86-100页;(2)戚印平:《日本早期耶稣会史研究》,商务印书馆2003年;(3)戚印平:《远东耶稣会史研究》,中华书局,2007年;(4)戚印平:《东亚近世耶稣会史论集》,台湾大学出版中心2004年等相关章节。张教授和戚教授贡献良多,前者是以澳门为中心的东亚贸易史,后者在论述此一问题时侧重的是耶稣会与东亚贸易的关系以及加比丹·莫尔制度。本文就果阿—澳门—长崎贸易航线的本身置于全球史观下加以论述,并兼及它与葡萄牙殖民地城市兴衰的关系。

② C. R. Boxer, *Portuguese India in the Mid-Seventeenth Century*, p.1.

建立贸易体系的法理基础,至少这是他们自己认为的法理基础。①

葡萄牙王室垄断由太平洋到印度洋之间的贸易的方法之一就是设立所谓加比丹·莫尔(Captão-mor, Captain-major of the Royal Fleet)制度,即王家舰队的大舰长。从果阿到马六甲再到澳门和长崎的葡萄牙船只就是由大舰长率领的,他是由葡萄牙王室或是果阿总督以王室的名义任命的。开始时王室授予这种职位是出于对被授权人提供服务的一种回报。但是没过多久,该职位就失去了原先贵族的身份而需要用钱去购买。最后,在果阿,这个职位每年都出售给出价最高的竞标者。在 16 世纪的时候,担任一次大舰长职位的价格是约 16000 至 40000 歇勒芬(xerafines),大多数的竞标者用大约 20000 至 30000 歇勒芬就能够买到这个职位。在 1635 年,果阿总督宣布从今以后所有这样的航行都要由王室直接执行,并给大舰长固定的工资和津贴。大舰长的职位是很赚钱的。历史学家库托(Diogo do Couto, 1542—1616 年)估计一次来回果阿至日本的航行可以赚取 70000 至 80000 帕道尔(pardaus),荷兰人林斯霍顿(Jan Huyghen van Linschoten, 1563—1611 年)在同一时期估计可以赚取 150000 或 2000000 达卡(ducat)。约四十年以后,利斯(Lourenzo de Liz Velho)则说可以赚取 150000 克鲁扎多(cruzados)。总之,大舰长的每次航行都能够发大财②,足以使他在退休以后过上富裕的生活。

在 15—16 世纪中叶的果阿,首先是里斯本到葡属东印度航线的终点。来回于里斯本到果阿和科钦的航行被称为"印度之行"。1574 年,一位经此航行的耶稣会士曾经说,这是当时世界上最伟大、最艰辛的航行之一,印度洋以及赤道上的季风都是影响航行的决定性因素,船只遭遇海难的比例很高。③此外,葡萄牙人以果阿为中心,还建立了到非洲东部的莫桑比克、索法拉(Sofala)、斯瓦希里海岸、波斯湾地区、印度最南端的科摩林角(Cape Comorin)、锡兰、孟加拉湾以及马尔代夫的航线。④在 1514 年葡萄牙人占据马六甲以后,由达·伽马开辟的东印度的航线再向着太平洋方向延伸,大约在 1542 年或者 1543 年的时候,有三名葡萄牙逃兵搭乘中国的船只抵达日本九州南部外海的种子岛(Tanegashima island)。此后,葡萄牙人带到当地的火枪、烟草和肥皂等物品使得日本人大感惊讶,尤其是当时的日

---

① M.N. Person, *The New Cambridge History*, *The Portuguese in India*, Cambridge, New York, Cambridge University Press, 1987, pp.37-38.

② C. R. Boxer, *The Great Ship from Amacon*, *Annals of Macao and the Old Japan Trade*, 1555-1640, pp.9-10.

③ C. R. Boxer, "The Carreira da India (Ships, Men, Cargoes, Voyages)", in *From Lisbon to Goa*, 1500-1700: *Studies in Portuguese Maritime Enterprise*, Great Britain, Variorum, 1984, p.55.

④ C. R. Boxer, *Portuguese India in Mid-Seventeenth Century*, pp.45-46.

本处于战国时期,火枪受到大名的欢迎。不久,葡萄牙人还从中国沿海地区带来了日本人喜爱的中国丝绸和瓷器,而葡萄牙人则从日本运回了大量的银条。①

由于季风的关系,从果阿经过马六甲出发前往日本的葡萄牙人必须在中国沿海的某地作较长期的停泊。每年从马六甲出发的葡萄牙船只在4月至8月离开当地,航行约近一个月抵达广东外海的岛屿,中途必须停泊,带上大批中国的丝绸和别的货品,继续前往日本列岛,否则在日本就没有货物可以卖出了。但是,从南中国海往日本的季风是在5月底至7月底吹拂,所以,从马六甲到日本的航行,无法在同一年完成。葡萄牙的船只,往往要在南中国海的某地停泊十个月左右。所以,葡萄牙人一直想在果阿、马六甲和日本之间寻找一个贸易居留地。

澳门作为葡萄牙人的居留地,大概就是在这个大背景之下形成的。②

有关澳门的兴起,在历史上和今天都存在着许多不同的看法,本文无法在有限的篇幅中加以叙述。综合博克塞、布拉加(J. M. Braga)以及尤塞利斯(W. Robert Uselis)等西方学者的论述,大致可以说,早在1520年代,葡萄牙的走私商人已经频繁地出现在南部中国的沿海,他们用胡椒、苏木、檀香木、沉香以及象牙等与中国人交换稻米、面粉、丝绸以及其他物品。③ 1517年,葡萄牙使节皮雷斯(Tomé Pires)来到广州,试图与中国建立贸易关系。1537年,葡萄牙人在距离澳门西南50英里的圣约翰岛即上川岛(island of St. John or Sanchuan)上已经十分活跃,著名的耶稣会士沙勿略(Francis Xavier, 1506—1552年)即于1552年12月逝世于该岛。这里不是一个永久的居留地,葡萄牙人每年在8月至12月的贸易季节在岛上搭建一些草棚,在贸易结束以后即付之一炬。④ 从1554年至1555年,广东的地方官员允许葡萄牙人在更东面的一个名叫浪白滘(island of Lampacau)的小岛作为他们与日本贸易的基地,葡萄牙人在与当地人交易时向中国地方官吏缴纳20%的贸易税。这是前一年葡萄牙舰长索萨(Leonel de Sousa)与中国地方官吏达成口头协议的结果。直到1558年,浪白滘一直有一年一度的贸易集市。⑤ 但是,由于该岛的水域常常被淤泥堵塞,不适合海上贸易,约在十年以后,葡萄牙人逐渐移往东面约30英里的一个半岛即澳门。⑥

博克塞指出,澳门一开始与浪白滘一

---

① C. R. Boxer, *Fidalgos in the Far East*, 1550-1770, pp.5-6.
② 罗理路著、陈用仪译:《澳门寻根——文献汇编,导言、解读与注释》,澳门海事博物馆1997年,第22页。
③ C. R. Boxer, *South China in the Seventeenth Century*, London, The Hakluyt Society, 1953, xxi-xxiv.
④ C.R. Boxer, *Introduction*, *Macao Three Hundred Years Ago*, Lisbon, Fundação Oriente, Lisboa, 1993, pp.15-16.
⑤ Ibid. 尤塞利斯(W. Robert Uselis)著、周卓兰等译:《澳门的起源》,澳门海事博物馆1997年,第42—43页。
⑥ Nicolas Standaert, *Handbook of Christianity in China*, Vol.1. Leaiden, Brill, 2001, p.295.

样是葡萄牙人的临时居留地,它何时成为葡萄牙人的永久的居留地,至今也有不同的看法。但是,有一个事实是清楚的,浪白滘是一个岛,交通不便,但澳门却是半岛,生活必需品可以依赖于香山县的居民,还可以雇佣大批工人从事各种劳务。大多数学者公认的是:从1557年开始,广东的官吏不再命令葡萄牙人离开这个临时居留地,从此,这个居留地也就渐渐地扩大起来了。但是,葡萄牙人一时间并没有放弃浪白滘,因为在1560年的时候,浪白滘还有500至600名葡萄牙人。①

从那时起,从果阿出发的葡萄牙船只就开始停泊在澳门,从事起果阿—澳门—日本之间的转运贸易。澳门在16世纪晚期至17世纪中期由于对日本的贸易而趋繁荣,大致上由以下几个原因促成:第一,明朝为防范倭寇骚扰沿海地区,禁止其臣民与日本人之间有任何贸易和交往,但是两个国家之间的民间私人贸易一直存在。同时,中国沿海人民还愿意与葡萄牙人私底下进行贸易,因为葡萄牙人所付出的钱较多。于是,葡萄牙人利用澳门从事其中的转运贸易,并获取其中最有价值的那部分利润。② 第二,葡萄牙人将中国的生丝、丝织品以及瓷器等物品运往日本,再从日本运出白银,由于当时日本许多地方发现银矿③,所以从日本运往澳门的白银数量相当可观,在葡日贸易的黄金时代,据说每年的出口量达到300吨。第三,尽管日本是一个产丝的国家,但是日本人喜欢中国的丝绸(生丝与丝织品)远胜过自己的产品。④ 另一位英国历史学家寇特斯(Austin Coates)指出:葡萄牙人垄断了整个中国近海贸易是因为中国人被禁止出海,日本人则不可以进入中国。曾经在广州居住过的阿拉伯人,由于葡萄牙人对于穆斯林的遏制,也被逐出这条贸易的路线。暹罗人以及其他临近的民族的船只太小,不能从事任何国际性的贸易活动。由此,葡萄牙人承担了远东大型的国际贸易,并取得了不易受到攻击的垄断地位。⑤

博克塞将1557年至1640年划为澳门最初的繁荣时期,当时的澳门是连接印度的果阿、广州与日本之间贸易的中转站和货品的集散地。

葡萄牙人最初来到日本的地方是九州南端的种子岛。但是,自1571年葡萄牙舰长韦加(Tristão Vaz de Veiga)率领大船来到长崎以后,葡萄牙人终于发现这个有着绵延四公里长的海湾的壮丽优美的

---

① C.R. Boxer, *Introduction*, *Macao Three Hundred Years Ago*, Lisboa, Fundação Oriente, 1993, p.16.
② 张天泽著、姚楠等译:《早起中葡通商史》,第109—111页。
③ 日本战国时代诸大名为扩张实力,积极投入矿山的开采。如丰臣秀吉在兵库的生野以及多田、德川家康在伊豆、左渡、岛根。日本当时的矿山还有佐保、长栋、象谷、黑森、鹤子、院内、荒山以及八森等地。武光诚著、黄雅琳译:《图说日本战国时代》,第234—235页。
④ C. R. Boxer, *The Great Ship from Amacao*, *Annals of Macao and Old Japan Trade*, 1550-1640, p.4.
⑤ Austin Coates, *A Macao Narrative*, Hong kong, Oxford University Press, 1987, pp.4-5.

深水港口正是他们想要寻找的理想的驻泊地,远比平户、横须贺、口之津町(Kuchintsu)等暴露在外的锚地更加适合那些大而且笨重的葡萄牙商船的停泊。从那时起,长崎的开港终于成为葡萄牙商船来到日本的终点站。于是,葡萄牙人与日本的贸易就固定在澳门与长崎两个港口。1580年,当时统治长崎的基督徒大名大村纯忠(Omura Sumitada,1533—1587年)将这块原本是一小群渔民居住的小村奉献给耶稣会,作为葡萄牙人与日本贸易的中心以及基督徒的避难所。① 长崎也由此成为以后日本对外贸易的主要港口。② 1583年,耶稣会报告中说葡萄牙人在该城市已经建有要塞,其中有400多栋房子和一所耶稣会会院。③ 到1614年,长崎已经有25000余人,其中大部分为天主教徒,其中许多人从事与葡萄牙人有关的贸易活动,或者充当译员。④ 每年都有葡萄牙人的商船来到这里,正是这种对于双方都有利的贸易,使得澳门与长崎都从默默无闻的小渔村崛起为繁荣的海港城市。

二

由果阿到澳门再航行去长崎的葡萄牙船只与里斯本驶往果阿的船只一样,也被称为克拉克商船(Carrack,nāo),但与往来于果阿和里斯本之间的船只相比则要小得多。在16世纪初葡萄牙人初到日本的时候只有约300至400吨,一般小于600吨,直到16世纪末,才有能够装载1200至1600吨货物的船只。它有三层甚至四层甲板,体积虽大但能够快速前进,与之匹敌的只有航行于西班牙人统治下的马尼拉与墨西哥之间的称为阿卡普科(Acapulco)的平底帆船。⑤ 日本人称葡萄牙人的船为"黑船"(Kurofune),很可能因为它们的船壳是黑的。⑥ 也有一些历史著作将葡萄牙人与日本人的贸易称为"黑船贸易"。在日本战国初期,人们又称葡萄牙人为"南蛮人"(Southern Barbarians,Nambanjin),将与葡萄牙人的贸易称为

---

① Diego Pacheco, *The Founding of the Port of Nagasaki and its Cession to the Society of Jesus*, Macau, Centro de Estudos Marítimo de Macao,1989, p.37. 根据耶稣会远东视察员范礼安(Alessandro Valignano,1539—1606年)于1580年8月15日致罗马的耶稣会总会长的信,大村纯忠的决定主要出于三点考虑:(1)他害怕肥前国的领主龙造寺隆信吞并长崎,所以将长崎托付给教会;(2)只要葡萄牙神父和船只一直来到长崎,他就会有船税的收入;(3)在危难的时候,长崎就是他避难的地方。

② C. R. Boxer, *Fidalgos in the Far East*, 1550-1770, p.38.

③ C. R. Boxer, *The Christian Century in Japan*, 1549-1650, pp.100-101. Diego Pacheco, SJ., "The Founding of the Port of Nagasaki and its Cession to the Society of Jesus", Monumenta Nipponica, 2593-4,1970, pp.303-323. J. S. A. Elison," Nagasaki: The Early Years of an Early Modern Japanese City", in Liam Matthew Brockey, ed. *Portuguese Colonial Cities in the Early Modern World*, London, Ashgate Publishing Company, 2008, p.93.

④ J. S. A. Elison, "Nagasaki: The Early Years of an Early Modern Japanese City", in Liam Matthew Brockey, ed., *Portuguese Colonial Cities in the Early Modern World*, p.93.

⑤ C. R .Boxer, *The Great Ship from Amacon, Annals of Macao and Old Japan Trade*, 1550—1640, pp.7-13.

⑥ C. R .Boxer, The Christian Century in Japan,1549-1650, *The Calouste Gulbenkian Foundation*, Lisbon, 1993, p.93.

"南蛮贸易"（Namban-trade），将葡萄牙人带来的物品，称为"南蛮器物"。①

自16世纪下半叶至17世纪30年代，每年四五月份的时候，一艘艘装载着毛织品、红布、水晶、玻璃制品、钟表、葡萄酒、印度布、棉布的葡萄牙大帆船就会从果阿起航，它们一般都会在马六甲停靠，把部分货物换成香料、檀木、苏木、产自暹罗的鲨鱼皮以及鹿皮，然后再航行到澳门。它们在澳门停留的长短视天气的好坏并以不错过季风而定。通常它们要在澳门等待十至十二个月。在17世纪早期，为了防止荷兰人的中途袭击，果阿总督塔沃拉（Rui Lourenço de Tavora，1609—1612年在任）曾经派遣战舰在果阿以及澳门之间护航，此种办法有效地保证了葡萄牙船只不受荷兰战舰的袭击，但是从中国到日本的航线则没有护航，因为葡萄牙人担心护航的战舰会引起日本人的怀疑和猜忌，所以，由澳门至长崎的航线上的葡萄牙船只仍然暴露在荷兰人的面前。②

当时的广州，是中国大陆上唯一每年有两次对外国人的交易会的城市，这两次交易会分别在12月至次年1月以及5月至6月。葡萄牙人去冬天的交易会是为了采办去印度的货物，而去夏天的交易会则是采办去日本的货物。③ 在广州的中国地方官吏从每个葡萄牙舰长那里征收驻泊税，商人们除了支付他们的货物运费以外不需要缴纳任何其他税收。由于澳门本城不出产任何加工产品和纺织品，所有葡萄牙商人所需的商品都必须以平底帆船和其他船只从广州运出。并不是每一个商人都可以去澳门的，有几个在澳门的葡萄牙商人经过特别的挑选被指定前往广州的集市采购商品，他们既是为自己采购，有时也是替别人前去采购，还要为下一次交易会订购商品。一般他们要在广州住四至五个月的时间。他们乘坐的是一种叫作 Lantea 的大船，它的桁梁很宽，驳舱也很大，是一个大统舱，在600至800吨左右，没有任何平甲板和底层甲板，所有的货物都装在里面，上面覆盖着稻草席，这种草席是在广东当地制作的，可以防止潮湿的气候。船的中间有一条像长条板一样的桥，供工人装运货物。它们定期往返于澳门和广州之间的水面上。由于当时的葡萄牙人感到中国人自负和排外，那些商人代表愿意住在船头的客舱里，即便到了广州以后仍然如此，而不愿意在当地租房。

葡萄牙的船只从澳门出发，乘着6月

---

① 坂本太郎著，汪向荣等译：《日本史》，中国社会科学出版社2008年，第269页。

② C. R. Boxer, *Portuguese Merchants and Missionaries in Feudal Japan*, 1543-1640, Britain, Variorum, Ashgate Publishing Limited, 1997, p.30.

③ C. R. Boxer, *The Great Ship from Amacon*, pp.7-13. 有关广州的贸易集市，可以参见戚印平教授《早期澳门贸易》中"广州贸易集市大致形成"一节，载澳门基金会编：《澳门史新编》第2册，2008年，第413—417页。在戚印平的新著《澳门圣保禄学院研究》，社会科学文献出版社2013年，第205—206页注释。

底至8月初的西南风(8月中旬至9月末的航行十分危险,因为有飓风),用十二三天的时间即可到日本南部的九州各地(1570年以后主要是停泊在长崎),这些船只所载的货物有时超过1000吨。从澳门前往长崎的葡萄牙船只每年的数目都有所不同,但是从来没有超过8艘,平均在3至4艘。①

博克塞在其著作中谈到了在1600年左右葡萄牙人从中国广州运送到澳门再输往日本的一些主要的货物以及买进和卖出的价格:

货物品种	重量/数量	在广州买进的价格(每单位以两计算)	在长崎卖出的价格(每单位以两计算)
生丝	550 piculs(a)	80(b)	145
染色精纺丝	450 piculs	140	385
锦缎	1850 pieces	1	2.5
粗色黄金	4000 taels	5.4	7.8
精致金条		7	8
麝香	2000 catties(c)	6.5	12
白铅粉	500 piculs	2.7	6.5
棉线	250 piculs	7	17
棉布	3000 pieces	0.5	1
汞	200 piculs	40	90
铅	2000 piculs	3	6
锡	550 piculs	—	—
土茯苓	550 piculs	1	4.5
大黄	100 piculs	2.5	5
甘草	150 piculs	3	10
白糖	65 piculs	1.5	4
红糖	200 piculs	0.5	5

注:(a)1 picul(担)= 100 catties(斤)= 1600 teal(两)= 60.4 kilograms(公斤);
(b)1 catty(斤)= ca.0.604 kilograms; (c)1tael =ca.37.75 grams(克)。②

除了这些货物,葡萄牙船只还带来黄杨木、日本妇女极其钟爱的中国胭脂以

---

① C. R. Boxer, *Portuguese Merchants and Missionaries in Feudal Japan*, 1543-1640, p.31.
② C. R .Boxer, *The Great Ship from Amacon*, *Annals of Macao and the Old Japan Trade*,1555-1640,appendix. C. R. Boxer, *The Christian Century in Japan*, 1549-1650, pp.109-110. R. D. Cremer, "From Portuguese to Japan: Macao's Place in the History of World Trade", in R.D. Cremer, Macau, *City of Commerce and Culture*, UEA Press, Hong Kong, 1987,p.33.

及每船约2000包瓷器等等。① 葡萄牙历史学家博卡罗（António Bocarro）于1635年所著《中国天主圣名之城的描述》（Descrão da Cidade do Nome Dus da China）中说，当时每年有四艘快船带着生丝、黄金和因具有医治梅毒功效而广受日本人欢迎的土茯苓（China root）等物品去往日本。据博卡罗的估计，当时中国每年出产的优质生丝总量为36000至37000担，其中12000担销往印度，6000担分别销往日本和马尼拉。葡萄牙人还将中国盛产的朱砂、汞、锌等金属原料销往日本，从日本人那里换取白银、黄铜、樟脑和漆器。②

这些装载着中国货物的葡萄牙船只在日本停泊的时间长短也不尽相同，一般来说，船只总是在7月或8月进入长崎等港口，然后在11、12月或者次年的1月离开。1633年，日本幕府规定了一个阴历的日期，相当于10月下旬或11月上旬，那时葡萄牙船只必须离开。③ 葡萄牙船只然后乘着东北风，载着日本的银条、漆器、家具、古玩、屏风、和服、刀、长矛以及铜器，于11月下旬间回到澳门。从日本输出的至为重要的货物是白银。在澳门，葡萄牙人将大部分来自澳门的银条卸下来，用于下一年去广州购买中国的生丝、黄金、麝香、珍珠、象牙和瓷器，最后运回果阿。葡萄牙人称这些船为"银船"（nâo de prata or silver ship）。④ 在果阿—澳门—日本之间的一次环航需要十八个月至三年不等。⑤

果阿、澳门和长崎之间的转运货物都在葡属亚洲的殖民地上征税。在果阿，所有货物的税收为8%，在马六甲为7.5%。不过，在1570年以后，从中国来的商船不在马六甲停靠。有时葡萄牙的船只在科伦坡停靠，当地的葡萄牙舰长要勒索他们2000—3000克鲁扎多，美其名曰要去维修当地和锡兰的炮台。在澳门，葡萄牙人每艘船都要向广东的地方官吏缴纳税金，但其税率可以通过贿赂地方官员以一种特别的方式加以调整。最后，在长崎，由于大村纯忠的庇护，每艘葡萄牙船只只要向当地的耶稣会士缴纳1000达卡。博克塞指出，在丰臣秀吉统治期间，在长崎的官员是否征收这笔钱无明文记载。但是，他说尽管有这些税收，澳门与长崎之间的贸易获利仍然十分可观。"这些税收没有从姜饼上刮下多少糖衣，澳门大帆船上产生的利润只有同时期马尼拉大帆船上的

---

① C. R. Boxer, "Some Aspects of Portuguese Influence in Japan, 1542-1640", Transactions of the Japan Society, Vol.3, 1936, London, pp.13-64.

② C. R. Boxer, ed., Macao Three Hundred Years Ago, pp.40-41.

③ C.R. Boxer, The Great Ship from Amacon, pp.9-10.

④ C. R. Boxer, Portuguese Merchants and Missionaries in Feudal Japan, 1543-1640, p.28. 这种"银船"的称呼使人想起西班牙人从墨西哥以及玻利维亚的银矿中将银锭运回塞维利亚的"珍宝舰队"（Spanish Treasure Fleet）。

⑤ C. R. Boxer, The Portuguese Seaborne Empire, 1415-1825, pp.179-181.

利润可以媲美。"①无疑,这条主线的环航贸易为澳门带来了巨大的财富,根据著名的葡萄牙经济史学家戈迪尼奥(Vitorino Barbosâ de Magalhâes Godinho,1918—2011年)的看法,从1565年以后,白银通过好望角、果阿、马尼拉以及日本源源不断流入中国,澳门是西方人进入中国的门户,当然也是一个吸纳白银的地方。② 在葡萄牙人与日本贸易的黄金时代,据说每年从日本流入澳门的白银达300吨左右。③

正由于从果阿到澳门,再由澳门至日本的贸易产生的利润,导致了澳门与长崎的形成及其最初的繁荣。自澳门的崛起直到葡萄牙人于1639年彻底被德川幕府驱逐出日本为止,这条航线是澳门最为重要的经济支柱。在葡萄牙与日本贸易终止前的最后几年,其贸易额达到很高的程度,特别是1636年至1637年两年之间,这条航线每年向国王上缴160000两白银。1640年,澳门议事会写信给王室,说明已经将澳门与日本之间航行贸易的租船费用的10%,即204000克鲁扎多上缴葡萄牙帝国政府。④

这条航线还是葡萄牙本国的白银流向亚洲特别是澳门的主要途径。根据杰纳特(J. Gernet)、索鲁(Pierre Chaunu)、博克塞以及全汉昇先生的研究,在16世纪末至17世纪,西班牙从美洲殖民地进口的大量白银因购买葡萄牙从东方运回的胡椒以及奴隶又流入到葡萄牙。葡萄牙的商人又带着这些巨额的白银前往印度果阿,其中大部分运往澳门。上文提到,英国人富歇说葡萄牙人每年从印度运白银20万克鲁扎多(6000至7000公斤)去澳门。全汉昇先生认为可能这个估计偏低,他根据其他西方学者的研究指出,在16世纪80年代,葡萄牙人每年运往远东的白银可能多达100万达卡。1601年,有三艘葡萄牙船只由印度启程前往澳门,其中一艘在广东附近海岸失事,船上有香料以及30万克鲁扎多的银币,合白银9000至121250公斤。⑤

在这段时间中,澳门那些已婚的葡萄牙商人是居住在亚洲最为富有的欧洲商人。从1630年代开始,澳门已经超过果阿成为葡萄牙海洋帝国在亚洲最富庶的

---

① C. R. Boxer, *The Christian Century in Japan*, 1549-1650, p.110.

② Leonor de Seabra, "The Importance of Macau in the Chinese and Japanese Commercial Relationship (16 - 17 th Centuries)", 4th International Symposium on Japanese and Macao Studies, Macao, University of Macau, 2000, p.43.

③ C. R. Boxer, *The Great Ship from Amacon*, p.4.

④ C. R. Boxer, *The Great Ship from Amacon*, *Annals of Macao and the Old Japan Trade*,1555-1640,p.153.

⑤ William S. Atwell, "Note on Silver, Foreign Trade and Late Ming Economy", in Ching-Shih Wen Ti, Vol Ⅲ, No.8, Dec. 1977, p.3; Geoffrey Parker, "The Emergence of Modern Finance in Europe,1500-1730," in Carlo M. Cipolla, ed, *The Fontana Economic History of Europe*: *The Sixteenth and Seventeenth Centuries*, Glasgow, 1974, p.528,转引自全汉昇:《明清间美洲白银输入中国的估计》,《史语所集刊》,第66本,1995年,载龚缨晏主编:《20世纪中国"海上丝绸之路"研究集萃》,第463—465页。

殖民地。① 在此期间,澳门的葡萄牙人声称他们每年与中国和日本的贸易高达 400 万克鲁扎多,这个贸易额是 16 世纪晚期的两倍,也超过了 17 世纪初的规模。② 就澳门运往果阿的货物来说,在 1620 年代,还是有不少从澳门出发的快船通过或是绕过马六甲海峡外荷兰人的封锁与拦截抵达科钦和果阿的,果阿的商人主要从澳门得到黄金、麝香、丝绸和宝石等物品。果阿的葡萄牙商人最喜爱的货品就是通过澳门以及其他地方运来的中国货物如丝绸和瓷器。即便到了这条航线关闭前夕的 1635 年,在由果阿造币厂铸造了 65 万金克鲁扎多中,用于铸币的黄金 10 万来自莫桑比克,15 万来自马六甲,5 万来自葡萄牙本国,余下的 35 万来自通过澳门与中国大陆以及日本的贸易。③

三

果阿、澳门与长崎的贸易航线在 16 世纪下半叶遇到了极大的危机和挑战。首先,新兴的荷兰海洋帝国在这条传统的航线上处处与葡萄牙为敌。在 1580 年至 1640 年的六十年中,葡萄牙被西班牙吞并,两国合二为一。④ 荷兰反抗西班牙哈布斯堡王朝的斗争就与他们与葡萄牙人争夺东西印度航线的控制权纠结在一起了。

荷兰人很早就想开辟前往东方的航线。1594 年以后,他们试图避开伊比利亚的宿敌绕过北冰洋前往中国和日本,但是尝试失败了,于是只得转向旧的传统的航线。从 1595 年 4 月开始,荷兰舰队在霍特曼(Cornelis de Houtman)率领之下前往东方,于次年就抵达爪哇的万丹(Bantan)。在 1599 年的五次航行之中,荷兰共有 22 艘武装商船前往南亚和东亚。⑤ 1602 年,荷兰共和国促成各自为政的自由贸易商人组成荷兰联合东印度公司(Verenigde Ootindisch Companie, V.O.C),被称为"全球第一个大型股份公司,是今日主宰全球经济的大型企业取法的典范"⑥。科恩(Jan Pieterszoon Coen)于 1619 年至 1623 年以及 1627 年至 1629 年两度出任荷属东印度公司的总督,以巴达维亚为中心建成了强大的海外殖民事业。⑦

---

① James C. Boyajian, *Portuguese Trade in Asia under the Habsburgs*, 1580-1640, The John Hopkins University Press, 1993, p.232.

② Ibid. p.232.

③ Ibid, p.233.

④ Edward Grierson, *King of Tow Worlds*, *Philip II of Spain*, New York, G. P. Putnam's , 1974, pp.160-162.

⑤ C. R. Boxer, *The Dutch Seaborne Empire*, 1600-1800, Penguin Books Ltd, London, 1965, p.25.

⑥ 卜正民(Timothy Broock)著、黄中宪译:《维梅尔的帽子——从一幅画看 17 世纪全球贸易》,(台湾)远流出版公司 2009 年,第 31 页。C. R. Boxer, *The Dutch Seaborne Empire*, 1600-1800, pp.26-27.

⑦ C. R. Boxer, *The Dutch Seaborne Empire*, 1600-1800, pp.107-111.

同时,荷兰人对于东印度航线的知识也在积累之中。1593 年,出生于哈勒姆、会卡斯蒂尔语和葡萄牙语的荷兰人林斯霍顿(Jan Huyghen van Linschoten,1563—1611年)从果阿回到祖国,他曾经出任果阿总主教的秘书,在此期间利用职务之便记录了被葡萄牙人视为最高机密的由里斯本前往果阿的航线资料,撰写了《葡萄牙航海东方旅行记事》(Rey-gheschrift vande navigation der Portugaloyers in Orienten)以及《巡回:东方和葡萄牙、印度以及对于土地和海洋的叙述》(Itinerario: Voyage ofte schipvaert near Oost ofte Portugaels Indien inhoudenda een corte beschryvinghe der selver landen ende zeecusten),前者于 1595 年出版,详细记录了葡萄牙人从本国前往印度的航线和航海技术,并提供了地图以及相关水域特性的描绘,这些资讯,对于荷兰在东方的扩张是极为有益的。①

从 1595 年到 1605 年,荷兰派遣 100 多条战舰来到东印度,直接进攻以果阿为中心的葡属"印度国"以及印度尼西亚群岛上葡萄牙人军事防御和航海力量最为薄弱的环节,有系统地劫掠从波斯湾到日本的葡萄牙人在亚洲的贸易港口,将葡萄牙漫长的殖民地链环上的据点一个又一个地攻陷。② 1603 年,荷兰人首次封锁果阿港口③,1635 年以后,每年都在果阿港口外面封锁和袭击从里斯本到果阿之间来回的葡萄牙船只,有效地阻断和瓦解以果阿为中心的贸易活动。从 1638 年至 1644 年以及 1656 年至 1663 年,荷兰人的两次封锁果阿港口给葡萄牙人造成了重大的打击。仅在雷尼亚雷斯担任总督期间(Miguel de Noronha, conde de Linhares, 1629—1635 年),葡萄牙人共损失 1500 名兵员以及 150 艘战舰。从 1600 年至 1630 年代,果阿的海关税收减少了将近一半,从 270 万克鲁扎多减少到 140 万。④

在远东,荷兰人则屡次觊觎澳门。1601 年,范·内克(Van Neck)的舰队进攻澳门失败。⑤ 1603 年 2 月 25 日,荷兰舰队在黑姆斯凯尔克(Jacob van Heemskerck)指挥下在马六甲海域附近成功袭击并缴获从澳门出发的葡萄牙大型武装商船"圣卡特琳娜号"(Santa Catearina),缴获大量丝绸、彩缎、漆器、家具、香料以及 70 吨黄金矿砂以及 60 吨瓷器。这笔战利品被送到阿姆斯特丹出售,为荷兰东

---

① Kenneth Nebenzahl, *Mapping the Silk Road and Beyond*, 2000 *years of Exploring the East*, London, Phaiden Press Limited, 2005, pp.84-85.

② Meilink-Roelofsz, M.A,P., *Asia Trade and European Influence in the Indonesian Archipelago between 1500 and about 1630*, The Hague, 1962, pp.174-176.

③ José Nicolou da Fonseca, *An Historical and Archaeological Sketch of the City of Goa*, p.169.

④ M. N. Pearson, *The New Cambridge History of India*, Vol.1., p.137, p.142.

⑤ H. Harison, *International Rivalries Outside Europe, Asia and Africa*, *New Cambridge Modern History*, Cambridge, Cambridge University Press, 1968, pp.556-558.

印度公司带来高达 340 万荷兰盾的收入,约占刚刚成立不久的公司总资本的 54%。① 1603 年 7 月,瓦尔维伊克(Wijbrand van Waerwijck)的荷兰舰队在澳门外海袭击了一艘驶往日本的葡萄牙大帆船,缴获生丝 2800 包、总价值 140 万盾。果阿与澳门当局曾经想联手抵抗荷兰人的封锁和拦截,1610 年,果阿的总督派遣瓦斯康塞罗斯(Dom Diogo de Vasconcellos)率领一支由 8 艘战舰组成的舰队前往澳门,想与马尼拉联合袭击荷兰人,但是指挥官不敢轻举妄动。五年以后,果阿总督与马尼拉合作,马尼拉派出 16 艘战舰、2000 名士兵,但舰队抵达马六甲以后因指挥官去世而再度失败。② 1622 年 6 月,发生了著名的由 17 艘战舰以及 1300 名荷兰士兵和舰队进攻澳门的事件,荷兰人遭到惨败,损失 7 名舰长以及 136 名士兵。这也是葡萄牙人维护他们在远东辉煌的最后努力。③ 不过,荷兰人对于马六甲海峡以及澳门外海的封锁仍然有效,同年,荷兰人缴获葡萄牙人 9 艘舰船,其中 6 艘属于澳门。葡萄牙人在整个东印度的殖民地情况窘迫,甚至不敢派船出海。④ 1633 年以后,荷兰人加紧封锁果阿与澳门之间的东咽喉要地马六甲,1640 年 6 月,荷兰人以及柔佛王国的军队经过 6 个月的围困,终于攻陷了马六甲的葡萄牙人的坚固要塞。⑤ 此举对于葡萄牙人从果阿到澳门以及长崎的航线的维持是极大的威胁。

尽管如此,葡萄牙人仍然勉励维持这条重要的航线,葡萄牙王室清楚地认识到该航线在维持葡萄牙在亚洲殖民地的重要性。虽然自 1617 年起,果阿与远东的定期通航结束了。但是,澳门的葡萄牙人仍然化整为零,以小型快船(galliot)躲过荷兰人的拦截,将黄金、丝绸、宝石等货物运往果阿。在这段时间,每年至少有一艘船只从澳门前往果阿。在澳门和长崎的航线上,葡萄牙人的商人以同样的手法处理,有些船只则绕过台湾从太平洋外侧航行前往日本。同一时期每年至少有 5 至 6 艘小型快船往来于澳门与长崎。⑥

果阿、澳门和长崎航线在 17 世纪 40 年代的最后关闭还与日本国内的形势、特

---

① Peter Borschberg, "The Santa Catarina Incident of 1603, Dutch Freebooting, The Portuguese Estado India and Intra-Asia Trade at the Dawn of 17th Century", *Review of Culture*, International Edition, 11 July, 2004, pp.13-14.

② C. R. Boxer, "War and Trade in the Indian Ocean and South China Sea, 1600-1650", in *Portuguese Conquest and Commerce in South Asia*, 1500-1750, pp.5-6.

③ 有关此次著名战役,可以参见 C. R. Boxer, *Fidalgos in the East*, 1550-1770, pp.74-79. 程绍刚译注:《荷兰人在福尔摩沙:1624—1662》,(台湾)联经出版事业公司 2000 年,第 13—14 页。

④ 程绍刚译注:《荷兰人在福尔摩沙:1624-1662》,第 6 页。

⑤ Laura Jamagin, *Portuguese and Luso-Asia Legacies in South East Asia*, 1511- 2011, Institute of Southeast Asia Studies, 2012, pp.259-260.

⑥ James C. Boyajian, *Portuguese Trade in Asia under the Habsburgs*, 1580-1640, p.233.

别是在丰臣秀吉以及德川家康结束战国分裂时代以后幕府对于天主教在日本迅速传播的负面看法有关。① 天主教在日本的迅速发展以及耶稣会与九州基督教大名的密切关系是与丰臣秀吉统一日本的趋势背道而驰的。然而,出于通商之利的考虑,丰臣秀吉以及后来的德川幕府在1638年之前,并没有完全根除日本与果阿以及澳门的海上贸易联系。不过,随着时间的推移,日本人终于知道除了葡萄牙人,欧洲还有非天主教的国家和人民也愿意与日本通商。1600年4月19日,荷兰的奎克内克(Jacob Quaeckerneck)舰长率领的"仁慈号"(de iefde)因被风暴吹离航线驶抵日本九州的丰后,领航员英国人亚当斯(William Adams,1564—1620年)代表生病的舰长前往大阪觐见了德川家康,后者终于知道欧洲除了葡萄牙人还有信奉新教的英国人以及荷兰人。② 1609年9月,荷兰海军上将维霍芬(Pieter Williamsz Verhoeven)派遣两艘船只前往平户,带来奥兰治亲王致德川家康的信,请求在平户建立一个永久的商站。他们向日本人解释,荷兰是一个从信奉天主教的西班牙和葡萄牙人统治下获得解放的国家。这年秋天,荷兰在平户建立了商馆。③ 1619年,荷兰人交给日本当局一封声称是在好望角附近截获的葡萄牙船只上的名叫若热(Domingos Jorge)的侨居日本的葡萄牙人领袖写的信,信中提到要联合当时在西班牙统治下的葡萄牙人颠覆日本的图谋。④ 尽管此信的来历可疑,但坚定了幕府关闭与葡萄牙人贸易的决心。

最后,从1637年12月到1638年4月,在九州的岛原爆发了以信奉天主教的日本农民为主体的大规模起义"岛原之乱"(Shimabara Rebellion),日本幕府以及九州的大名共调动十余万大军将叛乱平

---

① 自沙勿略于1547年来到日本以后,到1580年,该会在日本已经拥有15万名信徒、200座教堂、85名传教士(其中日本会士20名)以及100名本地传教员。十年以后,有136名耶稣会士、170名本地传教员。1605年,仅耶稣会就拥有75万名信徒。1614年,在幕府当局大规模镇压天主教的前夕,日本的天主教徒达到100万左右。另一种说法是布罗神父(Fr. Brou)的统计,他认为1614年的时候日本有60万至70万基督徒。从1614年至1639年,日本教会的信徒人数逐渐下降,特别是北方地区。1587年7月,丰臣秀吉已经颁布禁教令,责令外国教士回国。1593年2月,有24名外国传教士以及日本信徒在"长崎大殉教"中遇害。1622年又有55名外国传教士以及日本信徒遇害。C. R. Boxer, *The Christian Century in Japan*, 1549-1650, pp.114-115. Alexander Brou, S. J., "Les Statistiques dans les Anciennes Missions", in *Revue d' Histoire des Missions*, Vol. VII, 1929, p.369.

② C. R. Boxer, *The Christian Century in Japan*, 1549-1650, p.236, pp.285-290.

③ Dirk. J. Barreveld, *The Dutch Discover of Japan: The True Story Behind James Clavell's*, Writers Club Press, 2001, pp.41-44.

④ Dauril Alden, *The Making of an Enterprise, The Society of Jesus in Portugal and Its Empire, and Beyond*, 1540-1750, Stanford, California, Stanford University Press, 1996, p.135.

息下去。① 这一重要的历史事件是导致德川幕府最终关闭长达九十五年的葡萄牙与日本贸易的直接原因。虽然那时的澳门议事会已经严禁天主教传教士搭乘葡萄牙的商船去日本，在岛原城中也没有任何的外国传教士，但是日本仍然认为岛原的农民理所当然是受到葡萄牙人支持的。1638年，幕府当局终于下定决心关闭日本与葡萄牙的贸易，驱逐所有在日本的葡萄牙人。

1639年，当加比丹·莫尔阿尔梅达（Vasco Palha de Almeida）率领两艘葡萄牙船只再来长崎的时候，日本幕府交给他一份签署于同年7月5日谕令的抄本，它宣布：（1）葡萄牙人的船只被用于偷运传教士，故意违反禁令；（2）葡萄牙船只被用来运输给传教士的给养；（3）葡萄牙人为岛原叛乱者提供人员以及金钱的帮助。幕府命令葡萄牙船只必须在顺风的情况之下离开，禁止葡萄牙人再来日本贸易，否者处以死刑，并将此通知传达到果阿与澳门。②

澳门当局极力试图挽回。1640年3月16日，议事会决定派使团前往日本，恳请幕府重开贸易，这是极端冒险的举动。这个由帕切科（Luis Paes Pacheeco）等四名有名望的葡萄牙市民为首的庞大使团共有74人，他们于7月4日进入长崎的港口。8月2日，长崎奉行召集澳门使团全体成员宣布幕府的决定：日本当局不能视来访的葡萄牙人为使者，只能视之为违反禁令的罪犯。幕府将从这些葡萄牙人中选出13人，命令他们将消息带回澳门，其余的人将被处死，除非他们背弃天主教。为了显示当局的决心，日本当局甚至拒绝了由葡萄牙人带来的一笔应该支付给日本本地商人的40万两白银的商欠。③ 8月3日上午，63名不愿弃教的葡萄牙人被处死，剩下的13人乘小船一路漂流，于当月20日回到澳门，报告了这一极端不幸的消息。当时，澳门所有的教堂都为遇难的使团成员鸣钟志哀。④

随着德川幕府出于政治和宗教的原因禁止与葡萄牙人贸易，由果阿通过马六甲到澳门再到长崎的贸易航线终于被禁止了。

四

从以上的叙述可以大致得出如下一些结论。

第一，在16世纪中叶至17世纪中叶从果阿出发到澳门再到长崎的航线上，葡萄牙人运输的货物都不是他们自己生产的，他们只是将亚洲各地出产的货物从一

---

① Otis Cary, *A History of Christianity in Japan*, Vol.1, *Roman Catholic and Greek Orthodox Mission*, Tokyo, Curzon Press, 1996, pp.225-229.
② C. R. Boxer, *The Christian Century in Japan*, 1549-1650, pp.383-386, p.448.
③ C. R. Boxer, *The Christian Century in Japan*, 1549-1650, pp.384-385.
④ Engelbert Kampfer, *The History of Japan*, London, 1782, p.320.

个地方运输到另一个地方。此种贸易方式其实与古典时代希腊人、罗马人以及腓尼基人在地中海贸易的方式是十分接近的。葡萄牙人将这种贸易方式从地中海搬到了各大洋。法国国王法兰西斯一世(Francis I,1494—1547年)曾经将葡萄牙国王曼奴埃尔一世戏称为"开杂货铺的国王"(Grocery King);①这与18至19世纪以后英国、法国等近代资本主义国家向亚洲输出自产的工业品的全球性贸易又有很大的差异。有迹象表明,葡萄牙没有将它从东方获得的财富用于国内的生产,而是任由王室挥霍以及用于教会的宗教活动,以至于到16世纪60年代以后,它在维持海外殖民地的设施以及发展海军方面都遇到了很大的困难。②

第二,所谓"葡属印度国"的范围,包括了葡萄牙人从好望角到日本的广大区域建立的要塞以及由要塞包围或是临近的地区,其中有商站及居留地,某些小的商站没有要塞,有些较大的商站则设有要塞,有些更大的居留地则形成城市的规模,不仅设有要塞,而且葡萄牙人将本国的都市制度移植到了其中。果阿、澳门和长崎就是属于这种类型的殖民地城市。所有这些商站、居留地以及城市之间的联系都是由海上贸易的航线联系起来的。

果阿—澳门—长崎之间的航线只是它们中间的一条重要的航线。葡萄牙人并没有意愿将他们的势力扩张到亚洲的内陆[只有一个例外,就是在17世纪葡萄牙人为了夺取锡兰的肉桂而试图举兵征服坎迪(Kandy)],他们更加关心的是以贸易的手段维持这些商站、居留地以及城市的生存。20世纪20年代,罗斯(E. D. Ross)教授就在谈到大英帝国在印度的统治的时候指出:与大英帝国相比,"葡萄牙人建立的殖民地很难称为真正意义上的帝国,他们很少或是不想建立帝国。葡萄牙的舰长们在任何时候都不想向岸上发动进攻,他们没有想到与任何强大的部族建立联系,他们只是想控制公海地区"③。因为海上贸易是维系葡萄牙海外殖民地生存的唯一的财政来源。1664年,耶稣会远东视察员如此写道:"澳门的经营所依靠的都是海上的贸易,整个城市都是以此作为谋生的手段的,海风和潮水不会带来任何东西。没有海上的贸易,那么一切都完了。"④这段话适合于葡萄牙人东方贸易链上的任何一个环节。

第三,葡萄牙人在这条航线上设立的贸易制度,特别是加比丹·莫尔制度,旨在加强葡萄牙东方殖民地之间的联系。例如,从澳门建港直到1623年,除了一些

---

① C. R. Boxer, *Portuguese India in the Mid-Seventeenth Century*, p.1.
② Alfredo Pinheiro Marques, "The Portuguese Cartography in the Era of Discoveries", in Mara Algās edt., *Atlas Universal, Diogo Homem*, M.Moleiro Editor, S.A. 2002, pp.116–119.
③ M.N. Pearson, *The New Cambridge History of India*, Vol.5, p.76.
④ C. R. Boxer, *The Portuguese Seaborne Empire*, 1415–1825, p.327.

不重要的间断,从果阿出发的加比丹·莫尔在逗留澳门等待季风再去日本期间,一直担任澳门临时总督的角色,任期往往是一年,他要代表葡萄牙王室行使对于殖民地的管辖权,他还与当地议事会的经常发生矛盾和冲突。不过,并非在所有的葡萄牙殖民地城市或居留地都发生此类情况,有些大舰长能够与市政厅之间密切合作。① 研究葡萄牙东方的贸易航线,其实有助于促进葡萄牙殖民地城市管理体制的比较研究,这是由葡萄牙海外殖民地依赖于海上贸易的特性决定了这些城市的管理制度与航海体系之间的密切联系。

第四,16至17世纪葡萄牙人在东方的贸易活动,与宗教(天主教)的传播有着密切的联系。1637年,一位在果阿的耶稣会士写道:"天主在印度促进海上贸易的目的就是为了增加灵魂的丰收。"② 诚如博克塞指出的,葡萄牙人扩张的事业是"十字架与王冠、王座与祭坛、天主与财神"的相互交织,不过它们之间的重要性是因时、因地和因情况而异的。这既可以解释为葡萄牙人以传播宗教作为他们在殖民地推行贸易活动的合法化的手段,也可以解释为葡萄牙民族抱有热忱的宗教信仰(1638年由澳门前往长崎的"殉教者使团"就是一个明显的例子)。在那个时代的背景下,人们是很难将贸易活动和宗教的传播完全分开考虑的。果阿—澳门—长崎航线的最后关闭部分原因就是日本德川幕府的锁国和禁教。

第五,葡萄牙人在东方的贸易活动是早期全球史的开端,不仅因为他们建立的贸易航线的漫长,而且在于他们建立的殖民地城市是"最初的具有全球化特征的城市,它们使得贸易与文化的网络连成一片"③。由此,将葡萄牙人的贸易航线以及这些殖民地城市以全球史的观点联系起来加以研究,注重它们之间的共同点和互动性,显然要比单独地、割裂地和静态地加以研究更有意义。

Martime Trade Route among Goa, Macao and NagasaVi in Eatad. daÍndia in Late 16th and 17th Centuries

Abstract: This academic paper is on the subject of the maritime trade route of Portuguese Seaborne Empire from Goa to Macao and Nagasaki during the early 16th to middle of 17th centuries. It discussed its process of rise , development, decline and close and the rise of tow Portuguese colonial cities of Macao and Nagasaki. Yet the topic is related to complicated relationship between the trade activities of Por-

---

① C. R. Boxer, *Portuguese Society in the Tropics*, *The Municipal Councils of Goa, Bahia and Luanda*, 1510-1800, Minnesota, Wisconsin University Press, 1965, pp.66-67.
② C. R. Boxer, *Portuguese India in the Mid-Seventeenth Century*, p.1
③ Liam Matthew Brockey, edt, *Portuguese Colonial Cities in the Early Modern World*, p.1.

tuguese and their fanatic motive of propagation of Catholicism.

Keywords: 16th -17th centuries, Goa, Macao, Nagasaki, Maritime Trade Route

作者:顾卫民,华东师范大学历史系教授

专题研究

□ 李今芸

第一次世界大战前奥地利与台湾的贸易

摘要：从一战前台奥贸易资料来看，台湾对欧洲贸易呈现只进不出的现象。本文利用德文、意大利文及日文等原始资料，追究此特殊现象，发现日本对台湾实行经济管制，驱逐外资，控制樟脑，限定欧洲船只上货卸货港口，淡化台湾与香港、厦门关系，强化与美国的商业联系，提升太平洋海运等行为。日本并没对台湾采取闭关政策，而是利用欧美的设备技术建设台湾铁路及基隆、高雄港，西方的生活方式也经由商品在台湾留下影响。台奥贸易虽然很小，但它也的确影响台湾人生活。

关键词：太平洋海运；转口贸易；基隆；搪瓷；樟脑

当我为撰写博士论文研读资料时，发现奥地利（时犹为哈布斯堡王国，以下简称奥国）驻横滨领事 Von A. Prochaska 的一则抱怨，他说自从日本占领台湾以后，奥国与台湾的贸易不断减少。[①] 另外，从一份古老的意大利文报纸 *L' osservatore Triestino* [②] 发现一篇报道，讲到奥匈帝国对台湾贸易只有出，没有进：

> 由于1895年战争的结果，福尔摩沙岛成为日本的统治，虽然欧洲仍与它有关，但缺乏直接贸易关系。1900年时（台湾）出口的商品（总）价值约在13,570,663日元，相对于1899年的14,365,092日元，进口10,532,164元，前年则是11,092,623日元。贸易的衰退主要是由于政治的动荡（拳乱及八国联军，日据初期台湾主要贸易对象仍是中国）。欧洲从台湾进口都是间接的，1900年欧洲出口台湾情况如下：英国1,398,130日元，德国94,343日元，土耳其85,951日元，

[①] Österreichisch Monatsschrift für den Orient（ÖMO），1909：6-10, 97, "Taiwan (Formosa)".

[②] *L' osservatore Triestino* 以报道财经、艺术和旅游为主，Trieste 国家档案馆藏的则从1786年至1933年。在奥匈帝国时代，这份报纸的印刷是由当地一家大海运公司赞助——Austrian Lloyd（现在这家公司于1998年为台湾长荣所买下）。当年 Austrian Lloyd 愿意赞助，固然有文化贡献的考虑，另一个很实际的效果是广告，因此留下丰富的海运资料。

比利时 7,748 日元，奥匈 4,247 日元，法国 2,890 日元。英国在台湾建立领事馆，它也代表奥匈帝国的利益，主要的海关在安平和淡水，英国在基隆和打狗（高雄）设有办公室。(1902年6月16日星期一《与福尔摩沙的商业》)

从下文表一及表二日本的海关统计资料，的确可看出德、英、法、奥等欧洲国家与台湾贸易，都只能出口不能进口。

笔者从台北的台湾图书馆找到丰富的数据，配合收藏于华盛顿美国国会图书馆的日本总督府出版品，加上当代学者的研究，撰成此文。除解释这个特殊的国际贸易现象外，本文还试图分析从奥国的进口商品，以了解台湾当时社会的消费情况。时间介于1894年到1914年两个战争之间。在进入正文前，先简略介绍19世纪下半叶的哈布斯堡政治情况。在1867年奥地利与匈牙利订下妥协宪章后，称为奥匈帝国，但匈牙利几乎是实质上独立，奥匈有共同的领导者、国会及政府部会。奥地利有代表国家的航线Austrian Lloyd，匈牙利日后也有其国家航线。下文提及奥地利（Cisleithania）基本上不包括匈牙利（Transleithania）。

一、甲午年以前的奥台关系

奥国与东亚关系很淡薄，与台湾关系更淡薄，他们的商人多往巴尔干、土耳其、俄国发展。奥国在台没有自己的洋行，台奥之间没有直接的船运，奥国与台湾的交易必须仰赖其他国家洋行或领事协助，以购买台湾最主要的国际商品樟脑，茶叶虽然也是台湾重要的商品，但基本上奥地利在台湾、在中国大陆都不买茶。奥国的国家航运公司（Austrian Lloyd）于1869年发展到印度，在奥印之间固定航班运输货物。十年之后（1880年）到香港，1892年到上海，翌年到神户。在甲午中日战争后，奥国商人或可以从神户与台湾联系。台湾并不被列在Lloyd的定期航线上，但奥船偶尔也会来台。[1] 在1872年时，曾有一艘奥国商船来到高雄（Takow），当时台湾从奥国进口945海关两、出口22,351海关两的货物。[2] 从1863年到1867年，Lloyd船公司请德商鲁麟洋行（Pustau & Co.）作为它的香港和上海代理。[3] 从1883年到1894年，奥国政府设有两个名誉领事于淡水和台南，也由其他国籍外商担任。[4] 1894年，奥国政府重点选了中国19个城市，请英商或英领事为其利益代表，台湾的淡水和台南也在其中之列，代

---

[1] *L'osservatore Triestino*, March 3, 1894, N51, "Trieste, February 28".

[2] 黄富三、林满红编：《清末台湾海关历年资料（1867—1895）》，台北：“中央研究院”台湾史研究所筹备处，1997年，第1册，第69页。

[3] *Annuario Marittimo compilato dal Lloyd Austriaco. Nel 1863-1876.*

[4] 维也纳国家档案馆 Haus-Hof-und Staatsarvhiv (HHStA), AR F8/262.

理人为 L. C. Hopkins（淡水）和 W. Holland（台南）。① 1902 年以后，英国再度设置领事于台湾，奥国也央请英领事代理奥国的事务。②

甲午战争之前香港和厦门在台湾商品的进出口上扮演重要角色：糖、樟脑、茶、煤等商品，大多经由香港运到欧美，香港岛上洋行都是外国资本所经营；③香港在转口贸易中扮演最重要角色，因为大部分欧洲的远东航海线，香港是必经之站。从香港来的物质大多不是香港产品，而是从各国转口来的。送到香港的商品也大多不在香港消费，而是转运到世界各国。这些商品哪些从奥国来，哪些去到奥国，目前还没解决这个问题。总之，奥国或其他欧洲有些工业品也是经由香港来到台湾，甚或分销到东南亚，见下文中奥地利纸的转销。④ 而厦门则控制台茶外销，包括买办引介、融资及船运。⑤ 这些洋行在促销台湾商品到国际舞台方面是相当积极的，等到日本占领台湾后，自然不能坐视这种情势，于是企图将外国资本驱逐或降低，而以日资取代。

二、一战前台湾进出口分析

在日本控制下的台湾有相当清楚的国际贸易统计，在下列二表中，共列出六个国家或地区，从 1896 年到 1918 年（一战结束）的进出口统计数据。本文数字计价均采日元。

表一 台湾输出贸易表⑥

年份	奥	德	英	法	美	香港
1896	—	—	—	—	265,121	2,454,169
1897	—	—	6,682	—	1,188,184	1,655,976
1898	—	—	—	—	561,029	1,385,115
1899	—	—	—	—	309,646	2,090,414
1900	—	—	—	—	969,634	1,760,648
1901	—	—	—	—	568,540	1,181,835
1902	—	—	—	—	1,734,999	3,229,057
1903	—	—	87	—	2,134,852	2,575,046
1904	—	76,600	277,141	253,500	2,870,854	1,628,725

① *L' osservatore Triestino*, April 27, 1894, N96.［奥国 Lloyd 轮船 Gisela（船长 Francesco Kossovich）于一八九〇年十二月三十日从神户离开，经由台湾到达香港，天清风淡，这一旅程平静而愉快。］
② *L' osservatore Triestino*, June 16, 1902.
③ 东嘉生：《台湾经济史研究》（东京：1944 年初版，台北：南天出版社，1995 年再版），第 362 页。
④ ÖMO, 1906;2, 15, "Der Handelsverkehr zwischen China und Japan".
⑤ 东嘉生，前引书，第 328—329 页。
⑥ 表一、表二资料来源：《台湾贸易四十年表（1896—1935）》，台湾总督府财务局编（台北，1936），逐年辑出。

续表

年份	奥	德	英	法	美	香港
1905	—	29	1,455	—	3,440,764	2,100,254
1906	—	89	403,292	208	2,576,406	1,770,205
1907	—	—	503,733	—	4,090,121	2,081,855
1908	—	44,579	427,876	201,727	4,556,975	781,401
1909	—	1,684,993	752,042	969,340	5,049,035	300,958
1910	—	1,285,286	551,242	654,875	5,074,500	353,616
1911	23,450	1,645,754	646,071	408,519	6,005,284	368,153
1912	51,865	1,573,289	1,086,897	681,892	4,916,913	392,962
1913	8,051	745,129	1,077,226	874,051	5,732,050	359,137
1914	11,964	923,975	641,800	393,172	5,600,246	391,951
1915	—	—	931,763	338,308	6,189,944	583,748
1916	—	—	781,413	227,565	7,537,406	1,787,894
1917	—	—	750,087	89,054	5,528,317	8,142,891
1918	—	—	639,760	201,449	7,722,316	4,783,783

从上表可看出,英国要到1903年之后才得以连续从台湾买进商品,法国则迄1908年以后才有同样待遇。台湾对奥国直接出口则迟至1911年才开放,在这仅有四年的时间里共95,330日元,全都是购买台湾樟脑。① 蔡采秀在其论文《日本的海上经略与台湾的对外贸易(1860—1945)》中也论及此现象。②

表一显示只有美国及香港可以享受直接出口的待遇,但数据也反映出一些故事:港台贸易下降及美台上升,美国除了开头五年及最后一年,几乎全在百万日元以上。在1904基隆扩建以后到1918年间,除了1917这一年,从台湾出口到美国的金额均比其他五个区域的总和都高。香港的萎缩在1908年到1915年之间特别明显。

表二 台湾进口贸易表

年分	奥	德	英	法	美	香港
1896	605	223,224	1,146,328	7,769	594,390	290,614
1897	4,705	353,863	1,375,777	10,011	811,660	411,102
1898	12,669	298,437	1,617,927	9,233	870,170	952,290

---

① 在奥方的记录中,1911年、1912年、1913年三年奥国从日本进口樟脑价值分别为32,568日元、29,177日元及36,165日元,总计97,910日元。*Volkswirtschaftliche Wochenschrift*, 1913:60, 185-186; 1915:63, 9, "Handel Oesterreich-Ungarns mit Japan."

② 蔡采秀:《日本的海上经略与台湾的对外贸易(1860—1945)》,收入《台湾商业传统论文集》,第187—232页。

续表

年份	奥	德	英	法	美	香港
1899	6,192	91,225	1,093,117	4,596	992,778	415,200
1900	4,247	94,343	1,398,131	2,891	1,517,981	610,155
1901	6,458	126,634	2,109,443	4,923	1,515,507	553,762
1902	5,094	113,726	1,482,747	6,256	990,493	233,880
1903	8,785	127,425	1,701,582	23,178	1,127,134	147,212
1904	20,723	184,830	1,375,394	13,226	1,452,129	262,287
1905	18,921	143,938	1,642,923	14,373	1,150,450	77,622
1906	17,760	190,094	1,588,798	17,885	879,177	128,263
1907	13,905	282,220	1,756,962	4,850	1,275,620	208,083
1908	15,444	1,228,844	4,280,990	11,144	2,289,857	167,882
1909	16,095	730,787	2,149,151	45,852	1,095,465	168,942
1910	10,225	2,455,912	3,898,987	15,285	2,707,145	256,099
1911	9,170	2,576,652	4,486,225	21,950	1,732,172	215,044
1912	11,622	1,072,008	3,489,624	38,408	1,699,958	119,258
1913	16,231	530,346	1,731,572	30,738	1,264,651	96,820
1914	8,163	523,090	1,278,036	19,549	800,494	48,105
1915	3,305	105,806	711,949	13,484	761,518	20,688
1916	283	47,820	1,233,734	13,686	760,926	26,292
1917	445	11,954	1,077,679	14,451	2,147,815	61,890
1918	—	4,701	886,555	22,040	2,301,826	59,725

从表二的台湾进口数据可以发现：从1896年到1918年间包括奥地利在内，台湾从这些国家进口始终不断，与前述奥国驻横滨领事Von A. Prochaska的抱怨不合。表明这段时间，日本的工业水平还不能与欧美相比，以致控制台湾时还是得仰赖欧洲先进机械及其他物资。表二显示，英国出口台湾比美国出口台湾的数值都大，除了四年例外：1900年、1904年、1917年、1918年，这四年恰好都是战争之年。1907年以后，从德进口铁轨和机械，这是由于基隆和高雄的筑港工程。铁轨方面，纵贯铁路的复线及台东线延长，以及各制糖会社所属的轻便轨道铺设，于是进口德国所产"九封度"及"十二封度"的轻便轨道。① 加上台湾制糖产业的发达，大量进口德国的制糖机器，仅1911年已超过千

---

① 《台湾外国贸易概览》，明治四十年(1907)，第69页；明治四十一年，第238页。

万日元,这一年德国业绩特别突出;①奥地利也是工业先进国,但从 1901 年到 1918 年长达 18 年的交易中,只在 1913 年时,海关记录登记从奥国进口 250 日元的科学仪器,即在台湾现代化工程上奥国分不到好处。②

三、策略运用

日本何以独厚美国,可能与企图发展太平洋海运有关,虽然在 1898 年美国占领关岛及菲律宾,往西太平洋发展,日本在一战前逐渐控制东亚海运,但日本的东进与美国的西进两股势力尚未到达冲突点(珍珠港事件)。日本把台湾设定为往太平洋发展中之一环,对于台湾经济控制采取半开放政策,一方面压制、驱逐原先的洋行,把日本商社移入台湾,米的对日输出控制在三井、三菱、加藤、和杉原等四家贸易商手上。四家日商和 732 家土垄间(粮行),控制了数十万户的生产者和中小地主。③ 同时垄断的重要物资:鸦片、盐、烟草及樟脑俱定为国营商品。日本具体的作法:先是把航线北拉到神户,继而营建基隆港、提升太平洋航运。为了提升太平洋海运,对美国的出口始终采取直接出口,如表一、表二所示。

1. 以神户取代厦门、香港

为了削弱厦门,提高神户及基隆的地位以取代之,扶植两大轮船公司——大阪商船会社及日本邮船会社。从 1897 年,日本政府用强力补贴的方式,维持台湾与日本神户及横滨的航线,它最重视基隆—神户线,在 1900 年该线享有所有补助的一半;大阪商社最重要的任务是肩负台湾总督府的国策,借由航运改变货物流向,以基隆为日货进口兼台湾土货出口中心,或经由日本神户转口,或直接进出口国外,企图削弱过去由淡水—香港进口华洋货物,并取代厦门转口业务④。

如同表一、表二所示:香港在台的转口贸易地位逐渐减弱。1916 年德奥已可从台湾买樟脑,但同一年日本官方文献指出"领台以来贸易变革是台湾产业政策的(施行)结果。……樟脑从来都是输出香港,再分送到欧美各国,今则由台湾直接输出到欧美消费地"⑤。也就是说德奥也许还是得从日本补足部分樟脑。表一显

---

① 从德国进口制糖机器如下:(单位日元)

1907	1908	1909	1910	1911	1912
125,997	705,692	114,500	828,114	1,200,451	58,401

注:从历年《台湾外国贸易概览》辑出。

② The Dept. of Finance, *Annual Return of the Foreign Trade of Taiwan* (Formosa) (Tokyo: Insetsu Kyoku), 1917, p. 160.

③ 张庸吾:《台湾商业之特征》,《日据时代台湾经济之特征》,台湾研究丛刊 53 种,第 98—106 页。

④ 刘素芬:《日治初期台湾的海运政策与对外贸易(1895—1914)》,收于《中国海洋发展史论文集》第七辑,"中央研究院"中山人文社会科学研究所专书(45),第 637—694 页,表五。

⑤ 东乡实、佐藤四郎:《台湾植民发达史》,台北:晁文馆,1916 年,第 275 页。

示,在 1908 年到 1915 年间,香港明显萎缩,锐减至百万日元以下,原先经由香港的茶、樟脑等都从台湾直接出口到欧洲各国,显示这个政策运作成功。

2. 中央掌控关税收入

由于大量补贴,从欧洲及纽约经由苏伊士运河、日本转口到台湾,竟然比香港转口到台湾便宜。这个政策造成台湾港口的海关收入受损,在 1915 年台湾糖税的收入已达 250 万美元(约 508 万日元),但关税收入不到百万美元。虽然台湾已开放直接出口,一直到 1915 年台湾出口到日本的樟脑还高达 20 万美元(约 40.6 万日元)①,但这些樟脑非常可能转运到美国及欧洲。② 于是欧洲国家得以从横滨、神户等日本港口,取得台湾出口商品,这样的商品除了樟脑、茶,还包括台湾的芝麻和花生。③ 总之,利用这样的物资控管,日本政府取得部分资金,以助其补贴政策。

3. 营建基隆与提升太平洋航运

日本学者很为基隆港的建设而骄傲。为了营建基隆港,除了从英德进口铁轨及机械,其他配套措施如下:港口的浚深、防波堤的建筑、海陆交通线,以及银行的设置等。于是在第一期工事竣工后,基隆就成为乌龙茶的主要输出港,在乌龙茶出口期,港内可以陆续停泊 1 万吨的巨轮,这个景象是从所未见,这个港口以茶及港口附近的煤炭两项产物,跃居世界的重要港口之一。④ 然而美国人对基隆港有不同的评价,认为基隆的设备在世界上还是次流,台风期间能够保护轮船的空间有限。⑤

在 1902 年基隆建设完成后,神户在台湾外贸转口地位变弱。1902 年首次有 31,500 箱乌龙茶从基隆经苏伊士运河直接运抵美国,因而使基隆出口,经日本神户转运至美国的部分减少为 13,600 箱,而由淡水经厦门转口美国的茶仍有 428,700 箱。1905 年台茶从神户转口再次减少,直接行经苏伊士运河及太平洋的增至 113,050 箱和 82,141 箱,1910 年、1911 年茶叶完全由基隆直接出口,厦门和神户的转口地位遭淘汰。⑥ 樟脑输出情况的也相似,1906 年,台湾樟脑由淡水出口的数量更加减少,由基隆出口的数量更为增加,直接运到美国。⑦

---

① 在 1911 年时,1 海关两约值 0.65 美元,约值 1.32 日元。

② Supplement to Commerce Reports, Daily Consular and Trade Reports, No. 55b May 8, 1916, *Issued by the Bureau of Foreign and Domestic Commerce*, Department of Commerce, Washington D.C., pp. 2-4.

③ 维也纳档案馆 HHStA, AR, F34/29 China, 1906.3273/375. Nov 22, 1905.

④ 吉开右志太:《台湾海运史》,台北:台湾海务协会,1941 年,第 390-391 页。

⑤ George W. Mackay, M. A., of Tamsui, Formosa, "Japanese Administration in Formosa", *Journal of Race Development*, 2:2 (Oct. 1911), pp. 172-187.

⑥ 刘素芬,前引文。

⑦ 林满红:《日本殖民时期台湾与香港经济关系的变化》。

基隆扩建后,从基隆出发的航线有三:经由横滨神户的北美航线、直接的北美航线①和经由苏伊士运河的欧洲航线。以第三条路线运费最便宜,但由于停泊港口太多,距离太远,不适合急件。巴拿马运河1914年竣工,1915年通航,运茶船可以直接送到纽约,也加速了太平洋海运的兴起,于是台湾乌龙茶经由苏伊士运河的路线渐趋没落;没落的另一个原因是第一次世界大战的爆发,欧洲航路(第三线)、基隆神户(第一线)的利用者减少下来。在基隆成为世界的停泊站后,日本同时发展观光业,诱导到上海、香港的外国人来台观光。②从这一点看来,日本在台湾的海运经营上,还是考虑其自主性,没有长期让神户成为基隆的依附港。

四、台湾樟脑

台湾是世界上樟脑的重要产地。19世纪时樟脑依据制造过程可分为粗制品及精制品。精制品多运往印度,作为寺庙捻香,或上流社会棺木内填充物等;粗制品则多送往英国、德国、法国及美国,制造赛璐珞(Celluloid),或毛织品、毛皮的防虫剂。③制造赛璐珞的樟脑约占总量之70%,制造火药占2%;12%的精制品用于印度寺庙烧香者怀中的香袋;作为化学品的除虫剂(7%)、消毒除臭用(3%)、食用(1%)、酊(tincture)或醇(酒精)(5%)。④1907年时,世界樟脑一年需要量为850万斤,其中约七成是日本所供应,而日本本岛境内的原料樟树已渐竭,所以台湾的樟脑几乎独霸世界,后来由于欧洲塞璐珞工业的发展,作为原料的樟脑需求勃兴,以致价格高涨。⑤在此插入塞璐珞的简史:19世纪中叶,象牙已明显无法满足市场需求,1870年左右科学家John Wesley Hyatt(1837—1920年)发明用熔化的樟脑制成赛璐珞,它又称人工象牙,在塑料未发明前,赛璐珞广为使用:刀柄、玩具、胶卷、乒乓球,但由于太容易燃烧,这个产业在20世纪中叶几乎消失,至今只有乒乓球还用这个材质,赛璐珞的好景不长也影响樟脑的前途。

樟脑离开台湾、日本、香港后,真正重要的市场在伦敦、汉堡、纽约及孟买。⑥德、奥对樟脑的需求量特大。日本占领之前,德国已占台湾樟脑外销之鳌头,从1893年到1897年之间,德国进口量是224万担,高于美国的183万担及英国的

---

① 当时巴拿马运河尚未开通,采取海陆联运的方式,从西雅图到纽约,中间的铁路大北方铁路(The Great Northern Railway)是在1893年筑成。
② 吉开右志太,前引书,第390-395页。
③ 《台湾外国贸易概览》,明治三十四年(1901),第102-103页。
④ 《台湾外国贸易概览》,明治四十年(1907),第85页。
⑤ 同上注,第83页。
⑥ 《台湾外国贸易概览》,明治三十三年(1900),第82页。

172万担。① 乙未年割台后,德奥仍是进口台湾樟脑的大户,奥国从台湾直接出口的只有从1911年到1914年,其后或许由于欧战因素以及战后经济衰退,不再和台湾有直接关系。欧战期间,德奥两国进口台湾樟脑全面停止;到1923年进口台湾樟脑才逐渐恢复,主要是因为美国的经济景气,而法国也呈现需要,而德国的人工樟脑和中国的樟脑供不应求。② 次年,1924年,欧洲各国的赛璐珞工业振兴,对台湾樟脑需求又恢复③,但台湾樟脑不再有1909年至1912年的盛况。

人造樟脑的发明剥夺了台湾樟脑的销路。人造樟脑是德国人在1900年研发出来的,它和天然樟脑的效用几乎相同,人造樟脑虽然价格低廉,但在制造上等塞璐珞时,还是不敌天然樟脑,即便使用人造樟脑,也一定要混用天然品,除了德国,英、美、法、瑞士都相继设立人造樟脑的工厂,但仍以德国特别发达,而且物美价廉;台湾总督府专卖局的对策是限制产量,同时压低价格,以挽回市场。④ 1913年,由于德国和奥地利两国的松根油价格暴跌,松根油是制造人工樟脑的重要原料,于是促成人工樟脑的勃兴,台湾樟脑再次遭受到打击,专卖局于是立即压低价格,希望以压倒性政策来挽回市场。⑤ 1916年,利用德国产品灭绝的机会,确立日本在台湾的樟脑商权。⑥

五、奥国输台产品

前述台湾出口奥国的商品,下则介绍奥国出口到台湾的商品。⑦ 这些产品大多是消费品,少见机械武器。奥国消费品进入台湾,表明台湾人生活的欧化,贸易常是改变消费习惯的重要途径。如前所言,奥国是工业先进国家,与中国交易项目中不乏武器、发电厂等高价商品,但这些商品并不能贩卖到台湾,可能与日本偏好德国重工业品有关。台奥贸易或者台湾的国际贸易中有一个不易厘清的问题是香港问题,从香港来的商品大多不是香港制造,但现在也无法追溯其真正源头了。

---

① 林满红:《茶、糖、樟脑与台湾之社会经济变迁(1860—1895)》,台北:联经出版社,1997年,第37页。
② 《台湾外国贸易概览》,大正十二年(1923),第88—89页。
③ 《台湾外国贸易概览》,大正十三年(1924),第93页。
④ 《台湾外国贸易概览》,明治四十一年(1908),第75—76页。
⑤ 《台湾外国贸易概览》,大正1-5年(1912-16),第109页。
⑥ 同上注。
⑦ 本节的五个表格统计资料均从美国会图书馆藏 Annual Return of the Foreign Trade of Taiwan (Formosa) (Tokyo: Insetsu Kyoku)的年报中逐年辑出,这套书由日本财政部(The Dept. of Finance)出版。

香烟卷纸/纸类

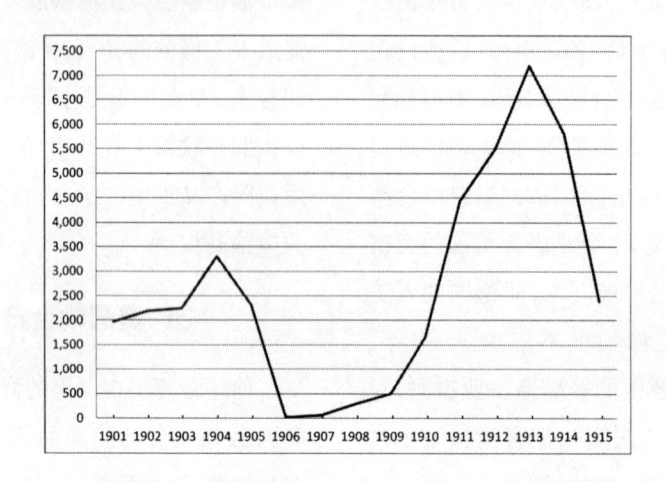

年份	数值
1901	约2,000
1902	约2,000
1903	约2,200
1904	约3,300
1905	约2,000
1906	约0
1907	约200
1908	约300
1909	约500
1910	约1,800
1911	约4,500
1912	约5,500
1913	约7,200
1914	约6,000
1915	约2,400

在19世纪下半叶,拥有丰富森林的奥地利大量出口纸张到国外,包括中国,虽然中国是纸的发明国。这些纸用来机器印刷、名片制作、爆竹制作及宗教用的大尺幅纸张制作。奥地利纸薄、便宜,适宜用来制作特殊海报,有种中国寺庙用纸,纸的质量须经得起双面染色,先在奥地利以机器染上鲜红、桃红的颜色,另一面则染上土色、黄色,到中国后用手工完成,双面颜色互不浸润,制成后又从中国外销到华人世界。奥地利纸虽然面临美国、挪威、德国的严重威胁,但仍然可以保住市场,因为后三国的纸质无法好到可以拒浸染。这就涉及制纸高难度的技巧①,奥国的纸恰好赢在这个技巧上。②

奥地利卷烟纸在国际市场上占一席之地,纸的例子再次证明香港的重要性。奥卷烟纸主要的转口站在香港,它甚至从香港远征俄国③、马尼拉。在美国占领菲律宾(1899年)后,奥国卷烟纸明显下滑,由于1905年出现反美潮,中国抵制美国商品,并且要发展自己的香烟商品,奥卷烟纸在亚洲市场才又上扬。④ 奥地利也出口新闻用纸,在这方面的劲敌是英美;另外就是棕色包装纸(应指俗称的牛皮纸)。⑤ 上图的数字是包括一般用纸及卷烟纸。与奥地利公使报告不同,台湾进口奥地利纸品恰恰在1905年后中衰,迄1910年才又爬升起来直到一战发生。

---

① Nikolaus Post, Hongkong, Bericht über das Jahr 1901, B IV.
② Nikolaus Post, Hongkong, Bericht über das Jahr 1902, B IV.
③ Nikolaus Post, Hongkong, Bericht über das Jahr 1901, B IV.
④ Nikolaus Post, Hongkong, Bericht über das Jahr 1902, B IV.
⑤ *Volkswirtschaftliche Wochenschrift*, 1896:25, 209-212, "Bericht des Herrn Eugen Einaigel über Shanghai".

饰品

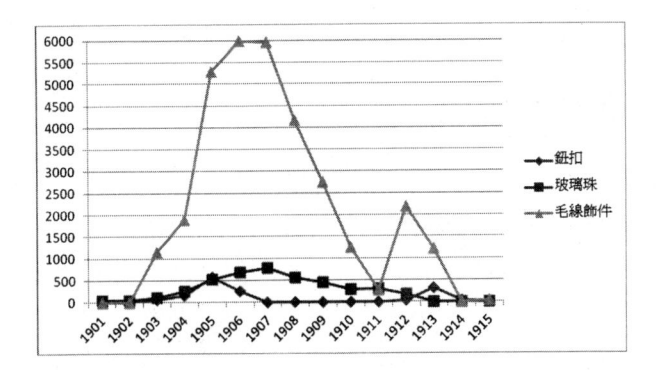

奥地利的饰品以设计精巧著称,至今仍让世人眼睛一亮,纽扣、玻璃珠、花边(Laces)、饰件(Trimmings)及毛线饰件都是在台湾长卖的商品,虽然获利不多,但有其文化交流的意义。纽扣的材质有很多种,主要可分为四类:一是珠扣(pearl buttons);二是金属扣,奥地利的铜扣大量卖到台湾;三是覆盖纽扣(covered buttons),例如包布扣;四是花扣(fancy buttons)。

家具／木料制品

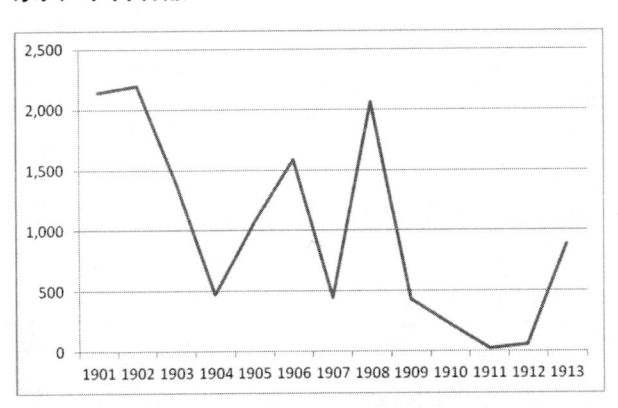

家具被视为建筑一环,不少19世纪的建筑师也自制、设计家具。奥地利家具从1890年以后,在中国及台湾都有很好的市场。哈布斯堡家具制造两大城是维也纳及Ungvar(Uzhhorod,今在乌克兰境内)。一种称为"维也纳椅子"(Vienna Chairs)深受好评,形式包括餐桌椅、摇椅、淑女安乐椅、办公椅等[①],估计在中国奥

---

① Josepf Haas, "Shanghai. Wirthschaftliche Verh? ltnisse von China im Jahre 1884, mit besonderer Rücksicht auf Shanghai". NIHV 32, 1886.

地利家具主要供应欧美人士的需求，①但是在台湾，既然欧洲人不多，所以这些家具可能陈设在寻常人家之中。从上图中可看出，有六个年份进入台湾的家具及木工制品超过1,000日元。

肥皂等卫浴用品

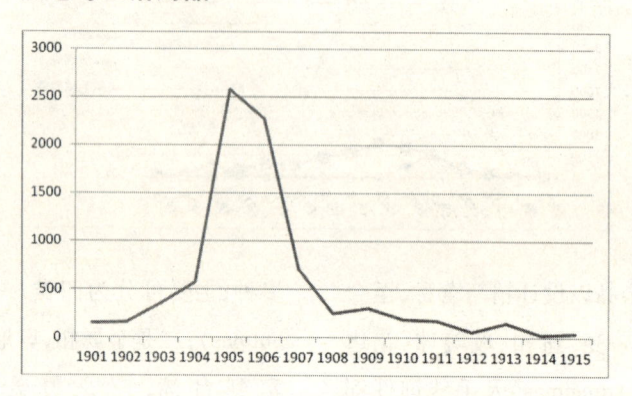

奥地利肥皂、香水等日常卫浴用品早在1880年就大量进入中国市场②，虽然这项产品很容易仿冒，竞争者也不少，但奥地利仍保有东方市场。从上表可以看出在奥地利卫浴用品进入台湾十五年不辍。

搪瓷

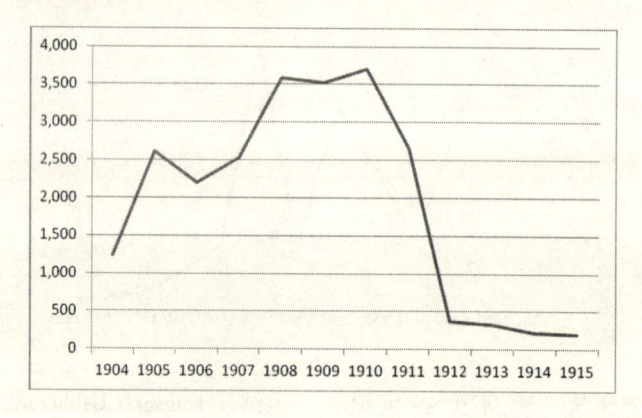

搪瓷（Enamelware）是塑料用品出现前最广为使用的家用品材质。它并不是

---

① *Volkswirtschaftliche Wochenschrift*, 1897:28, "Bericht des Herrn Alexander Thaler über seine gesch? ftlichen Wahrnehmungen in China", p.211.

② *Volkswirtschaftliche Wochenschrift*, 1897:28, "Bericht des Herrn Alexander Thaler über seine gesch? ftlichen Wahrnehmungen in China", pp.211-213.

一项新发明,不同文明各有其搪瓷、坚固、安全、比铁轻巧,到 19 世纪中叶,在德奥人的推广下,这项材质重新启用,并流行全球,下段引文可以为证。

奥地利制从仰光进口的搪瓷在云南深受欢迎。很多对象是针对(中国)人的需求而设计成合适的形式,因而取代好几款瓷具,而这几款瓷具在云南是相当少见的。①

奥地利的搪瓷制造商也生产大型、中价位的容器,如盆、马克杯、茶杯、锅等物品,特别方便中国人的日常生活。② 在此要特别一提的是 1901 年台湾从奥地利进口一匹马,价值 525 日元③,日本人偏好奥地利马,在 1899 年、1900 年分别进口 3,417 日元及 5,433 日元的马,如果以同样价值计算,这两年大概进口了十六七匹马。奥地利马场仍然存在,坐落于今日斯洛文尼亚(Slovenia)的马场 Lipica,这个马场原先是为训练哈布斯堡皇家用马而设立的。日本人对奥地利的马比对奥地利的科学设备有兴趣,海关记录显示 1913 年进口奥地利科学仪器 250 日元。

六、结语

本文是从奥地利与台湾贸易资料来看日本治台的策略,运用出口控制,处心积虑地赶走外资以及外资仰赖的买办,以日本商社取代洋行,运用国家补贴政策,提振台日及其他航线,展现其国家的主权。而这些动作最终影响了四个港口的命运:厦门代理台湾贸易的没落、神户短暂地取代厦门、基隆兴起——成为其东进太平洋的一个据点、香港则略有起伏。日本成功地削弱厦门,可能由于厦门的经济力比较弱,较易取而代之;基隆也成为东南亚或美洲货品加工、转运到中国的港口;从比较长远的角度来看,神户对台湾只是过渡阶段。在打击厦门及香港上,日本还利用糖、茶及樟脑等国际商品来协助达成目标。台湾和美国的关系固然变深,此后台湾贸易方向上却以美日为主轴。在日本国家管制外贸政策下,奥国甚至其他欧洲国家只能配合,去日本买台湾货,到台湾卸下本国货,奥国的重工业产品不得日本政府的赏识,无法与英德美竞争,但它的生活用品进入台湾,说明台湾人物质生活的西化过程。对台湾而言,奥地利虽然遥不可及,但在海运大通时代,两个地区还是发生了商业及文化上的关系。

引用书目:

[1] *Annuario Marittimo compilato dal Lloyd Austriaco*. Nel 1863-1876,奥地利国家轮船公司年报。

[2] Haus- Hof- und Staatsarvhiv(HH-

---

① A. Granzella, "Szemao", *Maritime Customs Returns*, 1902, v. 36, 264.

② *Volkswirtschaftliche Wochenschrift*, 1914:61, "Die wirschaftliche Entwicklung Chinas vom Gesichtspunkte der ? sterreichischen Industrie", pp.132-137.

③ *Annual Return of the Foreign Trade of Taiwan*, 1901, p. 146.

StA）维也纳国家档案馆档案。

［3］*Österreichisch Monatsschrift für den Orient（ÖMO）*，奥地利《东方月刊》。

［4］*L' osservatore Triestino* 报纸。

［5］*Volkswirtschaftliche Wochenschrift*《人民商业周刊》。

［6］The Dept. of Finance, *Annual Return of the Foreign Trade of Taiwan*（Formosa）（Tokyo：Insetsu Kyoku）.

［7］Bureau of Foreign and Domestic Commerce, Department of Commerce, *Supplement to Commerce Reports*, *Daily Consular and Trade Reports*, No. 55b May 8, 1916, Issued by the Washington D.C.

［8］Nikolaus Post, Hongkong, Bericht über das Jahr 1901, B IV. 以及 Hongkong, Bericht über das Jahr 1902, B IV. 收录于国家统计局编：《奥地利商务部工商交通报告》（*Nachrichten über Industrie, Handel und Verkehr aus Statistischen Departement im k.k.Handelsministerium*，简称 NIHV），奥地利商事博物馆（Handelsmuseum）出版。

［9］Josepf Haas, "Shanghai. Wirthschaftliche Verh？ ltnisse von China im Jahre 1884, mit besonderer Rücksicht auf Shanghai", NIHV 32, 1886.

［10］A. Granzella, "Szemao",《中国海关年报》1902，第 36 册，第 264 页。

［11］黄富三、林满红编：《清末台湾海关历年资料（1867—1895 年）》台北"中央研究院"，台湾史研究所筹备处，1997 年。

［12］《外务省记录明治 32（1899）年台湾に于ける樟脑专卖权の义に付独逸商人より同国公使へ苦情申生》，"中研院"傅斯年图书馆藏手稿，第 3-5-6-30 页。

［13］《热带产业调查书——樟脑、酒类》，手稿，第 105 页，藏于"国家图书馆台湾分馆"。

［14］"台湾总督府财务局"编：《台湾贸易四十年表（1896—1935）》，台北，1936 年。

［15］松下芳三郎：《台湾樟脑专卖志》，"台湾总督府"出版品，大正十三年（1924 年）。

［16］"台湾总督府"：《台湾外国贸易概览》，台北："台湾总督府财务局"。

［17］东乡实、佐藤四郎：《台湾植民发达史》，台北：晃文馆，1916 年，第 275 页。

［18］东嘉生：《台湾经济史研究》，东京：1944 年初版，台北：南天，1995 年再版。

［19］吉开右志太：《台湾海运史》，台北：台湾海务协会，1941 年，第 383 页。

［20］张庸吾：《台湾商业之特征》，《日据时代台湾经济之特征》，"台湾研究丛刊"53 种（1957），第 98—106 页。

［21］刘素芬：《日治初期台湾的海运政策与对外贸易（1895—1914）》，收于《中国海洋发展史论文集》第七辑，"中央研究院"中山人文社会科学研究所专书（45），第 637—694 页。

[22]蔡采秀:《日本的海上经略与台湾的对外贸易(1860—1945)》,收入黄富三、翁佳音编:《台湾商业传统论文集》,台北市:"中央研究院"台湾史研究所筹备处,1999年,第187—232页。

[23]林满红:《日本殖民时期台湾与香港经济关系的变化》,《近代史研究集刊》36(2001),第51—115页。

[24]林满红:《茶、糖、樟脑与台湾之社会经济变迁(1860—1895)》,台北:联经,1997年。

Austro‐Taiwanese Trade before World War I

Abstract: Statistics derived from Austro-Taiwanese trading data show that the flow of goods was mostly from the latter to the former. German, French and Japanese sources indicate the real reason for this puzzling phenomenon: it was controlled by the Japanese economic policy of nurturing Japan's influence throughout the Pacific by expelling foreign investment, monopolizing camphor, confining seaports to a single direction of materials movement, and undermining economic relations between Taiwan and Amoy and Hong Kong. Yet Japan still needed the Western facilities and consumer goods that also influenced daily life in Taiwan. Although the imbalance in the trade between Austria and Taiwan was still not significant, it explains the contribution to the Westernizing of the Taiwanese lifestyle between 1895 and 1914.

Keywords: Pacific Maritime Transportation, Entrepot Trade, Keelung, Enamel, Camphor

作者:李今芸,台湾"国立"暨南国际大学历史系副教授

专题研究

□ 黎云意

索尔·阿林斯基的"后院"组织与社会资本

摘要：索尔·阿林斯基是活跃于20世纪的城市社区组织者，被誉为美国社区组织之父。他最大的贡献在于创造了一种特殊而具有生命力的社区组织模式，为公民参与提供了非正式途径。阿林斯基的实践发端于芝加哥南部声名狼藉的贫民窟"后院"，通过激进和策略性的组织手段，阿林斯基彻底改造了这个几乎被抛弃的社区，使它成为美国城市民主实践的典型。"后院"组织的成功昭示着社会资本对保持城市活力的重要作用，它通过建立邻里互信、共同协作的平台来帮助地区居民构建凝聚公共认同的网络。

关键词：索尔·阿林斯基；后院；社区组织；社会资本

20世纪20年代，美国进入城市化时代，城市空间的变革同样渗透进社会肌理，在之后的几十年中，萧条的市中心和蓬勃的郊区逐渐成为城市发展道路上的两个对立面。针对诸多市中心问题，除进行大量的物质性市政建设外，城市化初期的美国并没有非常有效的措施解决发展失衡问题。工业老城芝加哥快速崛起于这一时期，作为吸纳国内外移民的大都市之一，它在20世纪面临的城市衰退等诸多问题很大程度上反映了当时美国城市化过程中普遍存在的困扰。

美国社区组织之父索尔·阿林斯基（Saul Alinsky，1909—1972年）出生于芝加哥，是俄裔犹太人的后代，1926年进入芝加哥大学攻读考古学，后转入社会学系，跟随当时芝加哥学派几位著名学者如厄内斯特·沃森·伯吉斯、罗伯特·帕克、乔治·米德学习城市社会学。在移民潮、工业化及大都市问题等因素的影响下，最初芝加哥学派研究城市的目光主要集中于动荡及衰败的街区环境方面，尤其关注根深蒂固的"新老市民之战"（civic war）。[①]在这样的学术熏陶之下，出生在犹太人贫民区的阿林斯基也对城市病理及弱

---

① Larry Bennett, *The third city: Chicago and American urbanism*, The University of Chicago Press, 2010, p.2.

一、索尔·阿林斯基与"后院"组织

势居民的生存困境充满兴趣,因此,如何解决城市人的生存矛盾成为他一生致力的方向。芝加哥市区的贫民窟"后院"(Back of the Yards)是阿林斯基组织工作的起点[1],他对这个多民族社区进行了一系列改造,最突出的贡献是创建了"后院"邻里委员会(Back of the Yards Neighborhood Council,简称BYNC),该委员会的功能是为统筹和协调地区事务提供平台。阿林斯基以邻里特点为基础,去意识形态化地使各类群体面对面地融入解决社区问题的过程中,帮助这个一度被"老市民"舍弃的贫民窟重获新生。除有效改善"后院"居民的生活状况之外,阿林斯基的"后院"组织的另一个贡献还在于它昭示着城市权利及城市民主的重要性,同时,城市规划与建设应当在物质改造的基础上关注经济、政治、社会、文化和环境等多种因素。总的来说,阿林斯基通过毕生实践拓展了公民参与、建设和改造居所环境的非正式途径。

1935年,当约翰·刘易斯(John Llewellyn Lewis,1880—1969年)与产业工会联合会(Congress of Industrial Organizations,简称CIO或产联)的标语飘荡在城市上空之时[2],阿林斯基刚刚辞去在乔利埃特监狱(Joliet penitentiary)的犯罪鉴定工作,他的社区组织起点——"后院",这个臭名远扬的肉制品加工区还懵懂于产联的召唤中。阿林斯基受到伯吉斯的学生克利福德·肖(Clifford Shaw)[3]的委托进入"后院"进行实地研究,彼时二次经济萧条的阴影笼罩着芝加哥,"后院"这个最差的贫民窟似乎在这场浩劫中断送了最后一点活力,阿林斯基谈到对"后院"最初的印象时说:"'后院'里的居民全像被碾压过一样士气低落,他们没有工作,即便有也拿着远远低于基本工资的薪酬,人们缺衣少食,疾病缠身,住在肮脏、腐坏、寒冷的棚屋里,只算是苟活于世。那里还是一个满

---

[1] "后院"位于芝加哥市南部的第61社区新城区(New City),是该市历史上非常著名的一个邻里社区(neighborhood)。形成于19世纪美国交通运输网络的发展中,该社区在20世纪主要吸纳了一大批来自欧洲的移民,他们大部分是从事肉制品加工生产的外来廉价劳工。

[2] 约翰·刘易斯是活跃于20世纪的劳工运动的风云人物,他在1935年成立"产业工会联合区"(初名 Committee of Industrial Organizations,在1938年正式脱离"美国劳工联合会"[American Federation of Labor,简称 AFL 或劳联]后,更名为 Congress of Industrial Organizations),美国大萧条时期在帮助失业劳工就业和改善福利待遇方面作出诸多贡献,1955年该会与劳联合并成立了"美国劳工联合会—产业工会联合会"(American Federation of Labor and Congress of Industrial Organizations,简称 AFL-CIO 或劳联—产联),成为美国最大的工会组织。

[3] 肖是伯吉斯的学生,也是社会学著作《"杰克辊":一位不良少年的故事》(*The Jack-Roller: A Delinquent Boy's Own Story*,1930年)的作者,他主要从事基于生活史的社会学研究,是对阿林斯基理念有着重要影响的人物。在1930年代末,肖通过推行"地区项目"(The Area Project)开拓了应用社会学的外延,还通过这些活动为青少年提供服务并鼓励公民参与。

布仇恨的污水坑,波兰人、斯洛伐克人、德国人、黑人、墨西哥人、立陶宛人彼此厌恶深恨,他们共同怨恨着爱尔兰人。负面情绪之下只有回归祖国的念头高涨。"①

1938 年,刘易斯联合芝加哥大大小小的肉制品厂成立了"产联肉制品加工厂工人组织委员会"(Packinghouse Workers Organizing Committee,简称 PWOC),其中有一位关键的组织者叫赫布·马奇(Herb March),他是阿林斯基进入"后院"时最早接触的工会领导者,但他主要致力于帮助社区中的年轻人,并认为这样更能获得"后院"众人的好感,马奇很欣赏阿林斯基实用主义的组织方法,认为这可以避免明显的政治取向。阿林斯基不会将自己的风格和选择标签化,因为这会降低组织及其成员对行动效果的信任,阿林斯基也不像马奇那样只关注年轻人,而是试图凝聚社区中的所有人,不分年龄、等级和信仰,无差别地对待每一类人。② 此类观点后来成为他的社区组织理念的核心——坚定地以一种去意识形态的方式进行社区组织工作。"后院"在人们眼中历来是疾病、犯罪、堕落、污秽、成瘾的代名词,"后院"的历史很大程度上反映了美国移民运动的变迁,实际上这一社区的原型来自厄普顿·辛克莱(Upton Sinclair)著名的小说《屠场》(The Jungle, 1906),阿林斯基显然从这本小说中吸取了大量精神力量,他称它为"丰富多彩又极具戏剧性的小说,是美国文学中不朽的篇章之一"③。这部典型的带有理想化色彩的左派小说,讲述了在美国经济大膨胀时期,立陶宛籍移民约吉斯一家追寻美国梦的过程,书中有大量关于牲畜屠宰厂和肉制品生产的过程,对劳工悲惨生活也有许多生动详尽的描写:苛刻冷酷的工头,玩弄手段的房屋代理商,工作强度超高的生产流水线,不负责的病猪检疫官员,随时随地掉入油桶中化作白骨的劳工,混杂着发霉物、垃圾、唾液、锯末和病菌的肉肠生产过程,而这些食物将作为高级品销往上流社会的宴会……整本书充斥着对肮脏、混乱、压迫和残酷的控诉。值得一提的是这本响应"扒粪运动"(Muckraking Movement)的作品对美国食品药品监督管理局的成立也起了推动作用,《屠场》里的故事展现的是权力体如何通过产业扩张获得廉价劳动力的过程,这也是美国历史上文化熔炉的过程,是美国工会组织斗争的缩影。

《屠场》内的描述可能并不算夸张,当时的"后院"确实令人避之不及,人们

---

① 具体参阅《花花公子》对阿林斯基的访谈:http://www.progress.org/tpr/organizing-the-back-of-the-yards/。
② Sanford Horwitt, *Let Them Call Me Rebel*: *Saul Alinsky, His Life And Legacy*, New York: Random House, Inc. 1992, pp. 59–60.
③ Saul D. Alinsky, "Community Analysis and Organization", *American Journal of Sociology*, 1941, p.798.

除了不愿住在这个社区,甚至不愿意途经那里。1939 年,阿林斯基正式投身于"后院"社区建设,然而组织初期困难重重,在阿林斯基接触"后院"之前,它被看作前景堪忧的社区,极度贫困、缺乏政治影响力而且民族间的斗争还在不断胶着,这些都是阻碍社区改革的棘手难题。在深入了解社区特点后,阿林斯基注意到唯一对全社区居民具有影响力的是共同的天主教信仰,但由于宗教的中立性,在解决问题方面较为力不从心。阿林斯基一开始借鉴了克利福德·肖的"芝加哥地区项目"(Chicago Area Project)中的强调"公民参与"的方案,这一方案的前提认为:当身处于同一社区的居民意识到他们能获得改变当地生活状况的机会时,他们就会以一种更负责的态度凝聚在一起,共商对策。然而,凝聚并非易事,对于"后院"而言更是如此,由于"后院"是一个多民族聚居社区,波兰人、斯洛伐克、波希米亚人、立陶宛人没有彼此和睦相处的传统,他们各自有教会,对共同行动缺少兴趣,这种社区状况与肖主要适用于个人的"芝加哥地区项目"并不相容,因此阿林斯基不得不寻求一种新方式对待作为一个整体的"后院"。

"后院"中存在各色团体,如教会、体育俱乐部、地方商会和工会等等,在阿林斯基的组织准则中,尊重社区传统占据重要位置。他首先找出"后院"的精神核心:教会。"后院"由七大教会组成,每一个教会就是一种民族性组织,尽管有些民族所属教派相同,但教会间却几乎不会一起处理社区问题。选择教会不仅因为宗教信仰是"后院"居民唯一共有特征,也由于 1915 年成为芝加哥大主教的芒特莱恩(Munddlein)使地方教士美国化的策略襄助了阿林斯基。[1] "后院"中不少受此熏陶的年轻教士们对接受阿林斯基的建议更友善,他们反对旧传统中的刻板思维,将一种更强调合作的新精神植入社区,因此也就更有利于阿林斯基开展工作。1939 年他与后来成为他终身好友的工作伙伴约瑟夫·米根(Joseph Meegan)一起组建了"后院"邻里委员会,委员会每周五晚上都会举行例会讨论社区事务,例如儿童福利、住房、健康和就业问题,最初主要的参与人员是教会和 CIO 的组织领导[2],这意味着教士们和其他各类组织领导者们并不担任委员会名义上的代表而是实际的会员。随着组织的壮大,委员会吸纳了更多的团体:地方商会、地方美国退伍军人协会、商业领袖、体育协会等等,他们代表了一个完整、亲密而自理的"后院"社区。"后院"邻里委员会的设立成功地将不同派系集合在一起为共

---

[1] Sanford D. Horwitt, *Let Them Call Me Rebel*: *Saul Alinsky, His Life And Legacy*, New York: Random House, Inc. 1992, p.69.

[2] Sanford D. Horwitt, *Let Them Call Me Rebel*: *Saul Alinsky, His Life And Legacy*, pp.71-72.

同利益而奋斗,委员会不是一群赤诚之心者的组织,也并不代表几个拥有话语权的组织,更为重要的是它也不受外部利益团体的控制而完全属于社区居民。阿林斯基将委员会看作扎根于社区最主要的基本机构,同样还是一种唤醒这群移民者对第二家园情感的一种运动。①

此外,阿林斯基的社区组织行动策略将社区组织与劳工组织紧密结合在一起,使得这两者互为表里。以"后院"为例,"后院"人的城市身份相类似,无论是工作还是社会生活都彼此牵连,他们去一样的教堂、参加一样的运动联盟、加入一样的工会,也同样贫困饥饿、失业或干着高危工作、无助且缺乏社会关怀,"后院"人不仅是居住在同一个社区的居民,他们也是一个"公民"和"工人"的整体。在这点上,阿林斯基与劳工组织领袖代表刘易斯一样洞见症结,反对分离单干的观点,他认为通过社区组织与劳工组织协同合作的双重策略对解决城市工业区工人面临的难题具有突破性意义,一方面劳工组织能帮助社区组织在市政服务和就业福利等方面赢得胜利,另一方面社会组织也可在对抗肉制品公司或其他企业主方面提供帮助。②

在阿林斯基举办首次"后院"邻里委员会的前夕,他写道:建设"后院"组织的目标是凝聚该社区所有居民,不分种族、肤色和信仰地帮助他们改善福祉,使他们全体成员获得健康、幸福和安全的民主生活。③"后院"邻里委员会证明了一种由社区居民共同合作的强有力的社区组织模式,而策略指向总是建立在一种解决实际问题的基础之上,组织者激励居民们自主选择社区领袖,击碎他们对个体化的社会问题的冷漠,普遍建立起对"敌人"的愤慨,使城市弱势在冲突中确立具体而切合实际的目标。在社区组织的最后则是将组织者抽离,从而使社区居民在这种模式下自主地进行组织。"后院"反映的是一种再生性的组织力量,同时也反映了阿林斯基对传统社区组织和相关机构陈旧观点的批判,即社区的地位不应是从属和被动的,它是能够自力更生实现目标的一种团体,

---

① "后院"邻里委员会由八个委员会运作,每个委员会都由当选的领导者组成执行委员会。执行委员会的成员全是"后院"社区的居民,根据他们的经验(在某些情况下终身)以及与社区的关系,在获取社区公共生活中一些微妙、非正式或个人问题时会有一定数目的资助(因为这类无形信息往往不能通过正式调查而取得,但又了解整个社区状况至关重要)。从每个委员会的目标及构成中可以清楚地定位当地居民的切实问题。此外委员会每年至少两次选举官员,根据所涉及问题修订章程、修改政策。具体参阅 Saul Alinsky, "Community Analysis and Organization", American Journal of Sociology, Vol. 46, No. 6, 1941, pp.801–803.

② "后院"邻里委员会为"后院"社区成员谋得的福利,主要包括建立幼儿福利院、建设社区娱乐中心、获得社区基金拨款、改善住宅等17项,具体参见 Saul Alinsky, "Community Analysis and Organization", American Journal of Sociology, Vol. 46, No. 6, 1941.

③ Saul Alinsky, "Community Analysis and Organization", American Journal of Sociology, Vol. 46, No. 6, 1941, p.800.

这意味着作为整体的社区的地位被修正成为城市社会建设中一个特殊的起点,城市规划必须关注通常被隔离区域的社会经济问题。① 根据实践的成果,阿林斯基对"后院"组织经验做出总结,他认为组织过程中反映了两种基本的社会因素:第一,居民代表社区;第二,正是由于居民参与,从而强化了社区制度,即教会和劳工组织。通过"后院"邻里委员会这个平台,本来独善其身的各个教会成为一个坚实的集团,而"后院"居民若要改善他们的生活条件则必然需要依靠劳工组织,劳工组织不仅代表大多数"后院"居民的职业利益,同时也是他们表达自己对财富和安全渴望的渠道。②

阿林斯基在"后院"的实践证明了他提倡的"组织的组织"(organization of organizations)理念是开拓性的,从随后的"后院"邻里委员会再到《后院》(Back Yard)杂志③的创办,阿林斯基成功地赋予社区组织思想可操作性的生命力。他所开创的"后院"邻里组织模式强调了一种人本主义思想,而摒弃了单纯将组织符号化的观念,这种重组的人际关系很大程度上冲击着具有城市匿名性特征的社区,也是对内城地区由政府和城市规划学家粗暴安排的社区结构的一种制度上的补充,它帮助居民确立在社区中的角色认同,修复他们对社区的情感并强化居民们在城市决策中的影响力。

二、社区典范"后院":需要被关注的社会资本

"后院"的开创性在于它有别于之前的社会帮扶组织。在阿林斯基之前,著名女权主义者和社会工作者简·亚当斯(Jane Addams,1860—1935 年)已在 19 世纪末期率先开展过社区工作(community work)④,成为美国社区帮扶领域的先驱。亚当斯出生于伊利诺伊州塞达维尔(Cedarville)一个笃信贵格会的优渥家庭,毕业于罗克福德女子学院(Rockford Female Seminary),1887 年在伦敦旅行中参观了社会服务所(Settlement House)汤因比馆(Toynbee Hall)⑤,受到社会慈善活动的感召,回国后她在 1889 年以汤因比馆为原型发起

---

① Saul Alinsky, "Community Analysis and Organization", p.798.
② Saul Alinsky, "Community Analysis and Organization", *American Journal of Sociology*, 1941, p.800.
③ 负责报道"后院"议会新闻动向的报纸。
④ 亚当斯的一生始终致力于训练社会工作者以及期望得到政府对贫困的更多关注,她在 1931 年获得诺贝尔和平奖,成为美国第一位获得此奖的女性。
⑤ 汤因比馆位于伦敦东区,建立于 1884 年,是第一幢用于慈善的大学建筑,牛津与剑桥的学生居住其中致力于改善东区贫民窟状况,该馆为纪念为社会慈善作出贡献的牛津大学经济史学家阿诺德·汤因比(Arnold Toynbee,1852—1883 年)而命名。

倡议,于芝加哥创建了著名的赫尔馆(Hull House),作为移民生存、获得教育和社会进步的组织中心,赫尔馆致力于为欧洲移民无条件提供居住,帮助他们获得更好的生活条件和劳动权利。亚当斯非常重视对实际情况的深入分析,她在赫尔馆的报纸中分析组织对不同种族人群和他们的生活条件,特别是关于移民在工厂的遭遇和童工问题的影响。①亚当斯和她的赫尔馆甚至还影响了城市社会学的一些关键人物如米德和帕克,虽然这些学者更多把赫尔馆看作收集城市研究数据的样本,但对亚当斯本人及其组织者来说,他们的工作更像是一种研究工具,因此被作为社会行动(social action)的起点。然而,由于阿林斯基创设了系统而成功的社区组织理念与策略,阿林斯基模式至今在美国发挥着重要作用,因此他被看作社区组织的奠基人,甚至有人认为阿林斯基式社区组织模式犹如弗洛伊德的精神分析理论一样具有开创性意义。②

阿林斯基模式与简·亚当斯的实践最大的不同在于他将关注点集中于组织内部而非组织外部,因此更加强调社区成员的能动性。"后院"邻里委员会的运作方式如同代表大会,委员会由八大分会执行,每个分会选举官员轮流构成委员会的执行委员会,执行委员会的成员都来自"后院"(有时是终身制的),他们根据自己在社区内的经历和所属关系获得社区中大量丰富的微妙、日常、私人生活的切身体会,阿林斯基认为这些无形的信息是无法从正式的调查或研究中获得的,委员会的议程和方案都来源于这些私人和非正式的数据。每个委员会的目标和行动都清楚地表明了待解决的问题确实出自本地区居民之中,而不是由外界强加或掌控。③ 由此可见,委员会既保障居民参与又保持一定的权威性,因此这种模式也被称为在社区内部组建"小政府"。④ "后院"邻里委员会帮助社区建立自主性,使地区事务的解决程序进入井然有序的轨道,也使原本分裂的社区成员真正凝结在一起,成为互相认同,彼此协作的共同体。

除此之外,"后院"组织之于社区建设的另一贡献在于它暗示了社区中邻里关系网络并非毫无意义,缓解大都市问题需从多方面考察,而如何积累社会资

---

① Karen Shafer Lundblad, "Jane Addams and Social Reform: A Role Model for the 1990s", *Social Work*, Vol. 40, No. 5, 1995, p.661.

② Eli Goldblatt, "Alinsky's Reveille: A Community-Organizing Model for Neighborhood-Based Literacy Projects", *College English*, Vol. 67, No. 3, 2005, p.276.

③ Saul Alinsky, "Community Analysis and Organization", *American Journal of Sociology*, Vol. 46, No. 6, 1941.

④ 简·雅各布斯:《美国大城市的死与生》,金衡山译,译林出版社 2006 年,第 330—331 页。

本（Social Capital）在当时还没有被充分重视。① 虽然阿林斯基对改造"后院"的实践带有强烈的城市政治色彩，容易被引入权力研究的范围，但这种组织模式也恰恰证明了社会关系在地区发展中扮演着重要角色。简·雅各布斯（Jane Jacobs）在《美国大城市的死与生》一书中曾将"后院"组织作为一种社区典型进行论述，她认为市区衰退的代表——"后院"之所以摆脱贫困并且避免了在城市更新中被夷为平地的命运，是因为它通过联合实实在在、各不相同的居住者和团体，从而保证了社区活力的持久性，而在这一过程中，阿林斯基创建的"后院"邻里委员会作为一种开创性范式为贫民窟难题提供了有别于单纯改造地理空间的解决途径。阿林斯基式社区组织模式始终强调尊重地区传统和当地居民，街道、房屋、商铺、公共设施乃至一草一木，并非堆砌于社会空间内的死物，而是满含城市人对居住环境的认同和依恋，它们构成了隐性的关系网络，并维系着作为整体的社区的安全与稳定。这种强调暗示着一种对获取参与城市建设的权利的渴望，如何建设令居住者满意的城市环境？如何避免城市规划变成居高临下的命令？如何自下而上地传递居住者们的心声并使他们切实地获得城市权利？这些都是阿林斯基进行社区组织实践过程中的重要议题。

社区建设与发展不应仅仅停留在地理空间层面，而应同样关注非物质层面，尤其需要体现人文关怀，此类观点是美国在进行一系列城市更新措施后反思的结果，从1949年到1973年，人们逐渐意识到要修复这一计划带来的恶果可能需要付出更加繁重的代价。对这一计划的主要批判观点之一集中在政府粗暴地破坏了原有社区，以大规模清除的方式对待穷人，并不能从根本上解决城市衰退问题，而消除贫困则必须将社会关系纳入考量范围。人们的日常生活、邻里间的互动交往都构成了社会资本，虽然早期城市社会学家认为城市人之间的关系虚假而脆弱，但实际上人际和群际间的交往确实在一定程度上达到互利互惠的作用。阿林斯基改造下的"后院"正是对早期观点的有力反驳，他的实践证明了在宏观上，城市社会结构是多样而支离破碎的，地方社区深刻地受到外部政治经济的影响，而社区内部互动关系却往往被忽略不计。正是失败的城市更新计划让人不得不注意到公民参与对维护地方利益至关重要。

城市人生活的方方面面都离不开邻里社区，但它也常常被认为对立于个人，如何协调两者之间的关系，或如何促使

---

① "社会资本"指基于社会网络之上的互动、互信和互利，这一概念最早出现于1960年代，简·雅各布斯被认为是这一概念的发明者之一。具体参见 Michael Woolcock, "Social capital and economic development: Toward a theoretical synthesis and policy framework", *Theory and Society*, Volume 27, Issue 2, 1998, p.153.

两者共同发展、互利互惠,如今已不能回避社会资本问题,不仅因为它是维护地区安定和谐的影响因素,也因为人们越来越多地认识到,社会关系网络对经济、政治乃至城市长远发展具有特殊意义。20世纪末期,不少学者注意到美国社区逐渐走向衰落,50、60年代的公民参与热情在减退,罗伯特·帕特南(Robert D. Putnam)在《独自打保龄球》一书中回顾了美国社区兴衰,他认为随着社会进步,社会资本却逐渐流逝了,年轻的市民为何不再像他们的前辈那样保持强烈的公民参与热情,可能并不能被单纯地解释为时代产物。但不可否认的是,社区关系的松散疏离确实是大都市问题的诱因之一,正如一个多世纪以前阿林斯基实践的那样,如何保持社区凝聚力的持久性仍旧有待人们继续关注。

总而言之,阿林斯基通过对"后院"社区的组织实践,证明了社区建设应该重视政治参与和社会关系网络的作用,这种参与是普遍意义上的,而非某些群体的特权。同时他还强调了社区归属感来源的复杂性,在社区直接行动或与外部对抗的过程中能强化这种情感的粘连度。由此可见,城市建设不仅仅只是建起美观结实的住宅或者功能强大的基础性设施,物质层面的改造需要避免破坏社会凝聚的网络,而贫穷是否在新一轮城市更新中被转移则应该引起足够关注。

The Saul Alinsky Model of Community Organizing: Back of the Yards and Social Capital

Abstract: Saul Alinsky is active in the urban community organizer of the 20th century, known as the father of American community organizing. He created a special and viable model of community organizing for citizen participation in an informal way. Alinsky's practices originated a notorious slum the Back of the Yards neighborhood in the southern part of Chicago; he used radical strategies to reinvent the community that almost abandoned in the past which becomes a typical democratic practice. Alinsky's successes in the Back of the Yards neighborhood proves that social capital is playing an important role in maintaining the vitality of the city. With the mutual trust and participation between neighborhoods, community organizing has the glue residents' needs to keep them together.

Keywords: Saul Alinsky, Back of the Yards, Community Organizing, Social Capital

作者:黎云意,上海师范大学人文与传播学院都市文化专业研究生

专题研究

□刘义勇

为了"文明的利益": 美国与巴拿马运河(1903—1914年)

摘要：20世纪初，美国通过侵犯哥伦比亚主权的不正当手段攫取巴拿马运河的开凿权，并随后耗费大量人力物力完成运河的修建工作。尽管此举符合美国的关键利益，但美国的政治舆论精英们仍通过运用"文明话语"，竭力将其塑造成利他的、国际主义的和符合"集体文明利益"的行为，并将这套话语运用到此后与拉美国家的关系之中。这一定程度上反映了在帝国主义时期，美国社会有关"文明"的流行思潮以及它对国际法、主权等正在发展中的概念所构成的挑战。

关键词：文明的利益；美国外交；巴拿马运河

巴拿马运河的强行开凿通常被认为是美国恃强凌弱，谋求西半球霸权和追求自私的商业利益的典型证例。但是，仅仅从地缘政治和经济利益的视角来理解美国修建该运河的动机和运河的意义显然是不全面的，未能充分展现这一外交事件背后的思想文化意义。还需要回答的问题是，为什么美国这种践踏主权的行为在国内却并没有受到舆论的强烈挑战，反而赢得一片颂扬之声？而通过分析决策者和社会舆论围绕着这一事件所制造的各种"文明"话语，将有助于我们深入理解帝国主义时代美国的政治精英们是如何利用既有思想资源建构外交意识形态，使之获得"合法性"，并进一步将其在国际关系中加以应用的。[①]

[①] 在"文明"与巴拿马运河问题方面，学界已有不少相关论著。著名新左派外交史家拉菲伯认为罗斯福的"集体文明利益"缺乏具体内容，反映的只是他个人的偏见(Walter LaFeber, *The Panama Canal: The Crisis in Historical Perspective*, Oxford: Oxford University Press,1989)；瑞典学者特伦斯·格雷汉姆的《文明利益：美国国内对"攫取"巴拿马运河区的反应，1903—1904》一书材料极为丰富，但对"文明"话语缺乏分析(Toronce Graham, *The "Interests of Civilization": Reaction in the United States Against the "Seizure" of the Panama Canal Zone*, 1903-1904, Lund: Esselte Studium, 1983)；弗雷德里克·派克的《美国与拉丁美洲：文明与自然的神话和刻板印象》(Frederick B. Pike, *The United States and Latin America: Myths and Stereotype of Civilization and Nature*, Austin: University of Texas Press, 1992, pp.165-166.)一书提到了巴拿马运河与"文明"话语的关系，但篇幅较短；亚历山大·米萨(Alexander Missal, *Seaway to the Future: American Social Visions and the Construction of the Panama Canal*, Madison: University of Wisconsin Press, 2008)主要从社会文化的角度去考察巴拿马运河的开通与美国人的帝国观念，对本文有很大启发，遗憾之处在于作者未充分揭示"文明"话语在事件中扮演的角色。本文则试图进一步探讨巴拿马事件中罗斯福"文明"话语背后的思想文化含义，以及它对当时方兴未艾的国际规范的影响。

一、并非私利:"文明利益"与美国对巴拿马运河区的攫取

在干涉哥伦比亚内政以获得巴拿马运河开凿权时,罗斯福便感到了自己将要面临道义上的责难。他承认这一事件是他担任总统期间在外交方面最重要但也是最具争议的一次行动。① 为了对此次行动进行辩解,罗斯福抛出了"文明利益"(the interest of civilization)和"文明指令"(the mandate of civilization)的理由,试图证明其行为是为了整个世界的利益,而非出于自私的动机。

罗斯福这番言论有着历史的渊源。巴拿马运河一直以来都被西方社会视作是"文明"的象征。早在1501年,被称作西班牙"最高贵的征服者"的巴斯蒂达斯(Bastidas)就提出了在中美洲开凿运河的设想。② 最初,人们就是从促进文明发展的角度来看待运河的价值和意义。1827年,歌德评论运河计划时说:"如果他们能成功地开凿这样一条运河,使得任意载重和大小的船只都能从墨西哥湾进入太平洋,那么整个人类,不论是文明的还是非文明的,都将极大地受益。"他还预言道,美国作为一个未来注定要横跨整个北美大陆、直达落基山脉的年轻的国家,必定不会将这一伟大工程让给他国。③ 南美共和国之父玻利瓦尔也梦想着开通中美洲运河,并预言中美洲到时候将成为"世界的桥梁,文明的交流中心"。④

作为一个流行词,"文明利益"与征服自然、商业贸易和自由交流等价值关系密切,被视为是西方文化与东方文化的一个重要差别。1858年国务卿刘易斯·卡斯的一段言论曾被奉为至理名言:

> 主权既有其权利,同时也有其责任。我们不允许任何当地政府,以一种东方的孤立精神,去关闭这个世界赖以相互交流的伟大交通要道,并且以商业贸易和旅行的收入属于他们为由表示他们有权关闭这个大门,或者阻碍各个国家对这个通道的公平使用。⑤

在19世纪中期西方的国际法中,"文明国家"和"不文明国家"一个重要区别在于,前者是开放的,而后者是封闭的。卡斯所谓"东方的孤立精神"指的便是当时中国、日本等东方国家不愿意与西方交流的心态。罗斯福和鲁特都曾多次引用这段话来阐述美国在这个问题上的立场,以及运河对于文明发展的利益。卡斯的

---

① Theodore Roosevelt, "The Monroe Doctrine and the Panama Canal", *Outlook* (December 6, 1913), p. 748.

② Archibald R. Colquhoun, "An Englishman's Views of the Panama Canal", *The North American Review*, Vol. 187, No. 628 (March, 1908), p. 349.

③ "A Little History of the Panama Canal", *Outlook* (April 24, 1909), p. 906.

④ Manuel Estrada Cabrera, "Bolivar's Dream for Panama", *The Independent*, Vol. 77, No. 3408 (March 30, 1914), p. 453.

⑤ Theodore Roosevelt, "The Monroe Doctrine and the Panama Canal", *Outlook* (December 6, 1913), p. 748.

这套观点成为美国政府的官方说辞。1902 年在国会关于购买法国巴拿马运河资产辩论的时候,参议员汉纳、斯普纳等人都强调修建巴拿马运河非美国一己私利,也并未为美国谋求任何特权,不依靠任何援助,而是完全在用美国的财力为世界谋福利。① 拉美国家某种程度上也接受了这套"文明"的话语。1901—1902 年在墨西哥举办的美洲国际会议上,包括哥伦比亚在内的拉美各国代表一致联合通过决议,认为开辟运河"在最高意义上是为文明而工作,将大大便利美洲国家和世界其他国家间的商业往来"②。

美国的舆论也大多认可巴拿马运河代表"文明利益"。1903 年 11 月《瞭望周刊》的一篇社论说道:

世界想要一个地峡运河吗? 是。毫无疑问而且非常希望。这条运河要建在尼加拉瓜还是巴拿马? 工程师专家们和凡是有着实际判断力的人都认为应该建在巴拿马。它是否应由哥伦比亚政府来建呢? 不,她既没有财力,也没有技术去建运河。它是否应该由某些他国政府来建呢?不,美国不会允许一个外国势力来控制太平洋和大西洋之间的世界通道,因为如果说它不是关系到美国的稳定,至少也关系到美国的福利。它应当由美国的私人公司来建吗? 不,它是一个为了整个人类利益的巨大公共工程,需要由一个强大、高效和公正的政府来自始自终地进行控制。因此,我们来了,美国来这里的目的不仅是为了自己的利益和自己的人民,而且也是为了整个文明世界的利益。③

在此事件中,西奥多·罗斯福个人的"文明利益"观起到了直接的作用。他深受他的老师、哥伦比亚大学历史学教授约翰·伯吉斯的影响。伯吉斯声称"为了世界的文明和人类的利益,白人的使命是应当将政治权力掌控在自己手中"。罗斯福吸收了这套思想。他认为保障"文明利益"与维护白人或盎格鲁-撒克逊人的权力本质上是一回事。他相信盎格鲁-撒克逊人有理由控制住这个海上交通的咽喉,保证本民族的继续繁荣和强大,如果让与其他种族,英美的商业利益就必然要受到其他文明的宰割。④ 面对复杂的国际事务,罗斯福一直贯彻着他这套"文明"与"野蛮"的简单两分法,希望美国通过充

---

① George A. Talley, *The Panama Canal*, Wilmington: The Star Publishing Co., 1915, pp. 219-220.

② Harmondio Arias, *The Panama Canal: a Study in International Law and Diplomacy*, London: P. S. King and Son, 1911, pp. 108-109.

③ "Panama, Not Hasty, But Speed", *Outlook*, Vol. 75, No. 13 (November 28, 1903), p. 726.

④ Melvin E. Page, *Colonialism: an International Social, Cultural, and Political Encyclopedia*, Santa Barbara: Abc-Clio, Inc., 2003, p. 505.

当世界警察来维护文明利益。① 这些思想不仅使得他急于建造运河,而且还坚决主张由美国来控制这条运河。控制和开凿巴拿马运河,还与罗斯福对"过度文明化"的担忧有关。在他看来,工业文明的发展使美国出现过度文明化的状况,许多美国人采取一种懈怠、逃避责任的生活态度,而唯有重拾以往的战斗精神,学习"野蛮人的美德",过一种"奋发进取的生活"(strenuous life),才能让美国文明保持生命和活力。巴拿马运河的开凿,是美国人勇于进取、勇于承担责任的表现。美国如果面对这一文明赋予的巨大责任而怯懦地选择逃避,或者被一些和平主义的空洞言论束缚住了手脚,就意味着美国人过度文明化的症状已经病入膏肓,而白人文明在世界范围的优越地位也将不复存在。②

因此当1903年运河条约被哥伦比亚国会拒绝后,罗斯福便轻蔑地说,"我不相信波哥大的一群长腿大野兔能够永远阻断未来文明的高速通道"。③ 巴拿马独立后,罗斯福否认自己在实行权力政治和霸权主义,否认美国在用强大的实力去欺压弱国,而认为自己在维护"文明的利益"。国务卿海约翰也深知罗斯福的这一理由。

11月6日,美国正式承认巴拿马前夕,海约翰发给美国驻波哥大大使的电文中说,"他(罗斯福)认为不仅是条约责任,而且还包括文明的利益在敦促他设法保证巴拿马地峡的和平交通不会为持续的、不必要的和破坏性的内战所妨碍"。④

1904年1月4日,罗斯福发出了关于巴拿马运河条约的特别咨文。在这一咨文中他正式列举了美国帮助巴拿马独立的理由:

> 我没有否认,也不希望否认这样一条普遍规则的有效性和正当性:直到其显示出维持自身独立的能力之前,一个新国家的独立地位不应该被承认……但是,规则总会有例外的时候;而在我的判断里,有着清晰和重大的理由能够赋予我们如此行事的权力,甚至可以说,当前的情形要求我们如此行事。这些理由包括:第一,我们的条约权利;第二,我们的国家利益和安全;第三,集体文明的利益。……我自信地认为,承认巴拿马共和国是合乎集体文明利益的行为。如果说有哪一个政府可以称作收到

---

① Ramon Eduardo Ruiz, "Race and National Destiny", Jaime E. Rodriguez ed., *Common Border, Uncommon Paths: Race, Culture, and National Identity in U.S.-Mexican Relations*, Wilmington: Rowman & Littlefield, 1997, p. 39.

② Gail Bederman, *Manliness and Civilization: a Cultural History of Gender and Race in the United States*, 1880–1917, Chicago: the University of Chicago Press, 1995, p. 195.

③ Lewis L. Gould, *Theodore Roosevelt*, New York: Oxford University Press, 2012, p. 32.

④ "Mr. Hay to Mr. Ehrman [Telegram]", Department of States, Washington, November 6, 1903, (sent 2.45 p.m.), *Diplomatic History of the Panama Canal, Correspondence Relating to the Negotiation and Application of Certain Treaties on the Subject of The Construction of an Interoceanic Canal, and Accompanying Papers*, Washington Government Printing Office, 1914, p. 349.

了文明的指令,要完成一项人类利益所要求的目标的话,那么非追求建造跨洋运河的美国莫属。①

罗斯福在《西部的赢得》这本巨著中阐述的一个中心命题就是印第安"野蛮人"不应阻碍"文明"的进步。这一结论几乎可以直接应用到运河问题上。从 19 世纪 20 年代起,许多美国外交官就认为哥伦比亚甚至在落后的拉美也是"处在进步阶梯最底端的国家"。② 一位 1894 年起就在哥伦比亚长期居住的美国人写道,"在所有那些伪装成共和制与文明的国家中,没有比哥伦比亚更为野蛮和专制的了"。他自称亲眼看见妇女因为拒绝说出丈夫藏匿的地方而被牛皮绳锯成两段,儿童被活活折磨和鞭笞致死,受伤的男子在战场上被无情地杀死。在交战后,给本方伤员治病的是牙医,而药物竟然是对子弹伤口没有任何作用的箭毒素(治疗蛇毒的药),革命者则一般直接投到河中淹死。③ 1903 年,一位美国商人在拉丁美洲旅行后,在《北美评论》上撰文呼吁废除门罗主义,因为门罗主义阻碍了英国和德国等国对拉美国家进行"文明化"的行动,纵容了委内瑞拉、哥伦比亚等拉美国家"野蛮"的不负责任的行为。④ 美国国内许多有良知的人士谴责美国谋取运河区的政策,但也承认哥伦比亚在运河条约上对美国实施了敲诈。罗斯福更是咒骂哥伦比亚是由一群腐败的政客在操纵,是一群"原始人",和"意大利西西里岛与卡拉布里亚的强盗"没什么区别。⑤

巴拿马则成了受美国保护、免于遭受野蛮侵害的弱者。巴拿马事件后,巴拿马任命的全权代表、法国人瓦里拉在给国务卿海约翰的信中说道,"通过将她(美国)庇护的羽翼扩展至我们的共和国,使它(巴拿马共和国)从野蛮以及不必要的内战中解救出来,让它得以遵循上帝所安排的命运,为人类和文明的进步服务"⑥。这套说辞正中美国人的下怀。

随着巴拿马运河的开始建设,美国在其中扮演的不光彩角色逐渐被淡忘,剩下的则是"文明利益"的热情和期望。大量的宣传小册子和报刊文章都在鼓吹美国

---

① Theodore Roosevelt, "Message from the President of the United States", 58 th Congress, 2nd Session, Document No. 53, p. 26.

② Laro Schoultz, Beneath the United States: a History of U. S. Policy Towards Latin America, Cambridge: Harvard University Press, 2003, p. 165.

③ Thomas S. Alexander, "The Truth about Colombia", Outlook, Vol. 75, No. 17(December 26, 1903), p. 994.

④ An American Business Man, "Is the Monroe Doctrine a Bar to Civilization?" The North American Review, Vol. 176, No. 557 (April 1903), p. 529.

⑤ Thomas M. Kane, Theoretical Roots of U. S. Foreign Policy: Machiavelli and American unilateralism, New York: Routledge, 2006, p. 72.

⑥ Philippe Bunau-Varilla, Panama: The Creation, Destruction and Resurrection, London: Constable & Company, Ltd., 1913, p. 352.

无私的一面。托马斯·罗素说道,"那些认识不到美国所传递的和平与善意的人们,也注定得不到这个水道开通后所带来的巨大利益"①。托马斯·怀特称,"如果我们在地峡这里有什么权利的话,我们不是为了自己的私利而行动,而是以文明的名义,为地球上所有的国家而行动"②。

在巴拿马运河问题上,美国无疑主要是按照自己的国家利益行事。不过"文明利益"的意识形态某种程度上也的确使美国没有过分地维护自身利益。

美国为了修建运河投入了 5000 万美元的资金,耗费了大量人力。运河建成后,很多人不满意美国只做一个"慈善家"。1912 年 8 月,美国国会通过一项法案,规定免除美国进行沿海贸易的船只在巴拿马运河的通行费。这个法案遭到了英、德等国的强烈抗议,在国内也招来一片反对之声,美国各大主要报纸纷纷希望美国政府废除这项法案或将其提交仲裁。③

之所以有众多的美国人反对这个法案,除了它违反了与英国的条约外,很重要的一个原因在于他们认为这与美国"文明受托人"的形象不符。支持帝国主义政策的《瞭望周刊》争辩说,不论是在古巴,还是在菲律宾和巴拿马,美国都是抱着善意和帮助弱者的愿望去推行政策,即使是西班牙和德国如今也承认了美国的利他主义。虽然从法律上讲,运河算是美国的私有财产,但在正式法律之外,还有"文明的法律",这种法律"并不总是写在法律汇编或外交条约中,而是要考虑和履行道德的责任"④。著名的帝国主义者伊莱休·鲁特也在参议院中说,海约翰当初在与英国商定《海—庞斯福特条约》以及门户开放政策的时候,诉诸的都是"文明的利益",如果这项法案得以实行,就是否定了海约翰制定的"文明的政策"。⑤他同时还在杂志上发文,称巴拿马运河是文明的"神圣托付",美国应该考虑的是怎样为文明做更多的贡献,而不是在小利上斤斤计较。⑥ 罗斯福也同意将这一法案付诸仲裁。

巴拿马通行费问题遗留到威尔逊总统时期。1914 年 5 月,法案未经过国际仲裁,直接被国会废除。⑦ 毕肖普就此事评价说,1904 年 1 月罗斯福的咨文早就表达了美国在巴拿马运河上的利他思想,而该

---

① Thomas H. Russell, *The Panama Canal*, Chicago: The Hamming Publishing Co., 1913, p. 6.

② Thomas Raeburn White, "The Duty to Arbitrate the Panama Tolls Question", *Publications of the World Peace Foundation*, Vol. 3, Boston: World Peace Foundation, 1913, p. 4.

③ Joseph Bucklin Bishop, *The Panama Gateway*, New York: Charles Scribner's Son's, 1913, p. 43.

④ "The Panama Canal and the Rest of the World", *Outlook*, Vol. 101, No. 14 (August 3, 1912), pp. 755-756.

⑤ George A. Talley, *The Panama Canal*, pp. 160-162.

⑥ Elihu Root, "The Panama Canal a Sacred Trust", *The Independent*, Vol. 74, No. 3349 (February 6, 1913), p. 289.

⑦ "The Tolls Exemption Repeal Bill", *The Independent*, Vol. 78, No. 3414 (May 11, 1914), p. 240.

法案破坏了美国对"文明利益"的一贯承诺，招致举国的遣责并最终被废除，也是顺理成章的事情。①

二、"文明利益"V. S. 国际法：
关于美国行为正当性的争论

尽管很多美国人相信巴拿马运河代表了"文明利益"，而且认为美国在开通运河问题上是无私的，但罗斯福的具体做法仍遭到了部分媒体与国会议员的指责。

首先，国内一些舆论指责罗斯福和海约翰策划和煽动了巴拿马的革命。因为何以《海—赫兰条约》刚被否决不久，革命就爆发了？罗斯福本人坚决否认这一说法。他不希望这个指控影响到他下届的总统选举，于是展示了自己在事情发生前与阿尔伯特·肖的通信，表示尽管他本人很希望巴拿马独立，但是美国并没有参与到此阴谋中。② 很显然，巴拿马方面的动向华盛顿方面一直是知悉的，但没有证据显示罗斯福和海约翰是否直接参与其中。

对罗斯福政府的抨击更多地集中在违反国际法方面。美国法学界的人士在这一活动中最为积极。1903 年 12 月，耶鲁大学多位有名望的教授如威廉·格雷沙姆·萨姆纳、亨利·罗杰斯等联名向参议院和美国全体公民请愿，控诉美国违反国际法，损害了美国的声誉。③ 几乎所有隶属民主党和反帝主义阵营的报纸如《纽约晚邮报》《斯普林菲尔德共和党人报》《费城公共纪事报》等都对罗斯福的做法大加挞伐。④

罗斯福关于根据 1846 年条约干涉巴拿马的言论首先遭到驳斥。美国国际法学者罗兰·克兰格（Roland Crangle）指出，运河区的主权属于哥伦比亚，它有权镇压反叛者，美国对于内战双方应恪守中立原则，而以运河安全为借口，阻止哥伦比亚军队进入巴拿马，事实上是对条约义务的背弃。⑤

反对者对"文明利益"的看法也进行了批判。海约翰、罗斯福和洛奇等重要决策者都同意美国是为了"文明利益"而采取的行动，但在这一行动是否违反国际法上的说法并不一致。其中海约翰、洛奇等人认为美国完全是按国际法在行动，而罗斯福则实际上承认美国违反了国际法，只因为处在特殊的情境下，美国为了"文明利益"只好采取紧急处置权。

一些批评者不同意"文明利益"有超

---

① Joseph Bucklin Bishop, *The Panama Gateway*, p. 42.
② Henry Fowles Pringle, *Theodore Roosevelt: a Biography*, New York: Blue Ribbon Books, 1931, p. 319.
③ "Panama and President", *Gunton's Magazine* (February 1904), p. 160.
④ Terence Graham, *The "Interests of Civilization": Reaction in the United States Against the "Seizure" of the Panama Canal Zone, 1903-1904*, Lund: Esselte Studium, 1983, p. 24.
⑤ Roland Crangle, "Legal Aspects of the Panama Question", *The American Lawyer*, Vol. 12, No. 6 (June 1904), pp. 252-253.

越国际法的权利。国际法学家 J. P. 高迪问道:为什么在美国进行南北战争的时候,英法没有以"文明的利益"为由保护美国南方呢?"假如任何国家都有权按自己对文明利益的认识去任意妄为的话,国际法就完结了,我们又重新回到了中世纪"。① 他们认为,国际法是时代进步的产物,是具有明确法律含义和可操作性的,而"文明利益"之说相比国际法过于笼统,容易成为强国干涉弱国的工具。因此,"文明利益"要服从而不是违背国际法。

还有批评者从"文明利益"本身价值内涵的角度去反驳罗斯福。克兰格说,文明的真正利益应当是如华盛顿所忠告的那样,以正义和仁慈为原则行事,不因为某些蝇头小利而放弃一个国家的义务。美国之所以在世界的先进文明看来是伟大的,并不是因为美国的军队,也不是美国有足够的财富和实力去开挖运河,让世界从中获得商业上的利益;最重要的是所有这些都是由这样一个政府来做的:这个政府"树立正义,让每一个公民享受到自由的佑护"。而美国宁可推迟几年开挖运河,也不应采取支持巴拿马独立的手段,因为这一手段"让这个寄托着人类希望的、正在进行自治政府实验的共和国"(指美国)犯下这样一个国际性的大错,无疑将会对文明造成更大的损害。②

有批评者认为1850年的《克雷顿—布尔沃条约》才最能体现"文明利益",因为该条约规定运河中立化和国际化,没有任何一个国家控制运河。此时的美国也一度有过为"文明利益"而服务的伟大理想,可是1880年之后,美国"体现在条约中的崇高目的和自由原则"的精神逐渐改变了,而一心想要控制运河。批评者说,"在国际关系的演化中,两国一个时代是朋友,另一个时代又可能是仇敌;除此之外,野心蒙蔽了道德感,以至于最没有底线的主权践踏者竟然相信他们邪恶的行为是为了文明和人道的利益"③。哥伦比亚参议员卡罗也公开驳斥罗斯福政府"文明利益"的理由,他指出美国政府"不是为了商业和文明,而只是为了自己"④。

但是,支持派军进驻运河区和承认巴拿马共和国的美国人指出,"文明利益"能够成为这一行动的充分理由。

支持者首先认为,美国"文明利益"的理由得到了全世界各个国家的响应,它们也很快承认了巴拿马。这说明,"文明利益"不是美国捏造的借口,同时美国

---

① J. P. Gordy, "The Ethics of the Panama Case", *Forum*, Vol. 36, No. 1 (July 1904), p. 116.
② Roland Crangle, "Legal Aspects of the Panama Question", pp. 252-253.
③ Abelardo Aldana, *The Panama Canal Question: a Plea for Colombia*, New York: [s. n.], January 1904, p. 11.
④ Legation of the United States, "Mr. Beaupre to Mr. Hay", Bogota, November 2, 1903, *Correspondence Concerning the Convention Between the United States and Colombia for the Construction of An Interoceanic Canal Across the Isthmus of Panama*, 58 th Congress, 2nd Session, Document No. 51, Washington: Government Printing Office, 1904, p. 92.

"文明代理人"的身份也在此过程中得到了各国的又一次确认。这个理由被罗斯福、洛奇等人多次使用。① 与罗斯福关系密切的约瑟夫·毕肖普坚信,罗斯福是在按"文明利益"行事。他几乎是逐句复述了罗斯福的说法:"通过包括世界上的领导国家在内的15个政府承认巴拿马独立,文明世界十分迅速地认可了我们作为文明受托人的地位","可以十分清楚地看到,让不仅是美国政府,而且是整个文明世界的政府都在这个事情上持一致态度的伟大力量体现在三种形式的自我利益当中:首先,是巴拿马的自我利益,革命是他们免于被摧毁的唯一途径;其次,是美国的自我利益,需要一个运河促进她的商业和资源的发展与利用;第三,是整个世界的文明的自我利益"。哥伦比亚"横跨在世界进步的路上,世界便联合起来将她移走"。②

还有支持者试图将"文明利益"与国际法统一起来,把"文明利益"树立为改革国际法的新原则。他们采用了"国际征用权"（eminent domain）的理论。征用权本是国内的一个法律术语,指的是政府为了公众利益,可以征用个人的财产,并给个人适当补偿。支持者们认为随着世界交往的频繁和相互依赖的加深,严格的主权界限将会阻碍文明,因此需要将征用权扩展至国际社会,可以为了较为重要的"文明利益",征用国际社会成员的领土。但他们相信,这只是例外状况,不能被经常性地运用。

巴拿马事件后,参议员斯普纳立刻在参议院发表演说,以"集体文明利益"的国际征用权为罗斯福的政策辩护。不过他认为需要给予哥伦比亚适当补偿。③ 乔治·泰利认为,在国际家庭中,非洲的野蛮人,海岛上的食人族都为"文明的原则"所支配,而即使是那些已经被认为是文明化了的国家,也要在诸大国的联合之下接受督导。"国际法要求各个国家对其他国际家庭成员履行义务;国际征用权则是一个更高的权力,它要求成员履行国际的义务和责任"。如果出于国际征用权的理由,国家的主权是有可能被侵犯的。④ 因为主权并不是绝对的,而是可分的和可以转让的,主权应该遵守国际社会的道德和法律:"当由一个君主或者全体人民来冲动地行使的时候,主权是一个危险的工具。没有国家能够凌驾于所有法律、契约和道德义务之上"。国家间互派大使,允许外国军队入境等,都是对主权的限制。

---

① Theodore Roosevelt, "Message from the President of the United States", 58 th Congress, 2nd Session, Senate Document No. 53, p. 28.

② Joseph Bucklin Bishop, Issues of A New Epoch: the Coal Strike, Panama, Philippines and Cuba, New York: Scot-Thaw Company, 1904, p. 22.

③ "Depew on Canal Policy: he Defends the Course of the Administration in Panama", New York Times, January 15, 1904, p. 3.

④ George A. Talley, The Panama Canal, Wilmington: The Star Publishing Co., 1915, pp. 196-204.

泰利等人梦想着世界在"文明化"的过程中,将越来越向一个联邦的形式接近,并需要守护者们监督各个成员履行义务。他们还断言,未来像巴拿马一样的事件还会更多地发生,也就更加需要像美国这样负责任的大国出面维护"文明的利益"。①

另有国际法学者表示,美国政府承认巴拿马唯一合法的理由就是"文明利益",因为哥伦比亚严重破坏了"文明利益",国际法已经无法对其构成约束。他们认为美国用条约义务来为自己的军事行动辩护是错误的,美国政府之所以遭到批评,恰恰在于她没有旗帜鲜明地用"文明利益"来论证自己行动的合法性。

国际法学者乔治·斯科特指出,美国的确违反了条约义务和国际法。主要有两个理由:首先,1846年的条约不仅规定美国应在必要的时候帮助新格林纳达抵御外部势力干涉,同样也要求美国帮助它平息内部骚乱。按照条约义务,美国应当镇压巴拿马革命。其次,从国际法上讲,美国不应过早承认巴拿马的交战国地位。在南北战争时期,美国也曾依据国际法警告英国不得承认南部邦联的交战国地位。

但斯科特又说,尽管美国违反了国际法,可是"文明利益"却给了美国承认巴拿马以充足的理由。哥伦比亚共和国真正需要被干涉的理由在于它违反了国际道德,在于她阻挠开挖运河的行为已让"文明国家无法忍受",将本应是"商业文明通道"的地方变成了内战的战场。因此,美国的干涉是出于"文明利益",也是合法和正当的行为。② 在是否违反主权原则的问题上,斯科特引入了"政治干涉"的概念,指出,政治干涉就意味着为了"文明"和集体的利益而暂时废除国际法,由干涉者严格按照"文明利益"来采取必要的措施。政治干涉作为一种非常规的行为,需要满足三个条件:1)要有充分的根据;2)利益必须是国际性的;3)行动不能偏离原来的目标。而在巴拿马问题上,美国的行为得到了国际上除哥伦比亚以外所有"文明国家"的认可,因此美国就自然而然获得了政治干涉的权力。③ 在这里,"文明利益"大于国际法的主权原则,为了"文明的利益"甚至可以暂时停止国际法的效用。

显然,在巴拿马问题上,"文明利益"最终压倒了国际法。由于这个时期国际法缺乏权威和约束力,"文明利益"成为受到广泛支持的行动理由。罗斯福的政策遭到一些民主党人和国际法学者的责难,但美国民众非常支持罗斯福的行动。一些反对者逐渐意识到,倘若继续在这一

---

① George A. Talley, *The Panama Canal*, p. 113.

② George Winfield Scott, "Was the Recognition of Panama a Breach of International Morality?" *Outlook*, Vol. 75, No. 16 (December 19, 1903), p. 950.

③ George Winfield Scott, "Was the Recognition of Panama a Breach of International Morality?" pp. 948-949.

事件上大做文章,无异于政治自杀。① 在1904年大选中罗斯福轻松获胜,这实际是民众对罗斯福外交政策的认可。

尽管存在种种不满情绪,但除了少数人建议美国放弃修建运河外,大多数批评者都愿意接受巴拿马独立的既成事实,盼望运河能尽早开通。国会中的反对派领袖参议员阿瑟·格曼也承认他想要运河。国内的这种心态导致《海—瓦里拉条约》在国会几乎没有任何阻碍地得到批准。1904年2月23日在参议院关于此条约的投票中,所有共和党人,甚至包括著名反帝主义者乔治·霍尔都投了赞成票。民主党人中仅有一半的人投反对票,最终的结果是66对14票。两党唯一的分歧是是否给予哥伦比亚补偿:所有共和党人反对补偿,而民主党人中除了路易斯安那州参议员麦森内里外,所有人都支持给予补偿。②

这也促使巴拿马事件之后,罗斯福又进一步将他的"文明"思想运用到美国外交政策当中,美国人的文明观念对外交政策的影响也在罗斯福的任期内体现得最为突出。罗斯福将"文明利益"发展成为一种国际法之外的道德理由。1904年12月,罗斯福对门罗主义的"推论"(Roosevelt Corollary)出台,要求美国在美洲行使国际警察的职能:"长期的不道德行为或者因虚弱无力所导致的文明社会纽带的普遍松弛,同在其他地方一样,在美洲最终要求某个文明国家的干预"。③ 1913年,在题为《门罗主义与巴拿马运河》的文章中,罗斯福承认巴西、阿根廷、智利等国家已经"文明"化了,可以同美国一道对其他拉美国家进行监督和约束。④ 1914年在访问智利时,罗斯福则强调,不能将智利与"那些虚弱、无政府的热带美洲小国相提并论","在文明世界中,没有比哥伦比亚和智利存在更根本差别的两个国家了"。对哥伦比亚的干涉,"对文明作为一个整体的利益极为有利,对将文明扩展到受干涉的那个国家也极为有利"。而罗斯福对智利"文明国家"地位的肯定也收到了智利参议员布尔内斯的投桃报李:"你的名字与一项进步的伟大工程联系在一起,这个工程也将对智利有着特殊的利益。我们智利人为这项工程而对您无比感激","它为我们国家与文明世界的物质财富、知识与道德更紧密地建立联系打开了门户"。⑤

---

① Walter LaFeber, *The Panama Canal: The Crisis in Historical Perspective*, Oxford: Oxford University Press 1989, p. 33.
② Walter LaFeber, *The Panama Canal: The Crisis in Historical Perspective*, p. 32.
③ David F. Schmitz, *Thank God they're on Our Side: The United States & Right-Wing Dictatorships, 1921-1965*, Chapel Hill: The University of North Carolina Press, 1999, p. 25.
④ Theodore Roosevelt, "The Monroe Doctrine and the Panama Canal", *Outlook* (December 6, 1913), p. 746.
⑤ Theodore Roosevelt, "Chile and the Monroe Doctrine", *Outlook* (March 21, 1914), pp. 631-632.

三、"文明"改造"野蛮":巴拿马运河的修建

美国人用"文明"话语赋予了巴拿马运河重要意义,一些决策者甚至用"文明利益"为其违反国际法的行为进行辩护。而在攫取了运河开凿权之后,他们也继续用这一话语来描述和渲染运河的修建与影响。

第一,美国人声称,通过巴拿马运河的开通,美国在巴拿马传播了"文明",开化了当地的"野蛮人"。《独立周刊》自豪地说,与对夏威夷、菲律宾等地区的改造相似,美国通过运用先进的医疗卫生技术,履行了白种人对"较不文明的人民"的责任。过去文明使命的一个缺点在于,文明的代理人往往不是将西方文明好的一面带给土著人,而是将各种罪恶和疾病传播给了土著人,导致后者的迅速消亡。而美国从卫生入手的改造,则是真正为"有色兄弟"们带去了实现文明的可能性。①

毕肖普在《巴拿马通道》一书中详细描述了美国人给巴拿马带来的改变。他写道,巴拿马地区居住着大量印第安人和黑人,美国人给他们带来了先进的文明,改变了他们的观念和习俗。之前当地土著人过着无欲无求的生活,他们较低的生活欲望很容易就能满足。而美国人在巴拿马运河区的出现则带来了种种"不满"的情绪。美国人雇佣大量当地劳力参与运河建设,并且把运河区从一片丛林密布的地方改造成为文明的居住地点,还带来了现代文明的种种成果,冲击了当地人的观念,"迫使"当地人开始转变。例如妇女婴儿对现代文明的需求最为明显,这也对"文明化"起到了很重要的作用:之前当地婴儿出生后赤身裸体,而在更加"先进文明的命令下,他们被迫给婴儿穿上了衣服"。婴儿需要更好的照料,妇女对生活品质的要求提高,开始需要带着丝带和饰品的帽子等种种消费品,不再是一条印花棉布的衣服便可以让她们满意了。在孩童和妇女的欲望增加的情形下,一家之主也必须改变他的工作习惯,一周一到两天的工作时长不再足够,需要更加勤奋的工作来养家。就这样,这些西印度人的能力得到了提高,成了好的雇员和工人,他们也自然而然地文明化了。美国国内对这些"黑巧克力"(chocolate drop)的歧视也渐渐从公众意见中消失。②

第二,美国人认为运河的成功修建体现了白种文明在征服热带进程中的一项重大成就。

热带一向被看成是不适合"文明"的地区。美国人当中,反对移民热带,在热带建立"白人文明"的不在少数。巴拿马委员会主席兼总工程师,被称作"地峡沙

---

① "Doing the White Man's Duty", *The Independent*, Vol. 75, No. 3381 (September 18, 1913), p. 658.
② Joseph Bucklin Bishop, *The Panama Gateway*, pp. 305–307.

皇"的戈伊萨尔上校1912年在哈佛大学毕业典礼上演讲说,上帝从未打算让白人生活在热带,也不想让白人在那里生活。① 在戈伊萨尔眼里,美国人只需要运河,而不能移居运河区。② 著名地理学家亨廷顿也反对白人移民热带,因为他相信那里的疾病与气候至少在当时是不可战胜的,而"伟大的文明只出现于温带"。

西方知识界普遍认为热带的疾病和天气会导致"白种文明"退化。美国人为修建巴拿马铁路和开凿巴拿马运河,付出过巨大代价。巴拿马流行着各种热带疾病,例如黄热病、疟疾等。有人夸张地说,巴拿马铁路修建时,几乎是每个枕木铺下时,都要换取一个工人的生命。法国1878年开挖运河后,最终也被这些疾病所击败,不得不放弃原定计划。疟疾一年四季都流行,致使工人大量受到感染,而黄热病在天气较热时更是让工人们"像苍蝇一样"成片死去。这两种疾病都是通过被称作"空中眼镜蛇"的蚊子而传播的③,美国在开挖运河前幸运地发现了这两种疾病有流行的趋势并停止了工程,避免了灾难的发生。④ 即便如此,在1907年9月(这个地区雨量最为充足的季节),根据卫生部门的统计,11,662名白人中,就死亡了25例;29,4000名有色人种中,死亡73例。不过对美国人而言,这个死亡比率已经"不那么令人印象深刻"了。⑤ 亨廷顿在《文明与气候》中声称,这些疾病是导致热带地区普遍只能维持一种低水平文明的主要原因。即使是白人来到这个地区,也会因疾病和酷暑高温的作用而死亡率增加,意志力变得薄弱,进而导致文明退化。⑥

但是巴拿马运河的成功修建和卫生状况的改善,鼓舞了美国人去热带地区建立"白种文明"的想法。巴拿马运河卫生总长高格斯是一位"白种文明"统治世界的坚定拥护者。他宣称,以往认为自然条件阻止白人在热带地区建设伟大文明的看法是错误的,文明的程度取决于一个人的劳动能有多大的产出,能养活多少其他的人口。而热带地区只要改造好了,便可以有比温带更大的产出,成为未来文明的中心。发现美洲是白人历史上的一个伟大时刻,通过展示巴拿马这样的热带地区白人同样能够过一种健康的生活,将是白人历史上的又一个里程碑。⑦ 在高格斯

---

① "Back to Jungle", *The Independent*, Vol. 74, No. 3359 (April 17, 1913), p. 847.
② John Foster Fraser, *Panama and what it Means*, New York: Cassell and Company, Ltd., 1913, p. 12.
③ W. Leon Pepperman, *Who Built the Panama Canal*? New York: E. P. Dutton & Company, 1915, p. 66.
④ "Doing the White Man's Duty", *The Independent*, Vol. 75, No. 3381 (September 18, 1913), p. 657.
⑤ "Italian Laborers Contended, Favorable Report from the Italian Consul at Colon", *Canal Record*, Ancon, Canal Zone: Isthmian Canal Commission Printing Office, 1908, Vol.1, p. 190.
⑥ Ellsworth Huntington, *Civilization and Climate*, New Haven: Yale University Press, 1915, p. 40.
⑦ William Crawford Gorgas, *Sanitation in Panama*, New York: D. Appleton and Company, 1915, pp. 289–292.

的主持下,美国专家们运用科学的卫生方法,改善了当地饮水条件,战胜了巴拿马地区的疾病,将巴拿马运河区改造成了一个清洁卫生和适宜居住的地区。美国人认为,这是文明向前发展的一个重大进步,意味着文明又有了新的"边疆"。

第三,在美国人看来,修建巴拿马运河不仅传播了美国文明,推动了文明在热带地区的进展,而且也会提升美国文明本身,因为这个无比艰难的工程会重新激发美国社会正在消逝的男子气概和奋发进取的精神。

巴拿马运河这个工程让美国人充分体会到了文明征服和改造野蛮的艰难历程,让美国人更加重视抑制"过度文明化"。开挖运河不仅是一个水利工程问题,同时也涉及疾病防控、4万多劳工的管理、与当地土著人的关系等问题。在当时的美国人眼中,征服巴拿马运河是一个伟大的壮举,因为在巴拿马美国人将碰到非常险恶的环境,需要坚强的意志去克服困难。从某种程度上说,开挖运河是美国西进运动和帝国主义征服事业的延伸,体现了美国人改造自然、改造土著人以及借此改造美国社会精神面貌的一种"文明"观念。成功建造巴拿马运河还体现了"男性文明"(manly civilization)对"自然"的

胜利。这一工程史上的奇迹甚至还显示了美国人对于拉丁欧洲人的优越性,因为法国人并未能成功地完成这一任务。[1]

洪都拉斯主教、英国人赫伯特·伯里对热带国家有着丰富的经验,他在访问纽约时,盛赞美国在开凿巴拿马运河时体现的效率和精神,认为这个工程重塑了美国人的国民性格。[2] 罗斯福对伯里的话深表赞同。他在1906年11月访问了巴拿马运河区,并做了热情的演说:

> 当说你们就像世界历史上罕见的几支最为出色的军队时,我是仔细考虑了我的措辞的。这是世界上最为伟大的工程之一,它比你们现在意识到的还要伟大。我感到,回去后我会成为一个更完美的美国人,一个更骄傲的美国人,因为我在这里看到了美国男子气概的精华。[3]

总工程师斯蒂文斯则对此不以为然,巴拿马运河所承载的过重的意义让他感受到了很大压力,他提出了辞职。他在辞职信中对罗斯福说,运河只是运河而已,无关国家荣誉。这引起了罗斯福的愤怒,罗斯福认为热带地区的慵懒和迟钝已经让斯蒂文斯没有能力再承担这样重大的任务,于是他接受了辞呈,选择了陆军上

---

[1] Frederick B. Pike, *The United States and Latin America: Myths and Stereotype of Civilization and Nature*, Austin: University of Texas Press, 1992, p. 165.

[2] Theodore Roosevelt, "The Administration of the Canal", *Outlook*, Vol. 98, No. 10 (July 8, 1911), p. 521.

[3] Theodore Roosevelt, "To the Employees of the Isthmian Canal Commission at Colon, Panama, November 17, 1906", *Presidential Addresses and State Papers*, Vol. 5, New York: The Review of Reviews Company, 1910, p. 867.

校戈伊萨尔作为他的继任者。①

美国对巴拿马运河赋予的意义还不止这些。在美国人看来,巴拿马运河的开通是划时代的重大事件,是"世界文明最重要的成就之一"②。美国政府决定于1915年举行巴拿马—太平洋国际博览会来庆祝。在此之前,美国曾经举办过3次国际博览会,分别是1876年的费城博览会、1893年的芝加哥博览会、1904年的圣路易斯博览会,分别庆祝美国的独立、美洲大陆的发现以及路易斯安那的购买这些对美国至关重要的历史时刻。③ 这些事件对美国人而言都是"文明"最为重要时刻,显然巴拿马运河也在此列。

此次博览会定下的地点是旧金山。对美国人来说,旧金山标志着文明的边疆,而巴拿马运河的开通,则是文明的一个新的开端,东西方两大文明终于历史性地在地理上被连在了一起。④ 展会被主办方称为"文明的缩影"⑤,目的是展现世界各个地区在艺术、商业和科学上取得的进步。塔夫脱在邀请各国参会的宣言中也邀请各国带来能充分展现其"文明"进步的产品,以"共同纪念一个对世界具有巨大利益和重要性的事件"。⑥ 主办方还强调展会的目标不仅是物质和商业上的交流,更需要展示的是美国的"至高观念"。⑦ 物质诚然是"文明最有力的一个因素",但之所以展出这么多的物品,不是为了夸耀,而是为了整个人类在精神和道德上的提升。⑧

在1915年2月至6月举行的博览会上,主办者陈列了雕塑、建筑和其他各种艺术品,这些艺术品都蕴含着象征意义,表达了文明进步和东西方文明相互交流的主题。诚如德国历史学者米瑟尔所言,巴拿马运河的工程已经成为美国人的"乌托邦",美国人在其中找到了自己的国家认同和目标。⑨

1914年,《独立周刊》上发表了一篇题为《我们的文明之路》的社论。作者认

---

① Ulrich Keller, *The Building of the Panama Canal in Historic Photographs*, New York: Dover Publications, Inc., 1983, p. 2.
② *The Legacy of the Exposition*, San Francisco: Panama-Pacific International Exposition Company, 1916, p. 40.
③ "The Panama Exposition", *Outlook* (November 23, 1912), p. 602.
④ *Panama Pacific International Exposition*, San Francisco, 1915, San Francisco: Panama-Pacific International Exposition Company, 1914, p. 6.
⑤ *Official Guide: Panama-Pacific International Exposition*, San Francisco, 1915, San Francisco: The Wahlgreen Company, 1915, p. 16.
⑥ Frank Morton Todd, *The Story of the Exposition*, Vol. 1, New York: the Knickerbocker Press, 1921, p. 215.
⑦ *Condensed Facts Concerning the Panama-Pacific International Exposition*, San Francisco, 1915, San Francisco: Panama-Pacific International Exposition Company, 1915, p. 26.
⑧ Frank Morton Todd, *The Story of the Exposition*, Vol. 1, p. 14.
⑨ Alexander Missal, *Seaway to the Future: American Social Visions and the Construction of the Panama Canal*, Madison: University of Wisconsin Press, 2008, p. 11.

为,巴拿马运河的开通,不仅代表了一个新时代文明的到来,而且将对美国文明产生深远的影响,甚至对美国文明构成挑战。因为巴拿马运河作为文明进步的重要象征之一开通后,东西方的交流必将越发的频繁,美国的人口也将越来越混杂。尽管有对东方移民的严格限制,可是从长期看,这种限制是起不到多少作用的。美国以后几代人口的性质决定了美国文明的特性,美国是否能够继续保持其文明的优越性?混杂的血缘是否比单一的血缘更适合"更高文明的任务"?作者相信,美国人正在接受新的挑战。①

结语

著名外交史学家拉菲伯曾注意到,当反对者都打算接受美国政府不道德行为所带来的实际利益时,罗斯福却竭力想要为其行动笼罩上一层道德的面纱。② "文明"无疑是减轻他所受道德指控的一个有效托词。但倘若仅仅将"文明"视为个人的偏见或用来操纵舆论的伪善言辞,却有可能会忽略这一时期美国民众的"文明"意识形态以及巴拿马运河因此所被赋予的公共意义。

美国儿童文学作家伊丽莎白·戈登曾以小女孩在参观巴拿马展会期间给表姐写信的形式,将开通巴拿马运河描写为是美国在为"世界夫人"(Madame World)做贡献。在序言中,戈登写下了这样一则寓言:

世界夫人多年来一直梦想着有一条运河沟通东方和西方,因此人们可以不用绕远道就可以见面。她的想法是,一个家庭想用某些东西,而另外一个家庭正好有这个东西,如果有一条捷径能够送过去的话,那将会更好。当然还有一些其他的原因:各个家庭应该了解彼此,并且能够分享彼此的快乐和悲伤。

世界夫人说了这么多,她最大的一个女儿想完成这个工程,但没有成功,最终,山姆大叔说:"妈妈,我相信你是对的。虽然我是你最小的儿子,但如果你让我试试,我向你保证我会在你后院的那片沼泽地里开辟一条运河,你的最大的船只将可以安全地通过。"这时世界夫人说:"这些都是勇敢的话,我的儿子,但是你没有考虑到路上的困难。叫作热病的东西隐藏在沼泽地里,随时有可能扑向你,同时那里还有一个叫作疟疾的怪物会伤害你。"

山姆大叔回答说:"不要瞎说了,我的妈妈,这些东西都是恐惧的产物,我不知道什么是恐惧,也不会听从他的指使。我会为了你而建造运河。"

---

① "The Way of Our Civilization", *The Independent*, Vol. 77, No. 3399 (January 26, 1914), p. 113.
② Walter LaFeber, *The Panama Canal: The Crisis in Historical Perspective*, p. 31.

于是世界夫人给予了她的儿子以许可,让他承担这项工程。在短短的时间里,工作就完成了,山姆大叔向他的母亲贡献了巴拿马运河。①

在这个给儿童讲述的寓言里,美国民众在巴拿马运河问题上所持的意识形态得到形象的体现,即便开凿权是美国通过很不光彩的手段获得的。美国作家威尔斯·阿伯特(Wills J. Abbot)说,美国在所有文明国家中最后一个废除了奴隶制,这是一个遗憾。但美国在巴拿马运河上"为人类共同的进步和文明事业"所做的贡献却足以弥补。② 废除奴隶制和巴拿马运河的重要共同点就在于"文明"。罗斯福的"集体文明利益"话语代表了一部分扩张主义者的偏见,但罗斯福之所以能明目张胆地侵犯邻国主权却对本人的声誉没有多大影响,反而使他能继续第二个任期并以"文明"的名义在加勒比海推行霸权政策,与根基更为深厚的、来自美国民众的"文明利益"观也是分不开的。

In "Interest of Cirilization": The United States and the Panama Canal (1903-1914)

Abstract: In the Beginning of the 20th century, the United States had seized the prerogative to construct the Panama Canal through infringing the sovereignty of the Republic of Colombia, and completed this project 10 years later by the cost of considerable human power and resources. Obviously, this action was primarily resulted from the vital interest of the United States, however, the American political elites and opinion makers still claimed that it was for the "collective interests of civilization", or conformed to the "mandate of civilization", and after that, they further applied this "discourse of civilization" to the relationship between the United States and Latin America. To a certain degree, this phenomenon reflects the popular thoughts concerning "civilization" in American society and the challenge it posed to some developing concepts such as "sovereignty" and "international law" during the imperial period.

Keywords: The Interest of Civilization, American Diplomacy, Panama Canal

作者:刘义勇,上海师范大学人文与传播学院讲师

---

① Elizabeth Gordon, *What We Saw at Madame World's Fair*, San Francisco: Samuel Levinson Publisher, 1915, pp. 5-6.
② Willis J. Abbot, *Panama and the Canal in Picture and Prose*, New York: Syndicate Publishing Company, 1913, p. 412.

论希腊历史写作

[德]维拉莫维兹 文

维拉莫维兹（Wilamowitz, 1848—1931年）是19世纪和20世纪古典语词学研究的代表人物之一，在古希腊文学和历史研究方面影响深远。维拉莫维兹反对传统的文本考证方法，较少关注古希腊诗歌和散文的写作，把研究重点放在从保存下来的文本中提取关于作者自己的传记性质的信息。因此，他以历史为视角研究语词的发展。除了一般性的关于希腊文学的研究成果之外，他还出版了大量的关于欧里庇得斯、荷马、埃斯库罗斯、品达和亚里士多德研究方面的著作。1883年，维拉莫维兹在哥廷根获得了教授的职位。在这里，继续教授古典语词学，有时也会就古代历史进行一些演讲。1891年，因为他的影响力而成为哥廷根大学的副校长，一年以后，又被任命为哥廷根的皇家科学院成员。也是在1891年，他还被任命为普鲁士科学院成员，并从1899年起，成为正式成员。1902年，他主持科学院工作。就在主持普鲁士科学院工作时，编撰出版了《希腊铭文集成》（*Inscriptiones Graecae*），这一工作影响深远。——译者

在这个令人陌生的世界里，当我努力使自己适应那些只会短暂出现几天的新鲜想法的时候，我认为这是一个预示着莫德林学院（Magdalen College）将热情欢迎我的好征兆，因为一位很有名气的莫德林人自我学生年代的早期就一直是我亲密无间的朋友。现在距离第一次我在图书馆，捧起第一本英语语言学习的书籍，感受爱德华·吉本（Edward Gibbon）永恒的历史，已经过去了四十个年头。既然我将向诸位阐述希腊历史写作的成长和特性，那么，我很高兴把吉本作为我开始的地方。

吉本的作品自然是令人羡慕的，希腊人也没有能写出像吉本的著作那样的著作。然而，如果我们用19世纪才流行的历史研究标准来衡量它，那它仅仅可以看作是一部与古代史学家的著作相当的作品。严格意义上说，吉本并不是一名现代意义上的研究者。他并没有对史料进行调查探究，也没有试图获得新的事实和数据。尽管他在阅读原始

材料方面花了全部的心力,判断也是在自由的情况下做出的,但是他并没有跳出窠臼,接受的可以说仍旧是传统。如果没有"博学"时代(the age of "poly-history")辛勤的编辑工作,例如,没有像蒂耶蒙(Tillemont)那样的学识以及其所做的无可超越的努力,吉本的工作将是无法想象的。实际上,他所做的就是将传统史料嵌入自己的文学框架之中,并从一个具备了英国和法国文化底蕴、有着开明智识的人的视角对历史进行阐释。

正如拜伦所说,"吉本的讽刺"带有辛辣的异教徒气质,却不同于德尔斐祭司的温和虔敬。吉本的方法可以与普鲁塔克进行比较,普鲁塔克的《希腊罗马名人传》是文艺复兴与法国大革命这几百年间最受欢迎的读物。普鲁塔克无疑是一位拥有伟大学识之人,但是他写作的材料完全来源于之前历史学家和亚历山大里亚的编撰者们,除了令人陶醉的描述,普鲁塔克的贡献在于留下了一个道德家的说教和图拉真(Trajan)时代的政治气候。当然,普鲁塔克几乎算不上是一位历史学家,即便是对古代人而言也是如此。然而,这一事实是经过了19世纪的许多工作之后才被人们逐渐认识到的。对罗马人来说,李维(Livy)毫无疑问是一位历史学家($\kappa\alpha\tau'\varepsilon\xi\upsilon\chi\eta\nu$),在他们看来,罗马共和国的历史就是李维所记述的那个样子。实际上,是李维所表达的个人情感以及他在描绘古代罗马伟大的过程中内心的起伏很好地抓住了读者。这种情感的产生

来源于修辞学者的文学的表现手法,还有奥古斯都时期盛行的浪漫主义倾向,李维的叙述迎合了这一需要。当李维发现了奥古斯都时代的传统时,他接受了这一传统,并最终促成这一传统的形成,其中不仅没有深入的研究,更没有任何我们称之为历史真实的感觉。

我们必须牢记在心的是,古人对于真正意义上的自然科学并不了解,对于真正意义的历史科学更是一无所知。在那个永恒女神即自然存在的领域,像李维那样的古代历史学家总是能够超越他们的祖先。而我们看作是历史研究中的必不可少的方法,则是在一个世纪之前才出现的。当然,个别人在这之前可能已经达到了这一研究水平。但是,历史写作的普遍原则则是一直保留下来的。然而,如果我们想证明这一普遍原则来自对希腊历史写作的发展,我们需要认识到的首要事情是,我们所有的历史写作都是建立在希腊人奠定的基础之上,正如我们全部自然科学源于希腊人一样。

通过对世界其他地方的情形进行简要考察,我们就会得到满意的结果。印度的情形向我们展示,雅利安在智慧天赋方面不输于任何人,尽管如此,他们却没有历史保存下来。当佛陀,这一新宗教创始人的出现刺激了印度社会时,他的追随者力图保存他生活的事迹,历史性质的文学作品似乎产生了,但是佛陀很快就成为远古神话王国的一部分。我们无须怀疑,条顿人证明了他们在使自己历史记忆即歌

谣成为真实历史方面的能力。然而,他们能够做到如此,很大程度上是依靠古代的传统,这一传统不仅为他们提供了体现在杰罗姆(Jerome)历史中确定的编年体系,而且还提供了一个普遍的历史观念,即使这一观念只在奥罗修斯(Orosius)的作品中出现过。你们伟大的比得(Beda)完全属于这一发展路线。同时,在德国,当一些如奥托·冯·弗雷辛基(Otto von Freisingen)那样的人开始真正描述当代历史时,他们同样颇感兴趣地依赖撒路斯特(Sallust)或约瑟弗斯(Josephus)。在拜占庭,传统之脉络并没有中断,在这里,希罗多德和修昔底德从未被遗忘。确实,在希腊人之前的几千年,埃及和美索不达米亚地区就有了一些历史记载,这些记载以相当于一种编年史形式保存下来,但是,跨入真正历史性质的文学的关键一步似乎在这里一直没有发生。另一方面,在《旧约》中,许多叙述,例如大卫或者亚哈统治的叙述,以及更早地出现在《士师纪》当中的亚米比勒的传奇故事的叙述,包含了真实和完整的描述,这些是希腊人无法超越的。很有可能的是,其他的闪米特人(Semites)也具备同样的才能。我们在穆罕默德之后不久的阿拉伯人中,很快发现了这一才能。那场以先知第三个继承者奥斯曼(Othman)的生命为代价的反叛的描述,比对恺撒的谋杀描述要生动得多。然而,古代的闪米特人都缺乏确切特性,而希腊人却凭借这一确切性使历史写作成为一门自觉的艺术。闪米特人有历史写作,却没有历史学家。

因此,是希罗多德成为了历史之父。他是怎样开始的?"在这里发表出来的,乃是哈利卡尔那索斯人希罗多德的研究成果,他所以要把这些研究成果发表出来,是为了保存人类的功业,使之不致由于年深日久而被人们遗忘,为了使希腊人和异邦人的那些值得赞叹的丰功伟绩不致失去它们的光彩,特别是为了把他们发生纠纷的原因给记载下来。"这是他的《历史》中的一段话。他的个人品质最终决定了他记述什么。确实,他宣称他记载的目的,"时间不可能磨灭掉关于人类的丰功伟绩的记忆";他的主题是,"希腊人和蛮族人之间的争端"。但是他建议"做到多数人都没有毅力坚持下来的事情,就是走遍大大小小的城邦以获取最充分的信息"。因此,他带着我们走遍了他所见到的最远的全部世界。这里没有涉及西方的内容,但是他却对北部及南部做了广阔和深远的调查。他同样乐于向我们报告他从别人那里听说来的事情,但也包括一些他自己已经"发现"的事情。甚至他从文字记载的传统中获得的东西也具有同样的个人气息。在所有他拒绝的年表中,他有意识地排斥那些客观的编年史,可以推知他一定知道这些编年史。民主的政治信念、草率的批评奇怪地组合在一起,为每件事情都打上了主观的烙印,只有在纯粹的八卦使他纯粹地享受精彩故事的地方才没有这种主观性。

简言之,同样的主观性也被赫卡泰厄

斯(Hecataeus)所认识到,并把它作为指导性原则。但是,就我们所知,他仅仅记述关于英雄的历史。当然,希罗多德不得不讲述的米利都表明那个地方有一个平常的传统编年,仅此而已。他对伊奥尼亚(Ionian)起义的描述也并不是完全来自米利都人的记载。确实,希腊人经常从广义上理解地理这一词汇,认为其中包含有大量的历史材料,从地理上把其起源归因于米利都这一最大的商业城镇,就如自然科学把其起源归结到米利都一样;在地理学这一特殊领域,希罗多德得益于赫卡泰厄斯。不仅如此,与赫卡泰厄斯相比,希罗多德已经跨出了相当大的一步。但是,没有任何一个伊奥尼亚人可以挑战希罗多德"历史之父"的称谓。

所以,我们不能仅仅将他的图像摆放在历史的"英雄创建者"应该放置的圣殿之中,他的图像还属于那不勒斯博物馆由希罗多德和修昔底德的图像组成的方碑。他们一个是卡利亚(Carian)哈利卡尔那索斯人,有着多利安(Dorian)血统,处在伊奥尼亚文化区,是雅典的同情者;另一个则有一半的色雷斯血统。显然,对于他们来说,是文化而不是种族才是决定性的。希罗多德和修昔底德是合体的:两个人互为补充,但是又互为对立!年轻的那位充分意识到了这一点,并且在其历史的标题中清楚地表述出来:雅典的修昔底德描述了伯罗奔尼撒人和雅典人之间的战争,因为他预见了这场战争无与伦比的重要性。主观性在此表现得足够确定;作者

自己的洞察使他对材料加以选择,当然,这些材料也有其独立意义。编年记载的方法是记载那些发生的事情;正如编年记载的方法那样,他也仅仅是一个媒介,通过他的写作使得发生的事件各安其位。希罗多德告知他能告知的和想告知的;他告知什么和怎样告知依赖于他的个性人格。修昔底德回顾大部分事件,然后按照自己的洞见选择出值得记住的部分。他选取进行描述的部分恰恰是实际上正在发生的;对于他所选择的事件,他会自始至终加以叙述,对于那些主题之外的内容则不感兴趣。这才是一个真正意义的科学的步骤,而前面的两个则不是。修昔底德也谈及他的方法和史料。他的写作目的从来就不仅仅是历史的;他解释说,他是为了教育未来的政治家而写作的,不仅如此,当他开始写作时,他希望能够参与现实政治,尽管这个愿望没有实现,但他也绝没有完全放弃当一名政治家的理想。这样,人们总是乐于将他同马基雅维里进行比较。对于修昔底德作品的巨大价值在此我不必赘言。清晰而又睿智的判断使他立于不败之地,即使是在叙述过去的事件时,这一特质也可以见到。他喜欢以文献材料来推翻历史的神话虚构。他的考古(Archaeologia)并没有给人以个人研究的印象,而仅仅是对已经接受的传统的理性的批评。只要你对修昔底德用心挖掘,就可以从中有所斩获。

这样一部作品的影响是巨大的。据说狄奥尼修斯一世(Dionysius the First)的

大臣菲利斯托斯（Philistos）依照修昔底德的风格写了一部巨著，其中的细节我们并不知道。色诺芬（Xenophon）善于从别人的思想中获得灵感，他不仅尝试着用自己的风格去完成修昔底德《历史》未完成的部分，而且还尽了最大努力，在其《希腊史》中记录了关于修昔底德时代的历史。可以看出，实际上，他并没有完全驾驭他的材料，相反，每一处都体现出因为在调查研究方面的限制而带来的不足，其判断也显得狭隘。但是，他却始终保持着像修昔底德那样的表面上的客观性。

更具意义的是，年轻的特奥庞皮乌斯（Theopompus）的《希腊史》完全处在修昔底德精神的浸润之下。要感谢女王学院（Queen's College）的狄奥斯库里（Dioscuri），我们现在才能够看到它，这一点至关重要。特奥庞皮乌斯对他所描述事件的拆分，不拘形式地描述事实，不仅描述事件，而且还描述个人的动机，习惯于把所有描述的事件置于批评之下，随之而来的建立在自信有着高出常人的洞察力上面的对客观性的追求，所有这些是或者意味着修昔底德的风格。然而，作者十分不同的性情，在叙述中不能自在地表达本意，就会在政治评判和在具有潜在争议的紧张问题上词不达意。这个开俄斯岛人（Chian）特奥庞皮乌斯同样也研究过希罗多德，事实上，他还出版过希罗多德《历史》的摘要。像修昔底德一样，他在晚年时也决定脱离政治活动。如希罗多德一般，他广泛旅行，其结果是，他期望像希罗多德那样记录下所见所闻。在腓力（Philip）的帝国建设中，他找到了一个有价值的主题，但是即便那样也没有让他感到满足。他还创造了属于自己的时尚的艺术形式，即修辞学，它可以与诗歌相媲美。尽管他可能很厌恶那个时代哲学的蓬勃发展，因为它是属于雅典人的，甚至他的老师伊索克拉底（Isocrates）是明确的道德化趋势的代表人物，但是他还是被柏拉图哲学的雄伟壮丽所吸引，在其作品《克里提阿斯篇》（Critias）中，柏拉图用记叙性小说的形式，描绘了想象中的人类社会的理想形态。因此，在《反腓力辞》（Philippica）中，特奥庞皮乌斯创作出了不只包含希罗多德与修昔底德特征的作品。当特奥庞皮乌斯的充满虚幻想象的麦洛匹斯（Meropis）挑战了柏拉图式的乌托邦时，历史与政治的交错就将过去全部置于各执一词的批评之下。实际上，据我所知，它是一部无可匹敌的文学作品。我们无法想象，这样一部作品可能对现代历史写作会产生什么样的影响。它保存到了9世纪，直到像其他的许多作品一样，被不虔诚的丹多罗（Dandolo）的十字军烧毁。当然，"麦洛匹斯"有着宏大的目标。他希望将故事家希罗多德内容的丰富与政治家修昔底德的严谨结合起来，同时，他编撰关于自己思想的演讲，这演讲既有旁征博引的评论，也有富有创意的猜想。这样的著作已经不再仅仅只是历史，但人们称它为历史学（Historie），更可以被称作历史中的历史，正如柏拉图的三部曲——《理想国》《蒂迈欧篇》《克里提阿斯篇》。

如果我已经阐述清楚了特奥庞皮乌斯在《反腓力辞》中希望做些什么，那么现在就不必再费口舌说明经常把他与埃弗鲁斯（Ephorus）联系起来是不公正的了。我很遗憾地说，很长时间以来，关于修辞学，我也曾一度从古代作家的言辞中接受了这种不公正的观点。埃弗鲁斯，是一个没有思想的作者，充其量他的优势是第一次编撰了普遍的历史，在这个意义上，普遍历史思想后来在此基础上发展了起来。埃弗鲁斯掌握了大量的史料，同时，他把材料细化，他的成功之处就在于很好地将同类的材料放在了一起。正如人们所称呼的，他把历史"程式化"了。也就是说，他总是以少量的想象照顾到每件事情都是按照一定的路线行进，就如一个开化的菲力斯丁人（Philistine）所能做的那样。他也照顾到，公众的道德和爱国情感最终应该获得满足，就像即便是一部糟糕的悲剧作品，第五幕戏也会出现观众期望看到的结果。传统抵制的地方，他便坚决地给出理由。我们可以确定在这方面的一些事实，因为这些事实只有在他的著作中为我们所知，其中，他简单地把自己的叙述建立在希罗多德和修昔底德的叙述之上。这些叙述除添加了其他作家的叙述之外，可以说没有任何价值。对于其他历史时期，我们必须给予埃弗鲁斯以足够的重视。然而，对于我们来说，他也仅仅算是一个媒介，并且我们要牢记于心

的是，他的媒介角色同时也带来了混乱。

除埃弗鲁斯之外，提迈欧（Timaeus）也具有类似的精神。当然，他拥有更为丰富、更为扎实的学识，即使是真正的研究也绝不能全盘否定他；另一方面，他在整理材料方面极度的不审慎，还有他严重缺乏对材料的甄别。要感谢的是他的历史的主题，他的著作使罗马人很感兴趣，并且在很长的时间里一直是罗马人历史写作借用的模式。这带来了重要的结果，我们在加图（Cato）和瓦罗（Varro）那里寻到他的影响；此外，在奈维乌斯（Naevius）那里我们也可以看到这种影响。

人们可能期望，像亚历山大那样的英雄，还有东征那样的事件，将会产生一位历史学家。亚历山大自己为了开辟远征的道路，尽了最大的可能搜集地理方面的信息。人们可以追溯到赫卡泰厄斯和德谟克里特（Democritus）影响的影子，这一影响是通过亚里士多德产生的。亚历山大也有属于自己的历史学家，即阿那克西美尼（Anaximenes）和卡利斯提尼斯（Callisthenes）。但是，对于这一新的国家来说，并没有取得历史方面的成果，这可以与拿破仑对埃及的远征带来的结果进行比较。国王自己没有找到他的历史学家，正如他没有发现梦中的荷马。确实，许多和亚历山大一起行军的人后来从他们自己的观察角度记录下了一些远征的情况，对战役的正式和可靠的记载方式开始出现了。但是，对亚历山大这一英雄人物及其事迹的不可思议的嫁接从很早就已经

占据了历史写作的领域,这一写作方式一直保留在传统与文学中,他的生活堪比那个不断改变存在方式的阿基琉斯和奥德修斯,从荷马时代开始直到狄克梯斯(Dictys)及达勒斯(Dares)之时,阿基琉斯和奥德修斯的形象在悲剧、史诗、散文故事中的形象不断发生变化。亚历山大成为神话中长着两只角的英雄,在东方仍然沿用他的名字,关于他同样的虚构想象弥漫在中世纪。但是古代有学问的人是否也做过如此的努力去核实其真实性呢?我们在普鲁塔克的作品中清楚地发现,亚历山大时期的历史编写者们是如何除了把大量的各种论述没有批评地堆砌在一起外,实际上什么也没做。我们可以恰当地把阿里安(Arrian)从众多材料中选出编撰的两本著作看作是亚历山大时期伟大的成就,按照阿里安的判断,这是他发现的最古老也是最可信的著作,最后,他将它们编写进一本书中——《亚历山大远征记》。

当埃弗鲁斯在编写希腊人的普遍历史时,当然他的视野并不是特别广阔,亚里士多德正在安排他学园中弟子致力于编写他那伟大的文集——政制汇编、法律汇编以及其他方面的著作。他所用材料有一部分是与埃弗鲁斯相同的,但是他的作品的视野却要开阔得多。在目标的伟大方面,这一事业完全可以与他在自然科学方面的工作相提并论。在许多地方,他的研究是以自己的文献成果为材料;例如,我们知道,在编撰独一无二的德尔斐

编年(Delphic Chronicle)时便是这样。铭文及档案、流传甚广的歌谣与谚语的价值,他是相当熟稔的。但是,对于其中的绝大部分的内容,他已经可以娴熟地借用出版的文献材料了。这就意味着,他大量展现出来的同样的精神已经传播到海外,甚至在5世纪时,还对赫拉尼库斯(Hellanicus)和那些编撰地方编年史的作家有指导作用。迪米特里厄斯(Demetrius)是亚里士多德的弟子,他将老师的方法带到了埃及,而且,亚历山大里亚图书馆(Alexandrian Library)里的馆藏确保了下一代人系统地摘录现存历史文献的可能性,就像卡利马科斯(Callimachus)及其弟子们所做的那样。然而,地方志的产生也经历了很长时间。确实,在雅典,Atthis 或者说雅典编年史,随着克雷莫尼迪恩战争(the Chremonidean War)中政治自由的丧失而消失了。但是那些还保有自由的地方,像是在罗德斯(Rhodes)和赫拉克西亚(Heraclea),直到希腊化时代末期还有地方文献。后来这一类写作可能一直存在,这一主题很少研究,在这里就没有过多的内容可说。在研究史料方面,亚历山大里亚绝不是孤军奋战的,有一个人如伊里昂的帕勒蒙(Polemon of Ilion),他实际上研究过铭文。当我们看到希腊化时期如此丰富的摘抄材料,如由雅典人阿波洛道鲁斯(Apollodorus)摘抄的在斯特拉波(Strabo)的专著中的《船名表》(*Catalogue of Ships*),此时材料的丰富是很显然的。古典学习是一项紧迫性任务,包含搜集资料

和重建历史。对于重建历史而言,还有很多的事情要做,搜集资料方面,就是要搜集那些与确切地方有联系的、但往往没有提到作者名字的内容。也许,这一项目应该提交到国际历史大会上。但是,如果我们要问,那个时代有学问的人是否明白如何充分运用他们手中的宝藏?很不幸,答案一定是否定的。既然我们有了亚里士多德的《雅典政制》,我们便不能欺骗自己说,亚里士多德不是历史学家,他是一个后无来者之人。无疑,埃拉托色尼(Eratosthenes,公元前3世纪的希腊天文学家、数学家和地理学家)是一位践行权力的学者,甚至在他的年表方面也是如此。毫无疑问,现代的研究有时太过看重现成的东西,从而拒绝对数据的考量,如对像阿波罗多罗斯(Apollodorus of Athens,约生于公元前180年,历史学家和神话作者)那样,在他的韵律编年史中呈现出来的数据,我们就缺乏考量。但是,一般说来,我们称之为历史批评的东西不仅没有达到,而且也没有很多人去追逐。这里,我们可以看看,迪狄姆斯(Didymus)关于德莫斯提尼的新的评论提供给我们这方面的例子,其中最具意义的是他的写作完全依赖于赫尔米普斯(Hermippus the Callimachean)。阿塔尔涅乌斯的赫梅厄斯(Hermias of Atarneus),他是亚里士多德的朋友,被当时的历史学家们用一种最为自相矛盾的言语进行了描述。赫尔米普斯只是简单地将他们的叙述一个挨着一个地放置到一起。他绝对从来没有想过要去获取真实。古典诗人留下来的作品,既丰富又是没有批判精神的,例如索福克勒斯(Sophocles)的作品的保留,在很大程度上,应该归功于伊斯特尔(Ister)的工作,它也表明运用了文献材料。仅仅只有语法学家搜集摘抄的史料,也主要是这些语法学家才会使用这样编辑成册的图书。到希腊化时代的末期,世界历史的观念兴起,这一需求促成了阿伽撒尔基德斯(Agatharchides)、卡斯托尔(Castor)、狄奥多罗斯(Diodorus)、尼科拉斯(Nicolaus)等人的写作。我们既惊奇又失望地发现,这些历史学家对于那些他们可以信手拈来的材料知之甚少,更别谈对材料进行判断评价了。试想,一位与他们相当的受过教育的现代历史学家,他们要在亚历山大图书馆开始寻找材料:就古代希腊的历史,仅仅是他们要搜集的书籍,工作量就很大!但是,狄奥多罗斯仅仅从埃弗鲁斯那里获得一些材料,再没有运用其他的;尼科拉斯只是在搜寻风流韵事,而不是文献。让我们记住的是,希腊化时代的学者,他们代表的是希腊智识之精华,却没有在科学综合方面进行尝试。

　　不可否认,当代历史是由当时的杰出人物所写,他们几乎都是有着政治经历的政治家,修昔底德就是如此。他的精神从未被遗忘,作为一种写作的范例一直激励着后来者,直到拜占庭时代。让我们以波里比阿(Polybius)为例吧,其著作是唯一保留下来的规模最大的一部。波里比阿是第一个叙述这一时间段历史的人,他对罗马、埃吉昂（Aegion）和罗德岛（Rhodes）的档案进行了研究。然而，他对档案的研究能追溯到什么时候，对于他的研究方法，他的记载仍然是我们的权威材料吗？关于第一次布匿战争，他的材料来自两本书，这两本书是以对立阵营的视角来叙述的。当他仅仅从一般性的思考方式批评这两本书时，他认为他做得足够了。以同样的方式，他比较了阿拉图斯（Aratus of Sicyon）和菲拉尔库斯（Phylarchus）。他对于自己国家的远古历史，还有阿凯亚同盟（Achaean League）的研究几乎是微乎其微！波里比阿自己在古代就是公元前222年—前146年这段历史的权威记载，就像修昔底德是伯罗奔尼撒战争的权威叙述一样。我们是首次不厌其烦地用以文献为基础使他的叙述完整的人，我们还要去纠正他经常带有偏见的判断。在理论和实践中是否都不存在真正的历史研究，这一问题难道不清楚吗？波里比阿关于他自己方法的许多言论，以及他对于埃弗鲁斯和提迈欧的批评，归根到底，就像留善（Lucian）有关历史书写的论文一样平淡无奇。

我们并不是完全没有古代希腊教育理论方面的知识。最迟在波昔东尼（Posidonius）的学园中，我认为可能更早一些——所谓的 εγκυκλιο παιδεια 或者"通识教育"形成了一个体系，它以"七艺"的形式一直沿用到我们现在的大学。历史研究不在"七艺"中占一席之地，天文学、建筑学以及医药学却都在其中！由此得出希腊和罗马人没有接受历史方面教育的结论。但是，这儿也有其他证据，最清楚的证据是狄奥尼索斯·特拉克斯（Dionysius Thrax）所写的语法学手册及其评注，其后的可能就是昆体良了。这个语法学家提到，如果他建议详细解释经典名著，那么他就把 ιστοριων προχειρος αποδοσις 作为他的 Métier 的一部分。诗人提及的故事经常是评论者所熟悉的。那当然也会导向在所谓神话历史中的教育作用。在这一领域，我们有在纸草文献中的学校写作，还有像归于阿波罗多罗斯（Apollodorus）名下的 Bibliotheca 那样的学术出版者。真正的历史也出现在更高层次的评注方面，像归于埃斯基涅斯（Aeschines）的那些评论作品；但是，对真正历史的需求几乎很少出现或者是偶然出现。修辞学家在关于历史还有法律的论述时，在虚构方面是绝对允许的，没有什么词语是不可以使用的。然而，它最后也成为我们的证据。哲学上的怀疑论者——大概在卡尔内阿德斯（Carneades，公元前214/213—前129/128年）所处的时代，因为它几乎不可能是埃涅斯德慕斯（Ainesidemus）和他的学园的成果——试图去证明在所有的科学技术方面科学知识的不可靠性。语法、修辞、逻辑，甚至是音乐和占星学也被认为是这样的，但这里却没有提到历史。

事实现在就摆在我们眼前：让我们去一探究竟。

这似乎是一个悖论：一个出现了世界

上首位历史学家的民族，一个拥有希罗多德和修昔底德的民族，却从来没有到达科学历史学的高度。但是，这一状况却可以用这个民族的历史来解释，即它的历史是伟大的英雄和悲剧性命运。同一个世纪，佛陀在一群没有历史的印度人中间，把宗教建立在脱离尘世的基础上。也就是在这一个世纪，犹太人经历了民族灾难，不得已建立了一个教堂作为国家的替代物，他们非常希望出现一个普世的民族神，这一神祇被想象为他们民族的希望，并且这一希望在未来必将实现。伊奥尼亚人，同样处于外族的统治之下，他们以同样的方式把自己从国家和教堂中解放出来，剩下的就是个人和宇宙了，甚至后者险些丧失了它的客观实在性，仅仅存在于那些具有卓越感知力的人的想象中。然而，就是在那时，通过观察，他们发现，一个永恒且明确的法则在天体运动中处于统治地位，伊奥尼亚人揭示了这一法则，即所有的生命就是一个整体，它们并不是偶然或者随意地联系在一起，而是通过法则和原因即逻辑（logos）联系起来。作为一个智识之士的假定——我们最好说是他们相信——他们认识到这些法则必定因为人类的原因而变得可以认识，因此他们也尽自己最大的努力去了解。这才导向了自然科学，打开了自数学到逻辑之路。然而，这里却没有任何通向历史的道路，从赫卡泰厄斯、巴门尼德（Parmenides）到毕达哥拉斯（Pythagoras），都没有通向历史之路。

之后，雅典人创建了自由的国家，这对他们来说似乎国家本身是最具理性的典范，同时，国家的目的是为自由的个人提供活动的范围。当国家昂头行进，当他们在历史的现场并创造历史时，这片土地就是为书写历史的人准备的。雅典的民主，正如伊奥尼亚从各种权威势力的统治之下获得解放一样，是出现希罗多德和修昔底德这样的人物的首要条件。毫无疑问，苏格拉底周围无法比较的智识生活，其本身就包含着历史科学的种子，正如许多其他智慧一样，直到近现代时期才看见了历史科学的曙光。但是雅典帝国崩塌了，民主制本身表明它无法建立一个民族国家。在这些废墟上面，修辞和诡辩的幽灵兴起了，它们不追求真实和诚实，它们第一次给知识，接着是整个古代文明带来灾难。个人主义、自我主义在此统治了人们的头脑：犬儒学派（Cynics）、昔兰尼学派（Cyrenaics）以及德谟克里特学派忽视现实社会，即使他们并不讨厌社会。确实，柏拉图为知识开辟了一片天地，政治生活的风暴都没有毁掉这片土地，但是他的教育基础存在于数学和自然科学。他确实没有忘记对社会的责任，但是却在寻找一个新的社会基础，这一基础当然比地面上的历史更加需要。无疑，他思考过这一主题，正如思考过其他主题一样，甚至比大多数人的见地更为深刻。任何一位读过他的《法律篇》（Laws）的人，丝毫不会否认历史发展的观念对于他来说已经十分熟悉；但他专注于"永恒存在"；现实世界这一王国怎么能或者说，过去是真实知识的载体？如果我们看到亚里士多德在搜集历史材料方面所做出的巨大努力，我们便会认为，探究历史真实是他的最终目的。然而事实并非如此。他对历史思想发展的描述所带来的力量就如同在他的哲学讲座的序言所表现的那样震撼，既然我们读过他的《雅典政制》(Constitution of Athens)，便知道他不是一位历史学家。他的大量搜集是为其政治学及伦理学理论提供材料。关于这些主题和修辞学，他做过公开的演讲。在古代，没有人曾经做过关于历史的演讲。

但在这个例子中，还有另外一个因素，它可以使我们更深地进入这个希腊天才的本性之中。一个不能使自己进行角色转换从而进入已经消失的人们灵魂的人是不可能懂得过去的历史的。这一思想从来就没有走进希腊人，他们从来没有以外族人模式来思考。一般来说，他们对他者的个性并没有表现出一点点的敏感。苏格拉底学派的心理状态，特别是斯多葛学派和伊壁鸠鲁学派的心理状态，其自始至终都是关注正常的男人的。对于他们来说，妇女和孩子只是不完善的人。甚至是泰奥弗拉斯托斯(Theophrastus，古希腊哲学家、自然科学家)的敏锐的观察也没有发现个人的特性，他们只是属于一种类型。他们在哲学及造型艺术方面所表现出来的巨大优势，我不必多言。但即便是光也是有阴影的。他们的传记性的写作开始于理想人物——如赫拉克勒斯和毕达哥拉斯，他们甚至从未想过要尽力去揭

示人类灵魂的发展。我们这些现代人是多么地仰慕那些能成功地对个人进行描绘的诗人啊！我们是多么欣喜于能够在米南德(Menander，希腊新喜剧诗人。生于雅典，贵族出身。米南德是亚里士多德的吕克昂学院的继承人泰奥弗拉斯托斯的弟子，米南德写了105部剧本，得过8次奖。古希腊新喜剧只传下米南德的两部完整的剧本《恨世者》《萨摩斯女子》和残剧本《公断》《割发》《赫罗斯》《农夫》等)的作品中再次见到它！但是，这样的诗人是如此之少，人们必须要有多么强的敏锐力才可以在他们的作品中捕捉到个性的描写！这方面，无人可以超越柏拉图的作为，然而他的最热情的拥趸们也不会否认，他的一生都对真实的历史研究持与人相异的态度，有时甚至是敌对的态度，如他绝对没有读过修昔底德的历史。

我迫不及待地想对我们在从事历史研究时所遵循的指导原则做出结论。没有什么是可以依赖编辑者的，这一点还不清楚吗？编辑者增添进来的内容只会使原有传统变得混乱。因此，它们必须被搁置一旁，真正复原的传统，似乎只是一些残篇。虽然我们不能成功地确定一段论述原创作者的名字，但是得益于铭文的发现和研究，我们能够在一定的范围内从一段论述的内容来评估它的起源和价值。无疑，我们常常只能得出这样的结论，一段论述中提到的时间和古代作家没有给出的写作情形，它们之中存在一些值得信赖的信息，在此基础上，进而得出和其他

事情没有联系的假说。至少,从中我们可以非常清楚我们不知道什么和我们无法知道什么。然而,现代关于最古老时代的民族志与历史、法律和宗教的绝大部分论述都建立在古代的假设及虚构、随意选择和从来没有得到证明的材料的基础之上。我必须尽快地以唯一的公正的态度,从另一面来考察希腊的历史学家。

对于希罗多德的方法,这一原则也是适用的,在关于克洛伊索斯的精彩故事中,吸引我们的是其虚构部分的创作——阿铁斯(Atys)的死、与梭伦的对话,还有关于克洛伊索斯逃脱其死亡命运的故事。接下来,让我们看一下克忒西阿斯(Ctesias)。他讲述的不仅是关于塞米拉米斯(Semiramis)和沙达那巴路(Sardanapallus)的事迹,而且还有关于波斯国王的故事,他在王宫生活过,大部分是虚构,尽管这是一种有着时效性的虚构,也从不缺乏指向性的色彩。色诺芬在克忒西阿斯的学园中学习过。同时,虽然他只是部分地领悟了克忒西阿斯的学说,但在创作《居鲁士的教育》一书前,他给自己的定位却是要丝毫不逊色于克氏。如果克莱塔库斯(Clitarchus)所描述的亚马孙人的女王怎样自遥远的北方一路横扫而下给这个世界的征服者她的爱情。如果那些是虚构的话,那它也是恢宏壮丽的虚构。换句话说,希腊的历史写作,自伊奥尼亚人之后,其范围远比以修昔底德这个雅典的政治家所希望确定的范围要广阔得多。它包括称之为传奇及传记小说的著作。恰恰在这一方面,历史本身表现了自己是史诗的继承者。我丝毫不怀疑历史也受到东方文学的强烈影响,因为从此处我们明确地找到了同样的"传记小说",它们同样也被系于历史传统之上,或者至少系于著名的历史人物身上。在埃及人的故事中,也有这一例子:在《一千零一夜》中,这种特征仍然保留。在柏林,我们还能看到写于公元前 5 世纪的阿斯长尔(Achikar)传奇故事的残篇,在阿拉姆语中它所指的便是尼尼微。据说,德谟克里特(Democritus)曾将这部传奇介绍到希腊,后来它辗转到了伊索(Aesop)的手中。然而,公元前 6 世纪,伊奥尼亚人早已经厌倦了英雄史诗,开始转向历史传记的创作。在雅典,英雄传奇故事在悲剧之中得到革新和强化。悲剧,在没有放弃其雄浑壮阔的风格的基础上,稳步地行进在将其自身的特点与情节合并为现实生活的道路上。一百年之后,即使是在雅典,人们也厌倦总是观赏英雄故事了。这相当容易理解但仍然值得关注,历史叙述艺术意图与悲剧一较高下。实际上,亚里士多德为诗人写作《诗学》,并且很不友好地将历史放在从属地位。但是,他学园中的成员却成功地将悲剧艺术用在历史学(Historie)中。实际上,一个生活于历经卡桑德尔(Cassander,约公元前 350—前 297 年,希腊化时代的马其顿国王,统治时间从公元前 305—前 297 年)、迪米特里厄斯(Demetrius)和阿加索克勒斯(Agathocles)时代的人,如果他把这些人全部看作是如俄瑞斯忒斯（Orestes）和美狄亚（Medea）那样的悲剧，表明他并不粗俗。对于他来说，不去创作历史悲剧，而去写作历史是一个不值得称赞的事情。萨摩斯的杜里斯（Duris of Samos）就是这样做的。我们必须承认，自此以后再没有出现像修昔底德或希罗尼穆斯（Hieronymus）这样风格的历史；历史是以沃尔特·司各特爵士（Sir Walter Scott）的风格出现的。如果我们只认为杜里斯的描述是有缺陷的，岂不是迂腐之人？普利耶涅的米隆（Myron of Priene）发明了阿里斯托德穆斯（Aristodemus）在伊索迈（Ithome，位于美塞尼亚地区）的故事，就像司各特发明了艾凡赫（Ivanhoe）的动人历史一般。如果我们将第一次美塞尼亚战争的故事看作是历史，我们就真的是书呆子了。它只是类似于高傲者塔克文和卢克莱提娅（Lucretia）、科里奥兰纳斯（Coriolanus）和维尔吉尼娅（Verginia）的故事。但这些故事不会因为其本身是虚构的就不再美妙了。唯一要做的是将每一个元素放置在合适的位置，并认识到历史传奇故事在希腊文学中也扮演着不小的角色。

同时，必须牢记的是，我们做了一个古人并不知道的区分。古人发展完善的散文理论，或者更准确地说是雄辩术（Eloquentia），就如我们在西塞罗和狄奥尼修斯的作品中发现的一样，尽管其起源于逍遥学派，自始至终一路发展下来，秉承的是修辞学原则。因此，修辞学是唯一的正式分类；这样，即便是诗歌也是雄辩术（Eloquentia）的一种，它以韵律和文体为其特征的。与此分类相适应，史诗（Epos）和历史学（Historie）可能借助同样的材料，例如，像卢坎（Lucan）和希利乌斯（Silius）都简单地把李维作为他们叙述的基础。因此，我们不必惊讶，关于爱情故事，我们认为它与历史相距甚远，更接近于诗歌，而在希腊人中间，爱情故事明确地属于前者，即使同样的材料以史诗或者挽歌形式出现。我们在克忒西阿斯（Ctesias）的作品中发现了这一特征，当然，它受到东方的影响，我们在色诺芬的作品中也发现了这一特征。既然我们拥有了尼诺人（尼尼微用希腊语的发音）传奇故事（Ninos-romance），这一桥梁就是通过所谓的"色情"架构起来的。这一由阿芙洛狄希阿斯的卡里腾（Chariton of Aphrodisias）完整保存了下来的最古老的书籍所表现出来的联系仍旧相当清楚，因为不仅可以明确这一传奇故事的时间在公元前5世纪末期，而且波斯对小亚细亚的统治也为其提供了除历史背景外，还有其他的信息。当然，爱情故事本身也有另一种起源，它起源于新喜剧。难道不容易理解一个不再看到悲剧事件、由帝国开创的和平时期是怎样被一些公民日常生活的情节所吸引吗？也正是同样的原因，吸引了米南德时代的市民们来到舞台前，而不再观赏欧里庇得斯的英雄们了。这种新喜剧元素稳步地发展壮大，并且随着文化的衰退，历史的核心变得越来越暗淡。

但是，它却不是这么容易就能被遗弃。第一部基督教的传奇故事就是借鉴自新喜剧，它的主题是发现丢失的孩子，并且让他们出身于图拉真（Trajan）家族。推罗的阿波洛尼乌斯（Apollonius of Tyre）的历史，莎士比亚认为它值得作为戏剧来看，这一故事来源于国王安提奥库斯（Antiochus），它由一个古老的悲剧传奇主题改编而成。因此，即便是这些不起眼的作品也可以教会我们许多意想不到的事情，比如怎样继续生活、怎样转化人们的历史记忆与人们的诗性。但是，我们不得不承认，有一样东西我们永远不必去寻找，它是一种特别的品质，在这种品质中存在着现代历史研究中的爱情的力量。我可能是说多余的话，犹如弗拉乌波特（Flaubert）花费在 Salammbo 上的辛勤劳动，即使是在现下也是一个例外，但是，至少有一个原则为大家所公认，那就是历史主题的选择要求在当地和历史上都是真实和生动的。古代传奇故事作家却都没能考虑到这一点。谁会要求做到这一点呢？那个时候即便是最为严格的历史学家也几乎不关注这个。

让我们暂时从这些较低层次的写作中走出来，把注意力转移到一个历史编纂达到一定高度的时期。即便是塔西佗（Tacitus），他使用的也是现成的材料，不仅是《编年史》，还有《历史》留存下来的部分中，都可以看出他运用合适的材料写作而成。这里，很多人反对这一证据，仅仅是因为这些证据完全不能说明它意味着什么，也不能说明那个时期历史学家写作所使用的方法。如果他认为提比略就像塔西佗描述的那样是一个统治者和一个男人，那么，直到今天，也没有任何人可以使一些自命不凡的东西被严肃对待。塔西佗从他的前辈们那里继承了错误的描述，他未对它们进行甄别就接受了它们。随后，他用自己的艺术在其中加入心理学方面的填色，没有希腊人达到这样的完备状态。这也使他所描述的图画与真实相差更远。难道我们就应因此谴责塔西佗缺乏诚实吗？让我们将他与波昔东尼进行一下对比。波昔东尼知道什么是科学——这是一个罗马人连做梦都没有想过的事情。但是他怎样为我们描述格拉古时期的历史和格拉古的性情呢？即使是在枯燥无味的摘录之中，我们也不禁在盖乌斯（Gaius）那里感受到，他深深地陷入政治冲突所带来的激情，直至他沉入僭主般的疯狂之中，这一性情特征传递到了莎士比亚的历史中。精确问题所得到的关注少之又少！即便是在一些主要事件上，即波昔东尼描述的纳西卡（Nasica）是谋杀提比略的凶手这一事件，也表现了这一特征。对于一个像波昔东尼那样的人怎么可能会有这样的明显错误呢？我冒昧地希望答案已经给出。我们所说的历史领域的"研究"，对他来说是一件不知道的事情。他留给语法学家的是对探究细节方面的劳动，正如塔西佗与苏埃托尼乌斯（Suetonius）也一样是给语法学家留下对细节的研究，尽管同为元老和演说家,苏埃托尼乌斯远在塔西佗之下。或许枯燥无味先生(Mr. Dryasdust)并不是一位合适的同伴,但他却不可或缺的。但是,古代历史写作注定不是枯燥无味的。在我们自己的时代,非常出名的人物在试图做相同的事。结果是一样的,但是他们却很少要求获得我们的谅解。然而,如果波昔东尼和塔西佗随意地使用他们所拥有的材料,简单地以材料堆砌内容,然后他们继续用他们自己的优势去创作关于事件及人物的完整画面,他们所做的如诗人、艺术家一般,他们所做的也是在其权力范围之内的。吉本也采取了同样的方式,在其中展现了他的伟大。然而我们实话实说,对于我们自己来说,一旦枯燥在我们的写作中发挥了作用,并且当我们推进形成科学的结论时——从那时到现在,我们做的是与前述的古代历史学家同样的事情,我们自由地运用了程式化的想象。传统留给我们的只是一些遗迹。对它们考察审视越细致,就越能清楚地发现它们是多么的零碎。从这些遗迹当中,完整的历史不可能被建立。传统是死的,我们的任务是复兴那些已经消失了的生命。我们知道神灵直至饮用了鲜血才会开口说话,我们召唤的精神也需要我们心中的鲜血来滋养。我们乐于将鲜血交付给这些精神,但是如果它们容留了我们的问题,从我们那里得来的一些事情就会进入到它们的血液,一些相异的东西必须被逐出,以真实的名义逐出!因为真实是一位严苛的女神,她不知道尊重任何人,而她的侍女——科学,也是大步向前,超越了波昔东尼和塔西佗,超越了吉本和蒙森。即便是这样,就艺术已经使他们崇高而言,这些人的作品也可能会一直持续下去。因为,我们有着希腊人没有的优势,即我们拥有了历史科学,我们当中最伟大的人不再宣称是一种权威,几个世纪以来,这个权威属于像李维(Livy)那样的人。但是这个值得为不朽女神服务的人,却情愿放弃自己的所有,用短暂的一生去完成他的作品。令他同样感到欣慰的是,在科学领域,只要他的火把在传递到继承者们的手中时仍在燃烧,那么就不是失败。

> 我的火炬手们的赛跑就是这样,
> 跑在第一且跑到最后者获胜。[①]

译者:蔡丽娟,中南民族大学民族学与社会学学院教授;李玮,中南民族大学民族学与社会学学院研究生

---

① 这句话原文是希腊语,感谢中国人民大学历史系教授徐晓旭教授翻译。

史学史与史学理论

阿波罗

[德]维拉莫维兹 文

在英国，人们怎样想象阿波罗，我不敢贸然猜度。但是，在欧洲大陆，他始终保持着一个天堂提琴手的形象，这一形象与拉斐尔在其圣地帕纳塞斯山(Parnassos)所绘制的形象是一致的。在我生活的小镇，有一座献给皇帝腓特烈一世(Emperor Frederick)的纪念物。修建纪念物的目的是为了表明他曾经在艺术和科学方面的兴趣，在腓特烈一世塑像后面是两根柱子，柱子顶端分别是雅典娜和阿波罗，后者正如人们所预期的那样，正是披着帷幔仰望天空的阿波罗，这一形象是自温克尔曼在希腊雕刻方面最为人所共知的工作后阿波罗一直保持的形象。诗人们心中的神和音乐餐厅来源于罗马诗歌和它的现代模仿者，当然，现在神和咖啡馆已经废弃了。但是，在雕塑领域却有一个超前的进步，这个进步就是将男性的美以及年轻的力量通过阿波罗的雕塑展现出来。正是雕塑使我们预先形成了体现男性俊美和年轻人力量的观念。多年以来，这一观念在考古学上带来了混乱，因为自此以后，所有属于古风时期站立的男性年轻雕像都被认为是阿波罗，即使被发现的地方证实它们是用作葬礼的，例如特尼阿的阿波罗(Apollo of Tenea)。在阿波罗的圣地发现的简陋男性雕像，是人们向阿波罗献祭的，它们就如在青铜和陶土上的野兽代表的是祭祀用的牲畜。在纳克索斯的巨型雕像上(Colossus)实际刻了这样的字"男人像"，但它仍然被误读。人们忘记了，对于真正的宗教情感来说，仅仅只有俊美并不足以使神具有其特性。以人形简单展示的无论多么俊美或者多么丑陋并不能说明任何问题。古风时期，一个神区别于其他神是由其属性来决定的。

如果就我们的问题去请教那些自称有很高文化的人，得到的回答通常是阿波罗是太阳。即使在神学家之间，这一思想也流传甚广，并且当穆勒(Otfried Müller)否定这一观点时，立即引起了强烈的反驳。不仅如此，当他因为在德尔菲八月骄阳之下辛勤劳作而积劳成疾去世后，一首诙谐小诗便流传下来，即因为他否定了阿波罗的太阳属性而被阿波罗杀死。这一解释像其他的解释一样来源于罗马诗歌。例如，我们可以确认，维吉尔正式地使用过它。然而，这一用法无疑比维吉尔时代更古老。不幸的是，它是一个神学上的解释，尽管神学解释对于实际的宗教思想可能常常预示着某种重要性，但是它绝对不具有权威性质，并且经常带来误导。因为神学是人们发现有必要利用它来证明他们在各种因缘之下所产生宗教情感的合法性时才出现的。我们将运用我们自己的历史方法，向希腊人提出我们的疑问，希腊人信仰阿波罗并不是因为他是一个化身，而是因为他是一个人和一个神。我们很自然地从荷马开始说起。

在荷马那里，我们即刻就可以看到阿波罗没有什么作为，这一特点非常重要。他没有创造音乐，没有给出预言，也没有去祸害人家的女儿；而在赫西俄德和品达的作品中，阿波罗无所不作，放浪不羁，经常是不修边幅。正如通常情况那样，在其他方面，我们所接受的信息，如仪态等也很少是精确的。他是一个威力巨大的神，有许多强大的行为，他是宙斯众多儿子中最伟大的。弓是他的可怕武器。除了特洛伊人他没有帮助其他人。在众神的城堡上他有自己的房子。他击退了戴奥米底斯（Diomedes）；导致了普特洛克勒斯（Patroclus，希腊战士，在特洛伊战争被杀）的死亡，而且阿克琉斯（Achilles）知道自己也将赴死。阿克琉斯把他称为"致命之神"。在《伊利亚特》第一卷前头，阿波罗以威严入场。因为他的祭司被无理对待，他从奥林匹斯山移步下来给希腊人送上了他的致命弓箭，诗人说道："他跛步直到深夜。"我们北方人并不理解这段话。但是，任何一个感受到爱琴海上急促、无法抗拒和可怕的"黑夜"降临的人都会形成这样的思想，即这个神在执行判决时是多么可怕！像黑夜一样的存在几乎不可能是太阳神。

荷马提到很多在亚细亚献给阿波罗的圣地。他提到提洛岛特殊的荣耀。在一首诗作中唯一提到德尔菲和它的宝藏，诗中描述的德尔菲的地平线与其他的描述不同。通过我们的知识，我们知道了大量的亚细亚海岸的圣所。这些圣所的前希腊名称表明它们最晚可以追溯到荷马时代：克拉洛斯（Klaros，位于伊奥尼亚海岸边的一个圣所）、考克萨（Caucasa）、狄狄玛（Didyma）等，最后一个名称有着像斯迪马（Sidyma）一样的形成过程，它与双生子无关。特别是吕西亚（Lycia）通常把阿波罗看作古代的祖先神，在这里有很多他的圣地。他出生于阿拉克萨（Araxa）。他的希腊出生地提洛岛从地理上和人种方面来说属于同样的区域。在提洛岛，这里的地志讲述了一个平常的传说。我现在所说的其根据来源于对扎金索斯（Kynthos）的考察。对于奥德修斯来说是个奇迹的棕榈树站立在圣湖的边上，而许多希腊时代的圣所也都集聚在这一地点的周边。然而，让人印象更加深刻的是，在扎金索斯的制高点的洞穴里，有一个前希腊时代的圣所，里面的神龛制作花费了大量的财力和人力，手工也很精致。人们不得不相信,这里是岛上主人的住所,基克拉迪群岛(Cyclades)人围绕着它跳舞。狄狄玛也可以俯瞰陆地和大海。克拉洛斯则相反,地点隐蔽。但是,就如扎金索斯上一样,这里也有一个山洞,在一个山洞里,阿波罗的侍女西贝尔(Sibyl)无处不在。

就提洛岛上这一神祇的属性,开俄斯岛上的盲吟游诗人的赞美诗给了一个明确的描述,诗歌的年代至少可以追溯到公元前7世纪,而且与《伊利亚特》一致。我引用序言中的一句,这句描写了这一神祇在奥林匹斯上的显现。编辑者并不理解这首赞美诗的构成,结果他们经常拒绝这些承载远古时代信息的诗歌:

> 他在奥林匹斯山上活动着,众神恐惧得发抖;
>
> 随着他越走越近,众神惊恐地逃跑;
>
> 当他拉起他那骄傲的弓箭时,天堂里的神则逃离他们的座位;
>
> 雷神宙斯边上的勒托迅速站起身。
>
> 她松开了巨大的弓弦,合上了箭袋的盖子。
>
> 他的双手松开了弓箭,
>
> 并把它挂在父亲用他自己名字命名的柱子上——
>
> 一根金质钉子上。
>
> 勒托让他坐在他自己的王座上。
>
> 父亲给他斟满了花蜜,举起了雕刻的金杯,
>
> 向他的儿子承诺了关爱。
>
> 这样他们才回到原来座位。
>
> 众神们也平静地坐下了,
>
> 勒托的心是高尚的——
>
> 她驯服了一个神奇的弓箭手,一名骁勇的战士。

这样,阿波罗就成了宙斯的儿子,并且为父亲所宠爱。然而,希腊众神却害怕他。希腊众神对他的忌惮有多重?《伊利亚特》对于害怕的原因给出了解释,因为阿波罗帮助了众神的敌人。同时,正如我们所见,他的崇拜地都是属于前希腊的。这给了我们两个结论当中的一个。要么是希腊殖民者接受了这一神祇,连同他的圣地一起被接受,在那种情况下,他是一个亚细亚人;要么他们带回了这一神祇,并把他看作是前希腊的神祇。这个很容易想象,因为它实际上是与希腊的阿尔特米斯一起出现的,阿尔特米斯不仅在以弗所(Ephesus)而且在很多地方被同化为亚细亚的自然女神,她几乎没有了自己的一些本质特征,仅仅只在名字上是希腊的。如果阿波罗不是起源于希腊,那么他就起源于亚细亚,在这里,阿尔特米斯首先获得了一个兄弟和母亲。事实上,它们对于阿尔特米斯的崇拜是不重要的。为了探究这一问题,我们必须适时地回到希腊,但是,我首先希望还是留在我现在所在的地方。在这一地方,有一点是由其母亲勒托决定的。她在希腊除了在阿波罗的训练中出现,在别的地方并不存在。在一篇几年前的短文中(Hermes 38),我提出了

我现在详细说明的观点。这是一个受欢迎的对我的观点的确认,即在一份来自阿戈斯(Argos)的没有发表过的铭文中,勒托明确地有一个诨号"亚细亚的"(Asiatic)。除了在吕西亚(Lycia),她没有一个真正的圣地,也是除了在吕西亚,没有什么地方的男人们以她的名字命名。那几个 Lycian 的文字的意思肯定是 Lada,"妇女"。洛托(Lato)是克里特的一个地名就与这个非常吻合,因为 Lycian 与克里特的关系密切。最后,在很早的时候,尽管不是在荷马时代,阿波罗有一个名字 Letoides,这是唯一的在奥林匹斯山上表示母系的意思,也只有在 Lycians 中儿子才有他们母亲的名字。如果我们成功释读出 Lycian 的语言,阿波罗这一有着重重矛盾解释的名字,可能最终得以解释。

在阿波罗的祭仪之中,没有很多内容可以谈说。即使提洛岛的数不清的铭文关于这方面的记载也很少。对于学者们来说,有一个奇怪的现象,即具有神圣性的洞穴却很常见。这一情况可能是这样的,在我们所掌握信息的指向时期,洞穴已经停止发挥其作用了。无疑,阿波罗在某一个时间开始到处给出预言,但是,就我们所知道的时期,没有任何重要的亚细亚神谕。赫拉克利特在以弗所写作时,曾经谈到过"德尔菲之主"是一个预言家。那么,在很早的时候,一定有与神联系在一起的人类的预言者。甚至卡尔卡斯(Kalchas,希腊神话中的预言家)事实上也是克拉洛斯(Klaros)的代表。从预言到诗歌和音乐的转换是一个很容易的事情。然而,古代的诗人会诉诸缪斯,而不是阿波罗,并且,直到赫西俄德和希腊的某个时候,缪斯才成为阿波罗的反复述说者的合唱队的一员。还有,在荷马的传奇之中,阿波罗并不是重要部分。另一方面,可以肯定地得出结论说,阿波罗祭仪要求有列队行进和舞蹈,歌唱是逐渐加进来的。Molpe 的意思逐渐从"跳舞"转变为"唱歌",并且我们所知道的 Molpoi 学院在伊奥尼亚的许多地区都有,特别是在米利都。在提洛岛,历史上的所有时期,侍女们都向阿波罗跳舞。赞美歌(Paean)、宗教游行(Procession),还有歌唱是提洛岛上的阿波罗的祭仪,从那里向四周传播。因为对他的崇拜而聚在一起的群体送给他由年轻人和侍女组成的合唱队。在雅典现存最古老的铭文也是关于阿波罗的一个舞者的。他的节日绝不像狄奥尼索斯的节日那样在一个自然年中的固定时间,而是在一月之中,他的圣日有时是新月,有时是第一个十分之一天,有时是第二个十天。阿波罗的本质特点不可能来源于自然生活。例如,在贫瘠的提洛岛上,如果一些节日部分地与农业有关,塔尔戈里亚节(Thargelia),或者是初果节在所有伊奥尼亚人中应该是献给阿波罗的,但是没有能从其中推断这一观点的证据。无论他的原初的属性是什么,属于这块土地的神是不可能被如此忽视的。当然,当希腊人接受这一地方神祇时,他的属性也有许多改变。有一件事情从一开始,对于阿波罗来说就特别重要。他并不是长期不变地待在他的庙宇里,而是受到了他的一个特殊的群体或者是舞蹈合唱队的邀请和欢迎,才来到此地。诗人为我们描述的神在天堂里的显现类似于它在地上的显现。卡利马科斯(Callimachus)对此有辉煌的描述。这一观念似乎不是希腊的。狄奥尼索斯就是这样,但是狄奥尼索斯也同样是一个外来神。

因此,随着他从荷马时代就一直统治伊奥尼亚人的生活和精神,我们能够得出一种关于东方阿波罗的概念。但是,如果说要指出他存在的最初根源,并且说出他怎样第一次成为神,这些都是徒劳的尝试。我们也不能期望他的其他一些方面的情况,因为并不是希腊人使他成为神。当希腊人到来的时候,他已经是一个人,或多或少有了明确外形和属性的人,是这片土地和最伟大圣所的主人。希腊人从他的老的崇拜者那里学到了他的祭仪仪式。首先,他通常是一个外来的和有敌意的神,必须得到安抚,逐渐地,他承担起了保护工作。连魔鬼的送信人也要避开他,并且教导怎么驱除他。接下来,越来越多的希腊元素被加到他的身上。但是他的最基本的属性是固定的,一直没有变动。

当阿波罗出生于提洛岛成为一个被接受的事实时,接下来的事情当然是他一定在某一个时间从这里出发,来到其他地方并拥有了圣地。比如是在"Delia"已经存在的地方有他的圣地,然后所有的地方都有了。这一信仰自然不能证明任何东西。但是,在西方,我们将会发现这一信仰符合一些事实。无疑,就攸卑亚岛(Euboea)和阿提卡来说,因为这些国家与提洛岛之间离得很近,不用怀疑他们有圣地。但是,在比奥提亚(Boeotia)也有一个Delion,它是前往德尔菲的圣路的起点。以此理论来看,可以推知,阿波罗的圣地以德尔菲命名的时间无论如何都是比较晚的。同时,事实上也是明显的,例如,在底比斯,圣地位于城外很远的地方。有一个值得关注的结论来自法国人在普图欣(Ptoion)的发现,这些发现有许多重要的结果,但是不幸的是至今还没有令人满意地出版。这里,在一个隐蔽的树林茂密的谷地,高高的山脉上面耸立着一个庙宇,在品达时代,这一庙宇享有很高的声望。最古老的圣地似乎是一个小山洞,它由一个多边形的漂亮围墙围着。但是,这个山洞本身并不是最原初的,相应的,也没有发现什么可以追溯到所谓的迈锡尼时代的材料。可以推知,阿波罗从提洛岛到在这里出现的时间也相对较晚,这就如品达所描述的那样。那么,现在是德尔菲。无疑,显示这个地方是最原初的圣地的证据已经发现。即使是现在,自然的面貌也使每个旅行者相信,这就是圣地。前希腊名字 Parnassos 和 Castalia 很清楚地说明了这一点。但是,前希腊的元素被遗忘。这一地区最古老的主人是真正的希腊神盖亚和波塞冬,大地之神和她的丈夫,他们从来没有失去崇拜。他们两个的名字也是非常清楚的。同样,在传统和祭仪中也从来没有忘记的是,阿波罗通过征服成为这一地区的主人。圣母,大地的代表后来变成了阿波罗必须制服的可怕的龙。所以,非常清楚,首先,祭仪被引入进来,而且是从东方引入的。因为,所有通往德尔菲的游行路线都来自那一地区。其次,非常清楚,与龙的战斗除了意味着一个新神驱逐旧神外,别无其他意思,结果没有告诉我们关于阿波罗的真正属性。庆祝这一战斗的节日和整个龙的故事完全是地方性质的。

当阿波罗征服了德尔菲,德尔菲就成为阿波罗崇拜向四周传播的中心。在所有他被看作皮媞亚(Pythios)加以崇拜的地方,并不是他的一般意义的阿波罗属性,而是明显具有德尔菲元素形成了崇拜中的决定元素。在雅典,他是 Pythios,只有作为 Pythios,他在很晚的时期才成为雅典人的祖先。在埃皮达鲁斯(Epidaurus)和阿尔戈斯(Argos),他也是一个皮媞亚(Pythian)。正是作为 Pythios,他帮助了斯巴达的来库古。在这里,甚至 Amykles(希腊南部,拉哥尼亚地区的小村子)的阿波罗也是一个入侵者,他赶走了前希腊神雅辛托斯(Hyakinthos)。在克里特岛,神祇是无处不在的 Pythios,Gortyn 原初的神庙是一个 Pythion。色萨利(Thessalian)的祭仪也不能与德尔菲分开。无须争论,在许多地方,一直存在着一个比较古老的阿波罗祭仪,后来这个祭仪本身逐渐与皮媞亚合二为一了。那样就给了我们所有的支持。这一过程甚至远达东方。即使在米利都,Apollo Delphinios 在 Didyma 边上建立了起来;同时,阿尔特米斯至少有一个绰号皮媞亚,尽管像在 Pytho 那里让人印象深刻,但是她并没有任何意义。

Apollo Delphinios 是一个为跨海航行的殖民者提供海上指引的神,他以神圣海豚的形状出现。在陆地,则以乌鸦形式出现。这样的传奇是阿波罗崇拜传播过程中留下的印记,同时还是后来那些感到他们自己是阿波罗仆人的希腊人在移民过程中留下来的印记。海豚和 Delphians 是具有血缘关系的名字。确实,我们不必想象 Delphinios 总是德尔菲的 Pythios,但是,Pythios 却可以宣示 Delphinios 的神龛归他所有。

我们现在要谈到的就是这个德尔菲神谕的神了。现在,无论他统治德尔菲之前曾经是什么,也无论隶属于德尔菲的地方有什么仪式。不仅如此,甚至德尔菲的神谕的祭仪没有了真实的意义。另一方面,现在已经出现了一些应当获得关注的高级意义上的宗教名称了,一个超越了国家民族界限的信仰群体,这一信仰经常决定个人和国家的行为。虽然,它像每一个真正的宗教一样,道德既不是它的原因也不是它的目的,不过最终还是以产生明确的道德影响为目标。

这一转变的时间可以在一定程度上得出,当然它的重要性并不需要过分强调。一方面,它借助于一个事实可以固定下来,即赫西俄德还没有被德尔菲这一特定的神所影响；另一方面，公元前 600 年之后不久由近邻同盟（Amphictyons）发动的战争，是为了使阿波罗神的祭司们获得独立，并且给神庙提供港口，以及自由入海的通道。这样在不同部落之间的联合只有建立在对阿波罗神的坚定信仰的基础之上。在物质方面，也只是在这次战争之后，德尔菲才发展到了她的权力的高峰。雅典僭主毕西斯特拉图斯时期，神庙被烧毁，希腊世界之外的世界各地都为它贡献了自己的装饰方法，法国人的发掘使我们能够再次在它们之上行走。德尔菲的权力仍然没有被削弱。但是，到那个时候，政治和其他的世俗考虑开始发挥作用了。神迹的精神力量过去一直被置于最高地位，它唤醒人们内心的信仰，他们相信在德尔菲有一位永远不变的神祇，他能够而且准备着用他的全部智慧为他们提供帮助，在他们生活最为困难的时候给他们以忠告。

那些给阿波罗宗教每一次决定性转变的预言者（Prophetai）的痕迹已经消失了。对此间的变化，我不会随便猜度，但是结果却很容易得出，因为它可以从我们有足够知识的时期推知，甚至希罗多德的记载就足够了。只有在德尔菲，阿波罗才给出真理的启示。他不再拜访附属的圣地，或者至少他不掌控在信徒中产生的要求和发生的变化。怎样使其意志通过女祭司表露出来仍然是一个神圣的秘密。理性主义者虚构的地上出现裂缝和令人兴奋的水蒸气的说法不应该得到反驳。

祭司们乐意以现今仍存在的《荷马史诗》那样的文学形式给出具体启示。这样的方式本身就证明阿波罗试图产生国际影响。同时，也证明存在过德尔菲诗歌，德尔菲诗歌的存在解释了当时英雄冒险的诗歌形式中，英雄的行为经常是通过德尔菲神迹形式启动的，同时，我们可以看到从德尔菲宗教利益出发的精神的宣传。现在，我们就可以理解，为什么桂树后来逐渐象征了诗人的桂冠，因为阿波罗、因为它的净化性能而喜欢它。

接着，在德尔菲，有一块这样的地方，在进行了固定的仪式以后，每个人在这里都可以获得他们所需要的答案。同时，神的回答经常被看作是具备全部知识和智慧的。个人遭遇困境来德尔菲所获得的劝导是处在次要地位的。那种神迹多为赠予，有时是当场写下。对此我们知道最多的是像多多那（Dodona，希腊古城）那样的遥远之地，在这里，对神迹的信仰一直持续到了希腊化时代。德尔菲特别关注的是那些遭遇到道德良知困境而来求助于神的人们，还有那些求助于他帮助摆脱战争和叛乱、驱除饥荒和瘟疫的国家。对于这些人和国家来说，灾难的原因在于他们无意识之中违背了神的意愿，抑或是只有阿波罗才知道的愤怒的幽灵带来的，而且这一灾难只有阿波罗才能消除。他以彻底净化身体后举行一种赎罪仪式来达到消除灾难的目的。我们现代人在医学领域有一个与此非常相似的做法。首先，所有的损害必须无情地移除；接着是普遍地消毒。一般来说，可以假定从用硫黄对街道的净化开始。此外，还有仪式、祈祷、游行、献祭、神龛或者建筑物的建造。起初，没有明确地提到任何道德犯罪。同时，对于国家来说，道德犯罪只是隐喻意义的。但是，一个把所有的不幸都归结于违背神意的犯罪的世界怎么可能从根本上帮助全知全能圣洁的神将祈祷者寻求圣洁生活之道的答案传递给他们呢？他们问："主啊，请告诉我们，怎样才能生活得纯洁？"阿波罗确实给了祈祷者答案，他不仅给法律和道德施加了强烈的影响，实际上，还把一种新的伦理因素加到宗教当中。我们都知道，他使血亲复仇成为男人的重要职责，如俄瑞斯忒斯（阿伽门农的儿子）在神的引导之下杀死了他的母亲。然而，就法律逐渐出现而论，阿波罗也帮助这一国家把血亲复仇的范围降低到法律必需的部分。我们也都知道，斯巴达国家和社会的法律，还有雅典的民主政治产生于协作，并受到德尔菲的担保。这就向我们表明，神是多么希望凌驾于党派之上，就如在每一次战争中他都公平地接受一小部分俘获物。甚至在伯罗奔尼撒战争之中，他已经明确表示站在斯巴达一边，但是这并未妨碍他反对的一边——雅典人在精神方面去求得他的建议。但是，作为一般原则，在这一事件中，他的政治影响建立了起来，斯巴达随后把德尔菲的神谕作为国家的指导原则。他希望人们在国家和社会中，像在宗教仪式中那样，对于他们的父辈的惯例保持正确

的态度。他代表的就是这一保守原则。人们可能会设想，一位宣称拥有普世性，并因此把自己放在众神之上的神祇可能会说："我是阿波罗，你的神，除了我，你不必有其他的神。"但是，阿波罗并不具有颠覆性。他坚持希腊孩子们牢记的第一诫命，"你要尊敬众神"，即"你的家庭和城市的神"。他的政治态度也是与此一致的。因为在他的宗教形成之时，希腊世界还完全建立在血缘关系的基础之上，一直保有国家建立在血缘集团的神话，神自己总也是这一社会形式的支持者，正如当他成为雅典人的祖先时，如果需要神话就会出现。他所要求的精神的状态在这里也可以追溯到在每一个希腊孩子心中的第二诫命，"你当尊敬你的父亲和母亲"，伴随的并不罕见的必然结果是，"你当热爱你的国家"。以同样的方法，我们可以使阿波罗的道德与第三个诫命相一致，"你当遵守所有希腊人共同的法律"，譬如尊敬圣地和圣人、埋葬死者、尊重墓地的圣洁、不要拒绝净化的恳求、参加战争等义务。同时，由于宣誓在法律事务和日常生活中是经常发生的事情，在这些方面的过错很自然就会看作是不虔敬"$A\sigma\varepsilon\beta\varepsilon\iota\alpha$"，或者是侵犯了神祇。这一实用性的道德，可能经常被认为是理所当然的，但它不是关键因素。在这一行动当中形成的精神状态才是最有意义的。对于这点，在阿波罗对来拜访他神庙的来访者的问候语中得到总结——"认识你自己"。它所表达的意思是，"要知道，你是一个凡人，弱小

而短暂,要知道,在这儿,面对面的是我永恒和神圣的威严"。在一个比较孤立的环境之下,人是无助的,以及没有神的恩惠他一定会陷入痛苦境地的意识,使他按照这一精神行事,并尽可能避免神的愤怒。他没有索求神的恩典。他必须令人满意地承受无所不能的神随意选择给他的任何东西。"男人,他是什么?他又不是什么?只是一个影子的梦想而已。但是,当天赐的荣誉降临时,一个男人将光辉四射,生命也变得优雅。"就如阿波罗宗教最虔诚的解释者品达在其生命结束所说的那样。那些所有重申"应该观察意义""应该听从""应该思考结局"等深刻的话语和比喻,都意味着特殊地以希腊思考方式来思考,这些方式概括在无法翻译出来的希腊词 $\sigma\omega\varphi\rho o\sigma\mu\nu\eta$ 中,它属于神的 $\gamma\nu\omega\theta\iota\ \sigma\alpha\upsilon\tau o\nu$。"无论你是明天必死,还是还有 50 年活头,都是生活",阿波罗对他的朋友 Admetus 的箴言就是如此。对于为他修建神庙的年轻建设者们的奖赏,阿波罗授予他们迅速而快乐的死。他接受最为华丽的供品,但是,也宣称一个生活在遥远宁静和偏远之地的虔诚的乡下人的简陋的礼物是他的最爱。对于外在的净化,他规定了最细小的规则,但是在 Epidaurus(埃皮达鲁斯),他的儿子的圣殿的箴言是他的真正精神:"当一个人进入芬芳的圣殿的时候,这是纯净。但是,只有当有神圣的思想进入神殿时才是圣洁。"

这毕竟只是阿波罗显示和要求的希腊宗教情感的一面。对于许多人来说,从特征来说,它似乎包括了所有的希腊特征。他们没有注意到,它是外在于荷马的,也与伟大的雅典人相反,当然索福克勒斯是一个例外。由于德尔菲的兴起与多里安人的霸权相一致,奥特弗里德·穆勒(Otfried Müller)坚持认为,这里的阿波罗是多里安人这一观点似乎有其正文。但是,在阿波罗身上并没有特殊的种族精神,却有很多其他的。我们已经获得了一种针对人类的宗教,它强烈吸引探究原因的人。这一宗教没有用另一个生命给出解释,严格地说,它在实践中没有超自然力,因此很容易调整自己以成为家庭和社会天然的权威。然而,它要求所有的关乎生活和宗教的重大问题都应当拥有一些无法上诉的裁决权,德尔菲的神谕就是如此。我们也不能忘记它所缺乏的东西。它与整个神秘主义的领域断绝了关系,它的神也没有直接地与人类交流。它不能在人们需要超越自己时以狂热解除心灵负担方面发挥作用。因此,从很大程度来说,这一宗教也宣布放弃了希望,这一希望在可爱的赫西俄德风格的故事中仍然留给了人类。最后,在这一宗教之中,没有给进步留下余地,没有给上帝留下地方,浮士德借助于这一上帝为自己找到了救赎。阿波罗的自觉并没有导致个人的自我救赎。这样,苏格拉底出现了,并开始担起神的授权,坚持说,人应当知道自己不仅能够听命还能够为了善的缘故而做得更好。

到苏格拉底和柏拉图之时,许多事情取代了人们心中德尔菲的宗教。并不是因为神迹偏袒波斯人的立场才导致对它的不关注。因为希腊人对于德尔菲是不计旧恶的。然而,民族的胜利带来了光明的力量,他们不再屈服于国外的任何权威。爱奥尼亚-阿提卡(Iono-Attic)的启蒙精神和哲学建立在本身的基础上,并且不可抗拒。埃斯库罗斯几乎保持了德尔菲的宗教传统,没有受到新思潮的影响,但是他深深地虔敬也不能相信神对弑母罪的控制。一般说来,值得关注的是,阿波罗无论在任何一个特殊的地方都没有给予妇女权力,对于品达来说,也是这样。仅仅是这一个原因,雅典人一定要寻求在阿波罗之外的发展道路。在埃斯库罗斯的《欧墨尼德斯》(Eumenides)中,并没有阿波罗的辩护,卡桑德拉(Cassandra,凶事预言家)的形象是一个激昂的抗议他的圣洁的人。欧里庇得斯(Euripides)实际上是说,俄瑞斯特斯(Orestes)的顾问是一个魔鬼。悲剧和喜剧属于狄奥尼索斯。在我们面前的那个名字带来了一种宗教,在其神秘主义和痴迷的因素中可以与阿波罗宗教对比。未来生活的教义和死后的惩罚早在公元前6世纪奥尔弗斯(Orphic)神秘主义群体中形成。一句话,即阿波罗宗教曾经做了大量的服务,但是现在其使命已经完成。新神和更加伟大的神已经出现了,那些神中最伟大的神的唯一神庙是人心,他的生活和思想是信众们唯一的仪式。

今天在阿波罗的圣所里,让人惊奇的是,任何来自希腊化时期的东西都和其他的东西风格不一致,搭配得不协调。但就算他的希腊化时期的信徒不再像昔日那样慷慨,阿波罗在接下来的几个世纪里继续传达他的神谕,庆祝他的节日,维持他外在的尊严。无论他的起源在哪里,他的属性在这里或者那里是什么样,为所有希腊人共同崇拜的阿波罗到现在还是一个有着同一性内容的神,荷马、赫西俄德、提洛岛(Delos)、德尔菲等各自促成了这一内容。现在他的崇拜作为传统宗教的一部分传遍了全世界。在很早的时候,罗马人就接受了他,把他看作一个伟大的外国Αναξ,就如希腊人把他从吕西亚人(Lycians)那里引进来一样。但是,他们并没有把自己的精神注入阿波罗之中,相反,他们以阿波罗的名字重新命名了凯尔特和伊比利亚人的许多神祇。奥古斯都在阿波罗神庙附近的亚克兴赢得了决定性的胜利,他因此也把阿波罗看作他个人的庇护者,他的杰出宫廷诗人借助于古代希腊的思想和想象赞美了这一传统的宗教虔诚行为。这些赞美自始至终都不是他们心中的真心实意。为了拨开表面探求真实,让我们离开这广阔的世界,把注意力放在德尔菲。公元前4世纪以维护阿波罗利益的名义发动的对佛西斯(Phocians)地区的战争是一句空话。毋庸置疑,是他的显灵吓跑了布伦努斯(Brennus)领导的高卢人,但是这种显灵如果发生在单纯一些的埃托利亚(Aetolian)人身上,那么就可能被官方解释成:这是一个货真价实的神迹。两个世纪之后,一个色雷斯部落掠夺了他的圣所,并把神庙付之一炬。世界对这一事件的关注度非常小,以至于没过几年,这一重要事件就被遗忘。西塞罗时代德尔菲也不具备重要性!当弑母者尼禄避开德尔菲时,其原因在于他害怕神的复仇。然而,也只有这一神祇存在于尼禄的意识之中。事实上,德尔菲的神已经给了俄瑞斯特斯(Orestes)和阿尔克迈翁(Alcmaeon)避难所。稍后,我们发现了温和而虔诚的普鲁塔克是德尔菲的祭司,他起劲地通过神学的假想使当地的仪式和传奇与自己柏拉图理想式的哲学一致起来。这样的尝试对于我们来说总不是令人满意的,但其中有深刻的思想。古典学习至今仍然很少开始于追溯希腊神学等任务。但是相比于神的死去,我们看得更清楚的是作者正努力地使自己真心实意地相信神的死去。这一信仰,严格说来,在基督徒中更为强烈。对于他们来说,阿波罗是真正的魔鬼,他们毁掉了他的神庙。然而,在他们以阿波罗的名字伪造的神迹中,阿波罗承认在抵制新神中他自己无能为力。

神庙破败了。但是在诗歌和演说中,太阳神阿波罗几个世纪以来作为太阳神,作为诗歌和音乐之神,以及作为数不清的传奇中的英雄等形象仍然保留了他隐性的存在。最后,他走入了我们的科学历史之中。渐渐地,也是艰难地,科学历史逐渐学会了区分隐喻、想象甚至是神学中的阿波罗与希腊人日常生活中向他祈祷的阿波罗。但是,长期以来,科学在找寻一种表达神的全部存在的程式——如果可能通过他名字的语源学研究。历史的反思已经给了我们不同的教训。神也有他们自己的历史。由于他们只生活在人的情感之中,神的情感随着人的情感发生挪移和变化,这些才是我们的历史研究必须遵循的。我们必须理解不是一个阿波罗,而是许多和各种各样的阿波罗,他们在不同地方和不同时期的仪式和信仰中是活跃的,也是变化的。欺骗和伪善、诚实的轻信以及神学妥协方面努力等都是平淡的。

归根结底,这仅仅是一个准备阶段,不可或缺但仅仅是准备。因为宗教情感和智识是不可比较的。我们必须走得更远。那些死去许久的激励人们心灵的情感必须重新回归人们的心灵。对于他们在崇拜其神灵之中产生的敬畏和狂喜,我们感同身受。我们学会了像他们那样笃信宗教。当我们身处安静的房间,阅读宗教诗人的诗篇,在仍然保留其历史上神圣意义的古代神庙的地板上,我们都能够感受到神灵显现于我们的生命之中。

阿波罗并非对每个人都显现,一个好人才会看见他。

此人乃伟大之人。看不见他的那人则很渺小。

远射者啊,我们将会看见你,我们会

是伟大之人。①

译者:蔡丽娟,中南民族大学民族学与社会学学院教授

---

① 这句话原文是希腊语,感谢中国人民大学历史系教授徐晓旭教授翻译。

史学史与史学理论

□王晴佳 文

时间、历史与道：章学诚与马丁·海德格尔[①]

马丁·海德格尔（1889—1976年），被称为20世纪欧洲最具原创性的哲学家，在他的一生当中对亚洲思想给予了极大的关注，这已为现在越来越多的人所熟知，尽管这一点曾经被西方大多数海德格尔研究专家所忽略。这一点不仅可以通过海德格尔职业生涯初期曾阅读过有关道家和禅宗著作的德译本，而且亦可通过海德格尔晚年与中国、日本的学者频繁交往并时有合作所证明。依照萧师毅的回忆，第二次世界大战期间，他曾与海德格尔合作翻译老子的《道德经》。虽然这一计划在几个月之后没能够进展下去，但是海德格尔保有对亚洲智慧的兴趣，在宴请大多来自亚洲日本的客人时，还询问过有关亚洲思想中的概念问题。亚洲学者对海德格尔的哲学也回赠了同样的兴趣，帕克斯（Graham Parks）认为，早在1924年，日本就出现了第一篇有关海德格尔哲学的实质性评论（Parkes in May：ix）。1939年，海德格尔的《存在与时间》（*Sein und Zeit*）就被翻译成日文，远早于英译本的翻译（1962）。海德格尔与中国的联系也非常早：除萧师毅之外，20世纪中国伟大的哲学家熊伟在20世纪30年代也是海德格尔的学生。到了20世纪80年代，在熊伟的指导下，他的学生陈嘉映和王庆节共同把《存在与时间》翻译成了中文，现已销售5万册。这一翻译激起了中国学者把海德格尔哲学与中国思想比较研究的热潮（参阅 Parkes in May：vii-xiii）。[②]

当西方与东方的学者在现有学术的激发下检讨亚洲思想对海德格尔的影响时，我并不想在这一主题下做另一个海德

---

① 本文刊登在《道：比较哲学杂志》（*Dao：A Journal of Comparative Philosophy*，June 2002, Vol. I, No. 2, pp. 251-276），亦可参照《以史解经：章学诚与现代诠释学》，载华东师范大学中国现代思想文化研究所编：《思想与文化》（第2辑），华东师范大学出版2002年版，第41-58页；《章学诚之史观与现代诠释学》，载陈启能、陈恒主编：《书写历史》，上海三联书店，2003年版。——译者注

② 见 Parkes：93-104。萧师毅有关与海德格尔合作的回忆，这一著作也展现了海德格尔与日本学者的交往。

格尔与亚洲哲学的比较研究。相反,让我感兴趣的是,时间与历史在海德格尔哲学以及章学诚对道的解释中所扮演的角色。在这一基础上,我将会继续检讨海德格尔与章学诚对时间和历史的发现与兴趣怎样帮助他们形成不同于他们前辈以及同时代人的解释学,检讨他们怎样获得了在他们各自不同的文化语境中对中西方现代观念具有革命性影响的成就。换句话说,虽然我对章学诚与海德格尔在考虑时间与历史的问题时有着相同的观念与兴趣,但更让我感兴趣的是探讨他们对同时代学术风气的回应和挑战,并评价他们思想的历史意义。促使我进行这项研究是来自哲学的兴趣,但我的方法却是历史学的。我希冀我的研究能够对章学诚和马丁·海德格尔的著作有新的认识,并对他们的著作产生跨学科的兴趣。

首先,我将从探讨章学诚(1738—1801年)开始。在章学诚的时代,尤其在中国的江南地区,一种新的强调通过证据的获得来进行经典考证的学术风气逐渐在中国学术共同体中形成。他们对经典研究的经验主义方法产生了深远的影响,至今仍存在于现代中国学术思想中(参阅 Elman)。虽然同时代有众多考证学家,但是章学诚批评了这一风气。从总体上对传统学术的思考以及对历史的本质的独特见解使得他成了中华帝国晚期最出众的理论家。他在清代学者中的独特地位并没有使他在生前名声大噪。但是,自20世纪初期以来,一大批国际学者包括日本学者内藤湖南、中国的胡适和何炳松先生对章学诚都有研究专著出版,他们"挽救"了章学诚在历史上被遗忘的命运,发现了他在历史上综合清代学术的重要价值(见胡适,何炳松)。法国汉学家戴密微(Paul Demieville)先生把章学诚比作17世纪意大利的维柯,美国学者大卫·倪德卫(David Nivison)先生为英语世界写了一本非常深刻的章学诚学术传记(参阅 Demieville:167-185;Nivison)。此外,中国非常有声望的学术思想史家余英时先生,集中在清代新儒家的变迁上考察了章学诚以及他同时代的戴震对中国学术思想的贡献(见余英时、仓修良、朱敬武)。

上述著名学者的章学诚研究论著充分证明,章学诚为后人留下了超越现代学科界限的丰富而复杂的遗产。在接下来的研究中,我对章学诚和海德格尔哲学中的时间和历史的观念的探讨将集中在以下四个方面:1.章学诚对经典著作中时间以及时间性因素的思考;2.章学诚探讨中国传统中时间与永恒,或历史与道的关联及其他的意义;3.海德格尔早期写作《存在与时间》时发现时间与历史的线索以及亚洲对他的可能影响;4.比较视域下的马丁·海德格尔哲学中时间与历史,以及它们在形成重塑现代西方哲学研究方向的海德格尔的本体论中的重要性。最后,我将会做出一些初步的评论,总结章学诚与海德格尔对时间与历史问题的关注,促成他们对人类知性有了新的、不同视角的认识。

一、经与时间

当章学诚在《文史通义》的开篇中提出"六经皆史"的著名论断时,他就倾向于在经典的理解中注入时间的因素了。在他的观念里,时间既不是一个绝对的概念,也不是永恒或不变的概念;相反,时间是短暂的和稍纵即逝的,它的特征就是变化。时间是描述过去与现在、古代与现代之间变迁的,因而就帮助历史学家对过去的认识采取历史主义者(historicist)的观点。章学诚对时间的理解决然不同于他同时代的考证学家。后者在研究经典中似乎遗忘了时间性的观念或者说时间的因素。对于考据学家来说,没有变化的时间,即经典所彰显的古代智慧可以直接适用于现代问题的解决,唯一的障碍就是理解的问题。由于经典是很早以前的著作,为了获得正确的文本意思就必须具有细致的文本和语言考证的训练。考据学家倡导的格言就是:理解意义的前提就是对字义的理解("训诂明而后义理明")。

然而,在章学诚看来,虽然语言的研究是非常重要的,但是它并不能必然导致对这些经典的完全理解。他认为:"训诂章句,疏解义理,考求名物,皆不足以言道也。取三者而兼采之,则以萃聚之力补遥溯之功,或可庶几耳。"[1]章学诚质疑考证学家理解经典的努力,源于他对历史中时间变化的关注。作为一位深信自己对历史有天赋(这也是正确理解道的方式)的学术史家,章学诚在《文史通义》中提供了许多例证,来论述历史中时间变化的观念。[2] 他不仅明确区分了"古"和"今"以及形成了历时性的观念,而且运用了"发展"的眼光来考察学术(包括经)在历史中逐渐演化的过程。例如,在经的起源问题上,章学诚再次阐明了时间的观念:虽然这些被称为经的文献很久以前就存在了,但一直到了汉代(公元前206年至公元220年)才被称为"经"。事实上,章学诚是想强调这些经典形成之初并不是为了解释道德与政治原则的目的,这是后来才被赋予的。在这些文献被写成之初,它们只是记录了普遍存在的社会和政治制度,这也就是古代这些文献(依据它们的内容)被称为"传"或"艺"的原因了。因此"六经"也被称为"六艺"或"六传"。章学诚写道:"则因传而有经之名,犹之因子而立父之号矣。"[3]这一切都是由于时间的变化。

依据章学诚的看法,尽管说周期性的变迁是非常显著的,但是时间的变化仍是渐进的,而不是剧烈的。比如说,"三代"

---

① 〔清〕章学诚著、仓修良编:《文史通义新编》,上海古籍出版社1993年版,第53—54页。
② 在一封给朋友的书信中,章学诚曾写道在他幼年时期就对学术的起源和发展产生了浓厚的兴趣,这也是他唯一擅长的地方;在一封给家族成员的信中,章学诚变得谦虚了一些,仅仅指出对历史研究有天赋。见〔清〕章学诚著、仓修良编:《文史通义新编》,第522、688页。
③ 〔清〕章学诚著、仓修良编:《文史通义新编》,第35页。

的终结标志着历史时代的终结,这即是章学诚经常把"三代"称为"古代",并与随之而来的"现代"相对应。当他宣称"六经皆史"时,他就是从"古代"与"现代"的区分或者说历时性的观念上来进行把握的。"经"被认为是"史",这是因为"古人"不著书。他们只是记录他们所做的事情,章学诚进一步指出,古代人并没有提出一个原理或写作一部著作的兴趣,所以他们从没有离开具体的事例来谈论一个道理。也正因为如此,章学诚提出了这样一个结论:"六经皆先王之政典。"①

正是由于时间的变迁或者说"三代"的终结,才使得"政典"转变成了"经"。随着时间的进展,"三代"的记忆也逐渐衰退,这带来了相信自己有使命保存古代圣王事迹的孔子的焦虑。章学诚写道:"三代之衰,治教既分。"②这次分离意味着三代之后,没有人能够不通过教化来理解古代的政治制度,同时也意味着圣人与君王再也不会像先前时代那样统一了。孔子就为我们树立了很好的榜样,虽然他没有官位,但他却是以师之名完成了这个角色。通过他的教化,虽然古代的政治制度没有付诸实践,但却保存在私人的教化中。由此,孔子的地位类似于古希腊的史家,他挽救了"时间毁灭"——来自欧洲古典史家阿纳尔多·莫米利亚诺(Amaldo Momigliano)的一句格言——"以便让那些伟大的人类事件为人们所铭记"③。然而不同的是,孔子保存下来的并不仅仅是过去事件的记载,而是后来被尊称为经的一整套知识系统。

把孔子置入他自身的时代并历史地理解他的处境,由此,章学诚对孔子的著作有了进一步的理解。当然,孔子保存古代文献的坚毅努力为章学诚所感动,而他更关心的则是后来发生了什么。由于孔子完成了历史赋予他的使命,后人也给予他极高的荣誉。孔子因保存这些文献而赢得了人们的尊敬,而且人们对孔子的崇敬还延伸到了这些文献("经")本身。章学诚注意到从宋代(960—1279 年)以来,经的数量增加到了十三经,不仅包括五经,而且包括了对五经的注疏。④ 虽然说经的增加是为了扩大孔子保存古代记忆的工作,但实际上却起了相反的作用。就如章学诚同时代大多数学者所做的考据工作一样,恰当学者们对经的诠释付出了越来越多的精力之时,他们也就离古代文献所要保存与证明的内涵越来越远。章学诚进一步指出,这些考据学家在关注经的问题上运用了错误的观念,他们希望通过认真仔细地检验这些文献来发现道,却不

---

① 〔清〕章学诚著、仓修良编:《文史通义新编》,第 1 页。
② 〔清〕章学诚著、仓修良编:《文史通义新编》,第 35 页。
③ Amaldo Momigliano, "Time in Ancient Historiography", *in History and the Concept of Time*, Middletown: Wesleyan University Press, 1966, p.15.
④ 〔清〕章学诚著、仓修良编:《文史通义新编》,第 481 页。"今世所传之十三经,乃是宋人所定。"——译者注

知道这些文献并不是为了教诲的目的。所以,章学诚认为,由于缺乏时间的观念,整个清代考据学家都倒置了他们的努力。考据学家的问题是自相矛盾的:他们拒斥时间的影响而付出极大的努力,他们的成就却强化了时间的效应。这是因为他们并不理解,如同其他事物一样,经也是时间性的,它只适用于它们自身的时代。

章学诚在批评他同时代的学者时,包括他曾经尊敬的戴震(1724—1777年),同时也表达了对同时代学者的不满。这种不满表现在他谈论学术问题时经常把"古代"与"现代"相比较中。在章学诚看来,"古代"与"现代"之间学术观点的差异是十分显著的:"古人之言,欲以淑人;后人之言,欲以炫己。"①如果写作的目的不同,那么内容与风格也不尽相同:"三代以前,未尝以道名教,而道无不存者,无空理也;三代以前,未尝以文为著作,而文为后世不可者,无空言也。"②这些差别自然会影响学术的社会功能。章学诚认为:"古之学术简而易,问其当否而已矣;后之学术曲而难,学术虽当,犹未能用,必有用其学术之学术,而其中又有工拙焉。"③

章学诚的观察使得他相信古代优于现代,或者说他相信一种历史衰退的观念。这有许多因素促使我们这样认为。章学诚宣称他比他同时代的学者更加了解,在儒家传统中,孔子就因他认为先前的时代优于他的时代的见解而闻名。孔子就曾夫子自道:"述而不作,信而好古。"作为一位以揭示儒家遗产真正内涵为责任的学者,章学诚实际上对历史上孔子的位置秉持一种了解之同情的态度。就如孔子编撰《春秋》一样,他采取了类似的方法,把他同时代的学者与古代的学者相比较来进行批评的。

然而,进一步来看,章学诚通过对古代与现代之差异的审察来表达对同时代的批评却有不同的目的。章学诚不喜欢采用考据的方式来研究儒家思想,即便是儒家传统流传到了他的时代(在《文史通义》一书中对儒学有许多负面的评论),这是不争的事实,但他在整体上并没有认为现代都不如古代。章学诚论述道:"今古聪明智慧,亦自难穷;今人所见,未必尽不如古。"④如果是这样的话,为什么要强调两者之间的差异呢?章学诚解释道:

---

① 〔清〕章学诚著、仓修良编:《文史通义新编》,第136页。这里章学诚的言说不同于孔子在《论语》中说法:"古之学者为己,今之学者为人。"(《论语》:285)。依照英文翻译的字面意思,章学诚之于孔子是不同的,但通观钱穆的《论语新解》与刘宝楠的《论语正义》中的解读,孔子是从修身与教化的立场进行言说的,这可与"己所不欲,勿施于人"相通观。章学诚的《言公》篇则从周公与外王的角度来言说,这也与孔子之言"己欲立而立人,己欲达而达人"相通。由此观之,这也就没有什么不同了。而且这也与章学诚一直主张的:"古人不著书""故道器合一,方可言学,道器合一之故,必求端于周孔之分,此实古今学术之要旨"不相抵牾。——译者注

② 〔清〕章学诚著、仓修良编:《文史通义新编》,第186页。

③ 〔清〕章学诚著、仓修良编:《文史通义新编》,第243页。

④ 〔清〕章学诚著、仓修良编:《文史通义新编》,第227页。

"盖学术歧而人事亦异于古,固江河之势也。"①这一解释是非常重要的,它揭示了不同于孔子的一个观点,即章学诚并没有悲痛历史的变迁以及古今之间的差异。他强调古今之别是为了证明时间的变化,也即是"经"的时间性因素。

因此,章学诚对时间的观点型塑了他的历史观以及对儒家遗产的理解。他聚焦于存在的时间性上,相信任何事物都是时间与空间中的产物。理解存在的含义需要一个历史主义者的方法和历史的角度。换句话说,章学诚思考一般古代学术尤其是儒学遗产的方式是历时性的和"时空的"。② 章学诚拒斥采取与他同时代人同样的态度,认为他们过多地强调儒家传统的经中不变的和普遍的价值。章学诚却相信经与其他事物一样仅适用于其自身的时代。为了理解儒家文献的真正意义,就必须摒弃永恒的观念,认识到存在的时间性。他对经在创始阶段并不称为"经"以及经在后来的演化与扩展的研究,都非常清晰地证明了历时性的方法。与此相反,考据学家似乎遵循一种共时性的方法。他们希望通过古代文献的语言训练和解释分析就可以揭示经的不变的意义,其努力是为了强调经的永恒性,然而章学诚的方法却深深地嵌入了历史和时间的要素。

二、时间与道

如果经不能够指导人们去发现道,人们又怎样去发现道呢?章学诚的答案就是人们应该采取如同对待经那样的历时性观点。"六经皆史",这些经包括后来增加的经对今人来说并没有永恒不变的价值,至少是说,这些经没有像对于古人或者经被创造时期的人们那样对今人也有同样的意义。章学诚认为经仅仅是史,或者说历史记载,因为:"古人未尝离事而言理。"③这里"具体的事"是指古人的历史经验,不用说,它是以空间与时间为前提条件。即使是创造经的原初者孔子也不喜欢用空言解释道。根据章学诚的看法,孔子曾经说过:"我欲托之空言,不如见诸行事之深切著明。"④章学诚把孔子作为一个榜样来展现古人智慧的具体性内涵,从而来佐证他的重要论述:不仅经是时间性的,而且经与道的关联也是历时性的,这都需要一种历史的理解。

这种具体性是建立在相互关联的观念基础上的。在《文史通义》一书中,章学诚细致地解释了古代思想的这种相互关联。当他在论述古人也经常通过事来论证道时,他谈到了两者之间的相互关

---

① 〔清〕章学诚著、仓修良编:《文史通义新编》,第 326 页。
② 在《中国思想的时空诠释》一文中,吴光明认为这是思考中国思想的一般术语,虽然我并不完全赞同他的看法,但我倾向于这一术语适用于描述章学诚对经的理解。
③ 〔清〕章学诚著、仓修良编:《文史通义新编》,第 1 页。
④ 〔清〕章学诚著、仓修良编:《文史通义新编》,第 50 页。

联。从哲学的层面来看,这种相互关联可以看作为两个层面:形而上与形而下。理与道一样当然是指形而上的层面,然而经验在形而下的层面即是指器(气)。① 章学诚引用《易经》的观点:"形而上者谓之道,形而下者谓之器",并加上了自己的理解:"道不离器,犹影不离形。"②当孔子编撰后来称为经的文献时,他没有把道与器这两者分离。相反,依据章学诚的观点,孔子只是想表达道自身怎样在这些历史记录中澄明的。

道—器或原理—经验之间相互关联的观念对于理解章学诚的论述,以及他不同于同时代人对待经的观点上都是非常重要的。当章学诚认为孔子"亦谓先圣先王之道不可见,六经即其器只可见者也"之时,他并不是指通过学习这些"体现道的陈迹"或经就可以发现道。而他同时代许多考证学家则相信通过经就可以见道。就如孔子在具体的历史记录中体认道一样,章学诚只是想表达我们要学习孔子体认道的智慧。因此,在章学诚看来,作为文化传承者孔子的价值不是帮助我们保存隐藏道的经,以便后来的学者可以通经而见道,而是为我们树立怎样在我们时代里发现道的好榜样。这里,我们可以再次发现,章学诚在他的论述里强调时间性的观念。如果经是时间性,同样道也是如此。并不存在永恒不变的道等待我们去发现它,相反,道是具体的和当下的,仅仅为人们的需要而存在。

为了阐释道的本质,章学诚运用了"自然"这一概念。"道自然而然",这意味着我们不能人为地改变而只能接受如同它实际存在的那样。他解释道:"见为卑者扩而高之,见为浅者凿而深之,见为小者恢而大之,皆不可为道也。"③实际上,道自然而然地存在于人们的生活之中:

> 三人居室,则必朝暮启闭其门户,饔飧取给于樵汲,既非一身,则必有分任者矣。或各司其事,或番易其班,所谓不得不然之势也,而均平秩序之义出矣。又恐交委而互争焉,则必推年之长者持其平,亦不得不然之势也,而长幼尊卑之别形矣。(见 Nivison:140-141)④

这里,章学诚把道作为学习安排生活的最基本的准则。因此,道并不是绝对

---

① 在章学诚的著作中,几乎不用"气"这一概念,从接下来作者的论述中可知,章学诚是指"器",这里故译作"器"。——译者注

② 〔清〕章学诚著、仓修良编:《文史通义新编》,第50页。

③ 〔清〕章学诚著、仓修良编:《文史通义新编》,第31页。

④ 原文见〔清〕章学诚著、仓修良编:《文史通义新编》,第43—44页;倪德卫《章学诚的生平与思想》中译本见余英时序,杨立华译,邵东方校订,唐山出版社2003年版,第189页;杨立华译,江苏人民出版社,20007,第103—104页;王顺彬、杨金荣等译,邵东方特约校订,方志出版社2003年版,第118—119页;另参阅倪德卫著、万白安编、周炽成译:《儒家之道》,江苏人民出版社2006年版。——译者注

的,而是具体的;道并不是遥远的,而是近在眼前的。更重要的是,道是随着时间而不断变化的:

> 则人众而赖于干济,必推才之杰者理其繁,势纷而须于率俾,必推德之懋者司其化,是亦不得不然之势也;而作君、作师、画野、分州、井田、封建、学校之意著矣。(见 Nivison：141)

因此,道是随着时间与历史的变化而不断扩展的。章学诚总结说:"故道者,非圣人智力之所能为,皆其事势自然,渐形渐著,不得已而出之,故曰'天'也。"①章学诚把道比作天,让我们想起《论语》中孔子与他的弟子的一段对话。当孔子的弟子问他为什么没有给出更多的解释呢?孔子回答说:"天何言哉?四时行焉,百物生焉,天何言哉?"②通过把道比作天,章学诚得出了他的结论:道是自然的。

如果道是自然的,那么道也是不断变化的,就如四季的更替一般。在章学诚对道的解释中,他强调了值得我们注意的三个方面:第一,道并不是圣人创造的;第二,道是自然而然的;第三,道是不可避免的或者说必然的。这三个方面都体现了章学诚理解道的时空方法。在解释为什么道不能为圣人所创造时,他说:"故言圣人体道可也,言圣人与道同体不可也。"③圣人确实高于一般人,那是因为圣人懂得怎样体道,但是,这不意味着圣人可以创造道。道是自然的,所以圣人并不要注意他们做的事情就可以自然地遵从道。然而,一般人只能跟从圣人,因为他们不知道怎样遵从道。章学诚认为,即便是有伟大智慧的周公成功地解释了道,也不是因为他个人的才智,而是因为他是"时会"(time and circumstance)的产物。换句话说,周公的伟大——在这一意义上包括像孔子这样的所有圣人——在于他能够完成"时会"赋予他们的时代命题。因此,圣人为他们那个时代把道具体化了,成了"集大成者"。④

章学诚第二个关于道在时空中自身逐渐显现的观点也是非常重要的。像周公和孔子那样的圣人才是"集大成者",那是因为他们通过研究过去的所有记录才达到理解道的。这里,章学诚重述了道—器的相互关联:虽然道是形而上的,但是道却在真实的世界中自身显现。通过研究具体的事例,圣人就能够推断道。然而,虽然说周公和孔子都是"集大成者",但是章学诚进一步指出,他们在解释道的时候体现着不同的角色。依照章学诚的观点,周公建立了一套体现他那个时

---

① [清]章学诚著、仓修良编:《文史通义新编》,第 43-44 页。
② 《论语·阳货》。
③ [清]章学诚著、仓修良编:《文史通义新编》,第 44-45 页。
④ 倪德卫把"集大成者"翻译成了"作乐之大成也"(147);参见倪德卫著,王顺彬、杨金荣等译,邵东方特约校订,《章学诚的生平与思想》,方志出版社 2003 年版,第 124 页。

代道的政治制度,而孔子则是在教化上解释了道。这是因为在孔子的时代,随着"三代"的终结,道—器之间的相互关联被打破了。孔子也就完成了新的角色。孔子"学而尽周公之道",并把这些知识传承给了他的学生以及后代,章学诚总结说:"故欲知道者,在知周、孔之所以为周、孔。"①

最后,章学诚提出道是必然而然,他亦注意到了道的时间因素。在讨论道的起源时,他已经注意到了道的逐渐扩展和自身显现就如时间的变化那样,而且这种扩展与显现是不可避免的,或者说是必然的。章学诚不赞同把道看作永恒的观念,就如同他不认同周公和孔子的观念是完全同一的那样。道在时间中扩展,因此,就没有永恒不变的道。他的结论与古希腊哲学家赫拉克利特的一句著名的格言十分相似,赫拉克利特这样说道:"人们不可能两次踏进同一条河流,这是因为河水紧随着你而流动。"(见 Russell:45)换句话说,变化是道的本质属性。道对于人们来说是必然的是因为人们需要面对时代的问题来体认新的道。因此,即便人们可以做到、也不需要盲目地遵从古代的道,人们需要理解,在过去有效的并不一定适用于现在。如果一个人不理解时间的变

化而盲目地模仿古代的生活,章学诚说,这就像一个人可以不需衣食就可以抵御饥寒。② 对章学诚来说,不必事事都师于古,而应该理势之自然。③ 与赫拉克利特一样,章学诚也把变化的时间比作流动的河流。④ 这一流动性恰恰说明了道在生活中的必然性。

总体上来说,时间在章学诚理解道时扮演着非常重要的角色。它帮助章学诚在生活中而不是在经中去发现道。他评述道:"世儒言道,不知即事物而求所以然,故诵法圣人之言,以谓圣人别有一道在我辈日用事为之外耳。"⑤然而,他同时代的学者不能理解道就在我们的生活中。因为道在生活中,所以它是流动的、具体的和时间性的。

三、海德格尔的大道(Denkweg)

如果说章学诚对时间的变化的强调源自他对清初考据学风尚不满的话,海德格尔在他开始职业生涯的19世纪晚期和20世纪初期也面临同样的学术风气。确切地说,他们各自面对着两个截然不同的文化遗产——各自都有自身的发展路径——但这两种文化传统都曾有过建立在语言文献研究基础之上实证的学术思潮。在西方的文化传统上,这种文本考订

---

① 〔清〕章学诚著、仓修良编:《文史通义新编》,第44-48页。
② 〔清〕章学诚著、仓修良编:《文史通义新编》,第187页。
③ 〔清〕章学诚著、仓修良编:《文史通义新编》,第375页。
④ 〔清〕章学诚著、仓修良编:《文史通义新编》,第326页。
⑤ 〔清〕章学诚著、仓修良编:《文史通义新编》,第535页。

上实证与语言学的兴趣始于文艺复兴时期人文主义者对经典文本的研究。人文学者对古希腊和古罗马经典的兴趣,使得他们通过对古代文献的文本和语言的研究以获得确切的关于古代文献的来源及其真实性方面的知识。这些人文学者关心的是文本的问题:怎样通过研究语言的句法结构和内容的真实性来恢复古代文献的真实性。在整个17世纪与18世纪,人文学者在文本校勘领域的成就和方法也应用到了历史的研究中。伴随着科学家成功发现自然规律所带来的刺激,很多学者尝试将科学家对自然界的胜利进一步扩展到人类历史和社会的研究领域中。18世纪法国启蒙哲学家是这一新思潮的先驱,他们确立了历史研究的理性观念,提出了解释历史运动的进步观念。随着人们形成了人类历史中存在普遍规律的观点,进步的观念就成为世界范围内一致性时间的前提假设。这不仅是现代历史学的理论基础,同时也是现代历史学的起点。在19世纪,当民族历史的书写成为历史学家的关注热点时,他们就形成了一种统一的时间观念,把每一个民族的历史都纳入了一个时间结构中,并把世界历史的发展作为一个整体来看待。与此同时,19世纪的欧美学者,在实证主义的影响下,继续了这一努力,不仅把科学的方法扩展到人文学科的领域,而且利用科学方法创造了新的学术规范的社会科学。历史学家接受了历史有其自身意义和一致性的观念,它表征着一种"宏大的叙事",

与此同时,他们也开始习惯在书写历史中运用语言学的方法来检验和确证原始资料,希冀把历史学变成一门经验的科学。

当然,西方学者对历史发展一致性的信念与把历史描述为经验的努力,通常被认为是流行于19世纪与20世纪初期的历史科学的两种不同的表现方式。前者相当于一种在人类发展中寻求普遍规律的愿望,进一步扩展了启蒙运动的事业;后者强调经验层面的科学研究以便把历史学等同于自然科学(参阅 Krieger:255-267)。然而对于海德格尔来说,他们都是实证主义影响的扩展,或者说把人文科学(Geisteswissenschaften)归类于自然科学(Naturwissenschaften)的一种风潮。早在1927海德格尔撰写他的名著《存在与时间》之前,他就相信在学术研究上历史与自然是两个不同的学科领域。这主要源于他早年跟随胡塞尔学习现象学,但或许也有其他各种可能,包括在1922年可能受到亚洲思想的影响,当时他遇到了日本著名的哲学家田边元(参阅 Parkes in May:viii)。

在德国学术传统上,胡塞尔之前有很多学者都公开挑战了实证主义。例如,狄尔泰就是一位非常重要的人物,他详尽阐述了对实证主义的批评,文德尔班、李凯尔特更进一步把这一批评"细化"(如果我们用海德格尔的术语来表达的话)(参阅 Heidegger 1992:17)。这些新康德主义者重新使用康德的哲学来驳斥实证主义,同时也批评了代表着德国历史主义

(Historismus)传统的黑格尔的历史哲学。尽管德国的历史主义是独立于自身土壤之外复杂的学术运动,并不是实证主义的扩展,但是它分享着实证主义者解释和描述历史运动中宏大叙事的愿望。黑格尔在《历史哲学》一书中详细地解释了人类历史中存在一个宏大计划或宏大叙事,然而,在德国历史主义传统中同样有影响力的兰克却反对黑格尔的观点,并论证说,基于对上帝的谦卑,历史学家只能描述实际发生的事情,也即是"如实直书"(wie es eigentlich gewesen)。①

兰克坚守人类只能描述而不能解释历史的宏大计划的信念,让我们想起了"理解"(veratehen)这一术语经常被狄尔泰使用和强调,并以此来划分人文科学与自然科学的界限。对于狄尔泰来说,如果自然科学的方法是解释(explanation),那么人文历史的方法则是理解(understanding)。狄尔泰论证说,像穆勒那样试图用自然科学的方法来研究人文科学是不可取的。在海德格尔看来,当狄尔泰"看到这种置换的不可能"时,他是想"要求人文科学的独立方法"(参阅 Heidegger 1992:17)。这一方法必须建立在历史研究的对象或者说生活的真实性之上。

为了使生活成为历史研究的中心,那就要反思。这样,心理学或者说意识科学就是必需的,海德格尔进一步强调,这种心理学"不是自然科学流衍之后的心理学,也不是为了建立知识工程的心理学"(参阅 Heidegger 1992:17)。这一心理学就是把生活置入历史的中心。海德格尔的解释并没有完全遵照狄尔泰的观念,海德格尔认为:"确切地说,狄尔泰并没有真正形成这一观念,而是继续沉浸在他同时代疑问的氛围中"(参阅 Heidegger 1992:17)。然而,海德格尔相信他的解释触及到了狄尔泰批评实证主义的关键问题,文德尔班、李凯尔特只是通过在方法论的层面上区分人文科学与自然科学,以此进一步细化狄尔泰的观念。

要想理解海德格尔为什么强调狄尔泰对实证主义的批评,是为了把生活置入历史的中心,就必须回溯到20世纪20年代的早期海德格尔,或者说在马堡大学发表《时间概念的历史》之前的海德格尔。依照基希尔(Theodore Kisiel)著名的早期海德格尔研究,我们对海德格尔写作《存在与时间》之前的思想演化有了一个很好的了解。然而,在基希尔无懈可击的重建早期海德格尔的研究中却有一个明显的空白,那就是亚洲对海德格尔的影响。梅伊(Reinhard May)近来的研究提供了详细证据来论证海德格尔从儒家和禅宗宗教中借用了诸如"无""空""道"的概念,而这些概念与海德格尔哲学的核心观念

---

① 关于黑格尔与兰克对历史主义的不同观点,参见 Iggers 和 von Moltke。关于德国历史主义及其影响的一般研究,参见 Jaeger 和 Rüsen。

"缘在"(Dasein)[①]相关联(参阅 May：ch. 3&4)。虽然梅伊著作中的许多证据是涉及海德格尔完成他的《存在与时间》之后的时期,但是,非常肯定的是,海德格尔更早就受到亚洲思想的影响。

在基希尔的研究中,他提供的证据显示青年海德格尔对新康德主义的理解深受埃米尔·拉斯克(Emil Lask, 1875-1915)的影响,尤其是海德格尔20世纪初期写作的教职资格论文之时。拉斯克依据康德的超验(先验)逻辑来分析亚里士多德的经验世界的范畴时,运用了"真实性"(facticity)这一术语来论证在形成范畴之前有一个非理性和直觉经验的前理解的运动。换句话说,在人们获得对事物按范畴划分之前,他就会遇到前理解、前理论的世界,这是因为他试图运用范畴或形式划分的事物已经包围(umgeben)在这个世界之中。基希尔写道,埃米尔·拉斯克的理论"可能是海德格尔从范畴转向世界尤其是在世界之中(Umwelt)的重要线索之一,这也是海德格尔第一次重大突破的关键"(Kisiel：33)。无疑,这次重大突破也使得海德格尔从本体论上反驳现代哲学的形式—物质(form-matter)二元论。

然而,在海德格尔实现这次重大突破之前,他已经建立了描述预先决定我们理解的世间经验(worldly experience)的术语。他运用了"真实性"这一术语,但是他更倾向于使用比这个更简单的术语:"生活"。正如前文所示,海德格尔在诠释狄尔泰的哲学的时候,他强调生活在理解世界中的重要角色。事实上,在海德格尔完成任职论文与写作《存在与时间》之间,正如基希尔所观察到的,不同于逻辑学上真势模态(alethic)的术语,而是活跃的动态的"生活"或历史个体的"生命精神"(living spirit)这样一个术语,它也是"缘在"的前身,决定了海德格尔后来的"关怀"(Kisiel：35)。为了强调这一"真实生活"(factic life)的前理解因素,在20世纪20年代,海德格尔开始把这两个术语(factic、life)结合起来使用。他也创造了诸如"前计划"(Vorhabe)、"前概念"(Vorgriff)、"前见"(Vorzeichnung)这样的概念。在海德格尔的观念里,人们不能离开前经验来理解事物,而且经验深深置入生活之中。进一步来说,这一生活经验不是绝对的和普遍的,而是转瞬即逝的和个体性的。通过强调这一"真实生活"作为个体的经验,海德格尔关闭了任何形而上学讨论的大门。

为了进一步发展"真实生活"这一观念,海德格尔曾经转向宗教,希望建立一个基督教的宗教现象学。在20世纪20年代初期,海德格尔开了两门宗教课程:

[①] "Dasein"中译有"亲在""此在""缘在"等译法,这里取张祥龙的译法,与亚洲思想对海德格尔的影响相关联;另参见张祥龙:《Dasein 的含义与译名》,载《德国哲学论文集》(第14辑),北京大学出版社1995年版,第35-56页;张祥龙:《海德格尔思想与中国天道》(修订版),北京三联书店2007年版。——译者注

"宗教现象学导论"和"奥古斯丁与新柏拉图主义"。然而，他迅速发现学生由于没有很好的理论背景而不能够完全理解，使得他犹豫再开这些宗教课程。基希尔写道：这一课程"几乎被放弃"，在1921年的暑期研讨课上，海德格尔开始上有关亚里士多德的课程以及研讨课。这一转向无疑是正确的，通过对亚里士多德的研究，他"第一次发现了他原创性的现象学研究在方法和内容上与亚里士多德的文本之间的亲缘关系，把他早期有关动态的真实生活的理解置入到对亚里士多德的文本研究中，他同样发现了有历史现象学问题意识的希腊生命哲学家是原初的现象学家"（Kisiel：227-228）。实际上，通过对亚里士多德的批评，海德格尔不仅加强了生活经验作为哲学研究中心的信念，而且当他拒绝了希腊哲人对存在定义的时候，他通过把存在与时间联系起来，从而获得了对存在的新的理解。

从海德格尔的课堂笔记中，大量证据显示他对亚里士多德的研究对他写作《存在与时间》提供了准备工作。首先，在探讨哲学的定义时，他反复重申了他的现象学以及反形而上学的立场，强调了哲学与真实生活之间的亲缘。理解哲学就是在哲学之中，哲学是"研究什么是本真历史的……其目的不是去编造或者空谈这些定义；相反，它就是哲学本身，如同让我们牵念的真实生活"（Heidegger 2001：31）。紧接着，海德格尔提出了下一个问题：怎样在哲学中？他的答案即是把生活置入其中。更细致地说，他运用"领会"（comportment）这个词并把它定义为两个方面："领会自我，去拥有"和"在关联之中领会自我……去拥有关联"（Heidegger 2001：40）。因此，"领会"这里涉及生活的基本内容。如果生活被定义为人与人之间关联的形成，那么，关联又是什么呢？海德格尔的答案是被他称为"生活关联感"的"操心"（caring）。他解释道："生—活，在他生动的意义上，应解释为作为操心的关联感：操心某事物；依靠（最基本的）某事物；操心它。操心的特征并不显示生活是乏味的事情。在无拘无束的狂喜中，在无关紧要处，在迟疑中——在这里，就如任何地方，'生—活'（to live）意味着操心。"（Heidegger 2001：68）

虽然这些结论是建立在海德格尔对亚里士多德著作的阅读之上，但是也与道家和儒家的观念有诸多相似性。考虑到这样一个事实，20世纪20年代——当海德格尔开设了有关亚里士多德的课程——他也与亚洲的哲学家有联系，这不应该是令人吃惊的事情。海德格尔反对哲学的形而上学定义、通过生活来理解哲学的观念让我们想起道家的基本教诲。此外，他强调前理解、直觉的理解和引入诸如"前计划""前概念"的概念提供了更多的他接受亚洲思想的线索。由此为我们把他的思想与道家和儒家的观念相比较成为可能。

章学诚在生活经验尤其有关道的问题上给予了类似的关注。如果我们运用现代术语来表述的话,这一生活经验扮演了直觉和前理解的角色。"人生有道,人不自知"①,章学诚在这一立论基础上开启对道的探讨。在章学诚看来,道存在于生活之中而人不自知,就好像它是"必然的"或"不可避免的"(不得不然)。这非常类似于海德格尔在知识论上对"前计划"(Vorhabe)、"前概念"(Vorgriff)的探讨。为了解释人们怎样获得和理解道,章学诚也强调直觉:"不知其然而然,即道也。"②当然,让道自然地存在生活中,人们必须生—活在生活之中,或者用海德格尔的话来说,就是在哲学之中,或"哲学就是爱—哲学"。海德格尔宣称:"我们不能教或学哲学而只能'爱—哲学'。""爱—哲学"有它自身的具体内涵:

> 爱—哲学的决定性内容必须是可理解的和尽可能确定的"世界观"的形成。因此"世界观"具有多种多样的意识,这一术语涉及作为纵观全局规则的系统,指示着多种领域和价值的生活的特征,伴随着它们的牵引,与"从属的"思想一起,"世界观"的确定性和决定由此型塑了人自身真实生活的正确方向。(Heidegger 2001:34)

换句话说,如果哲学就是探究这个世界,这一探究就如海德格尔注意到的,开始于世界中的生活经验。生—活在世界之中,人们就与他人形成关联,或在世界中领会自我。海德格尔把"领会"作为生活的定义非常清晰地与儒家的核心观念相契合。事实上,我们可以把儒家的观念"仁"(仁慈、仁爱)翻译成"领会",尤其是我们从词源上来看的话:"仁"这个词就结合了表示人类关联的"人"和"二"。实际上,海德格尔对生活的讨论与儒家观念之间的相似性远远超过此一方面。在关于生活作为一种关联形成的讨论中,海德格尔引入了"操心"这个词,用它来描述这一过程。而且,我们可以把"操心"和儒家观念的"仁"结合起来看,这是因为仁涉及了描述人类关联的许多活动,包括"爱人"和"己所不欲,勿施于人"。海德格尔运用"操心"强调生活的关联感,或者说生活在"被抛的世界"之中就"遭遇了在自我世界的'部分',就如一个人与他人生活在一起,这关涉到他们关心的类型以及发现自身置于关怀的世界之中"(Heidegger 2001:34)。这就是说,当人们居住在一起时,人们需要彼此友爱,这非常类似于儒家的教诲。

总体上来说,在20世纪20年代早中期,也即海德格尔开设亚里士多德的课程之时,他发展了理解希腊哲学的现象学方

---

① 〔清〕章学诚著、仓修良编:《文史通义新编》,第43页。"人之生也,自有其道,人不自知,故未有形。"大梁本作"人生有道,人不自知",这里取自大梁本,参见〔清〕章学诚著、叶瑛校注:《文史通义校注》(上),中华书局1985年版,第119页。——译者注

② 〔清〕章学诚著、仓修良编:《文史通义新编》,第45页。

法,这使得他把生活,更准确地说,生活的真实性,作为他思考的中心。在那个时候,在亚洲思想的可能影响之下,他也形成了真实生活的理论,这涉及与道家和儒家的许多相同的观念。这一切都为他写作《存在与时间》做了充分的准备,在那里,他对时间与历史给予了独特的看法。

四、海德格尔的时间与历史

如同章学诚认为道是自然而然的那样,海德格尔也相信生活在不同的境遇中表现自身以及在时间中逐渐显现。因此,历史成为海德格尔描述生活的重要方面。正如上文所示,海德格尔的现象学观念,尤其对超越形而上学的关怀,使得他强调生活首要是个体的,或者说它就是自我生活(self-life)。为了理解自我生活或自我世界,与"跟随世界"(with-world)和"围绕世界"(around-world)的理解相同,这就与心理学的研究相关联。但是,当海德格尔把心理学与历史学相比较时,他仍认为历史学是最重要的,这是因为生活在不同的环境和时间中表现自身且带来了不同的表征(参阅:Kisiel:118-119)。在霍伊(David Couzens Hoy)的海德格尔历史哲学的研究中,他强调历史学在评价海德格尔哲学中应占据核心的位置,这是因为海德格尔向我们展现了"对人类存在的本真历史性的深刻关怀"(Hoy:329)。事实上,正如霍伊进一步指出的,海德格尔对历史的关怀使得他的哲学与以前的现象学区分开来,此前的现象学仍旧在讨论

"获得非历史的、先验确定的可能性"(Hoy:330)。正如上一节所论述的,海德格尔的"新工具"的特征是强调生活经验及其在世界中的直接性和表现形式的时间性。为了更好地表达他在本体论上的新观点,海德格尔组合了"缘在"(Dasein)这一术语,在字面上是指"在那里"的意思,它关涉到同时存在于时间和空间的存在形式。但是"缘在"首先是在时间中的,因为《存在与时间》最基本的观念"缘在是历史的"(Heidegger 2001:331)。此外,"缘在"关涉到人类存在的形式,或者如他先前著作中的自我生活和自我世界。海德格尔写道:"我们的主要工作即是分析存在,它就是我们自身。这一存在的存在就是我们自身"(Heidegger 1996:39)。

1929年,在出版现在被公认为名著的《存在与时间》两年之后,海德格尔给出了这一标题的解释。达斯图(Francoise Dastur)写道:"海德格尔强调就是这小小的'and'这个词在中心问题上揭示自身。"(Dastur:xxi)这也就是海德格尔想强调存在中的时间维度。依照达斯图的解释,这一对时间与存在关联的强调源于海德格尔,在他之前完全被忽略了。"存在"在海德格尔这里不再是抽象的实体,或者说绝对的和普遍的,存在是时间性的和具体的。在这一过程中,他引入了特别是西方哲学的本体论领域的根本转向。海德格尔转换了本体论研究的重心,从外在的(寻求宇宙的终极起源)转向内在的(人类生活的存有所产生的理解宇宙的兴

趣以及追问何以如此)。当海德格尔说缘在是本体论的时候,这意味缘在的任务就是认识存在成为最本真存在的存在自身。他解释道:

> 缘在是一种存在者,但并不是简单地置于众存在者之中的一种存在者。进一步来说,其与众不同之处在于:这个存在者在它的存在中在这个存在本身发生关联。因此,缘在的这一存在在建构中包含有:缘在在它的存在中对这一存在有关联,而这一转向意味着:缘在在它的存在中总是以某种方式、某种明确性对自身领会。这一存在就是这样的:它的存在是随着它的存在并通过它的存在而对它自身开展出来。对存在的领会本身就是缘在的存在的规定。缘在在存在者的层次上的与众不同之处在于:它是本体的。(Heidegger 1996:10)①

虽然上述的解释看起来像是绕口令,我们仍能看出海德格尔想要表达的东西。他对本体论研究的路径非常类似于章学诚对道的思考。他们都相信生活的最大意义是探寻生活本身,而不是其他任何东西。正如章学诚奚落考据学者过分注重细化的经典研究来见道一样。如果我们用弗里德(Dorothea Frede)的术语来说的话,海德格尔挑战了追寻隐藏在表面变迁

和一直存在那里的东西或者说"实质本体论"(substance ontology)这一传统思维方式(Frede:42-69)。章学诚宣称道存在于生活之中而不是生活之外,海德格尔同样也提出对"缘在"的理解始于"日常性"和"缘在的基本规定"就是"存在于世界之中"(Heidegger 1992:Ch. 3)。

这里所不同的是,章学诚论述他的观点时,他总是以上古天与人的关联为依据。当然,如果我们看看海德格尔与其同时代的狄尔泰和胡塞尔的著作的话,海德格尔也有他的前辈,但是海德格尔在西方产生了极大的影响,章学诚在中国却没有同样的命运。吉尼翁(Charles Guignon)认为,海德格尔彻底切断了"整个游戏,其方式是通过挑战这一观念:思考真实必须以实质观念的方式来获得"(Guignon:4)。从笛卡儿开始,这一游戏(game)就建立在产生西方哲学基本问题的形而上学的"思维与物质"二分法的前提假设之上。"观念表现客体或心灵之外无他物;永恒是不变的或无任何个人同一性;价值是客观存在的或一切都是被允许的。"(Guignon:4)海德格尔拒斥了思维/物质相分离的观念,把它置入了活跃着的存在:缘在。

当缘在是活跃着的存在,它就必须在"在时间中"。海德格尔明确地宣称时间因素在本体论研究中的重要性:

---

① 中译参照[德]马丁·海德格尔:《存在与时间》(修订译本),陈嘉映、王庆节合译,熊伟校,陈嘉映修订,北京三联书店2006年版,第14页,译文稍有改动。——译者注

在解答存在的意义问题的基础上,应可以显示:一切存在论问题的中心提法都根植于正确看出了的和正确解说了的时间现象以及它如何根植于这种时间现象。(Heidegger 1996:10)①

怎样正确观察与解释在时间现象学中的本体论问题?海德格尔的答案就是我们必须注意到存在的"时间性的"(Zeitlich)特征,或者说存在的时间性。通过强调存在的时间性,海德格尔拒绝了传统形而上学上的永恒的和绝对的存在。在他看来,存在是相对的,以及它发生在时间中才是可理解的。这也类似于章学诚宣称三人居室而道初形,并逐渐扩展成为社会和共同体。在他们共同看来,本体论研究必须依据时间的变化,以及在个体生活中研究存在或道的发生。用海德格尔的话来说,对存在问题的回答就是要"寻找",这意味着"在已经展开的视域中开始探索性的发问"(Heidegger 1996:17)。②"视域"在这里包括在时间中存在的所有可能,由此而限定了本体论上"找寻"的范围。通常认为,海德格尔把本体论的研究置入了历史的研究,或者说"历史本体"的研究(Heidegger 1996:17)。海德格尔试图要做的正是章学诚在他著名的格言中所宣称的"六经皆史"。

虽然海德格尔和章学诚都强调时间因素在他们本体论研究中的重要性,但是他们却面对着不同的文化传统。在中国文化中对时间的认识中,时间是变化和流动的。当孔子对不可逆的变化时间做出忧伤的评论时,他站在一条河流上,注视流动的河水说道:"逝者如斯夫,不舍昼夜。"③孔子的悲叹可以清晰地从他对时间的时间性的观察中流露出来。一旦时间流逝,就永不复返。因此,每一事件都是个体的和时间性的。当章学诚强调道的时间性的时候,他继承了传统中对时间的理解。但是,在西方哲学的传统中,却有一个背道而驰的时间观。自亚里士多德起,时间在西方倾向于被认为是客观世界或物理时间。依照前面提到的思维/物质的分离,达斯图(Robert Dastur)解释道:"这种思考方式对任何意识与时间的内在关联仍旧变得不可能。"(Dastur:8)然而,自康德开始,这一关联初现端倪,从达斯图的观察来看,海德格尔对时间的看法得益于他的老师胡塞尔,胡塞尔首先系统解释了时间为何是我们理解世界的重要组成部分。胡塞尔把"客观的"的时间括在了括号内,并试图探索"在经验中时间怎样构成其内在的组成部分"(Dastur:146)。从胡塞尔对时间的分析来看,他通过关注过去、现在和未来的内在关联而揭示了时间的时间性特征,而且更重要的

---

① 中译参照[德]马丁·海德格尔:《存在与时间》,第22页。
② 中译参照[德]马丁·海德格尔:《存在与时间》,第23页。
③ 《论语·子罕》。

是,胡塞尔认识到时间流动的不可避免性(Dastur:146-147)。所有这一切都为海德格尔提出时间的时间性理论铺平了道路。

为了避免绝对的物理时间,海德格尔在时间性上建构了时间与存在的关联。存在的样态,或者说缘在就被描述为特有时间内发生的事件。海德格尔写道:"缘在存在的基本特征就是对操心的领会,它的统一性就在它自身的时间中存在。"(Heidegger 1992:153)"在它自身时间中存在"也即是"特有的时刻",揭示了存在的流动性和时间性。这一"特有的时刻"帮助海德格尔在日常生活中或"日常生活的日常性中"发现了缘在(Heidegger 1992:153)。关于"日常性",他的意思是通过关注特有时刻生活的时间性,而不是对日常生活的描述来理解日常生活(Heidegger 1992:153-155)。换句话说,海德格尔并不想要人们对日常生活进行详尽的记录,而是想要人们从一天接着一天变化的流动中来理解生活。这里我们可以用章学诚的话来证明,章学诚认为三人居室而道形并不意味着人们要对三人的每一天生活进行研究来见道,相反,他是想强调道存在于生活之中以及道是变化的和时间性的。这是因为当三人扩展为共同体时,道仍旧在他们的生活中,只是形式不同而已。道的这一变化的和时间性的特征,或存在的日常性正是章学诚与海德格尔在他们的理论中所强调的。

存在的日常性决定了存在的另一个重要的特征,也就是世界性,或者说在世界之中。正如前面对章学诚的论述中,道存在于生活之中,而不是在古代文献中,就如海德格尔所说的"在世界之中"。不同于章学诚的是,海德格尔在思考存在的世界性时不需要围绕经在见道中的角色问题发生争执,这也使得他对什么是"在世界之中"提出了更深层次的解释。当然,"在世界之中"主要关涉缘在,存在的基本存在就是人类的生活。但是,在海德格尔看来,人与世界并没有本质的差异。这也是他引入"缘在"这一术语的原因。他对缘在的特征作为"在世界之中"的讨论解释了人与世界的区分是不必要的。缘在的"在世界之中"意味着人类与他的世界之间有存在主义的关联。海德格尔宣称:"在之中意指缘在的一种存在建构,它是一种生存论性质。但却不可由此以为是一个身体物(人体)在一个现成存在者'之中'现成存在。"(Heidegger 1996:49)①这就是说,缘在的"在世界之中"并不能理解为与这个世界形成物理或空间的关联。进一步来说,缘在与这个世界是同一的,他们之间相互关联。海德格尔的分析非常类似于章学诚对道—器之间关联的讨论。章学诚说道:"道不离器,犹影

---

① 中译参照[德]马丁·海德格尔:《存在与时间》,第63页。

不离形。"①与海德格尔一样,章学诚反对抽象的人—世界(human-world)关联的建构,因为他不赞同通过对经的教条主义的阅读来见道。

章学诚与海德格尔对道和存在的日常性的强调自然地促使他们朝向历史。因为只有在历史中人与世界的关联才能统一起来。因此,历史就成为章学诚与海德格尔置换本体论研究中的形而上学路径之非常有效的手段。章学诚与海德格尔都把历史作为思考的一种方式,而不是有关过去的知识。作为一种思考方式的历史或历史理解深深地嵌入了理论分析的过程中。在《文史通义》的开篇,章学诚就宣称"六经皆史",正如倪德卫和余英时的解释,他想说明的并不是降低经的重要性,也不是把经简单地当作历史记录,而是想提出发现道的一种新的历史的方法。依照倪德卫的理解,对于章学诚来说,"道根植于历史进程之中。道是个别事件和事物背后的'所以然',但它自身并不是一个外在于历史的非时间性的模式或价值标准。它不是'物之所当然'。"(见 Nivison:140-141)②

换句话说,道不是抽象的和永恒的,既不是道德的,也不是"物之所当然"。道就是那个驱动历史不断运动的东西,海德格尔用"历史性"这一术语来描述。在海德格尔的定义中,"历史性"与"命运"(fate)、"命定"(destiny)和"拥有"(having-been)这些术语紧密关联。如果我们更确切地来理解,"历史性"就是不可逆的、不断运动扩展的时间性。在它本真的意义上,"历史性"是存在的所有时间性事件的总和,它表现过去、现在和未来。它强调一种缘在的意识去理解过去拥有什么,以及未来走向什么(见 Heidegger 1996:350-354;Hoy:329-354)。这就是缘在对时间中历史运动的解释,用章学诚的话说,就是"所以然"。然而这一历史的运动是命定的,依照自身的命运,不在任何控制之中。因此它不是"当然",或应当如此。在分析章学诚对"理"与"事"之间关联的理解时,余英时认为理在事中,事则是"历史性"的,永远在流变之中。因此理或道无固定的形式(理无定形)。③

五、结论

上述讨论显示,在思考本体论中的时间因素时,章学诚和海德格尔得出了相似的结论。他们的理论契合点表现在以下三个重要方面:第一,他们都反对本体论的形而上学维度,同样也拒斥思维—物质或人—宇宙二分法。在他们看来,在生活之外并不存在抽象的、不变的理、观念或道的形式。本体论的研究并不是为了揭

---

① 〔清〕章学诚著、仓修良编:《文史通义新编》,第 50 页。
② [美]倪德卫著、杨立华译:《章学诚的生平与思想》,江苏人民出版社 2007 年版,第 104 页。
③ 余英时:《论戴震与章学诚:清中期学术思想史研究》,北京三联书店 2005 年版,第 58-59 页。

示他的外在世界的探讨,而是在于对他的整个生命的理解。在讨论"生活"这个概念时,章学诚运用"生"或"人之生"这一术语。前者指生命,后者指人类的生活,有时他用"事"来意指人们所做的事情。在挑战现代西方哲学上牢固的思维/物质相分离的观念的过程中,海德格尔要面对比章学诚更多的障碍。由此,他组合了"缘在"这一术语来指人类的生活或自我意识的存在,其目的是为了提出包括人类与他们的世界的所有存在的亲缘关联。

生活对于章学诚和海德格尔来说都是时间性的,它关涉到时间中特有的事件。这也是他们之间第二个相同的地方。他们都把时间理解为生活中不可避免的流变,而不是生活之外的抽象概念。为了强调时间的流动性,章学诚关涉到经的流变以及孔子的言说,这是因为,在中国的传统中,一直都有着关于时间的时间性和不可逆的观念。相反,海德格尔则花费大量时间来解释他对时间的思考。这是因为,西方传统中尤其是现代有关时间的概念并不是始终如一的。为了论证时间的时间性,海德格尔宣称缘在有它自身的决定性因素:一个是它的"在世界之中";另一个是它的"日常性"。这两个因素对于章学诚和海德格尔本体论研究中的时间观念都是非常重要的。这里值得注意的是,在海德格尔发表《存在与时间》之后,时间的观念获得了广泛的关注。在关于"时间与存在"(注意这两个词的颠倒)的演讲中,海德格尔试图通过给予它们非形而上学的意义来获得有关时间与存在的新的理解。很明显,他主要的目的就是通过更多关注时间性来拒斥任何有关存在形而上学因素的概念(参阅 Heidegger 1972;Risser)。

最后,同时也是最重要的,那就是历史。虽然章学诚与海德格尔都没有给我们留下重要的历史著作,但是他们有关历史的观念却在中西方历史学中赢得了相同的重要位置。事实上,他们的重要性在于他们都从方法论的视域展现了对历史的整体思考。在章学诚看来,只有在历史中才能看到道的时间性的、变化的特征,因为道必须在"事"中以及记录"事"的历史中显现自身。"事"总是个体性的,发生在特有的时间之中。对于海德格尔来说,历史就是所有存在的最终关联展现自身的地方。缘在的自我意识,作为本体论存在的第一属性,主要是理解缘在自身作为一种历史的建构,并参与到未来,同时也规定了缘在自身的有限性和必死性。因此,历史也揭示了"时间性的有限",以此获得"历史性"(historicity)这一表述(Heidegger 1996:353)。我们以此可以得出,海德格尔对历史的思考转向了另一个不同的层面。在时间性之外,他添加了有限性来描述历史的本质内涵。如果历史表现生活以及生活是时间性的,海德格尔也同样强调生命是有限的,这是因为死亡是不可避免的。通过对"有限性"观念的强调,海德格尔经由历史驱除了最后的形而上学痕迹。由此,人们开始明了历史不仅是时间性的,同样也是有限的。这恰恰是因为人们创造并书写历史。

引用书目：

[1] *Analects*（《论语》）, trans. James Legge（理雅各）, New York：Dover Publications.

仓修良:《章学诚和〈文史通义〉》,北京:中华书局,1984。

[2] Dastur, Francoise. 1998. *Heidegger and the Question of Time*（《海德格尔与时间的问题》）.

[3] Trans. Frangois Raffoul & David Pettigrew, *Atlantic Highlands*, NJ：Humanities Press.

[4] Demiéville, Paul（戴密微）. 1961. "Chang Hstieh-ch'eng and His Historiography"（《章学诚和他的历史学》）In *Historians of China and Japan*（《中日历史学家》）. Eds. W.G. Beasley & E.G. Pulleyblank London：Oxford University Press：167-185.

[5] Dostal, Robert. 1993. "Time and Phenomenology in Husserl and Heidegger"（《胡塞尔与海德格尔的时间和现象学》）In *The Cambridge Companion to Heidegger*. Ed. Charles B. Guignon. New York：Cambridge University Press：146-147.

[6] Elman, Benjamin. 1984. *From Philosophy to Philology：Intellectual and Social Aspects of Change in Late Imperial China*. Cambridge, MA：Harvard University Press.（中译本见［美］艾尔曼著、赵刚译:《从理学到朴学——中国帝国晚期思想与社会变化面面观》,南京:江苏人民出版社,1997）

[7] Frede, Dorothea. 1993. "The Question of Being：Heidegger's Project"（《存在的问题:海德格尔的计划》）In *The Cambridge Companion to Heidegger*. Ed. Charles B. Guignon. New York：Cambridge University Press：42-69.

[8] Guignon, Charles. 1993. "Introduction" In *The Cambridge Companion to Heidegger*. Ed. Charles B. Guignon. New York：Cambridge University Press：1-41.

[9]何炳松著、刘寅生编:《何炳松文集》,北京,商务印书馆,1990年。

[10] Heidegger, Martin. 1972. *On Time and Being*（《论时间与存在》）. Trans. Joan Stambaugh. New York：Harper & Row.

[11]——1992. *History of the Concept of Time*（《时间概念的历史》）. Trans. Theodore Kisiel. Bloomington：Indiana University Press.

[12]——1996. *Being and Time*（《存在与时间》）. Trans. Joan Stambaugh. Albany：University of New York Press.

[13]——2001. *Phenomenological Interpretations of Aristotle：Initiation into Phenomenological Research*（《亚里士多德的现象学解释:现象学研究入门》）. Trans. Richard Rojcewicz. Bloomington：Indiana

University Press.

［14］Higham, John.1968. *History：The Development of Historical Studies in the U.S.*(《历史学：美国历史研究的发展》). Englewood Cliffs, NJ：Prentice Hall.

［15］Hoy, David C. 1978. "History, Historicity and Historiography in Being and Time"(《〈存在与时间〉中的历史、历史性和历史学》) In *Heidegger and Modern Philosophy*. Ed. Michael Murray. New Haven：Yale University Press.

［16］胡适：《章实斋先生年谱》，北京：商务印书馆，1922年。

［17］Iggers, Georg and Konrad von Moltke, eds. 1973. *The Theory and Practice of History：Leopold von Ranke*.(《历史学的理论与实践：利奥波德·冯·兰克》) Indianapolis：Irvingston.

Jaeger, Friedrich and Jorn Rusen. 1992. *Geschichte des Historismus* (《历史主义的历史》). Munich：C.H. Beck.

［18］Kisiel, Theodor. 1993. *The Genesis of Heidegger's Being and Time*(《海德格尔〈存在与时间〉的起源》). Berkeley：University of California Press.

［19］Krieger, Leonard. 1968. "European History in America"(《欧洲的历史学在美国》) In *History：The Development of Historical Studies in the U.S.* Ed. John Higham. Englewood Cliffs, NJ：Prentice Hall：255-267.

［20］May, Reihard. 1996. *Heidegger's Hidden Sources：East Asian Influences on His Work*. Trans. Graham Parkes. London：Routledge.(中译本见［德］莱茵哈德·梅依著、张志强译：《海德格尔与东亚思想》，北京：中国社会科学出版社，2003年。)

［21］Momigliano, Amaldo. 1966. "Time in Ancient Historiography"(《古代历史学的时间》) *History and the Concept of Time*. Middletown, CT：Wesleyan University Press, 1966.

［22］Nivison, David. 1966. *The life and Thought of Chang Hsüeh-ch'eng (1738-1801)*. Stanford：Stanford University Press.(中译本见［美］倪德卫著、余英时序、杨立华译、邵东方校订：《章学诚的生平与思想》，唐山出版社，2003年；杨立华译，江苏人民出版社，2007年；王顺彬、杨金荣等译，邵东方特约校订，方志出版社，2003年。)

［23］Parkes, Graham, ed. 1987. *Heidegger and Asian Thought* (《海德格尔和亚洲思想》). Honolulu：University of Hawaii Press.

［24］——1996. "Translator's Preface" In *Heidegger's Hidden Sources：East Asian Influences on His Work*. London：Roufledge.

［25］Risser, James, ed. 1999. *Heidegger toward the Turn：Essays on the Work of the 1930s* (《海德格尔的转向：1930年代著作研究》). Albany：Suny

[26] Russell, Bertrand. 1972. *A History of Western Philosophy*（《西方哲学史》）. New York: Simon & Schuster.（中译本见[英]罗素著、何兆武、李约瑟等译：《西方哲学史》，北京：商务印书馆，2008年。）

[27] Wu, Kuang-ming（吴光明）. 1995. "Spatiotemporal Interpretation in Chinese Thinking"（《中国思想的时空诠释》）In *Time and Space in Chinese Culture*（《中国文化的时间与空间》）. Eds. Chun-chieh Huang & Erik Ziircher. Leiden: E.J. Brill.

[28]余英时著：《论戴震与章学诚》，台北，华世出版社，1980年。

[29]〔清〕章学诚著、仓修良编：《文史通义新编》，上海：上海古籍出版社，1993年。

[30]朱敬武：《章学诚的历史文化哲学》，台北：文津出版社，1996年。

作者：王晴佳，美国罗文大学历史学系教授；译者：顾晓伟，清华大学人文学院博士后、北京师范大学历史学院讲师

希罗多德《历史》中"真实"的呈现：与「记忆」及「探究」模式的互动

史学史与史学理论

何 珵

提要："历史真实"与"记忆真实"并存于希罗多德《历史》的叙述中。"记忆"与"探究"可分别被视为探寻智慧的两种认知模式与导向"真实"的不同路径，希罗多德著作中"真实"观念的呈现有赖于与"记忆"和"探究"认知模式的互动："记忆"的认知模式反映了希罗多德自身所处的口头传统以及作者的叙述与集体记忆的关联，正是多元记忆的并陈与竞争，构成了希罗多德富于批判性的探究方式得以呈现的强有力的基础与前提。希罗多德通过多元记忆和探究模式所呈现的"真实"间的争论了解过去的事件，而"探究"模式也是他与"记忆"模式进行竞争的手段与策略。

关键词：希罗多德；《历史》；真实；记忆；探究

希罗多德（Herodotus）的《历史》是首部完整保留下来的早期历史著作，其叙述体系庞杂，并由众多内容、形式迥异而并不存在逻辑间自然关联的"叙述单元"共同构成，[①]这与后来以修昔底德（Thucydides）为代表的谨严风格差别巨大。自古以来，希罗多德的形象便在"历史之父"与"谎言之父"间来回游移。[②] 以修昔底德、西塞罗（Cicero）、普鲁塔克（Plutarch）为代表的古典作家及以普里切特（W. K. Pritchett）、德特勒夫·费林（Detlev Fehling）为代表的现代

[①] 与修昔底德明晰的叙述思路相比，希罗多德的《历史》叙述结构并不像一个有机整体。《历史》中的"叙述单元"（narrative units），也称为 logos。《历史》中的 logoi 反映的是特定叙述者的特定立场，而整部《历史》包含着不同叙述间的断裂与重新整合，读者需依据 logos 的不同形式加以理解。正是这种不易解读而零散的叙述结构准确地反映出希罗多德对他所记述的 logoi 真实形态的理解，也体现出他试图维护文本创作的整体一致性所具有的难度。对于这一问题的讨论，可参考 C. Dewald ,"Narrative Surface and Authorial Voice in Herodotus' *Histories*," *Arethusa* 20.1 (1987): 147-170.

[②] 反希罗多德的文学潮流自修昔底德开始，一直延续至晚期罗马帝国时期。而在文艺复兴时期，以乔万尼·蓬塔尼（Giovanni Pontani）为代表的学者们都倾向于相信这位历史之父，并相继在自己的作品中为希罗多德著作的真实性辩护。详见 J. A. S. Evans, "Father of History of Father of Lies: The Reputation of Herodotus," *The Classical Journal* 64.1 (1968): 11, 15.

学者对希罗多德《历史》真实性的问题存在纷争。①

追求真实（Alētheia）是希罗多德创作的动机之一，那么，什么是希罗多德《历史》中的真实观念？我们又应如何理解他的"真实"？多数学者质疑的焦点在于，希罗多德《历史》叙述中来自口述资料的"记忆"（mnēmosynē）与"真实"毫无联系，两者间存在张力。笔者认为，单纯将考察点局限于《历史》叙述的真实性本身，容易忽略两大问题："记忆"作为古希腊思想中传统的认知模式，在希罗多德整部《历史》叙述中的价值和意义；"记忆"与以"探究"为代表的新的认知模式间的过渡与联系。因此，从思想史的角度考察希罗多德《历史》中"真实"的呈现方式，将有助于了解古希腊文化口头传统（oral tradition）背景下希罗多德《历史》叙述中的"真实"观念，从而进一步理解它与古希腊思想中的两大认知模式："记忆"与"探究"（historiē）之间的关联。

一、《历史》中的"真实"："记忆真实"与"历史真实"的并存

"真实"一词由一个前缀"a-"（alpha privative）与古希腊语名词"lēthē"组成。学者托马斯·科尔（Thomas Cole）从语义的层面分析，他认为，在古希腊语中，"etymon, eteon"最初带有"详细记录"的含义，这一词语后演变为"真实"的同义词。而从"Alētheia"这一词语的词源发展过程来看，它吸收了"nēmertēs"（无误）与"atrekēs"（真实的，准确的）这两个词语的最初含义，并与"akribēs"（精确）的词义相融合。② 根据文献记载，希腊史上荷马最早使用"Alētheia"这一词语。③ 作为古希腊世界的核心观念，"Alētheia"的含义伴随着希腊思想的发展而不断深化，经诗人、史学家、戏剧家、演说家、哲学家的采用，由一种建立于记忆的基础上与遗忘（lēthē）互补而与正义（Dikē）、说服（peithō）、欺骗（apatē）相联系的特定宗教权力④发展成为史学家们证明历史叙述真实性的形式，并最终转变为哲学意义上的"真理"。

---

① 郭小凌：《被误读的希罗多德》，《西学研究》（第 1 辑），商务印书馆 2003 年，第 9 页；Cicero, *De Legibus*, 1.1.5； Plutarch, *Moralia*, XI. 2-5；本文使用的希腊罗马作家著作，除希罗多德文本外，均采用了"洛布古典丛书"的版本。关于现代学者们对希罗多德《历史》真实性问题的纷争，参见：G. S. Shrimpton, *History and Memory in ancient Greece*（Montreal&Kingston: McGill-Queen, 1997）68, 231.

② Thomas Cole, " Archaic Truth, " *Quaderni Urbinati di Cultura Classica* 13.1（1983）: 7-28.

③ 据学者统计，《伊利亚特》与《奥德赛》中有 18 处提及"*alēthēs*"或"*alētheiē*"。参见 Thomas Cole, " Archaic Truth, " p. 12.

④ 在古风时期，"Alētheia"与"lēthē"间并不存在绝对对立关系。对于这一问题的探讨，参见 Marcel Detienne, *The Masters of Truth in Archaic Greece*, trans. by J. Lloyd（New York: Zone Books, 1999 [1967]）10, 16.

对于古希腊人而言,"真实"与"记忆"具有十分紧密的联系。史学家必须确保他们著作陈述的真实性,与自然科学家不同,他们所进行的研究并非直接呈现在观察者眼前的事物,经验往往是检验历史真实性的最终评判标准。然而,部分古希腊史家们往往凭借记忆而并不依凭经验的标准衡量历史的真实。① 在这方面,希罗多德为我们提供了一个值得思考的个案。

希罗多德在《历史》中通常会提供两种或多种版本的事件叙述,一种叙述直接而单调,被认为是对事件的真实记述,另一种叙述细节翔实。作者在第 8 卷第 118 节中叙述了薛西斯于萨拉米斯战役后撤离希腊的过程。在此处,希罗多德向我们呈现了两种版本:"薛西斯跨越了斯特里梦河,经由陆路渡过赫勒斯滂海峡,返回亚洲。"此外,"关于国王的回归,还有另一种传说……波斯国王命令海达涅斯统率军队前往赫勒斯滂,而他自己则乘坐一艘腓尼基战舰,经由斯特里梦河直接返回亚细亚,但路遇暴风,船上挤满了波斯的达官显贵,他们纷纷跳海,以回应薛西斯针对舵手建议而发出的指示。因此,舵手的话使整艘船免遭倾覆之险,对国王有救命之恩,被赐予一顶金冠。但他同时又导致许多波斯人丧命,因此被予以斩首。"②

希罗多德在第 119 节中就如上描述提出自身意见:"这就是关于薛西斯回师的另一种说法。但是我认为这个说法似乎是不可信的,无论是关于这一说法的任何细节,还是关于波斯人遭遇的说法,都是不可信的。"继而对"错误"版本提出了质疑:"假如那位舵手果真向薛西斯这样说了,那么,在一万个人当中也不会有一个人怀疑国王会采取这样的措施,他会将和波斯人同样数量的挠手投到海里去,他们是腓尼基人,而让这些波斯人而且是最高贵的波斯人到船舱里。"紧接着,希罗多德又回归到前一种,即真实的版本,"国王的做法正如我刚才所说,他和他的军队是循着同一路径返回亚细亚的。"③并在第 120 节附加上一个强有力的证据,"薛西斯在经由陆路返回小亚的途中向阿布德拉人赠送了一把黄金斧"④。黄金斧并非希罗多德基于自身经验而列出的证据,对它的理解得基于对阿布德拉人的考证。但在希罗多德的叙述中,真实的记述内容得到了证实,而"错误"的版本得以流传。那么,在《历史》中,是否存在另一类型的真实,即所谓"记忆真实"(memorial

---

① G. S. Shrimpton, *History and Memory in ancient Greece*, pp. 64-5.

② 希罗多德,8. 118. 本文使用的希罗多德著作希腊原文据"牛津古典丛书"(Oxford Classical Text), *Herodoti Historiae*, 2 vols (Oxford: Clarendon Press, 1927),中译本主要采用了徐松岩译本(希罗多德:《历史》,徐松岩译,上海三联书店出版社 2008 年),译文有时略作改动。

③ 希罗多德,8.119。

④ 希罗多德,8.120。

truth),与基于经验基础上的"历史真实"(historical truth)相区分？

希罗多德理解并发现了"历史真实"与"记忆真实"的差异，两者并存于《历史》的叙述中，并存在着一定的分野。流传的"错误"的故事版本，是一种公共记忆，揭示了口头文化的影响，故事版本流传中被创造的记忆则揭示了更高层面的事实真相——波斯国王将他的臣民视为牺牲品，他的受益人因提供帮助而受到嘉奖，却因国王的一时冲动而被杀头。"错误"的版本被希罗多德视为有意义的传说。在他看来，直接而单调的叙述并不充分，将不会是事件的真相，《历史》中的"真实"应包含"记忆真实"与"历史真实"的并存与交叠。文本表明，"记忆真实"与"历史真实"并无截然的对错之别，"记忆真实"中并非充满了谬误，而可通过这一途径发现同一事物的不同侧面。希罗多德在第7卷第152节中提到："我的职责是记载我所说过的话，但我不会在每一次情形下对它采取信任的态度，这些错误的故事版本可被运用于我的整部历史著作中。"①而"错误的故事版本"所引出的观念和主题，则为我们考察人物性格或他们的动机提供了一个独特的视角。《历史》第118节中，"错误的故事版本"呈现

出了一种"记忆真实"，而正是这种"记忆真实"揭示了希罗多德自身所处的口头传统以及整部《历史》的叙述与集体记忆的关联。

二、《历史》中的"记忆"：希罗多德口述材料的来源

在古希腊以口头传统占主导地位的社会里，记忆而非书面文件，对于这种传统的形成扮演了关键作用。希罗多德的《历史》叙述既包括个体记忆，②也包括集体记忆。由于城邦时代希腊人生活的共同性和公开性，个人价值依赖于城邦。因此，对于古希腊人来说，"集体记忆"指一个民族共同的记忆，也是共同体的传统。如果说，史诗是希腊人对本民族最早的集体记忆的记录，那么，希罗多德的《历史》便是对城邦时代希腊人公共记忆的记录和反映。③《历史》叙述中公共记忆的内容主要包括家族的口头传说、围绕各种城邦或家族祭祀的传说以及以纪念物为中心的本地传说。④ 而在希罗多德的《历史》中，这种公共记忆从何而来呢？

希罗多德将过去的故事视为一个由大量传说共同组成的叙述，他的任务便是要寻找这些传说，并检验它们的真实性。为此，他采取了两大措施：

---

① 希罗多德,7.152。
② 具体文本依据,参见:希罗多德, 1.92; 3.55.2; 5.41.3; 6.105.1; 6.117.3; 7.114; 8.65.6; 9.16.1。
③ 吴晓群:《希罗多德的"历史书写"》,《华东师范大学学报》(哲学社会科学版)2009年第6期,第20页。
④ 具体文本依据,参见:希罗多德, 1.51-52; 1.65; 4.150.1; 5.44-45; 5.63.1; 6.53.1; 6.84.1; 7.137.1; 9.64.3。

其一，聆听其余记忆者的表演，在此基础上形成新的叙事。古希腊是一个口头传统占主导地位的社会，口头表演者的讲述产生于表演者与听众的互动环境中，而在这种表演过程中，城邦的集体记忆不断地被集体创造、修正与遗忘，他们所需维系的历史记忆，需要选择记忆的内容，标准并不是历史真实性的观念，而是所需记忆的内容是否与城邦共同体的利益存在关联。① 一个讲述者所讲述的过去的故事，也许是一个具有复合性的传说，并很机敏地规避了使群体成员厌弃的要素或背离度很大的内容，他必须尊重与服从公众记忆。一次又一次的讲述和补充的结果是：讲述者和他的听众最终在集体记忆的历史真实上达成共识。讲述者不仅仅局限于讲述本地传说，同时他还促使这一传说的形成，通过反复重述，他能在某个时刻引入一个群体试图让听众了解过去历史的真实的传统。讲述者呈现"真实"的过程会受到公众原有历史记忆与集体记忆的局限，两者会左右并影响讲述者的表演效果。讲述者与公众的互动过程展现出个体与集体历史记忆与认知的碰撞，而讲述者的表演过程同时也是弥合个体与集体历史记忆差异的过程。最终形成的集体记忆并不具有稳定性，它会面临个体的再次质疑与挑战。②

此外，希罗多德还通过寻找信息知情者进行提问的方式证实口头传说的真实性。然而，记忆并非真实。口述材料包括一名或多名与所发生事件拥有直接联系的提供信息者无序的记忆，或在几十年甚至几代人的一系列重述后由提供信息者所汇报的信息。这些材料本身充满了疏漏与讹误。在口述传统中，最初的提供信息者由于仅仅观察到事件的某些侧面，并对已观察到的一切加入自身的诠释，往往有意识或无意识地对真实发生的情况进行歪曲的陈述，他根据自身所处的社会文化价值观念与自身意志进行表达，最初的证据在一系列的传递过程中经历了其余提供信息者的更改与歪曲，所有这些改变迹象均受到他们的个人意志以及所属社会的意志、文化价值以及他们自身的个性影响。此外，对同一件事的记忆将不断减弱，当人们回忆一个月或多年之前自己亲身经历的事件时，仍保留在他记忆中的只是那些对他的人生有着重大影响或特别意义的事件。既然，《历史》中的多数史料主要仰赖史家个人实地收集的口头传说，而口头传说所蕴含的记忆并非真实，那么，《历史》中的"真实"又是如何呈现的呢？

三、《历史》中"真实"的呈现：与"记忆"及"探究"模式的互动

希罗多德在《历史》中几乎有闻必

---

① J. A. S. Evans, Herodotus, *Explorer of the Past* (New Jersey: Princeton, 1991) 120.
② J. A. S. Evans, Herodotus, *Explorer of the Past*, p. 129.

录,甚至把那些他个人认为"不可索解"之事也照样收录。希罗多德在文本第2卷第130节中提到:"在萨伊斯的王宫里,树立着大约20座巨大的木像,都制作成裸体妇女的形象。这些人像究竟是谁,我不能说(eipein),我也不过是重复一下别人告诉我的内容而已。"①而在第4卷第195节中,希罗多德对迦太基少女们用涂着沥青的鸟羽毛挖掘库劳伊斯岛湖底金沙的传说发表了如下评论:"我不知道这是不是真的,我只不过是把人们的说法记载(graphō)下来而已。"②

在这两段文本中出现的古希腊语动词,既包括"eipein"(说),也包括"graphō"(写),这从一定程度上揭示了《历史》叙述背后可能蕴含的雅典民主制下的口头表演文化背景。学术界对于希罗多德是否于公开场合进行《历史》的口头朗诵尚存争议,③然而历史书写也是一种表演形式,④值得注意的是,希罗多德在《历史》中为我们营造了一个以书写形式为表象、虚构的表演情境(performance context),因此,他的叙述便必然兼顾到书写与口头表演两种不同形式呈现信息的特质。

希罗多德在《历史》中同时还会针对同一件事情列举他听来的两种或两种以上的说法,但仅仅陈述,却不给评论。文本第3卷第120—121节中,希罗多德向我们展示了关于波吕克拉特斯命运相互冲突的两段描述:"下面我要讲的故事,大概是在冈比西斯得病的时候发生的。居鲁士任命的萨尔迪斯总督是一个叫作欧洛伊铁斯的波斯人。这个人打算做一件极不对头的事情。因为,虽然萨摩斯人波吕克拉特斯在行动和言语上都没有冒犯过他,虽然他甚至连这个人都没有见过,他却想把他擒住杀死。多数人认为理由是这样。"⑤而在第121节中,他又提出"另外一种不太流行的说法……"⑥最终,作者说道:"以上就是人们用来解释波吕克拉特斯之死的两个原因,人们愿意相信哪个就随他们的便了。"⑦相类似的说法还在文本第1卷第5节与第2卷第146节中出现。⑧

从现代史料学的认识角度出发,任何

---

① 希罗多德,2. 130. 2。
② 希罗多德,4. 195. 2。
③ 关于这一问题的讨论,参见 S. R. Slings, "Oral strategies in the language of Herodotus," *Brill's Companion to Herodotus* (ed), Egbert J. Bakker, Irene J. F. de Jong and Hans van Wees (Leiden: Brill, 2002) 53, 83; I. J. F. de Jong, R. Nünlist and Angus Bowie, *Narrators, Narratees, and Narratives in Ancient Greek Literature* (Leiden: Brill, 2002) 107; S. Flory, "Who read Herodotus' *Histories*?" *American Journal of Philology* 101.1 (1980): 27-28.
④ C. Pelling, *Literary Texts and the Greek Historian* (London and New York: Routledge Publishers, 2000) 2.
⑤ 希罗多德,3. 120-121。
⑥ 希罗多德,3. 121。
⑦ 希罗多德,3. 120-122。
⑧ 希罗多德,1. 5. 3;2. 146. 1。

史料都在一定程度上含有历史的真实信息,因此传说同样具有历史真实的成分,即使是荒诞不经的传说,也是一定时期内人们所思所想的真实体现,是客观存在的一种历史观念。希罗多德在《历史》中针对同一事件列举两种或两种以上的说法,却不做出自身的评价,恰好从一个侧面反映了古希腊口头传统中记忆的多元性。希罗多德拥有一群受众,无论我们将他们界定为"听众"抑或"读者",而不同群体出于不同的目的,针对同一事件往往拥有多重记忆。在《历史》中,希罗多德并未对事件的"真实"做出唯一的绝对判断,而将不同群体的多种记忆并陈,从而为听众或读者提供了多重认知选择与对同一事件不同角度的解读,同时也体现出作者对公众记忆多元性的尊重。

希罗多德有时会向读者展现不同记忆所呈现的"真实"间的争论,让他们了解过去的事件。《历史》第5卷第44—45节中,希罗多德对于叙巴列斯是如何被攻占的问题,向我们展现了如下两种相互冲突的描述。"这是叙巴列斯人关于多里尤斯和他的部下所作所为的说法。在这个时候,依照叙巴列斯人的说法,他们和他们的国王铁律斯正准备出征克罗同,而克罗同人听到消息之后大感恐慌,便请求多里尤斯前来帮助他们。他们的请求得到了允许,多里尤斯和他们一同到叙巴列斯去,并帮他们攻取了这个地方。""但克罗敦人却说,在他们对叙巴列斯作战的时候,除去雅米达伊族的一个埃里斯的卜者卡里亚斯之外,并没有异邦人帮助他们。关于这个人,故事说他曾从叙巴列斯的僭主铁律斯那里逃到克罗同去,因为当他为了进攻克罗同而奉献牺牲时,并没有看到有利的征兆。""以上就是双方对这些问题各自的说法……双方都引经据典,证明他们的所说是真实可靠的。每一位读者都可以采信他认为是最有说服力的看法。"①

一个社会中的许多地域群体,都创造、保存与强化各群体的集体记忆。在生存资源的角逐中,历史记忆成为各社会群体间的一种争论与政治经济谋略的运用。而竞争中的传说的提倡者也许会采用这些记忆策略作为依据。② 在如上叙述中,叙巴列斯人与克罗敦人运用集体记忆进行竞争,希罗多德将两大群体的记忆并陈,由此产生了互相矛盾冲突的描述,而事件的真相,对于"叙巴列斯究竟如何被攻占"的认知,最终可通过不同观点间的争论逐渐展现出来,以供读者选择。而不同的记忆间既有竞争又有补充。

值得注意的是,希罗多德在回顾与对待这些多元记忆时,仿佛展现出俨然置身事外的态度。他在《历史》第6卷第137节中提到:"某些皮拉斯基人被雅典人逐

---

① 希罗多德, 5.44-45。
② 王明珂著:《华夏边缘—历史记忆与族群认同》,社会科学文献出版社2006年,第257页。

出了阿提卡。这件事做得正当还是不正当我不做任何评论,反正我知道人们是这样报道这件事情的。"①"对我而言,薛西斯是不是真的派使者去过阿尔戈斯,阿尔戈斯人的使者是不是真的到苏撒来向阿尔塔薛西斯询问有关他们之间友谊的事情,我不能给出确实的说法,而且在阿尔戈斯人自己的说法以外,我在这方面不发表任何其他意见。"②《历史》这部著作的古希腊语名为 Historia,而希腊人采用"histōr"一词,指代早期在法庭诉讼中参与调查的人员,调查的目的在于解决纷争,使不同群体的利益达成一致。而希罗多德在回顾多元记忆以及多种说法时,展现出了一个公正独立并富有信任感的形象与态度,这与调查者形象间具有相似性。他将自己描绘为一个值得信赖的叙述者,列举同一事件的不同版本以展现自身的公正,继而通过文本叙述向受众树立自己的权威。

前文提到,希罗多德在《历史》中针对同一事件列举两种或两种以上的说法,却不做出自身的评价。尽管如此,他仍存在着探求历史真实的愿望。"至于我本人,我的职责是记录我所听到的一切,但是我并没有任何义务来相信描述都接近于事实。"③他也竭力想要从当时存在的不同说法中做出明智的选择,对那些认为的确不可信的东西便采取了拒斥的态度。

希罗多德在《历史》中,针对某一事件的解释,有时直接给出自身判断。"德尔菲人说这个钵是萨摩斯人塞奥多列制造的。我认为他们的话是可信的。"④"有一些看到这些图像的人推测,说他们是蒙侬的像。但是人们这样的想法距离事实还是相差很远的。"⑤在第 8 卷第 8 节中,希罗多德指出:"后来斯库里亚斯是如何逃到阿尔特米西翁角的,我无法说得很确实了。假如流行的说法属实,那的确让我感到诧异了。据说,他从阿菲泰潜入海水,直至他到达阿尔特米西翁时才浮出水面。这样他在水下潜泳的距离就长达 80 斯塔迪亚(古希腊的长度单位)。人们说过关于这个人的很多故事,其中有些明显是虚假的,有些则好像是真实的。至于这件事,我的意见是,他是乘船前往阿尔特米西翁角的。"⑥希罗多德对待证据的态度反映了早期希腊史学一种朴素、客观的处理方法,尽管粗糙,但绝非不加批判。"我是不相信这种说法的"是他在《历史》中使用频率较高的一句话。这种反映早期希腊史学朴素、客观性的处理方法,显

---

① 希罗多德,6. 137。
② 希罗多德,7. 152。
③ 希罗多德,7. 152. 3。
④ 希罗多德,1. 51. 3。
⑤ 希罗多德,2. 106. 5。
⑥ 希罗多德,8. 8. 2。

然不像普鲁塔克所言,目的在于误导和欺骗读者,告诉他们这就是什么,从而夺走读者的判断权利,而是提出疑问,为解释真相提供必要的铺垫。

有时希罗多德会给出带有推理依据的意见。埃及在希腊人的视野中,是一个充满了奇风异俗的国度。在第2卷中,作者对于伊奥尼亚人关于尼罗河的看法提出了自身的疑问。"如果我们采纳伊奥尼亚人关于尼罗河的看法(gnōmē)……那么,我们必定会得出这样的结论。但是,正如埃及人所言而我自己也深信不疑的……但是实际上,我并不认为埃及人是和伊奥尼亚人所说的三角洲同时产生的。"紧接着,希罗多德将自己的观点与伊奥尼亚人关于埃及的说法进行了对比。"如果我们对于这些事情的判断是正确的,那么,伊奥尼亚人关于埃及的认知就是错误的了。相反,假如他们的说法(gnōmē)是正确的,那么我就得说明,无论是伊奥尼亚人,还是任何其他的希腊人,都是不识数的了。"继而最终转入自身的阐释。"在这里,我暂且把伊奥尼亚人的看法搁置到一边,先来说说我个人对这些问题的看法。"① 希罗多德有时则在列举两至三种不同的说法后,逐步推理给出自身评价。"但是有些希腊人,为了博取富有智慧的声名,就对尼罗河洪水泛滥的现象做出种种解释。他们提出了三种不同的说法。我认为,其中有两种说法是不值一提(aksiō mnēsthēnai)的,只是简单指出他们是什么就够了。"②随后转入对后两种意见的评论,并进行推理。"第二种意见和刚刚提到的第一种说法相比,是更加没有真凭实据的。我也可以说它是更加不可思议的。按照这种说法……"③"第三种解释比另外两个说法更加似是而非,也就肯定是荒谬绝伦了。因为这个说法与另外两个说法相比,实在没有更多的内容。根据这个说法……"④最终转入自身的阐释,"以上我已经就有关这个难题的各种观点都提出辩难,现在我也许应该提出我个人的意见来了。"⑤如上文本表明,希罗多德对于同一事件,并未直接给出自身判断,而列举不同说法,并逐一进行推理与反驳,最终得出结论。那么,《历史》叙述中的"真实"为何要以这样的方式呈现呢?

早期史学作品是共同体集体记忆的体现,而希罗多德的《历史》应该是对城邦时代希腊人公众记忆的记录和反映。如上两段文本中,无论是描述伊奥尼亚人对于埃及的看法还是希腊人对于尼罗河洪水泛滥的现象所提出的三种不同解释,

---

① 希罗多德,2. 15- 17. 1。
② 希罗多德,2. 20. 1。
③ 希罗多德,2. 21。
④ 希罗多德,2. 22。
⑤ 希罗多德,2. 24. 1。

作者均采用了"gnōmē"这一古希腊语名词,该词与古希腊语动词"gignōskein"为同源词,意为"判断,意见"。"我认为,其中有两种说法是不值一提(aksiōmnēsthēnai)的。""mnēsthēnai"为古希腊语动词"mimnēskō"(植入记忆)的不定过去时被动态不定式形式,因此,希罗多德在叙述中向我们展现了他自身所听说的希腊人对于同一事件的多元记忆,而这些多元记忆可被视为探寻智慧(sophia)的一种认知模式,但却并不包含进行任何具有批判性与系统性的考察的意图。希罗多德对这些多元记忆进行了选择,并在列举两至三种不同的说法后,经由逐步推理给出自身评价,他的阐释同样是一种"意见"(gnōmē)和"认知",希罗多德通过这样的一种模式,强调了公众口头传统不加批判的性质与对于过去事件更具有批判性的审视模式之间的差异。对于埃及的看法、对于尼罗河洪水泛滥现象的事实真相,可通过多元记忆与希罗多德自身的认知所呈现的"真实"间的争论逐渐被剥离与呈现。此外,多元记忆间的相互冲突,也为希罗多德基于推理基础提出自身更富有批判性的意见提供了可能。

上述文本表明,希罗多德自身的判断是一种与口头文化传统下希腊人的多元记忆相异的认知,这种认知与传统的"记忆"模式相比更具批判性,两者都包含着呈现真实信息的可能。如果说文本中,希罗多德还仅仅通过提出疑问,通过逐渐推理与反驳得出自身的看法,那么,他在《历史》的叙述中,则采用了一种新的认知模式,与传统的记忆模式并存。文本第2卷第2节中,埃及国王普萨麦提库斯力图弄清哪个民族是最古老的民族,并进行了一项实验。希罗多德在第3节中提到:"我是从孟菲斯的赫菲斯托斯的祭司们那里,听说以上这些情况的,另外还流传着一些荒诞的故事,其中希腊人说……我在孟菲斯和这些祭司交谈过程中,还听说(ēkousa)许多其他的知识……我甚至为此还前往(etrapomēn)底比斯和赫里奥波里斯去,希望知晓(eidenai)那个地方的祭司们的说法是否与孟菲斯的祭司们的说法相符。"①

埃及对于希腊人而言,是一个巨大的可供利用的资源。在希腊人的心目中,埃及是一个古老而奇异的国度。因此,当希罗多德与这一非希腊世界接触时,历史真实建立于旅行与广泛的咨询中,即与本地传统的交流。文本中,希罗多德向我们展示了他的信息知晓来源,即:孟菲斯的赫菲斯托斯以及底比斯与赫里奥波里斯的祭司们,这些祭司们习惯于希腊人的种种提问,试图使这一充满奇风异俗的国度为人所熟知。希罗多德向祭司们提出问题所得到的回复通常建立在埃及的口头传统和传说基础上。在埃及,神庙图书馆是各种形式文本的储藏所,还有少数年鉴与

---

① 希罗多德,2.2.3。

王表,也保留着神话传说,但埃及祭司通常并不会前往他们的图书馆来寻找关于过去的事实。在亚里士多德看来,历史是有关人们在过去真正从事的事件的学问,并不仅仅只是一个个体或一个群体所需记忆的东西。然而,这些祭司们也许并不这么认为。[1] 埃及的祭司们是当地文化权威的代表,他们透露给希罗多德的大量智慧信息是持续发展的口头传统的体现,也是作者口述材料强有力的来源,而希罗多德所扮演的角色是一个调查通常基于口头层面的田野工作者,他随即将这些传说转化为一系列针对希腊听众的叙述。

在如上文本中,希罗多德分别采用了三个古希腊语动词:听说(ēkouon)、前往(etrapomēn)及"知晓"(eidenai),从而向我们展现了他进行探究调查的过程。而"eidenai"同古希腊语里表示"看见"的动词"oida"(我看见,我知道)有关。此处,作者已不单纯满足于收集祭司的口头传说,而试图通过亲自实践得出真相。文本中,以埃及祭司为代表的记忆的真实与历史真实并存,埃及祭司所提供的传说表明了来自他者的记忆,而正是这些记忆的"真实"构成了希罗多德展开进一步探究强有力的基础与前提。

虽然希罗多德相信,耳听为虚,眼见为实,但往往一个探究者不仅仅只拥有一重选择。作者在第2卷第29—34节中指出:

"此外,关于这个话题我没有从其他任何人那里了解到任何信息。我的确进行了尽我所能所做的范围最广的调查。由于我亲自攀登上埃列凡提涅查看(autoptēs),除此之外采用了考察(historeōn)和道听途说(akoēi)的方式,然后我才得以获悉关于尼罗河更远的河段的情况。""我对这条河所做的描述,是我竭尽全力探索所能得到的情况。"[2]

在此处,"真实"信息——关于尼罗河更远的河段的情况的呈现建立于查看(autoptēs)、道听途说(akoēi)以及考察(historeōn)的基础上,为了发现过去,希罗多德运用了他的眼、耳和他自身的判断。在这段文本中,"historeōn"(希罗多德采用了古希腊语动词"Historeō"的现在时不定式形式)一词占据了较为关键的位置,他与希罗多德在《历史》序言(Proem)中提及的"Historiēs"(Historia 的属格形式)[3]存在着紧密关联。"Historia"指代一种认知方式,即"通过亲自去看,亲眼所见而获知。"从语义演变的角度考察,"historia"最初强调实地观察,用目击证据来讲述某件事并为之担保作证。后来,这种知识扩展到可用别的方式获取,比如通过对目击证人的询问,而并不一定要亲身经历;到了公元前6世纪,"historia"的含义才逐步演变为通过收集和甄别证据,采用

---

[1] J. A. S. Evans, *Herodotus: Explorer of the past*, p.139.

[2] 希罗多德,2.29-34。

[3] 希罗多德,1.1.0。

人的理性评判来获取真知。① 在希罗多德的《历史》叙述中,"记忆真实"与"历史真实"并存,"探究"作为一种新的认知方式,与"记忆"的认知模式并存,并产生互动。若希罗多德的探究缺乏可靠证据支持,"记忆真实"是对希罗多德探究过程的有力补充,而"探究"最终取代了传统的"记忆"模式,成为更富有批判性的认知模式与导向"真实"的另一路径。

四、结论与思考

对于希罗多德《历史》叙述中"真实"呈现方式的考察,无疑为我们从更深入层面解读《历史》中"记忆"模式与"真实"间纷繁复杂的关系提供了一个细微的文本个案。将希罗多德《历史》中"真实"的呈现置放于古希腊文化的口头传统中进行审视,将《历史》中的"真实"与希罗多德思想观念中对于"探究"模式的强调与推崇相联系,从而使我们得以理解《历史》中的"真实"观念与古希腊思想中的两大认知模式:"记忆"与"探究"之间的关联。

笔者认为,对于希罗多德《历史》中"真实"的考察落脚点并不应局限于探究叙述的真实性本身,而应将关注的目光集中于不同的利益群体保存记忆的意图以及希罗多德《历史》叙述中"真实"的呈现方式,这将直接关涉几个争论已久、涉及古希腊思想史的核心问题,即:"记忆",作为古希腊思想中传统的认知模式,在希罗多德整部《历史》叙述中的价值和意义是什么?希罗多德究竟在古希腊思想中传统的史诗性的"记忆"模式以及新的"探究"模式间扮演了怎样的承接地位和角色?"探究"作为一种与"记忆"相区别的认知模式,其独特性究竟体现在何处?在笔者看来,希罗多德这位《历史》的叙述者,对这个问题做出了巧妙的回答。

历史真实与记忆真实并存于希罗多德《历史》的叙述中。"记忆"与"探究"可分别被视为探寻智慧的两种认知模式与导向"真实"的不同路径,希罗多德整部著作"真实"观念的呈现有赖于"记忆"和"探究"认知模式的互动。"记忆"的认知模式反映了希罗多德自身所处的口头传统以及作者的叙述与集体记忆的关联,希罗多德通过多元记忆和探究模式所呈现的"真实"间的争论了解过去的事件,而"探究"模式也是他与"记忆"模式进行竞争的手段与策略。因此,在希罗多德的思想中,"记忆"并非完全无法反映"真实"信息,他对于两者存在的纷争进行了调和,将"记忆"纳入了揭示"真实"的阵营。而"探究",作为希罗多德思想中所推崇的核心观念,作为一种新的认知模式,搭建起了他的思想中"记忆"与"真实"间过渡的桥梁。希罗多德巧妙地将《历史》叙述中"记忆"与"真实"之间的张力逐渐转换为对"探究"的强调与推崇,由此凸显了这一更富有批判性的认知模式的独特

---

① 张巍:《希罗多德的"探究"——历史序言的思想史解读》,《世界历史》2011年第5期,第128、133页。

性与优越性,从而引导历史研究走向探究未知的方向。

Herodotus' presentation of "truth" in the *Histories*, the interaction between the "memory" and the "inquiry"

Abstract: "Historical truth" and "memorial truth" coexist in the narrative of the *Histories*. The "memory" and the "inquiry" are regarded as various cognitive patterns reaching for sophia (wisdom) and paths leading to "truth"; and the presentation of "truth" in the work as a whole depends on the interaction between the "memory" and the "inquiry". The "memory" embodies the oral traditions as collective memory, as well as their relationship with the narrative of the Histories; it is the co-presentation and competition of diversed memories that constitutes a valid foundation for the critical "inquiry" of Herodotus. The understanding of the past events can be gradually crystalized and visualized by the debating between the "truth" of the diversed memories and the "truth" presented by the "inquiry" of Herodotus. Inquiry, in turn, serves him as means and strategies of competition with other memory-based cognitive patterns claiming truth for themselves.

Keywords: Herodotus, The *histories*, Truth, Memory, Inquiry

作者:何珵,山东师范大学历史与社会发展学院讲师

斯特拉博及其《地理学》

□ 李铁匠

一、斯特拉博的生平和著述

关于斯特拉博的生平事迹,我们知道得很少。这是因为斯特拉博同时代人几乎没有留下任何有关他的记载,在他去世之后,离他时间最近的著名学者老普林尼、托勒密没有提到他的《地理学》,稍后的约瑟夫斯·弗拉维乌斯、普鲁塔克和雅典尼乌斯才开始使用他的著作。直到6世纪,拜占庭学者斯特芬开始把他称为地理学权威。在整个中世纪,斯特拉博一直默默无闻,很少有人提起。一直到文艺复兴时期,斯特拉博的著作《地理学》被重新发现,他的名声才从此开始显赫,被称为著名的地理学家。因此,有关斯特拉博的生平事迹,主要依据的是他自己在《地理学》之中的自述和后世学者考证的结果。

一般认为,斯特拉博大约生活在公元前64/63—公元23/24年之间。他的故乡是小亚细亚地区本都王国的阿马西亚城。根据斯特拉博所说,公元前64年本都国王自杀,[①]在他出生之前不久罗马人占领了比希尼亚,由此推断他出生的时间是在公元前64/63年。至于他去世的时间,是根据他在《地理学》之中提到公元23年莫卢西亚国王(即毛里塔尼亚)朱巴二世"最近"去世的事情。有人猜测"最近"就是"在一年之内"的意思,[②]此后他再也没有写作新的东西。因此,学者们推断他去世的时间大概是在公元23/24年。

斯特拉博出生于一个深受希腊文化熏陶的上层贵族家庭。关于斯特拉博父亲一族的情况,斯特拉博本人在书中刻意回避,因此人们很难知道底细。关于其母亲一族的情况,斯特拉博倒是交代得十分清楚。根据他自己所说,其母亲的前辈是本都的显赫家族。其母的曾祖父多里劳斯曾经

---

① 《地理学》XII, iii, 41。
② 《地理学》XVII, iii, 7。

担任过本都驻克里特岛军事统帅,在平息当地的战乱之后获得了巨大的荣誉。后来,因为本都国内发生政变,多里劳斯滞留克里特岛克诺索斯,在当地娶妻生子,并且在当地去世。再后来,由于本都新王与其有远亲关系,其家族成员蒙恩被召回,其中有一位名叫拉吉塔斯的担任科马纳的祭司,地位仅次于国王。他就是斯特拉博外祖母的兄弟。在米特拉达梯战争(公元前87—前63年)之中,这个拉吉塔斯私下与克诺索斯人和罗马人达成协议,企图鼓动国内上层分子叛乱推翻国王,由他来担任新政府的首脑,结果事泄被捕,家庭成员大多受到牵连。① 其后,拉吉塔斯之弟莫阿菲尼斯作为国王的朋友担任了科尔基斯副总督。② 又因为国王的原因遭到不幸,有的家庭成员因此被杀。斯特拉博的外祖父为了替家族报仇,公开背叛国王,投靠罗马人,在得到罗马统帅卢库卢斯(约公元前117—前56年)的保证之后,他策动了15座要塞投向罗马人。③ 这种做法在现代民族主义者看来,简直是卖国投敌。但是,在当时深受希腊化世界主义思想影响的上层分子看来,这乃是最正常不过的事情。因为他们认为公民是国家的主人,政府或君主只是公民雇佣的公仆或者奴才。如果统治者敢于违抗人民的意志,就可以立刻驱逐他们。因此,推翻残暴的统治不是背叛,而是天经地义的事情。他们认为,作为"世界公民",为所谓的"世界城邦"服务,远胜于为某个小国之君服务。而正在出现的罗马帝国,就是这样一个"世界城邦"。因此,在斯特拉博看来,这样做不仅没有什么可耻,反而是一大功绩,所以才会在书中多次提到其家族如何背叛本都国王,在米特拉达梯战争支持罗马人的功绩。

不过,在罗马统帅卢库卢斯离任,庞培接手米特拉达梯战争,并且取得胜利之后,由于庞培与卢库卢斯之间的权力斗争,庞培把凡是帮助过卢库卢斯的人都当成了对手,元老院又站在庞培一边,庞培以"当一个人领导战争走向了胜利,而奖赏和奖金的分配却由另外一个人掌管,这是不公正的事情"为由,④拒绝履行前约,只授予了他们罗马公民权。尽管如此,由于这个家族亲罗马的政治态度,他们不但得以保住了自己的财产和地位,而且在罗马上层分子之中有一定的影响。斯特拉博也因此得以接受当时良好的教育,为今后从事历史地理研究和周游罗马帝国各地奠定了基础。

斯特拉博虽然出生在希腊化国家,却是罗马公民,他的名字也是罗马人的名字。但是,这个名字很难说是这位历史学

---

① 《地理学》X, iv, 10。
② 《地理学》XI, ii, 18。
③ 《地理学》XII, iii, 33。
④ 《地理学》XII, iii, 33。

家和地理学家的真名,因为这是罗马人送给任何一位眼睛有点毛病者的名字或外号,意为"斜眼"。例如,庞培的父亲庞培·斯特拉博就是"斜眼庞培"的意思。而在西西里地区,视力特别好的人也叫作"斯特拉博"。不过,由于作者在其书中除了使用这个名字之外,并没有提到自己还有其他的名字。因此,今天学术界只能认为《地理学》这本书作者的名字就叫斯特拉博了。

斯特拉博从青少年时代开始,就一边游历小亚细亚各地,一边访求名师。他的第一位教师是尼萨(今土耳其苏丹希萨尔城)的阿里斯多德姆斯,此人是波塞多尼奥斯的孙子、庞培之子的老师。阿里斯多德姆斯教授修辞和语法。斯特拉博自称学完了全部课程,并且在这里变成了一个荷马史诗的爱好者。① 据说斯特拉博通过老师的关系,不但接触到了波塞多尼奥斯的著作,而且和波塞多尼奥斯建立了私交。

斯特拉博 21 岁的时候来到罗马,师从逍遥派哲学家色纳尔库斯,②此人是一位地理爱好者。曾经在塞琉西亚、亚历山大、雅典和罗马讲学。色纳尔库斯终身以教育为职业,获得了阿雷乌斯和奥古斯都·恺撒的友谊。从斯特拉博对他的介绍看来,色纳尔库斯对他的影响巨大。③

斯特拉博在罗马向一位著名的教师、帕加马学派的学者提兰尼昂学习过语法。此人是"亚里士多德的崇拜者",也是一位语法学家和真正的地理学家,罗马政治家西塞罗曾经想请他帮助撰写一部地理学著作。有人说他在地理学方面的成就,对斯特拉博有很大的影响。但斯特拉博把他称为"像书贩子一样的人",双方关系看起来似乎比较冷淡。④

斯特拉博的正规教育,可以说到此结束。他从三位著名教师那里接受了当时知识精英阶层所必须接受的传统教育,即演说、语法和哲学教育。后来,斯特拉博还向亚历山大学派的学者学习过,亚历山大学派和帕加马学派一样,主要是研究荷马史诗,解释史诗之中的地名,古希腊最早的地理学就是从这种研究之中开始形成的。斯特拉博通过亚历山大学派得以了解古希腊最伟大的地理学家厄拉多塞及其对荷马史诗的观点。从斯特拉博接受的教育情况来看,可以说他不但接受了当时几个主要学派的教育,而且在接受教育的过程之中也和学术界的权威建立了良好的关系。斯特拉博虽然接受了各个学派的学术观点,但对他本人影响最大的仍然是斯多葛派。他本人也自称是斯多

---

① 《地理学》XIV, i, 48。
② 《地理学》XIV, v, 4。
③ 《地理学》XIV, v, 4。
④ 《地理学》XII, iii, 16; XIII, i, 54。

葛派学者。①

作为历史学家和地理学家,周游四海是一种重要的历练。斯特拉博从青年时代开始,就游历过小亚细亚许多地区,对各地进行过详细的考察。例如,他去过尼萨、卡陶尼亚的科马纳、陶里的皮拉姆斯河,后来还去过特拉莱斯、希拉波利斯和以弗所。

公元前44年,斯特拉博移居罗马的首都罗马城。他在那里一直住到公元前31年。这时的罗马城已经成为希腊化上层知识精英分子向往的天堂。斯特拉博在那里广结上层人士。在他的朋友之中有塞尔维利乌斯·伊索里亚、埃利乌斯·加卢斯等人,还有人认为庞培的朋友、历史学家提奥法尼斯也是他的朋友。同时,他在罗马可以使用帕拉丁图书馆丰富的藏书和资料,这对他的研究也有很大的帮助。

公元前31年之后,斯特拉博离开罗马城,仿效前辈著名学者波塞多尼奥斯和波利比奥斯,长期在外旅行。根据他自己所说,他活动的范围都是在罗马帝国的境内:如亚美尼亚、撒丁、黑海、埃及、上尼罗河的埃塞俄比亚山区等。但是,斯特拉博既没有去过希腊文化的中心雅典,也没有去过希腊的圣地奥林匹亚。这大概是由于经历了长期战争之后,当时整个希腊地区已经破败不堪,罗马帝国的经济文化中心已经转移到了埃及的亚历山大、小亚细亚和意大利。

斯特拉博外出旅行,有些有详细而准确的记载。例如,公元前29年,他沿着公路去科林斯地区,参观了科林斯遗址,爬上了科林斯的卫城阿克罗科林斯。② 他从罗马沿着阿庇安大道到了布伦特西乌姆,③从那里经由海路到达波普洛尼乌姆城。④ 在从意大利到非洲的航行中,他看到了昔兰尼的海船。⑤ 斯特拉博在亚历山大城住了很长时间,有人认为公元前25—前19年他在亚历山大,主要是为了收集与《地理学》有关的资料,为此他经常前往亚历山大图书馆,在那里认识了历史学家大马士革·尼古拉,⑥看到了印度送给奥古斯都的礼物:大象和畸形人。⑦ 然后,他从亚历山大城开始了漫游埃及的旅行。他在自己的朋友、埃及总督埃利乌斯·加卢斯的陪同之下,沿着尼罗河逆流而上,从三角洲地区经赫利奥波利斯、孟菲斯、金字塔地区、莫里斯湖边的阿尔西诺伊、底比斯、赛伊尼、菲莱岛,几乎走遍

① 《地理学》I, ii, 34。
② 《地理学》VIII, vi, 20。
③ 《地理学》V, iii, 6。
④ 《地理学》V, ii, 6。
⑤ 《地理学》XVII, iii, 20。
⑥ 《地理学》XV, i, 73。
⑦ 《地理学》XV, iv, 45。

了整个尼罗河沿岸的城市,一直航行到埃塞俄比亚边境。这次旅行所记载下来的资料,就成了埃及地理的主要资料。①

公元前13年,斯特拉博第二次来到亚历山大城,他在那里又住了好几年。然后,他大概又回到了罗马。斯特拉博最后在哪里度过他的晚年,这个问题争论很多。有人说是在罗马,有人说是在本都,并且说他在那里成了本都女王皮托多里斯的宫廷史学家,而他写的这本《地理学》也是献给她的礼物。不过,有许多人反对后一种说法。根据斯特拉博在书中提到公元23年莫卢西亚国王(即毛里塔尼亚)朱巴二世"最近"去世的事情,有人猜测他去世的时间大概是在公元23/24年,享年87岁。② 在古代,他也算是一位寿星了。

斯特拉博一生有两部著作:第一部是《史记》,第二部是《地理学》。《史记》据说是波利比奥斯《历史》的继续,记载着从迦太基和科林斯被毁灭到亚克兴海战(公元前31年)期间的历史。不过,这部著作没有完整地保留下来,只有一些纸草残篇保留在意大利米兰,人们只能从他在《地理学》之中提到的只言片语,猜测它大概有些什么内容。

斯特拉博的第二部著作《地理学》从什么时候开始写作的,没有人知道。根据作者自己所说,这部著作是在《史记》出版之后开始写作的。③ 这部著作在什么时候完成的,也有很多争议。有人认为是公元7年,有人认为是他去世之前。因为他在书中提到公元23年朱巴二世去世的事情,所以断定他在公元23年仍然活着,并且还在写作。与《史记》不同的是,这部著作不但保留下来了,而且基本上是完整的。这是古代世界保存至今第一部以"地理学"为题的伟大著作。但是,《地理学》是什么时候出版的,目前没有人知道。至少普鲁塔克在《希腊罗马名人传》之中只提到哲学家斯特拉博的《史记》,④可见《地理学》这时不一定出版了。

斯特拉博为什么要写这样一部地理学著作?我们认为这可能与其个人所受的教育、个人的爱好、当时地理学发展的水平,以及罗马现实的政治情况都有关系。

如前所述,在斯特拉博求学的过程之中,他所学的知识,所接触到的教师和学者,都与地理学有关系,这对于他今后从事地理学研究可能起了重要的影响。

其次是希腊人自古以来所具有的求知欲望、冒险精神和他们对海外贸易的需要,为希腊地理学的产生提供了坚实的基础。

---

① 《地理学》XVII, i, 54。
② 《地理学》XVII, iii, 7。
③ 《地理学》I, i, 23。
④ 普鲁塔克:《希腊罗马名人传》,商务印书馆,1990年版,第439页。

希腊地理学发源于爱奥尼亚希腊移民城邦。《荷马史诗》被认为是希腊地理学的序曲,史诗作者荷马(约公元前8世纪)就是爱奥尼亚居民。这个时候正是希腊移民运动(又称殖民运动)的开始。这个运动大大地开阔了人们的视野,促进了希腊地理学的发展。公元前7—前6世纪,爱奥尼亚出现了三位伟大的学者:泰勒斯(约公元前7—前6世纪初)、阿那克西曼德(公元前610—前540年)和赫卡泰奥斯(约公元前540—前480年)。其中,泰勒斯号称是希腊第一位科学家。他的学生阿那克西曼德是希腊地图学的鼻祖,绘制出希腊地理学上的第一张地图。而赫卡泰奥斯是描述地理学的创始人。他周游列国,依据自己的实践经验和古代地理学资料,编撰了一部地理著作《旅行记》,并且绘制了一幅地图。由他开始,描述地理学开始在希腊占据统治地位。萨摩斯的学者毕达哥拉斯(约公元前580—前500年)首先提出了大地是球形的理论,推翻了此前认为大地是圆盘形的观念。历史之父希罗多德(约公元前484—前425年)进一步发展了描述地理学。此后,柏拉图(约公元前427—前347年)、亚里士多德(公元前384—前322年),又以各自的方式论证了大地是球形的理论。亚里士多德同时代的学者欧多克索斯(公元前400—前347年)根据这个理论,完善了地球分带的理论,并且对地球的周长做出了估算。他的著作《地球的描述》对描述地理学的发展具有很大的促进作用。希罗多德的《历史》和色诺芬的《长征记》则反映了当时希腊人对于整个世界的认识水平。

公元前4世纪后期,马其顿王国的兴起及亚历山大对东方的远征——征服了亚细亚大部分地区和欧罗巴直到伊斯特河的地区——又一次大大地扩展了西方人的视野。[1] 远征之后,希腊出现了一系列有关东方各国的著作,无疑大大地丰富了希腊人地理学的知识。

公元前3世纪,希腊著名学者、亚历山大图书馆馆长厄拉多塞(公元前276—前194年)建立了地理学中的数学-天文学流派,他把数学方法用于研究地理学,力图推算整个地球和有人居住地区的外形和面积。他测量出地球的周长是40000千米,几乎与它的实际值(40075.13千米)相差无几。他首创"地理学"这个科学术语。用以代替过去阿那克西曼德及赫卡泰奥斯等人使用的"游记""周航记"等术语从厄拉多塞开始,地理学开始被理解为主要是依靠数学和天文学知识来描述地球(包括其物理构造)的一门科学。波利比奥斯(公元前200—前118年)和后来的波塞多尼奥斯(约公元前130年生),则把地理学、历史学和民族学结合在一起,他认为地理学的作用仅限于为历史学充当助手,地理学的任务就是对

---

[1] 《地理学》II, i, 2。

个别地区进行经验主义的描述。并且提出了实用主义地理学的口号。稍晚于波利比奥斯的是喜帕恰斯(约公元前190—前125年),他发明了经纬圈,把纬线圈分为360度,以12根纬线把地球分成不同的"纬度"或"带",奠定了地图制图学的科学基础。以弗所的阿尔特米多鲁斯(公元前2世纪后期)则遍游地中海各地,写下了大量的游记。

公元前1世纪,随着罗马共和国的对外扩张(罗马与帕提亚之间战争、米特里达梯战争)以及罗马与世界各地的经济贸易往来日益频繁,对于希腊地理学的发展,可以说起到了第三次也是最有力的推动作用。这时的人们对于周边世界的地理知识越来越丰富。各种历史、地理学著作不断地涌现,客观上为斯特拉博的《地理学》积累了丰富的资料,奠定了坚实的理论基础,使得他有可能写出一本划时代的地理学名著。而新兴的世界帝国——罗马帝国出于政治经济的目的,也需要这样一本囊括世界的地理学著作。时代的需要,呼唤着伟大的地理学家早日出现。

斯特拉博撰写《地理学》的第三个原因,是他和当时大多数希腊上层知识分子一样,都希望以自己的专业知识更好地为新兴的罗马帝国服务,为罗马歌功颂德。正因为如此,他对意大利地理的描述,被人们称为是斯特拉博献给罗马的一首颂歌,它的名字就叫《意大利颂》。[①] 而他自己在书中也不止一次提到,地理学的目的就是为统治者服务。"地理学不仅可以为政府要员和军队将领的活动提供帮助……"[②]"地理学主要是服务于国家的需要","整个地理学直接关系到统治者的活动,这是再明白不过的事情",[③]"如果说政治哲学大部分与统治者有关,而地理学是为统治者利益服务的。那么,后一种科学显然比政治哲学占有某种优势地位。不过,这种优势是与生活实践有关的"。[④]本书的读者群"主要是身居高位者"。[⑤]

二、《地理学》内容简介

按照希腊语《地理学》的原意,[⑥]斯特拉博《地理学》可以称得上是一部真正的地理学著作。《地理学》全书共17卷,除第1、2卷是绪论之外,其余全是对当时古典世界所知的、有人居住世界的描述。

绪论的内容包括地理学研究的范围和用处,地球、纬度、大洋、阿那克西曼德和赫卡泰奥斯的理论、对跖问题、自然地理、政治地理、三大洲的划分原则、地理研

[①] 《地理学》VI, iv, 1。
[②] 《地理学》I, i, 1。
[③] 《地理学》I, i, 16。
[④] 《地理学》I, i, 18。
[⑤] 《地理学》I, i, 23。
[⑥] 希腊语《地理学》本义为"地球的描述",见阿尔夫雷德·赫特纳:《地理学》,商务印书馆,2011年版,第154页。

究的数学方法和斯特拉博对有人居住区域的看法等等。斯特拉博在序言中详细地介绍了希腊地理学发展的过程、古希腊地理学家所取得的成就和不足之处,对古希腊地理学家、数学家和天文学家的评价,以及成为地理学家的条件。

在绪论之中,斯特拉博开宗明义提出,地理学家在某种程度上都是哲学家,通晓万物就是哲学,只有具备广博的知识,才能从事地理学研究工作。接着,他列举了他心目中最伟大的哲学家、地理学家的名字,以及他们对地理学的贡献,他们是荷马、泰勒斯的学生和同胞阿那克西曼德、赫卡泰奥斯、厄拉多塞、波利比奥斯、波塞多尼奥斯和喜帕恰斯。从中得出结论,地理学家必须接受渊博的教育,必须懂得天文学、几何学、气象学和地球的历史,必须把大地的自然知识如各种动植物的知识和有关海洋的一切知识都加入到这些知识之中。他强调人类是两栖动物,不仅是陆地动物,而且是海洋动物,因此必须拥有包括大地和海洋在内的一切知识。地理学研究的范围也必须包括大地和海洋。① 从中我们可以看出,重视海洋,是以古典学者为代表的蓝色文明一个突出的特点,它和以农耕立国的黄色文明具有很大的不同。

同时,斯特拉博还强调地理学家必须具有艺术、数学和自然科学理论,以及建立在历史传说和神话故事基础之上的理论。地理学应当重视实际利益,而不是充满迷人色彩的东西,遵循重视实用和可靠的原则。② 因此,他主张研究地理应当以有人居住的世界为主,注重了解各个国家的特点,如它们的大小、位置、道路等地理特点和与此有关的社会多样性等等。③ 而研究有人居住的世界,又必须以领土囊括三大洲的罗马帝国为主。他认为把这些要素都搞清楚了,也就完成了地理学研究。

斯特拉博强调,他的《地理学》主要是为国家要员和军队将领④、为国家⑤、为统治阶级服务的⑥。他公开地声明,其著作是为身居高位者、为那些学过某些系统的科学知识,生而自由或者是从事哲学研究的人而写的。对于那些连基本常识都不知道的人来说,他们不需要(或现在还不需要)这样一本著作。⑦

随后,斯特拉博谈到了古希腊著名地理学家所取得的成就和不足,并且对其中的某些"错误"进行了尖锐的批评。古希

---

① 《地理学》I, i, 11-16。
② 《地理学》I, i, 19。
③ 《地理学》I, i, 11-16。
④ 《地理学》I, i, 1。
⑤ 《地理学》I, i, 16。
⑥ 《地理学》I, i, 18。
⑦ 《地理学》I, i, 21

腊地理学家取得的这些成就,对于现代地理学仍然有着重要的意义,如气候带的划分、经纬度的划分等等。至于不足之处,可以把它视为地理学形成的初期不可避免的现象。古希腊人对三大洲的划分,可以使人们明白,为什么古埃及历史被划入古代东方历史的范畴。原来在上古时期,希腊人一直把埃及和埃塞俄比亚视为亚细亚的一部分,而非洲仅限于今天北非的利比亚,至于利比亚以南的情况,那时的人们还一无所知。① 同样,古代的欧罗巴也不是今天的欧洲,它最初只代表希腊本土那一点儿地方,后来才逐渐扩大到西部的意大利、伊比利亚,以至整个的欧洲地区。至于亚细亚,它最初只是指与希腊相邻的小亚细亚地区,后来才逐渐扩大到两河流域、波斯、中亚、印度和他们所说的神话般的塞里斯地区。但是,亚细亚仍然主要是指小亚细亚各地。在罗马帝国时期,亚细亚除了原来的含义,也指罗马帝国在小亚细亚地区设立的亚细亚省。

《地理学》由第3卷开始,叙述有人居住世界的各个地区,包括各地的地理环境、交通状况、民族构成、矿产资源、农业和手工业特产、历史沿革、名胜古迹、文化名人等等。全书的结构大体上是按照由西向东的布局进行论述,这是因为在斯特拉博的眼中,西方的欧罗巴对于整个世界的贡献要大于利比亚和亚细亚。② 实际上,我们从斯特拉博的叙述中可以看出,他所谓的有人居住的世界,就是以罗马帝国为中心,加上周边地区组成的世界。在叙述各地的情况时,斯特拉博大量使用了前辈学者和同时代学者的研究成果。

《地理学》第3卷叙述的是罗马帝国最西部的伊比利亚(即今西班牙)和伊比利亚诸岛。斯特拉博本人没有去过伊比利亚。因此,作者使用了波塞多尼奥斯③、波利比奥斯④、阿尔特米多鲁斯⑤、提莫斯梯尼⑥、阿斯克勒皮阿德斯⑦和皮西亚斯⑧等人的资料,详细地介绍了伊比利亚的自然地理、部落分布、城市、道路、港口、农业、工矿业、渔业生产、风俗习惯情况。对于其中具有当地特色的东西,记载尤其详细。例如,伊比利亚各地繁荣的海上贸易、某个地区兔害严重威胁农业生产、各地提取黄金和白银的办法。尤其值得一提的是,伊比利亚人在开采银矿时,很早就在矿洞之中使用了埃及的螺旋抽

---

① 《地理学》II, v, 33。
② 《地理学》II, v, 26。
③ 《地理学》III, ii, 9。
④ 《地理学》III, ii, 10。
⑤ 《地理学》III, i, 4。
⑥ 《地理学》III, i, 7。
⑦ 《地理学》III, iv, 3。
⑧ 《地理学》III, ii, 11。

水机排水。在提炼白银时,建立了高高的烟筒将冶炼中产生的有毒气体排入高空,以免破坏环境。这些记载使人们对于古代的贵金属生产有一个大致的了解。①

《地理学》第4卷叙述的是凯尔特、不列颠、阿尔卑斯。这部分引用了恺撒《高卢战记》②、还有亚里士多德③、波利比奥斯④、提米乌斯⑤、阿西尼乌斯⑥、阿尔特米多鲁斯⑦、皮西亚斯⑧、波塞多尼奥斯⑨的资料。对于罗马帝国而言,凯尔特、不列颠和阿尔卑斯都是新征服地区。因此,这些地区的记载主要是引用了《高卢战记》的资料,内容也是各部落分布情况、罗马征服当地的经过。但这些资料对于研究今天英法两国古代的历史,仍然具有重要的价值。

《地理学》第5卷和第6卷叙述的是意大利,也是罗马帝国最重要的部分。这部分引用了波塞多尼奥斯⑩、埃福罗斯⑪、安提克利德斯⑫、波利比奥斯⑬、厄拉多塞⑭、阿尔特米多鲁斯⑮、阿波罗多罗斯⑯等人的资料,但最重要的还是斯特拉博在意大利长期旅行亲自考察所得到的资料。因此,斯特拉博对意大利各个部落的分布,意大利的城镇、道路、物产等各地特点,叙述十分详细。其中值得注意的有两点:第一是斯特拉博重视地震和火山爆发对环境的影响,花了很多的笔墨来探讨火山灰对葡萄生长的影响,亲自向知情者调查火山口的情况和火山爆发的情况;⑰第二是他在意大利卷最后一章对意大利和罗马扩张的总结之中,正确地概括了意大利地理环境的优势、罗马政治制度的优越性和对外扩张的成功,衷心地表达了他对罗马帝国和罗马皇帝的赞美之情。这篇

---

① 《地理学》III, ii, 8-11。
② 《地理学》IV, i, 1。
③ 《地理学》IV, i, 7。
④ 《地理学》IV, i, 8。
⑤ 《地理学》IV, i, 8。
⑥ 《地理学》IV, i, 3。
⑦ 《地理学》IV, i, 8。
⑧ 《地理学》IV, ii, 1。
⑨ 《地理学》IV, iv, 6。
⑩ 《地理学》V, i, 3。
⑪ 《地理学》V, ii, 4。
⑫ 《地理学》V, ii, 4。
⑬ 《地理学》V, ii, 5。
⑭ 《地理学》V, ii, 6。
⑮ 《地理学》V, ii, 6。
⑯ 《地理学》VI, i, 3。
⑰ 《地理学》VI, ii, 3, 8-11。

文章被人称为《意大利颂》，代表了斯特拉博坚定不移地支持罗马的政治立场。由于他在文章之中提到罗马皇帝提比略在位的政绩，可以证明在公元 14 年，斯特拉博的《地理学》还没有完成。

《地理学》第 7 卷叙述的是伊斯特河、日耳曼尼亚、托罗斯山区和西徐亚等地区，该卷最后一章称为残篇，包括若干残缺不全、意义不完全清楚的篇章。该卷引用了荷马[1]、赫西奥德、赫卡泰奥斯、埃斯库罗斯、希罗多德[2]、西尼亚斯[3]、埃福罗斯[4]、泰奥彭波斯[5]、德米特里[6]、波塞多尼奥斯[7]、波利比奥斯[8]、品达[9]、波菲里乌斯[10]和阿波罗多罗斯等人的资料。由斯特拉博引用的资料可以看出，该卷的学术价值是有很大区别的。大体上来说，关于日耳曼尼亚的记载，引用的是他那个时代的第一手资料，资料的提供者就是亲自与日耳曼人打过交道的罗马人，因此其可信程度较高，为研究日耳曼和东南欧各国的历史和地理留下了珍贵的资料。而对于西徐亚地区，由于希腊人一直没有人深入过境内，引用的仍然是荷马、希罗多德、埃福罗斯时期陈旧的口述资料。但是，苏联学者对这部分资料仍然十分重视，认为它保留了苏联南部地区上古时代的重要信息，如果没有这些资料，苏联历史学家和考古学家的工作几乎是无法进行的。

《地理学》第 8 到第 10 卷叙述的是希腊本土，包括伯罗奔尼撒、阿提卡、迈加拉、福基斯、洛克里斯、色萨利、埃维亚、埃托利亚、阿卡纳尼亚和克里特岛。有关这个地区的资料比较丰富，引用的作者也比较多，如荷马、埃福罗斯、波利比奥斯、波塞多尼奥斯、喜帕恰斯[11]、阿尔特米多鲁斯[12]、欧多克索斯[13]、索西克拉特斯[14]、斯塔菲卢斯[15]、柏拉图[16]、提奥弗拉斯图斯和卡

---

[1] 《地理学》VII, v, 9。
[2] 《地理学》VII, iii, 8。
[3] 《地理学》VII, viii, 1。
[4] 《地理学》VII, iii, 9。
[5] 《地理学》VII, v, 9。
[6] 《地理学》VII, viii, 27a。
[7] 《地理学》VII, ii, 2。
[8] 《地理学》VII, v, 9。
[9] 《地理学》VII, viii, 57。
[10] 《地理学》VII, viii, 64。
[11] 《地理学》VIII, i, 1。
[12] 《地理学》VIII, vi, 1。
[13] 《地理学》X, iv, 2。
[14] 《地理学》X, iv, 3。
[15] 《地理学》X, iv, 6。
[16] 《地理学》X, iv, 9。

利马科斯①等。除此之外,斯特拉博本人也游历了希腊许多地方。对于希腊地区,斯特拉博说到古典时期津津乐道,说到罗马统治时期则一笔带过。从某种意义上来说,这就是为今上讳。因为经过多次马其顿战争,希腊许多城镇已经被罗马人彻底毁灭,荒无人烟,肥沃的良田变成了牧场;至于以文化昌明自诩的雅典,这时也失去了古典文化的中心的地位。

斯特拉博对希腊本土的介绍可以说非常详细。他首先介绍了希腊的整体情况、希腊各个部落和方言,然后再按照顺序介绍了希腊各邦的政治经济、历史文化,可以说整个希腊本土的情况基本上一览无遗。从事政治、经济、历史、宗教、艺术、体育和旅游各方面研究的读者,都可以从他的记载之中找到自己感兴趣的资料。例如,希腊最早的发明家、阿尔戈斯国王菲敦(公元前650年)发明了度量衡器和打制的货币,②这种货币比波斯国王大流士一世(公元前521—前486年)发行的货币要早100多年,对研究钱币学的学者而言,可以说是非常珍贵的资料。这本书对有关古希腊名目繁多的各种地区性运动会,特别是奥运会都有详细的记载,包括奥运会的创始人、组织者、比赛项目、奖品、第一届奥运会冠军的姓名、历届奥运冠军的日常生活等,对其他各邦运动会的情况、奖品也有详细的记载,这对于从事体育史研究的人来说,具有重要的参考价值。不过,奥运会的圣火点燃仪式,大概是现代奥运会赋予雅典的荣誉,因为古代奥运会并不是在雅典,而是在伊利斯的奥林匹亚举行,雅典不过是一个参加者而已,斯特拉博也没有提到圣火点燃仪式。③

值得世界古代史学者注意的部分是,斯特拉博比较详细地介绍了拉科尼亚希洛人制度产生的经过和希洛人的地位。不过,希洛人到底是不是奴隶,恐怕连许多希腊学者包括斯特拉博自己也搞不清楚。他先是说希洛人是有特定条件的奴隶,斯巴达人认为他们是国家的奴隶。④他后来又说希洛人类似于克里特的农奴诺姆人和色萨利的佩内斯特人。而后面这两个阶层显然和奴隶是有区别的。⑤从这里可以看出,有关希洛人的社会地位问题,即使古希腊人也是众说纷纭,没有一致的定论。克里特三座著名城市(克诺索斯、戈提纳和利克图斯)与拉科尼亚人在司法制度方面有着密切的传承关系。在戈提纳城遗址发现的古代石刻法典,是

---

① 《地理学》X, iv, 2。
② 《地理学》VIII, iii, 33。
③ 《地理学》VIII, iii, 30。
④ 《地理学》VIII, v, 4。
⑤ 《地理学》XII, iii, 4。

古希腊保存下来的唯一成文法律。① 该法典已经由我国学者郝际陶译为中文,名为《格尔蒂法典》。② 斯特拉博对克里特岛和戈提纳城邦的详细介绍,对于研究这部古代法典无疑具有很大的帮助。

《地理学》第 11 卷叙述的是高加索、希尔卡尼亚、帕提亚、巴克特里亚、米底、亚美尼亚,这个地区又称古代中亚,它已经超出了罗马帝国的范围,也是罗马帝国向东方扩张难以克服的障碍。我们在前面说过,《地理学》大体上是按照从西向东的布局来叙述。但是,作者在这里违反了这个原则,先说中亚,再来说西亚。

在这个部分,斯特拉博引用了厄拉多塞③、希罗多德、克特西亚斯、赫兰尼科斯④、波塞多尼奥斯、帕特罗克莱斯⑤、阿波罗多罗斯⑥、波利克莱图斯⑦、欧多克索斯⑧、奥内西克里图斯⑨、帕特罗克莱斯⑩、阿里斯托布卢斯、阿波罗尼德斯⑪、德利乌斯⑫、奈阿尔科斯⑬、提奥法尼斯、希普

西克拉特斯、梅特罗多鲁斯、德米特里、阿尔特米多鲁斯等人的资料,同时,斯特拉博指出,在有关这些地区的记载之中,不要轻易相信大多数写"亚历山大传记"的作家,因为他们为了颂扬亚历山大而粉饰历史事实。⑭ 从他所引用的作者看来,人数虽然很多,但资料比较陈旧,有些地区的记载过于简略。尽管如此,其中有关塞种部落、帕提亚、阿里亚、巴克特里亚和米底的记载,对于从事中西交通史的学者来说,在资料稀缺的情况下,仍然是不可多得的珍贵资料。

《地理学》第 12 卷到第 14 卷叙述的是小亚细亚地区,包括卡帕多西亚、本都、比希尼亚、卡拉提亚、利考尼亚、皮西迪亚、阿卡迪亚、密细亚、弗里吉亚、特罗阿德、莱斯沃斯、帕加马、埃奥利斯诸城、萨迪斯、卡塔塞考梅内、希拉波利斯、爱奥尼亚、卡里亚、潘菲利亚、吕西亚、西利西亚、塞浦路斯。这个地区在地理范畴上属于

---

① 《地理学》X, iv, 11-12。
② 郝际陶:《格尔蒂法典》,高等教育出版社 1992 年版。
③ 《地理学》XI, vi, 4。
④ 《地理学》XI, vi, 3。
⑤ 《地理学》XI, vii, 1。
⑥ 《地理学》XI, vii, 3。
⑦ 《地理学》XI, vii, 4。
⑧ 《地理学》XI, vii, 5。
⑨ 《地理学》XI, xi, 2。
⑩ 《地理学》XI, xi, 6。
⑪ 《地理学》XI, xiii, 2。
⑫ 《地理学》XI, xiii, 3。
⑬ 《地理学》XI, xiii, 6。
⑭ 《地理学》XI, vi, 4。

亚细亚，但在传统上，这里被视为大希腊地区的一部分，它是古代希腊人在亚细亚的主要移民地区。

这部分引用的资料作者有：荷马、赫西奥、希罗多德①、修昔底德、泰奥彭波斯、赫卡泰奥斯、梅内克拉特斯、帕莱法图斯、德米特里、埃福罗斯②、阿波罗多罗斯、卡利斯提尼斯③、柏拉图④、菲勒塞德斯⑤、米姆奈尔姆斯⑥、欧福里翁和埃托利亚的亚历山大⑦、欧多克索斯和阿尔特米多鲁斯。斯特拉博本人出生在小亚细亚的阿马西亚，他游历过小亚细亚许多地方，对这个地区应当说是非常熟悉的。

小亚细亚由于邻近古代东方文明摇篮两河流域和尼罗河流域，深受古代东方先进文化的影响，很早就是古代希腊经济文化的中心、希腊社会科学和自然科学的发源地。特别是在罗马统治时期，这个地区有了进一步的发展。斯特拉博自己在青年时曾经周游过这个地区，因此他对这个地区的叙述非常详细。比如，斯特拉博详细地说到了小亚细亚地区经常发生严重的地震，对城市和农村造成了巨大的破坏，使我们知道小亚细亚自古以来就是一个地震频发地区。他提到各地的特产，从名贵的安息香出产在什么地方，如何辨别它的质量高低到世界上最美味的蜗牛出产在什么地方等都有介绍。笔者在翻译这段文章的时候曾经突发奇想，如果哪位商人或文物贩子买了他的书，简直可以用去鉴别商品的真伪了。

斯特拉博详细地介绍了小亚细亚希腊化国家在各个领域，如教育、哲学、历史、地理、艺术、医学领域的著名学者，以及他们对于希腊本土文化的影响，体现了古希腊学者重视科学文化的特色。其中对于希腊医学之神阿斯克勒皮俄斯，希腊医学两大流派的创始人、希腊名医希波克拉底药方和各地名医的介绍等，简直可以说是一部古希腊医学简史。⑧ 除此之外，斯特拉博还提到人类最早的飞天梦想，传说希腊人戴达罗斯企图用蜡粘成的羽毛翅膀飞上太空，结果因为距离太阳过近，蜡被阳光融化掉了下来。⑨ 这个故事证明人类自古就有挣脱地球束缚飞向遥远太空的梦想。

《地理学》第15卷叙述的是印度、阿里亚纳、波斯。这三个地区可以说是古代罗

① 《地理学》XII, i, 2。
② 《地理学》XII, iii, 4。
③ 《地理学》XIII, i, 14。
④ 《地理学》XIII, i, 25。
⑤ 《地理学》XIV, i, 3。
⑥ 《地理学》XIV, i, 4。
⑦ 《地理学》XIV, v, 29。
⑧ 《地理学》XIV, ii, 18。
⑨ 《地理学》XIV, i, 19。

马帝国东方最重要的地区。他引用了厄拉多塞①、帕特罗克卢斯、希罗多德②、克特西亚斯③、西奥德克底④、阿波罗多罗斯、阿里斯托布卢斯⑤、奥内西克里图斯⑥、奈阿尔科斯⑦、麦加斯提尼⑧、阿尔特米多鲁斯、戴马库斯⑨和波利克里图斯⑩的资料，其中很多是亚历山大远征时期留下的陈旧资料。尽管他刻薄地指责所有写有关于印度问题的作家都是骗子，但是由于他拒绝使用在罗马帝国初期曾经到过印度的商人和水手的资料，所以，不得不使用这些陈旧的、道听途说或天方夜谭的资料。不过，在他的记载之中，也保留了许多珍贵的资料。例如，他留下了关于印度制糖技术，植棉和棉纺技术，阿里亚纳葡萄种植和制酒技术的记载。他也留下了印度两大宗教婆罗门教、佛教和古代伊朗琐罗亚斯德教教义的记载，还有印度宗教人士向西方传教的记载，这些都是非常珍贵的资料。在希腊学者之中，斯特拉博是第一位留下了有关塞里斯人和丝绸记载的作者。虽然他的记载是引自其他早期作者的说法，但是，他的记载看来还是神话因素居多，如塞里斯人可以活130岁甚至更长。而比较实际的问题，如塞里斯人是什么种族，居住在什么地方却没有说。⑪ 因此，可以认为在斯特拉博时期，古希腊、古罗马最有知识的阶层，仍然不知东方有一个汉帝国，只知道在巴克特里亚和印度之外还有一个神奇的国家塞里斯。

《地理学》第16卷叙述的是亚述、巴比伦、美索不达米亚、叙利亚、腓尼基、犹太和阿拉伯各国。这里是世界文明的摇篮，也是古代世界三大文明交汇的地区。这个部分引用的资料来自阿里斯托布卢斯⑫、厄拉多塞、⑬波利克莱图斯⑭、波塞多尼奥斯⑮、柏拉图⑯、奈阿尔科斯和奥尔塔

---

① 《地理学》XV, i, 2。
② 《地理学》XV, i, 16。
③ 《地理学》XV, i, 12 。
④ 《地理学》XV, i, 24。
⑤ 《地理学》XV, i, 17；20。
⑥ 《地理学》XV, i, 12。
⑦ 《地理学》XV, i, 16。
⑧ 《地理学》XV, i, 53。
⑨ 《地理学》XV, i, 12。
⑩ 《地理学》XV, I ii, 2。
⑪ 《地理学》XV, i, 20, 34。
⑫ 《地理学》XVI, i, 11。
⑬ 《地理学》XVI, i, 12。
⑭ 《地理学》XVI, i, 13。
⑮ 《地理学》XVI, i, 15。
⑯ 《地理学》XVI, ii, 38。

戈拉斯①、阿尔特米多鲁斯②,还有斯特拉博的好友安提诺多鲁斯和埃利乌斯·加卢斯③提供的最新资料。

在该卷第1章,斯特拉博提到了亚述和巴比伦的历史。从斯特拉博的记载看,希腊人对亚述、巴比伦的了解,大多属于新亚述帝国和古波斯帝国时期。并不知道在两者之间还有一个新巴比伦王朝存在。因此,他们可能把新巴比伦的事情混入了新亚述帝国。斯特拉博对巴比伦地区的记载,着重介绍了希腊人所说的世界七大奇迹之中的巴比伦城墙和空中花园,还有塞琉西亚和附近帕提亚都城泰西封城。在谈到巴比伦农业生产时,他提到巴比伦大麦少见的高产,巴比伦海枣的360种用处;在谈到特产时,他提到巴比伦境内盛产石油、沥青以及石油和沥青的用处。当时,它们不像现在这样用处巨大,石油只能用来做燃料,沥青只能用来做建筑物的黏合剂(相当于今天的泥浆)、涂抹各种接触水的容器,如用沥青涂在芦苇编成的小船上以防漏水。④斯特拉博说的这种船只,直到今天仍然在伊拉克南部沼泽地区使用。在谈到巴比伦文化时,斯特拉博提到了巴比伦著名的哲学家,其中包括占星学家、天文学家、数学家和历史学家等等。⑤

该卷的第2章谈到叙利亚、犹太和腓尼基等地。斯特拉博提到当地的许多城市。他赞扬由于罗马人的统治,大马士革与阿拉比亚人之间商路上的盗匪集团绝迹,保证了商业活动的安全。他重点介绍了腓尼基的两座主要城市。他赞扬西顿对于希腊科学文化的巨大贡献,如西顿人在原子论、天文学和几何学方面的贡献,以及西顿的玻璃制造技术,他还提到当地玻璃杯的价格是一个铜板买一个高脚酒杯。⑥他赞扬提尔在遭到地震和亚历山大的毁灭性破坏之后,依靠自己的航海事业迅速地重建了家园,认为他们在航海事业上超越了其他所有的民族。同时,他提到提尔举世闻名的紫红染料制造业虽然创造了巨大的财富,但是也影响了城市的居住环境。⑦

犹太民族对于世界文明做出过巨大的贡献,但由于犹太民族是一个弱小民族,为了维护自己的民族独立,曾经顽强地反抗希腊和罗马的外来统治。斯特拉博有关犹太地区的记载,引用的是波塞多尼奥斯在《庞培传》之中的说法。作为罗马统治的代言人,波塞多尼奥斯的这部传

---

① 《地理学》XVI, iii, 5。
② 《地理学》XVI, iv, 15。
③ 《地理学》XVI, iv, 21-22。
④ 《地理学》XVI, i, 15。
⑤ 《地理学》XVI, i, 6。
⑥ 《地理学》XVI, ii, 24。
⑦ 《地理学》XVI, ii, 23。

记对犹太人没有一句好话。例如,他把犹太人的首都耶路撒冷称为强盗的巢穴,①把犹太人的祖先说成是埃及人,把犹太教创始人摩西说成是埃及祭司,②赞美庞培趁犹太人安息日停止一切工作的机会,毁灭耶路撒冷圣殿,洗劫圣殿财产的强盗行径。③但是,他的记载从反面证明了犹太地区自古以来就是犹太人的故乡。该章对犹太和耶路撒冷的地理特点、地震、火灾和死海有细致的记载。④

该卷第4章谈到阿拉比亚,这是一个神奇的地方。其中详细地记载了阿拉比亚各个部落的情况,阿拉比亚出产的各种香料、玉石、宝石,阿拉比亚人的对外贸易,⑤纳巴泰人及其都城佩特拉,以及罗马对阿拉比亚地区的征服过程。这一卷的内容,可以说使读者大大加深了对古代西亚各国的认识。

第17卷讲述的是埃及、埃塞俄比亚和利比亚。部分资料引自厄拉多塞⑥、欧多鲁斯、阿里斯通⑦、波利比奥斯⑧、阿尔特米多鲁斯⑨、加比尼乌斯⑩、波塞多尼奥斯⑪以及斯特拉博自己的资料,由于斯特拉博本人曾经长期在埃及亚历山大城居住,不但可以使用亚历山大图书馆,也经常与当地著名学者交流,还得到其朋友、埃及行政长官埃利乌斯·加卢斯的帮助,随同他沿着尼罗河航行,走遍了整个埃及。因此,他所获得的资料较之希腊先前任何学者来说,都更加准确。

该卷第1、2章叙述的是埃及和埃塞俄比亚。他首先讲述了古代埃及和后来的埃及在地理概念上的区别,⑫然后讲述了他那个时代埃及最重要的城市亚历山大及其周边地区、古代法罗斯灯塔、亚历山大附近类似于唐代扬州青楼醉生梦死、笙歌达旦的"卡诺布斯"生活方式、罗马皇帝对埃及的行政管理和行政区划、尼罗河与埃及农业的关系、埃及政府对尼罗河的管理、埃及的金字塔、宗教崇拜、神庙建筑、天文观测站、埃及祭司在天文学方面取得的成就以及它对希腊的影响、埃及纸草在文化生活中的重要性,以及埃及人如

---

① 《地理学》XVI, ii, 28。
② 《地理学》XVI, ii, 34-35。
③ 《地理学》XVI, ii, 40。
④ 《地理学》XVI, ii, 42-44。
⑤ 《地理学》XVI, iv, 25。
⑥ 《地理学》XVII, i, 5。
⑦ 《地理学》XVII, i, 5。
⑧ 《地理学》XVII, i, 12。
⑨ 《地理学》XVII, i, 24。
⑩ 《地理学》XVII, iii, 8。
⑪ 《地理学》XVII, iii, 10。
⑫ 《地理学》XVII, i, 5。

何"采取犹太人的狡猾手法",哄抬纸草价格,提高自己的收入,妨害平民使用纸草。① 看来斯特拉博在犹太人问题上,是紧跟罗马政府立场的,只要找到一点机会就要攻击犹太人。实际上,纸草掌握在埃及人手中,涨不涨价是埃及人自己的事情,根本就和犹太人没有什么关系。同时,他对埃及的对外贸易也非常关注。他指出,托勒密王朝末期埃及每年只有20艘海船前往印度,②而在奥古斯都时期每年最少有120艘。③ 这说明由于社会经济的发展,东西方贸易在极短的时间就有了很大的发展。

该卷第3章也是该书的最后一章,叙述的是利比亚,包括莫鲁西亚、迦太基和昔兰尼的情况。这部分引用了厄拉多塞④、波塞多尼奥斯⑤、伊菲克拉特斯⑥、阿尔特米多鲁斯⑦和行政长官克尼乌斯·皮索⑧等人的资料,重点讲述了罗马人与迦太基人的三次战争。⑨ 他也谈到了利比亚经济和外贸情况,如利比亚的宝石、铜矿、罗盘草、罗盘草液、葡萄酒和海枣贸易。⑩ 罗盘草和罗盘草液是古希腊传说中的神奇药物,其功用大概相当于我国古代上层社会人士服用的灵丹妙药,具有返老还童的作用。它的贸易大概受到严格的控制,因此当时出售这两种药品还必须私底下交易,就好像今天的走私贸易一样。虽然利比亚行省后来改称为阿非利加行省,但罗马帝国的阿非利加和后来的非洲并不是一回事,当时的利比亚仅仅是自埃及西部边界到北非西部的一个条带状地区。至于在这条带状地区的沙漠之中有些什么地方和部落,当时是任何人都不知道的。

三、评价

如何评价斯特拉博及其《地理学》,在国外一直有些争论。一般认为,斯特拉博算不上一个独立的研究者,但也不能简单地把他看成是一个文抄公或者编书手。他广泛采用古代希腊丰富的地理学资料,加上自己亲自进行考察的资料,编成了一部可以称得上是古代世界空前绝后的地理学巨著。这部著作是古代学者第一次对可知范围有人居住世界所进行的描述。

---

① 《地理学》XVII,I,3-17。
② 《地理学》XVII,i,3。
③ 《地理学》II,v,12。
④ 《地理学》XVII,iii,2。
⑤ 《地理学》XVII,iii,4。
⑥ 《地理学》XVII,iii,5。
⑦ 《地理学》XVII,iii,8。
⑧ 《地理学》II,v,33。
⑨ 《地理学》XVII,iii,12-15。
⑩ 《地理学》XVII,iii,19-23。

在世界各国现存的古代地理学著作之中，就规模的宏伟、资料的丰富来说，没有哪一部著作可以和它相媲美。

斯特拉博此书对资料的取舍，有非常严格的标准。他要求所引用的资料必须准确无误。为此，他立下了两条标准：一是重视实地考察，强调目击者的重要性；二是注重资料的统一性和一致性，如果有分歧，则以某个作家的可信资料为准。[①] 对于实在没有资料的地方，他也引用了一些他认为不可靠的资料。其中最明显的是他在叙述北欧和西徐亚地区的时候，多次引用了皮西亚斯的资料。但是，他每次都指出其资料不可靠，指责皮西亚斯是说谎高手。[②] 实际上，现代学者对皮西亚斯的评价很高，认为他有很多的发现。斯特拉博自己考察过许多地方，他曾经自豪地说："我曾经由亚美尼亚向西游历到撒丁对面的第勒尼亚，从攸克辛海向南到达埃塞俄比亚边境。在地理学家之中，你可能找不到其他人走过的路程比我刚才提到的更远。"[③] 因此，他认为自己的记载是最准确的。但是，不论是斯特拉博的自我欣赏，还是其他人毫不留情地指责其《地理学》如何错误百出，我们必须认识到在经验科学之中，知识只能是逐渐地接近真理，日臻完善。生活要求科学所能达到的精确性，只能是它当时所能提供的。[④] 斯

特拉博《地理学》作为资料汇编性质的著作，反映的只是当时人们对于整个世界的认识水平。例如，斯特拉博在《地理学》中就完全没有提到西半球的情况，即使是他提到东半球所谓有人居住的世界，也只是以罗马帝国为中心的地中海周边地区的记载比较准确。至于其他地方，如果他既没有去过当地，又没有掌握更新的资料，便只能利用古人留下的资料编辑整理。对于没有资料的地方，他则完全不置一词。因此，我们看到《地理学》完全没有提到东半球赤道以南的地区。

根据笔者的统计，《地理学》直接和间接引用了50多位作者的资料：他们是荷马、赫西奥德、阿那克西曼德、赫卡泰奥斯、埃斯库罗斯、希罗多德、修昔底德、色诺芬、克特西亚斯、德谟克利特、柏拉图、欧多克索斯、狄凯阿科斯、埃福罗斯、厄拉多塞、波利比奥斯、波塞多尼奥斯、阿拉托斯、克拉特斯、赫拉克利特、喜帕恰斯、阿尔特米多鲁斯、提莫斯提尼、皮西亚斯、费边、提米乌斯、安条克、泰奥彭波斯、德米特里、希普西克拉特斯、阿里斯托布卢斯、卡利斯提尼斯、帕特罗克卢斯、奥内西克里图斯、奈阿尔科斯、戴马库斯、菲勒塞德斯、米姆奈尔姆斯、欧福里翁、提马格尼斯、阿西尼乌斯、尼古拉·大马士革、德利

---

① 《地理学》X，iii，5；VI，iii，10。
② 《地理学》II，i，3。
③ 《地理学》II，v，11 (2,5,11)。
④ 阿尔弗雷德·赫特纳：《地理学》，第28页。

乌斯、提奥法尼斯、阿波罗多罗斯、梅特罗多鲁斯、阿斯克勒皮阿德斯、埃利乌斯·加卢斯、欧多鲁斯、赫兰尼科斯、阿里斯塔库斯和克拉特斯等人，当然最后还少不了斯特拉博本人。

在这些作者之中，斯特拉博引用次数最多的是荷马，引用次数多达200余次，其下按照顺序依次是：厄拉多塞引用100余次；波塞多尼奥斯77次；埃福罗斯55次；阿尔特米多鲁斯54次；波利比奥斯50次；喜帕恰斯39次。斯特拉博引用荷马文献的次数之多，可以说既有他对古人尊敬的因素，即"荷马是希腊地理科学的奠基者，超过古今一切名人"；①也因为他曾经是帕加马学派和亚历山大学派的门徒，而这两个学派认为荷马史诗是古希腊地理学的基础。但是，我们在该书之中可以看到，他引用荷马史诗主要是用来点缀自己的文章，具有实际意义的东西不多。

按照斯特拉博的说法，在这些学者之中，有四位值得尊敬的地理学家，他们是波塞多尼奥斯、厄拉多塞、希帕恰斯和波利比奥斯。其中厄拉多塞被认为是"各个时代最杰出的学者之一"。② 斯特拉博直接引用了厄拉多塞许多资料，但也对其著作进行了许多尖锐的批评。例如，他追随波利比奥斯等人的实用主义立场，批评厄拉多塞用数学来研究地理学的方法，讥讽厄拉多塞是"地理学家之中的数学家、数学家之中的地理学家"。③ 斯特拉博认为仅次于厄拉多塞的是喜帕恰斯。他在批评喜帕恰斯的时候，一方面反对把地理学看成是一门精确的科学，另一方面又提出地理学家应当具备某些起码的数学和天文知识，但不一定要有非常深入细致的研究。

学术界认为，对于斯特拉博影响最大的学者是波利比奥斯。这主要反映在斯特拉博不仅接受了前者的叙述方法，而且全盘接受了波利比奥斯的实用主义理论。他在《地理学》之中使用的许多资料都是出自波利比奥斯的著作。

除了上述四位学者，斯特拉博引用较多的就是以弗所地理学家、旅行家阿尔特米多鲁斯的著作。阿尔特米多鲁斯周游过地中海周围地区，留下了11种标有航路、距离、港口和城市的地理学著作，这些著作主要是为了满足商人和水手的需要而编写的，其内容不但引用了许多前代的著作，而且还有他本人实地考察结果。

作为古代世界最宏伟的地理学著作，《地理学》在学术上具有的永恒价值是难以估量的。第一，《地理学》引用了许多古代地理资料，无意之中保存了许多已经失传的上古地理著作，现代学者正是借助于这本书，把许多已经失传的古籍钩沉出来，它们是：*Die Fragmente des Eudoxe von*

---

① 《地理学》I, i, 2。
② 《地理学》XVII, iii, 22。
③ 《地理学》II, i, 41。

Knidos, *Die geographischen Eragmente des Eratosthenes*, *The Geographical Fragments of Hipparchus*, *Fragments der griechischen Historiker*, *Geographi Graeci minores*。① 这些古籍虽然只是《地理学》所引用的部分资料,但它对于人们正确地认识古希腊地理科学发展的过程具有重要的作用。

第二,在《地理学》之中,斯特拉博留下了许多有关历史自然地理、历史经济地理和历史人文地理的珍贵资料。如各地气候、植被、海岸、沙漠、河流的变化等;各地的农业、工矿、商业和人口的分布与变迁,交通路线的开辟和城市的兴衰等;各个民族的分布与迁移,不同区域语言、宗教和风俗习惯的形成,文化艺术、科技教育、名胜古迹、知名人物的介绍等。这些东西过去曾经被认为没有什么价值,甚至被认为冲淡了地理学的内容,实际上,这些因素构成了地理学的必要组成部分,反映出大千世界丰富多彩的地理特点和社会生活。不管你从事的是社会科学还是自然科学的研究工作,都可以从这部宏伟的著作之中找到许多有趣的资料。从这一点上来说,斯特拉博的《地理学》可以说是一部研究古代地中海世界的百科全书。②

第三,我国古代与西方各国(西域)通过丝绸之路,一直有着密切而友好的政治经济往来。自汉代以来,历朝历代的正史之中,都有关于丝绸之路沿线国家的记载。《地理学》所涉及的国家,正是丝绸之路沿线国家,可以和我国史书记载互相印证,互相补充。在这方面,笔者认为斯特拉博《地理学》对丝绸之路研究有如下几个重要贡献。

首先,斯特拉博是西方历史上第一位保留了有关中国(塞里斯)情况记载的古典作家。虽然他的记载是引自阿尔忒弥塔的历史学家阿波罗多罗斯(公元前2世纪)的著作,③但是后者原著今已不存,其记载也完全是有赖于《地理学》才得以保存至今。因此,斯特拉博的记载也就成了最早的记载。至于塞里斯人是不是中国的问题,国外史学界过去争论激烈。匈牙利学者哈马塔认为,任何企图以普林尼对塞里斯人身体特征的描述,来证明塞里斯人就是古代居住在中国西北部地区(和田)的印欧语系伊朗语支或印度语支居民,都是不可能的。因为普林尼的记载并不是第一手资料,而是经过了许多作家反复转抄的有关遥远东方的乌托邦说法,其目的不过是为了加强其论点的权威性,故这一论据必须彻底抛弃。而企图从语言学的角度来证明塞里斯是中国某个区域的做法,也存在着很多争论。由于在古代世界只有中国向西方出口丝绸,因此塞里斯这个词在阿波罗多罗斯的记载之中,只

---

① 水木社区 http://newsmth.net · FROM:59.66.82.207。

② H. L. Jones, Geography of Strabo, London, 1917, introduction, p.xxviii.

③ 《地理学》XI, xi, 1。

能用来指中国人,用来指巴克特里亚国王曾经与其发生过关系的中国西北部地区。因为希腊人对中国的南方还有另外一个专门的称号σιναι。简言之,斯特拉博认为塞里斯、秦和秦那(现在一般译为"支那")就是古代希腊语居民、中亚印欧语系东伊朗语支居民和印欧语系印度语支居民对古代中国西北部地区的称呼。① 而根据比斯特拉博晚 500 多年的普罗科比乌斯(500—566 年)记载,②现代史学界一般认为塞里斯指的就是我国塔里木盆地。③

其次,斯特拉博介绍了当时东西方贸易的几条主要商路,这几条商路就是今天我们所说的陆上丝绸之路和海上丝绸之路的前身。根据我国史书的记载,由我国出发前往西域的道路,陆路基本上到巴克特里亚(甘英的西行除外),海路基本上到印度也就结束了,再向西走就受到帕提亚和印度商人的阻挠,无法前进。④ 而斯特拉博的记载,则将这些被阻断的商路连接起来了。在陆上丝绸之路的中段和西段,斯特拉博补充了从乌浒河—里海—阿尔巴尼亚—居鲁士河—黑海的道路。⑤ 这条道路比《汉书·西域传》的记载更为详细。至于海上丝绸之路,斯特拉博时期,我国已经知道从广州前往印度的海路,但是当时使用的船只可能是东南亚其他国家的,而且船只到了印度之后,就不能继续前进。原因是印度和安息商人企图垄断海上贸易,阻止中国人前往大秦(罗马帝国)。⑥ 但是,无论他们如何阻挠,都挡不住罗马人前进的步伐。据斯特拉博的记载,罗马人与东方的海上贸易之路,继承了埃及托勒密时期原有的航路,从埃及亚历山大城开始,沿着尼罗河、红海,绕过阿拉伯半岛沿岸,横渡印度洋前往印度,但规模比过去大得多。在托勒密王朝末期,每年只有大约 20 条商船前往印度,⑦而在奥古斯都时期,每年有 120 条商船前往印度。⑧ 至于关税的收入,罗马帝国初期是托勒密王朝末期双倍。⑨ 如果把斯特拉博所说的这条海上贸易的商路和我国史书所记载的由广州到印度的海上航线连接起来,也就是我们所说的海上丝绸之路主干线。从这条主干线又可

---

① J. Harmatta, Sino-Indica, AAntASH, xii (1964), pp.1-21.
② Procopius, De Bello Gothico, iv, 17.
③ *The Cambridge History of Iran*, vol. 3 (1), p.551.
④ 《汉书·西域传》和《汉书地理志》。
⑤ 《地理学》XI, vii, 3。
⑥ 《汉书·地理志》。
⑦ 《地理学》II, v, 12。
⑧ 《地理学》XVII, I, 45。
⑨ 《地理学》XVII, i, 13。

以分出许多支线,例如,波斯湾头的梅塞纳,①就是一个重要的国际贸易港口。这里既可由海路前往印度,又可由海路和陆路前往西亚和罗马。甘英曾经从陆路到过这里,但他想西渡大秦的时候,却被安息人阻止了。② 后来,印度航线又延伸到了缅甸。不过,这已经是斯特拉博身后之事,与《地理学》没有多大关系了。

在这里,笔者想要引起读者注意的是,在古代航海史上,斯特拉博是第一位明确提到印度洋季风的地理学家。尽管西方学术界有许多人根据传统的说法,认为印度洋季风最早的发现者是一名希腊航海家或者商人希帕罗斯(约公元前1世纪),并且推测他是希腊探险家欧多克索斯(公元前130年,基齐库斯人)的船长。③ 但是,历史上是否有希帕罗斯此人,目前还是一个疑问。因为最早提到希帕罗斯的人,是一位不知姓名、不知生卒年代的作者,此人在一部名叫《红海周航记》的短篇作品之中提到希帕罗斯,说是他发现了从红海到印度的直接航路。而老普林尼认为希帕罗斯不是发现了直接的航路,而是发现了印度洋的季风。不过,根据首先讲述欧多克索斯远航故事的波塞多尼奥斯所说,这位欧多克索斯远航印度的故事疑点重重,难以证实。他更没有提到欧多克索斯雇用希帕罗斯担任船长的事情。④ 而斯特拉博在《地理学》之中,从亚历山大远征印度开始,提到过季风问题就不下十几次,并且指出了欧多克索斯故事的虚假性。从斯特拉博《地理学》引用著作范围之广来看,这部被斯特拉博遗漏的《红海周航记》,可能是在斯特拉博去世之后到老普林尼成名之前,某个不出名的作者创作的一部类似我国古代《穆天子传》之类的通俗读物,它托名古人的航海故事,反映了公元之交印度洋海上贸易日益兴旺的事实,其中的人物不能视为真实的历史人物。所谓希帕罗斯在公元前后发现季风的传说,没有任何历史根据。倒是有一位学者的意见,笔者觉得应当引起重视,这就是安德烈·切尔尼亚的意见。他说季风在希腊化时期(公元前4—前1世纪)就已经被人们所知,那时的季风被希腊人称为"Hypalus",到了罗马时期则被称为"Hippalus"。⑤ 也就是说,希帕罗斯即季风。实际上,季风并不是在希腊化时期,而是在更早的时期就已经被称霸于南海的腓尼基商人所熟知,⑥他们把南海的商路和季风都作为商业机密严加保密,直到马其顿人、罗马人征服

---

① 《地理学》XVI, iv, 1, 该港口又称喀拉塞涅。
② 李铁匠:《伊朗古代历史与文化》,江西人民出版社1993年,第281页。
③ 维基百科:希帕罗斯条目。
④ 《地理学》II, iii, 4, 7。
⑤ 维基百科:希帕罗斯条目。
⑥ 希提:《阿拉伯通史》(上册),马坚译,商务印书馆1995年,第55页。

整个地中海南部地区之后,这些机密才开始为西方人所知。季风和印度航线公开,大大地促进了印度洋海上贸易的繁荣。斯特拉博作为第一位明确提到印度洋季风的地理学家,对于古代世界航海史做了一大贡献。

最后,斯特拉博在《地理学》之中提到了西域各国的宗教和文化。它们后来有部分传入了我国,并且对我国产生了巨大的影响。他在书中还提到西域各国的许多特产,如宝石、玉石、珍珠、玻璃、香料以及阿魏、芳香盐、葡萄、甘蔗、棉花和良马等等。其中很多特产,自汉代以来先后通过丝绸之路流入了我国。根据这些商品的名称、品质特征,我们或许可以推测出它的产地。例如,我国古代曾经输入过火浣布,据斯特拉博所说,这种物品的唯一产地是希腊的卡律斯托斯。① 因此,不管我国古代进口的火浣布是得自伊朗还是印度商人之手,其产地都是卡律斯托斯。这也证明我国古代通过各种曲折的途径,和古希腊建立了某种联系。再如,我国古代曾经输入西域的玻璃,根据斯特拉博所说,西域的玻璃产自三地:腓尼基、埃及和意大利。各地制造技术不同,色彩有别。② 如果我们有足够多的实物样品加以对比,就可以推断出其产地。

目前,我国正在大力推进"一带一路"战略构想的实施,这里所说的"一带一路",指的就是丝绸之路经济带和 21 世纪海上丝绸之路。我们希望借着这条友谊之路,书写新的篇章,促进沿线各国经济繁荣、社会进步和地区稳定,共同建设一个更加美好的世界,实现振兴中华的梦想。我相信,斯特拉博《地理学》的出版,不但有助于我们深入研究丝绸之路的历史,而且对于"一带一路"的建设,也必定会起到重要的推动作用。

作者:李铁匠,常熟理工学院教授

---

① 《地理学》X,i,6。
② 《地理学》XVI, ii, 24–25。

史学史与史学理论

黎塞留的三种面相：一项历史编纂学的考察

□ [英]约瑟夫·伯金 文

摘要：本文考察在西班牙、德国和英国（包括美国）这三种不同的文化里，人们对黎塞留的不同看法。文章首先论述与黎塞留同时代的人对他的感知，以及这些感知在接下来数个世纪里是如何演变的。黎塞留这一人物让不少传记作家、小说家和剧作家入迷，他们的作品很大程度上影响了人们对这位枢机主教的历史评判。近年来，历史学家们试图克服前些世纪中充斥着的对黎塞留的各种刻板看法；在德意志和盎格鲁-撒克逊学术界里，各种新鲜但又尚未形成共识的黎塞留侧面及其历史的重要性继续呈现出来，这为一幅大为不同的黎塞留肖像画提供了基础。

关键词：法国；黎塞留；绝对君主制；历史编纂学

历史学家一方面有可能寻找不熟悉的事物来研究，一方面有可能寻找新的方法来看待熟悉的事物。由菲利普·德·尚佩涅①绘制的那幅著名的黎塞留三头肖像画现藏于伦敦国家美术馆，尽管其真实目的在于方便制作可以流传久远的黎塞留半身铜像，不过也说明早在这位枢机主教生活的年代，如此的好奇心就已得到充分的体现。②众所周知，黎塞留本人对"历史用途"（uses of history）的多样性，尤其对允许贬损者们撰写历史一事所带来的危险性，是保持高度警惕的。怎么会是这样，其本身就是一个话题。不过在此应该这样说，自黎塞留步入政治生涯的那一天起，他卷入到那种经常是殊死搏斗的小册子论战活动中，非常有可能使他对名声的脆弱性以及需要时刻予以维护时有着十分

在本文汉译过程中，约瑟夫·伯金教授和《法国历史》杂志联合主编朱利安·怀特（Julian Wright）博士提供了不少帮助，另友人冀占强博士对译稿提出了建设性建议，在此一并表示感谢。

① 菲利普·德·尚佩涅（Philippe de Champaigne，1602—1674），法国巴洛克时代著名画家，皇家绘画与雕塑学院（Académie de peinture et de sculpture）创始人。——译注

② 见配有精美插图和支撑性资料的总书：H. T. Goldfarb, ed., *Richelieu: Art and Power*, Montreal, 2002, 尤其第 261—266 页，对现藏于伦敦和斯特拉斯堡的黎塞留肖像画以及由伯尔尼尼（Gian Lorenzo Bernini，1598—1680 年）制作的这位枢机主教的半身像问题有讨论。

清醒的认识。1624年,黎塞留开始身居要职。在他以后的仕途生涯中,法国社会充斥着的是激烈的政治冲突以及由之引发的舆论宣传。这一现象使他确信,决不能放松警惕。于是,"操控"(master)历史的显见欲望从中产生,其中的一种形式是,委托一支写作团队来撰写他自己时代的历史,而文章材料主要取自他本人的各种文件。正是这样的历史著作,往往被错误地称为黎塞留的"回忆录"(memoirs)。① 当黎塞留从这一幕中彻底消失之后,他就不再能直接左右人们的看法,尽管他的后人们,尤其是埃吉永公爵夫人②时刻注意维护他的名声(在法国境内,黎塞留的名声经常成为激烈讨论的对象)。事实上,在以往三个多世纪里,当辩论近代法兰西国家的兴起及其主要缔造者这类问题时,黎塞留鲜有不被列入其中的时候,而这些辩论本身引发人们对黎塞留的历史影响产生出反差鲜明的看法。③

那么,在以往和当前,法国境外是如何看待黎塞留及其历史重要性这一问题的呢?邻国民众所熟悉的"黎塞留"在多大程度上与法国民众本身所承袭的"黎塞留"相似?它们是否曾有过一致性?举一个明显的例子:法国人在讨论黎塞留的时候,将他视为近代国家的缔造者或者上苍眷佑的人物,这一说法能在其他地方引起什么样的共鸣呢?在法国邻国,黎塞留的形象不是经历了由评论家和历史学家以各种不同的议程,或以一种构建历史评判的不同方法来予以大为不同的建构和重构吗?最后,随着时间的推移,法国境内外对黎塞留感知的相继变化,又在多大程度上彼此相互影响呢?不用说,一篇简短的文章仅能解决其中有限的几个问题。不过,从一开始就至少应明确一个问题,即"境外"(abroad)一词应以复数视之而非单数,因为在此考察黎塞留的三种"面相"(faces)时是有所指的,即西班牙的、德意志的和英国的(外加近些年美国的),而这些"面相"本身又呈现出一些非常明显的差异。因此,若将这些差异糅合成一幅所谓的黎塞留全景图,将是误导人的。

在考察法国境外有关黎塞留的史学著述之前值得提出两个问题,它们看起来虽相对简单,不过对于理解一位非法国籍的阐释者是如何探讨这位枢机主教的重

---

① 对于黎塞留卷入到宣传战中以诋毁路易十三的第一号宠臣吕伊纳(Luynes,1578—1621年,被封为法兰西重臣和法兰西元帅等头衔,一度权倾朝野。——译注)的名声,见 S. Kettering, *Power and Reputation at the Court of Louis XIII*, Manchester, 2008, especially ch. 9, "The anti-Luynes campaign"; W. F. Church, *Richelieu and Reason of State*, Princeton, 1972, part 5, "Design for immortality"; O. Ranum, *Artisans of Glory: Writers and Historical Thought in Seventeenth-Century France*, Chapel Hill, NC, 1980, ch. 5, "Patronage and history from Richelieu to Colbert"; C. Jouhaud, *Les pouvoirs de la littérature*, Paris, 2000, ch. 3.

② 埃吉永公爵夫人(duchesse d'Aiguillon,1604—1675),黎塞留的外甥女。——译注

③ L. Avezou 的未刊论文 *La légende de Richelieu—fortune posthume d'un rôle historique, XVIIe-XXe siècles* (Thèse de doctorat, Paris I-Sorbonne, 2001)考察了"长时段"中黎塞留的名声问题,并就他的名声的比较问题提供了许多建议。

要性这一问题是极其必要的。首先,黎塞留为何能够或者借助于何种方式引起外国人的兴趣?其次,当那些来自其他国家的评论者或历史学家试图对黎塞留做分析时,他们可以获取的是哪些材料?实际上这两大问题是相互重叠的,因为它们彼此之间不停地进行着对话,这就排除了一者真正优先于另一者的问题。历史上,似乎黎塞留的三种身份曾引起过外国(非法国)人的好奇心,不论他们是黎塞留同时代的人还是后世的历史学家。首先是在"三十年战争"期间让法国参与到欧洲的权力政治角逐当中的作为政治家的黎塞留,他为后来法国在欧洲范围内的权力奠定了基础,并在某些方面将这种权力人格化。其次是作为绝对君主制之"工匠"的黎塞留,他奠定了近代国家(以法兰西为典型体现)的根基。这一次黎塞留是一位政治演员,其参照系实质上是法国的内部政治,在这一政治环境当中,作为首相这一角色,他这个人与跟他有着联系的各种政策一样,都是备受争议的。最后,是超乎前两者之上的,属于"知识分子"范畴的黎塞留:作为政治格言和理念的作者,尽管有些人对其政治生涯本身没有什么特别兴趣,不过他的著述能够引起人们的好奇心,不论是在法国境内还是境外,均是如此。

上述三种黎塞留并不是相互排斥的,反而容易相互重叠在一起。不过,从法国境外的视角来看,第三种黎塞留长期以来有着明显的优势。由于这位枢机主教本人撰写作品的出版,他成为一个最容易为外国观察者和学者们所理解的人物;不过如此一来,外国观察者和学者们在很长一段时间里不得不勉为其难地对付这一所谓最为原始的材料。这尤为真实地体现在1688年首次出版的《政治遗嘱》(*Testament politique*)之中,书中附有黎塞留其他的政治或神学论述。直到19世纪中叶,由于阿弗内尔(Avenel)编辑出版了黎塞留大部头文集《信件、外交指示和公文》(*Lettres, instructions diplomatiques et papiers d'état*),这一情形方有改观。鉴于对这些材料的依赖,外国评论者们往往将黎塞留视为"国家理性"(raison d'état)信条的支持者。因此,就权力的实际行使来看,他也被奉为马基雅维利的追随者。由于试图研究黎塞留的外国学者在获取材料的方式上存在着这一普遍的实际问题,所以长期以来在不同的程度上影响着研究黎塞留的方法及其在法国境外的形象塑造。不过,这些形象随着时空的变换而在整个欧洲范围内呈现出不同的演变之势。近些时候,黎塞留在境外所呈现出的那些形象,日益反映出由法国史学所散发出的种种观念和诠释的气息,从而在一个长期的过程中将黎塞留的研究推向一个新的阶段。

一、西班牙对黎塞留的认知

上述不同的影响引发出学者对黎塞留什么样的看法呢?若探讨黎塞留三种面相中的第一种,我们又应从何处开始呢？如果我们从这位枢机主教的政策对邻国所产生的影响这一层面来寻找线索的话，那么可以说，几乎不存在什么争议的空间。西班牙不仅承受着黎塞留对外政策的直接冲击，而且还遭受后者配合发起的强烈舆论攻势，其中的一些以历史文本的形式呈现出来。不过，同样清楚的是，不论是在黎塞留同时代的人当中，还是在后世的历史学家们当中，这位枢机主教在西班牙的名声是极难识别出来的。西班牙史学中对其严肃学术研究的缺失是尤为不幸的，因为这意味着，对于下文将要论述的内容，我们有必要采取"印象派"的做法，并在范围上作一限定。鉴于西班牙相比于欧洲其他国家似乎更久保持着沿袭自早些世纪的"平行传记"（parallel lives）这一文学体裁的传统，那么上文提到的那一缺失就越发令人遗憾了。平行传记提供了一种样式，尽管它自身存在着明显的局限，不过这并未妨碍一些非正统的思想得以表达，毕竟作家们的思想并非总是迎合西班牙当权者的需要的，当时后者的形象在平行传记中得到描画。

从17世纪20年代起，法国与西班牙之间冲突频发。在这一过程中，双方使出了浑身解数，展开大规模的舆论宣传活动。正由于此，西班牙人对黎塞留的看法较早就已形成，并在对抗最激烈的岁月里得到强化。此外，很有可能出现的情形是，正是反对黎塞留的那些法国对头所发表的各种攻击他的宣言书、小册子以及其他宣传品等，对西班牙人的思想观念产生一定影响。当时卷入其中的大多数法国作者，在某个时候流亡到西属尼德兰。[①] 正是在那儿，他们对这位枢机主教展开诸多遣责，比如将他描绘成一位"暴君"（tyrant），将法兰西国王以及整个国家置于一种受奴役的状态，他们的遣责之词在法国和整个欧洲广为传播。不过，由于西班牙本身也有一位首相，即奥利瓦雷斯伯爵-公爵，[②]他看起来起码与黎塞留一样权势显赫，并让其君主（西班牙国王）听从于自己，所以那类反宠臣的宣传虽被允许在西班牙境内传播，却可能受到一些限制。[③] 不过，正如在菲利普二世统治时期西班牙人以仰慕他们的敌人伊丽莎白一世而远近闻名那样，似乎某些西班牙作家对黎塞留亦大唱赞歌，借以抨击权臣奥利瓦雷斯的统治。反过来，奥利瓦雷斯从道德和宗教的立场来对这位枢机主教的原则和行动予以挞伐，用以回敬国内那些指

---

① 他们的活动得到丘奇（Church）的追溯，在其 Richelieu and Reason of State 一书中，他分析了马蒂厄·德·莫尔格（Matthieu de Morgues）、尚特卢布（Chanteloube）以及其他小册子作者对黎塞留的攻击问题。

② 奥利瓦雷斯伯爵-公爵（Count-Duke of Olivares, 1587—1645），1621—1643年间担任西班牙国王菲利普四世的首相，一度权势煊赫，后来失宠。——译注

③ J. H. Elliott, The Count-Duke of Olivares, the Statesman in an Age of Decline, New Haven, 1986.

桑骂槐的人。① 1635 年,与奥利瓦雷斯关系密切的伟大作家奎沃多(Francisco Gómez de Quevedo,1580—1645 年)发表了一部针对黎塞留的辛辣讽刺之作,书名为《枢机主教黎塞留的头颅之解剖》(Anatomy of the Head of Cardinal Richelieu),不过仅仅几年之后,他就遭到西班牙当局的监禁,原因是他在挖苦奥利瓦雷斯这一问题上依旧我行我素,且他有替法国从事间谍活动的嫌疑。② 1640 年,萨韦德拉·法哈多(Saavedra Fajardo,1584—1648 年)——后来作为西班牙代表团中的一位成员,参加在威斯特伐利亚举行的谈判——出版了一本广为当时社会阅读的,名为《政治的和基督徒的君主》(Political and Christian Prince)的书。在该书中,黎塞留被描绘为由上帝派遣,用以考验基督教王国和惩罚西班牙(尤其针对其种种罪孽)的人物。③ 然而这很难说得上是对黎塞留的一种赞美,他的真正注意力放在了西班牙人及其政治领导人的过失上。在 1643 年失宠后不久,奥利瓦雷斯亲自撰写了一篇主要的辩解文《尼坎德罗》(El Nicandro)。在该文中,一方面他在自己与黎塞留之间作某种有利于自己的比较,如他自己没有像那位枢机主教那样一心为自己及其家族攫取财富和权力;另一方面,他又老调重弹,称黎塞留在政治上的成功是通过种种不道德的手段获得的,他与异端分子的勾结使得这些手段更为糟糕透顶④。

在接下来的几代人时间里,平行传记这一体裁是西班牙人评价黎塞留最为普遍的方式。不过,这些平行传记鲜有在黎塞留与奥利瓦雷斯之间进行。正如吉约姆·德·瓦尔多利(Guillaume de Valdory)在 18 世纪初所评论的,在黎塞留和奥利瓦雷斯之间作比较,几乎不能吸引西班牙作家和历史学家们任何的兴趣,因为在他们看来,奥利瓦雷斯的名声是与君主制的衰落以及西班牙昔日荣光的褪色紧密联系在一起的。相反,他们更喜欢在黎塞留与西斯内罗斯(Cisneros,1436—1517 年)之间作比较,后者是西班牙早前的一位枢机主教,曾担任天主教徒国王斐迪南二世(Ferdinand II)和伊萨贝拉一世

---

① 对于这些意见交锋的一个例子,见 J. H. Elliott and J. F. de la Peña, eds., *Memoriales y cartas del conde-duque de Olivares*, Madrid, 1978-1980, vol. 2, pp.268-269。

② Elliott, *The Count-Duke of Olivares*, p.558; idem, "Quevedo and the count-duke of Olivares", in idem, *Spain and its World 1500-1700*, New Haven and London, 1989, pp.189-209.

③ S. Fajardo, *Idea di un principe politico-cristiano representada en cien empresas*, ed. F. J. Díez de Revenga, Madrid, 1988, p.342 (empresa 50). 见 R. Bireley 的比较研究 *The Counter-Reformation Prince: Antimachiavellianism or Catholic Statecraft in Early Modern Europe* (Chapel Hill, NC, 1990)一书第 8 章中关于萨韦德拉(Saavedra)作品的部分。

④ 对于文本和分析,见 *Memoriales y cartas*, documento xx, pp.223-280, esp.pp.261-262, 268。在 *Richelieu and Olivares* (Cambridge, 1984), pp.154-155 以及 *The Count-Duke of Olivares*, pp.656-660 中亦可见到埃利奥特对奥利瓦雷斯之自我辩护的评论。

(Isabella I)统治期间的"十字军"大臣。很显然,由于两位大臣所处的时代和环境皆不同,对他们进行登分排名的做法肯定是有失偏颇的,不过这很有可能确保了这些传统主题(topoi)——道德、运气、务实和审慎——在政治行动上所扮演的角色将仍然是讨论的中心话题。不过,不论作者们在这些作品中表达出对黎塞留的政治技巧和运气何等钦羡之意,一旦与反对异端、维护真正宗教的西斯内罗斯相比较时,黎塞留就总是显得黯然失色。在此可能要注意的是,至少从亨利四世即位一直到马札然主政这段时间里,鉴于法国人表现出对西班牙几乎各种文学成就的迷恋(engouement),不难理解法国作者们自身也乐于从事类似形式的创作,其中的许多人是带有他们自己的政治议程的。结果就是,在17世纪中期,对黎塞留的统治技艺(如审慎、有远见等)的颂扬,可能成为诽谤马札然的一种方式;不过到18世纪初,它用来构成一种有利于黎塞留的对比,即他对胡格诺教徒所采取的措施相对温和,而路易十四采取的政策则既残暴无道又毫无成效;另一方面,在介乎上述两个时间段的这一时期,法国作者们对西斯内罗斯征伐穆斯林和犹太人行动的不时颂扬,却又构成对黎塞留的负面评价以及对路易十四的正面评价(作为法兰西宗教一统的恢复者)。[1]

然而,18世纪20年代以后,法国作家似乎抛弃了这种历史题材,而留给他们的西班牙同行们慢慢享用。在理查德(Richard)和勒让德尔(Le Gendre)这两位修道院院长以及吉约姆·德·瓦尔多利之后,没有一位研究法国或黎塞留的法国历史学家对从事此种比较表现出进一步的兴趣。[2] 不过,正如上文已经暗示的,我们对西班牙接下来有关黎塞留的历史书写几乎一无所知。尤为令人遗憾的是,在波旁家族入主西班牙的岁月里,具有严肃改革家名声的奥利瓦雷斯又从人们的遗忘中趋于苏醒之时,那种原本可以将他与黎塞留之间进行比较的良机却还是错失。到那时黎塞留被公认为一种类型国家的缔造者,而波旁王室正努力将这一看法输入到18世纪的西班牙。有趣的是,西班牙历史编纂学的连续性,清楚无误地在意大利作家亚历山德罗·曼佐尼(Alessandro Manzoni)所撰写的伟大小说《约婚夫妇》(*I Promessi sposi*)一书中得到体现。在该书中,曼佐尼虚构了在西班牙控制北部意大利的1628年发生在三个人物之间的一场对话,当时正值法、西两国围绕曼图亚公国(Mantua)的爵位继承问题发生冲突。这场对话的焦点是要判定,在迫在眉睫、强强对峙的冲突中,胜出的将是奥利瓦雷斯呢还是黎塞留?胜出的

---

[1] 针对这些问题以及西班牙在思想和文学上对整个17世纪法国的广泛影响的研究,见 J.-F. Schaub, *La France espagnole. Racines hispaniques de l'absolutisme français*, Paris, 2003, pp.275-287.

[2] Avezou, *La légende de Richelieu*, ii, part 2, ch. 3, "L'histoire partagée".

原因又是什么？在曼佐尼的小说中,其中一个角色夸耀奥利瓦雷斯的美德而怜悯黎塞留的不幸,其理由是,后者不得不面对一位如此充分具有为时势所需要的完备政治素质的强人。他的结语是,希望自己能在两个世纪后返回人间,以便看看后代对这一推测(黎塞留的名声问题)做了怎样的理解。①

这一"绕道"意大利的现象显示了一项传统的持久生命力。因此,来得一点也不突然的是,至少有两本西班牙文的平行传记——不是关于黎塞留和奥利瓦雷斯之间的比较,而是关于黎塞留和西斯内罗斯之间的比较——分别于1911年和1944年问世。② 要说的是,这些书既没有给先前的比较注入任何有价值的元素,也没有在对黎塞留的重新评价问题上给西班牙的主流史学研究带来新的识见,而我们将会看到新的识见在战后欧洲的其他地方开始呈现。在这一背景下,在20世纪当中,唯独值得注意的一本于1984年出版的有关黎塞留-奥利瓦雷斯之比较的书,就显得尤为重要了。与18世纪以来做出的几乎所有这类比较一样,它归于一位研究西班牙史的学者笔下。不过从我们当前的视角来看,更切题的是,我们所讨论的这一比较是由一位名为约翰·埃利奥特的外国历史学家做出的,他的《黎塞留和奥利瓦雷斯》一书一经出版,迅速就被翻译成西班牙文和法文。尽管埃利奥特开篇就引用上文已提及的曼佐尼的文本以及早前西班牙人对黎塞留的评判,不过他完全突破了西班牙的文学传记传统,并无视种种常规和它说教式的主题。当埃利奥特给予两位人物的个性以适当关注时,鉴于他们不得不背负着作为不得人心的宠臣和/或大臣这样的巨大包袱,作者为我们提供了一项建立在最新国际学术基础之上,有关黎塞留和奥利瓦雷斯之间冲突的比较史研究。③

二、德意志对黎塞留的认知

当我们的注意力转向神圣罗马帝国及其近现代的承继者德国时,我们便进入到一种大为不同的世界里。历史上,德意志也深受黎塞留及其对外政策的影响,不过与西班牙的方式不同。在这里,黎塞留的对外政策实质上是反哈布斯堡王朝的,而非反对德意志。鉴于当时帝国政治碎片化的状况,"反德意志"(anti-German)这一概念本来就没有多大意义。在这一政治"马赛克"里,黎塞留像弗朗索瓦一世及其后继者们一样,在德意志众诸侯当中寻找盟友,进而试图利用巴伐利亚等诸侯国遏制马德里和维也纳的哈布斯堡家

---

① A. Manzoni, *I Promessi sposi*, in *Tutte le opere*, ed. M. Martelli, Turin, 1973, vol. 1, p.657.

② J. Bañares y Magan, *Cisneros y Richelieu. Ensayo de un paralelo entre ambos cardenales y su tiempo*, Pontevedra, 1911; N. González Ruiz, *Dos cardenales que gobernaron. Cisneros. Richelieu*, Barcelona, 1944.

③ Elliott, *Richelieu and Olivares*.

族企图支配整个帝国的欲望。① 不过,《威斯特伐利亚条约》的签订,尤其是路易十四的对外政策以及由其发起的毁灭性战争,逐渐改变了德意志民众对法兰西的看法,日益将之视为德国统一的宿敌(尤其在 19 世纪)。在德意志民族主义情绪日益见长的岁月里,黎塞留不可避免在被视为德意志民族及其愿望的掘墓人的法国政治家这一谱系之中占据一席。②

不过,甚至在德、法日益相互敌视的年月里,这也远非是德意志认知黎塞留的全貌。在利奥波德·冯·兰克(Leopold von Ranke)及其追随者的努力下,一个新的史学流派形成,地点起初在普鲁士,随后就在刚成立的统一的德国境内。从 19 世纪 70 年代起,整个欧洲(包括法国)乃至美国均着手效仿和适应这一新流派。该流派不仅看重国与国之间的关系,将之视为历史真正的驱动力,而且还密切注意国家本身的兴起以及它们的内部结构问题。1852—1856 年间,兰克自称"斗着胆子"(dared,这一措辞广为人知)发表了一部全面的历史著作《法兰西史》(History of France, mainly in the Sixteenth and Seventeenth Centuries)。这部以国家为论述中心的作品,为像黎塞留这样的政治活动家腾出了可观的空间,他们的活动受优越的"国家意识"(sense of state)所驱动。尤其值得注意的是,兰克对黎塞留表现出无限的钦慕之情是基于他自身的信仰的,即与奥利瓦雷斯以及当时的其他宠臣相比,黎塞留对欧洲"三十年战争"期间事关生死存亡的、真正的政治问题有着更好的领略。在这一方面,兰克可能将黎塞留视为文艺复兴时期意大利思想家(像马基雅维利和圭恰迪尼),抑或威尼斯外交官等的合适继承人,而这些人对国家利益都有着敏锐的嗅觉。对黎塞留的此般评价,正好提供了用"国家理性"(reason of state)或"权力意志"(the will to power)等术语来研究其政治活动所需要的那种动力,而这些术语则是近代早期以来对外政策的一项根本性原则。③

这就使我们更为容易地理解到,为何与保留着更为古老的文学体裁的西班牙人相反,一战之前和之后的德国历史学家们能够发表大量的、至今仍被征引的"现代"研究,尽管这些研究并不总是被当代历史学家们所阅读。在此,一到两个中肯的例证就足以说明问题。威廉·蒙森身为特奥多尔·蒙森(Theodor Mommsen,迄

---

① R. Babel, "Frankreichs Gegner in der politischen Publizistik der ära Richelieu", in *Feindbilder, die Darstellung des Gegners in der politischen publizistik des Mittelaters und der Neuzeit*, Cologne, 1992, pp.95-116.该文指出:"人们若要寻找一种类似于批评西班牙哈布斯堡那样的针对德意志哈布斯堡或针对整个德意志人的批评,那将是一番徒劳。"(第 110 页)

② J. Schillinger, *Les Pamphlétaires allemands et la France de Louis XIV*, Bern, 1999. 该书分析了在反路易十四小册子当中的此一现象,与此同时也考察了它在 20 世纪的后续情形。

③ 我使用过有威利·安德烈亚斯(W. Andreas)作序的单卷本 *Französische Geschichte*(Essen, 1996)。关于兰克对黎塞留政府的叙述和评价,尤见第 2 卷,第 10 页。

今唯一一位赢得诺贝尔文学奖的职业历史学家)的孙子,于1922年发表了他的研究之作《黎塞留,阿尔萨斯和洛林》(Richelieu, Alsace and Lorraine),副标题是《论阿尔萨斯—洛林问题》(contribution to the question of Alsace-Lorraine)。该书在后凡尔赛(post-Versailles)的岁月里是很难做到客观中立的,当时德国对克雷孟梭执政时期的法国是极其仇恨的,不会"饶过"法国早前的那些政治家。① 不过,蒙森自己的分析引起外界争论的,主要倒不是来自法国历史学家,而是来自德国境内那些兰克学派的研究同行们,他们对蒙森拒绝将黎塞留描绘成像柯尔柏、路易十四和两位拿破仑②一样,是一位反德意志的"莱茵政客"(Rheinpolitiker)这一做法表示反对。1930年,在那些开足马力诋毁蒙森的民族主义分子当中,有一人声称要发表一部题为"由历史来评判黎塞留"(Richelieu judged by history)的研究著作来开始他的批评工作。很显然,这一作品并非意在挽救这位枢机主教的声誉。不幸的是,该书从未问世,而要是成行的话,它肯定能就一个问题提供无法估量的识见,即在纳粹党攫取到权力的前夜,德国人是用何种历史乃至政治眼光来看待黎塞留的。③ 在这一时期,蒙森恪守兰克学派的传统,发表了黎塞留《政治遗嘱》(Testament politique)的德文译本,这一译本收藏在颇具声望的丛书"政治经典著作"之中,并附有一篇长序《作为政治家的黎塞留》。④ 可以将这些著作视为德国史学的代表,它们本身在弗里德里希·迈纳克的作品中有着集中体现。迈纳克是当时德国最负盛名的历史学家,像蒙森和其他许多杰出历史学家,都曾师从于他。迈纳克最有名的著作《现代历史中国家理性的观念》(The Idea of Reason of State in Modern History,1924年)开篇就是"国家理性是……国家的第一运动法则"。该书探讨了一个紧扣德国历史学家心弦的主题,并将篇幅最长(如果论述算不上最透彻)的一个章节用来探讨枢机主教黎塞留

---

① W. Mommsen, *Richelieu, Elsass und Lothringen. Ein Beitrag zur elsass-lothringischen Frage*, Berlin, 1922.

② 指的是拿破仑·波拿巴(拿破仑一世)和路易-拿破仑·波拿巴(拿破仑三世)。——译注

③ K. von Raumer, "Richelieu und der Rhein", *Zeitschrift für die Geschichte des Oberrheins*, new series, vol. 43 (1930), pp. 149—164(第483—487页附有蒙森的回复)。1930年,von Raumer 推出了一部有关路易十四于1689年大肆蹂躏巴拉丁伯爵领地(the Palatinate)的研究;在德意志民族主义者看来,这一事件是法国对德实行惩罚性政策的典型,尤其在1918年间及其后,更是如此。

④ Richelieu, *Politisches Testament und kleinere Schiften*, Berlin, 1926. 该书的序言曾以"Richelieu als Staatsmann"一文在 *Historische Zeitschrift*, vol. 127 (1923), pp.211-242上发表。在此,将威廉·蒙森的研究与 Clausewitzian Hans Rothfels 的进行对比是值得的,见后者所撰"Richelieus militärisches Testament", *Historische Zeitschrift*, vol. 128 (1924), pp.233—251。该文倾向认为,"对于黎塞留来说,军事机构是政治生活的重中之重"(第239页)。

主政法国时期的那些理念。①

相比之下,德国几乎没有创作出任何很有分量的、质量堪与由德国历史学家们所撰写的专题著作相媲美的黎塞留个人传记。由卡尔·费德恩(Karl Federn, 1868—1942年)撰写的那本传记发表于1926年,不仅篇幅较为短小,且与他几年前发表的马札然传记相比肯定远乏雄心。这一时期由另一位杰出的民族主义历史学家威利·安德列亚斯(Willy Andreas, 1884—1967年)撰写的黎塞留传记于1941年问世,不过该书只是对他起初发表于1922年的一篇文章所做的有限扩充而已;无论如何,该书篇幅还不到100页。不过在20世纪德国所发表的那部唯一重要的黎塞留个人传记,由于以下几个理由还是值得注意的。该书有3卷,第1卷发表于1935年,余下两卷发表于二战后。②当这3卷书先后一经问世,它们不久就被翻译成法文和英文。该书作者卡尔·布克哈特(Carl Burckhardt, 1891—1974年)是瑞士人,出身于曾产生过伟大的文艺复兴史家雅各布·布克哈特(Jakob Burckhardt, 1818-1897)的巴塞尔家族(Basel family)。在成为一名外交官,后来担任红十字会主席之前,他曾是日内瓦的一位大学教授。他的黎塞留"三部曲"第1卷,考察了这位枢机主教的职业生涯,一直叙述至"众愚日"(the Day of the Dupes)及以后,直到1632年。它明显带有20世纪二三十年代政治气候的印迹。尤其在书的里面,布克哈特联想到热情饱满、天赋过人、立场强硬且专断之人在政治生活中所处的地位问题。此番认识也就解释了,第1卷何以在《历史杂志》(*Historische Zeitschrift*)的一则长篇书评中被吹捧成洞见德国历史的一份杰作,书评本身充斥着诸如"夺取权力"、"斗争"、"民众"和"鲜血"等词汇。这一卷还有着额外的价值,能使这位评论者将黎塞留的政策视为主要是反对德意志的。③布克哈特自己及时意识到第1卷是有问题的,因此在二战后的两卷中,尽管它们的焦点是放在黎塞留的反哈布斯堡政策上,不过在语气和态度上则大为不同。④

应该说,将一位瑞士传记作家视为两次大战之间德国史学的代表,这种做法显然有失公允,即便两者之间有着明显的共同特征。然而,就史学传统的连续性而

---

① F. Meinecke, *Die Idee der Staatsräson in der neueren Geschichte*, Berlin, 1924. 该书被译成英文,书名是 *Machiavellism. The Doctrine of Reason of State and its Place in Modern History* (London, 1957).

② K. Federn, *Richelieu*, Vienna, 1926; W. Andreas, *Richelieu*, Leipzig, 1941; C. J. Burckhardt, *Richelieu*, 3 vols, Munich, 1935-1967.

③ 见von Raumer所写的书评,*Historische Zeitschrift*, vol. 156 (1937), pp.546-556. 在1920年代,他是威廉·蒙森最为严厉的批评者之一,原因是后者拒绝将黎塞留视为一位反德国的人物。

④ 参见 O. Ranum 在 *The Catholic Historical Review*, vol. 60 (1974), pp.279-281 上发表的对布克哈特(Burkhardt)英文版的3卷本著作的评论。

言,值得注意的是,随着路易·安德烈(Louis André)于1947年推出黎塞留《政治遗嘱》的新版本(这一版本存有争议),参与到学术辩论中来的仅有的外国史家几乎要么是德国人,要么是瑞士人——他们中除了瑞士那位讲法语的雷米·皮顿(Rémy Pithon)以外无一是法国史专家。很明显,对于那些讲德语的历史学家们来说,《政治遗嘱》是一份通史,尤其属于欧洲政治思想史的文献。正是由于这一原因,像在他们之前的迈纳克及其前辈们一样,如今他们积极参与到围绕这一作品的真实性和重要性的争论中来。其中,鲁道夫·冯·阿尔贝蒂尼(Rudolf von Albertini)于1951年发表了一本有关黎塞留时期法国政治思想的著作,该书分析生动且轻重得当。只是后来阿尔贝蒂尼转向其他的研究主题,再也没有写过有关法国或黎塞留的文章。①

因此,更为令人惊讶的是,当这一特有的辩论于20世纪50年代末趋于尾声时,德国新一代历史学家们开始进行一项事后证明更富创新性的研究,从而丰富了我们对黎塞留的理解。这些人很大程度上受惠于一种组织机构的创新,即1958年在巴黎设立的德国历史研究中心(后来发展为研究所),这就使得德国历史学家在保持他们自己所钟爱的方法来开展历史研究的同时,又能涉足于法国学术界和史学界。凭借这一新奇的研究机构(在法国依然几乎是独一无二的),如今他们相较于其前辈们可以致力于更为系统的研究,因为他们能够充分接触到档案和核心材料。因此不足为奇的是,业已整理出版的新版黎塞留国务公文,其唯一有关"国家的"(national)部分是针对神圣罗马帝国的。在过去两代人,如今是三代人的时间里,研究近代早期法国史的德国学者人数并不是特别的多,且他们中很少有人对作为法国政治人物的黎塞留,抑或一般意义上的他担任首相期间的那段历史,表现出强烈的兴趣,起码从业已出版的书目清单的情况来看就是如此。早前由德国人确立的那种黎塞留和国家理性之间的"联姻"(couple)模式,已经不再是新生代历史学家们所关心的主要话题,不过这一模式并未完全消失,因为它继续激发学者去思考由黎塞留行使的对外政策的真实目的和手段。

德国史学在书写黎塞留上的这一转变,初始信号出现于1963年,当时研究威斯特伐利亚条约(而非研究法国)的历史学家弗里茨·迪克曼(Fritz Dickmann, 1906—1969年),发表了一篇具有开拓意义的文章《黎塞留的法律思想和权力政治》。在该文里,迪克曼坚持权力在黎塞留思想当中的中心地位及其神学和道德

---

① R. von Albertini, *Das politische Denken in Frankreich zur Zeit Richelieus*, Marburg, 1951. 围绕《政治遗嘱》的辩论,由冯·劳默尔(K. von Raumer)、施卡尔维特(S. Skalweit)、哈辛格(E. Hassinger)、恩格尔(J. Engel)以及其他人用德文撰写的文章,被刊登在一些杂志和纪念文集上。

基础,这就使得(在迪克曼看来)这位枢机主教根本就不是马基雅维利的信徒。尤其需要注意的是,迪克曼是在分析威斯特伐利亚条约的前期准备活动的过程中,发生了这样的一种视角转移。他的目的在于,通过精心分析威斯特伐利亚谈判启动以后黎塞留发给法国外交官们的各种指示文书,来检验那些被归于黎塞留的外交政策原则。通过对这些指示文书及附于其上的备忘录之先后版本的比照,迪克曼试图领会到这位枢机主教在上述问题上的真实想法。因此,当这一篇具有突破意义的论文附上"基于近时新发现的材料之上的研究"这么一个副标题,也就不是一种偶然了。①

不论迪克曼从中得出的结论是否牢靠,可以肯定的是,通过黎塞留的指示文书及相关文件来考察他的政治思想,这一做法是一项真正的创举。它具有意想不到的优势,不只是因为历史学家在试图巩固法兰西外部权力的"黎塞留"与作为政治理念作者的黎塞留之间能够建立起比以往更为坚实的联系。毫不夸张地说,1963年以来,德国历史学家所做出的研究在相当程度上承袭并扩充了由迪克曼所开创的视角——相较于观念本身的历史,后者对外交实践更感兴趣。迪克曼的后继者们通过从事众多基于一手材料的个案研究,对他既有的研究方法予以了提炼。由于这些一手材料的可获取性,德国历史学家可以摆脱对先前占据主导地位的论文、小册子或其他业已刊行的皇家喜讯诏书(pièces de circonstance)的依赖。然而,这一研究在德国境外(包括法国在内)仍然是鲜为人知。原因在于,尽管如今法、德两国的历史学家之间存在着个人和组织上的频繁联系,不过语言障碍仍是一个严重的问题,对代表性著作的翻译仍然是少得可怜。② 其结果是,尽管一些重要作品对黎塞留有着新的认识,不过仍有待被充分地吸收和消化。下面,笔者拟将这些新看法用几句话来予以表述:

——黎塞留的对外政策并不是一种以将国与国之间的关系予以世俗化的系统努力(这种观点其实并不只限于德国学术界);

——黎塞留并不是根据领土的大量攫取、根据法国的"自然"边界这一角度来思考问题。他试图获得和维持法国与其邻国间的通道,而他实质上是从一种防御的角度来这样做的;

——每一次征服或领土的攫取,应该从隶属于法国君主制的历史权利这一角度来证明其正当性;

---

① F. Dickmann, "Rechtsgedanke und Machtpolitik bei Richelieu. Studien an neuendeckten Quellen", *Historische Zeitschrift*, vol. 196 (1963), pp.265-319.

② 对于这些作品最为完整的书目(一直到2000年),见 K. Malettke, *Les Relations entre la France et le Saint-Empire au XVIIe siècle*, Paris, 2001, pp.678-723。

——黎塞留寻求一种持久的、整体的欧洲和平,这一和平建立在集体安全的体系之上,而非建立在传统联盟的基础上。

其中的最后一个论点,即寻求一种集体安全的体系——它并非与我们自己所处时代的恐惧和渴望完全不相关——在过去半个世纪中,仍是赫尔曼·韦伯(Hermann Weber)、克劳斯·马勒特克(Klaus Malettke)等德国学者研究黎塞留的主要线索之一。马特勒克对这位枢机主教的对外政策予以了简要归纳,所用的术语清晰地显示出,德国史学自在20世纪20年代发生围绕"莱茵政治"(Rheinpolitik)的争论以来所走过的旅程:

> 黎塞留所追求的集体安全体系这一观念,含有现代集体安全体系的实质要素——因为在这位枢机主教看来,基督教世界中的所有国家都应该参与到对之的谈判中来,然后成为这一体系本身中的成员;它有着基于国际法之上的保证;它包含一份禁止使用武力以寻求个人目标的法令,以及一种旨在处理那些将要偏离和平之人的机制:先是与之谈判,然后若有必要的话,就诉诸武力以结束冲突。①

这样的一种结论,在当代有关和平以及如何处理国际冲突的争论当中不会显得不合时宜,而是让人更为容易地理解到,为何一位德国评论者曾大胆提出这样一种看法,即黎塞留是首位欧洲人。

花如此多的时间在一种仍然很难为各个层次的非德国籍读者所熟悉的史学上,这也许显得有些过度。不过,此处的目的不在于展示德国学术界已经为现有的、共同的知识储备贡献了什么,而在于引起人们对一种方法的原创性的注意,这一方法为我们成功地展现出一种很不为人所熟悉的黎塞留面相。

三、英、美两国对黎塞留的认知

在此,有待考察的黎塞留的最后一种"面相"再度明显与众不同,体现数世纪以来盎格鲁-撒克逊人对黎塞留的印象的独特轨迹,以及这位枢机主教去世以后他所获得的形象借由的有时意想不到的信息来源。在所有这一切之中,政治的确曾起了一定的作用,尽管方式各异。在法国的所有邻国当中,英格兰受这位枢机主教对外政策的影响最为轻微,同时也最为坚定地抵制那种由黎塞留来加以人格化的

---

① K. Malettke, "French foreign policy and the European states system in the era of Richelieu and Mazarin", in P.Krüger and P. W. Schroeder eds., *The Transformation of European Politics*, 1763-1848, *Episode or Model in Modern History*, Münster, 2002, pp.42-43. Malettke 发表的许多文章收录在两卷书中,分别是 *Frankreich, Deutschland und Europa im 17. und 18. Jahrhundert* (Marburg, 1994)和 *Les Relations entre la France et le Saint-Empire au XVIIe siècle* (Paris, 2001)。后一卷书的第3章,标题为"黎塞留与神圣罗马帝国"(Richelieu et le Saint-Empire),提供了一项有关过去半个世纪里德国在这一研究领域的学术综述,对我们大有裨益。

法国绝对君主制模式,尤其在17世纪40年代年以后。不过,黎塞留及其政府在英格兰并非不为人注意,这不只是因为英格兰也经历了从白金汉公爵(Buckingham)到斯特拉福德伯爵(Strafford)等王室宠臣的时期,还因为斯图亚特王朝诸王还有为人所察觉的绝对主义倾向。由于这些以及其他可能的缘故,黎塞留并没有让英格兰对之漠不关心,正如在如下事实中有着明显的体现:一些广为人所阅读的有关黎塞留一生的早期法文记述,如出自韦阿拉尔(Vialart)、西昂(Silhon)和德阿让(Déageant)等,早在17世纪40年代就被翻译成英文,这就为更好地理解这位集枢机主教和首相职务于一身的人物的政治开辟了道路。尽管自此以后英国人对黎塞留的好奇心似乎起起落落,不过这并未妨碍他在不同的历史关头在英格兰变得家喻户晓,与欧洲其他地方起码没什么两样。

当然,问题是要识别出,我们大脑中有着何种类型的熟悉,以及何种黎塞留。这位枢机主教在20世纪70年代的电视系列片《蒙提·派森》(Monty Python,亦有译为"巨蟒")中露过几次面,这一事实也许看上去是一种比较牵强的指示符,不过可以认为,这并非出于偶然。在某些方面,它只是对很久以前在英国剧院中呈现的黎塞留形象的一种更新。当然,黎塞留作为剧院中的一个人物,这并非英国之特色。相反,正如我们可明显看到的,从19世纪20年代起,有关这位枢机主教的此一剧本,其主要信息来源本身就是法文。其中,阿尔弗雷德·德·韦尼(Alfred de Vigny,1797—1863年)的《森克·马尔》(Cinq Mars)是最为显见的,不过我们不应低估维克多·雨果(Victor Hugo,1802—1885年)和大仲马(Alexandre Dumas,1802-1870年)的作品对海峡对岸的影响。无论如何,那些成功的英国剧作家(如今遭到人们彻底的遗忘)为了迎合国内观众的口味,对这些法国剧本加以修订和改动,并取得了巨大成功。正是通过他们,在1840年左右到第一次世界大战之间,至少那些爱看戏的英国民众——除此之外,还大体包括境内那些受过教育的精英人士——逐渐对黎塞留熟悉起来。由这些作品传递出的黎塞留形象并不是阿谀奉承的那种,因为英国剧作家通常突出这位枢机主教个性和行为的负面元素,这些元素在德·韦尼及其同时代人的作品中比比皆是。它本身就是一则"黑色传奇"(black legend)。[1]

相比之下,仍然很难确定,黎塞留所扮演的政治和历史角色,是通过何种其他方式——或媒介(可能)——传递给维多利亚时代的人以及后世人的。当然,与德意志学术界(Wissenschaft)同时期的作品

---

[1] R. Knecht, "The reputation of Richelieu", in *Seventeenth-Century French Studies*, vol.15 (1993), pp.5-24, esp.17ff; idem, "Cardinal Richelieu, hero or villain?", *History Today*(2003), pp.10-17.

相比,近代早期英国历史学家们的作品并未引起社会多少的注意;斯塔布斯(Stubbs)曾将德意志当时的学术盛况比喻成"德国工作者的伟大蜂房"(the great hive of German workers),而这正是维多利亚时代英国学者所艳羡不已的。① 由菲利普·德·尚佩涅绘制的那幅著名的黎塞留三头肖像画于1869年后在伦敦国家美术馆展示,不过并没有在多大程度上激发出英国人对黎塞留及其成就的兴趣。在缺乏数量可观的历史研究作品的情况之下,起码有一些关于这位枢机主教的个人传记,不过它们均较为平庸。1930年,希莱尔·贝洛克(Hilaire Belloc,1870—1953年),一位知名的英国天主教徒作家和文人,发表了一部黎塞留传记。他是一位多产的作家,发表了一系列的传记,这是其中的一部;而贝洛克的名声,使得该书引起不少读者的注意。在书中,贝洛克指责这位枢机主教在某些方面是俾斯麦的前体,并将其视为一个仅关心国家权力的政治人物。在贝洛克看来,黎塞留把天主教的宗教原则从政治中剔除了出去,而他这样做,为取而代之的民族主义开辟了道路。实际上,英国历史学家(而非唯独黎塞留的传记作者)通常并不采用此般公然论战的语气。不过,贝洛克可能是有所指的。历史学家罗伯特·克内克特(Robert Knecht,生于1926年)详细讲述了这样一种情形:在20世纪50年代、60年代,每当他让英国的高中生们列举出他们熟悉的欧洲政治家时,他们总是会选上俾斯麦和黎塞留,并且总是以这种先后顺序出现。起码可以说,这一组合令人好奇,而贝洛克不大可能无中生有地发明出这么一种类比。②

不过,在1965年,当美国历史学家威廉·丘奇(William Church)回顾了一下第二次世界大战后以来发表的有关黎塞留的重要著作时,他收录的英文著述仅含1本书和5篇文章。在这一大致搜罗的书目清单中(我们一会儿将回到这一话题),仅有一项即一篇专题论文,是由英国历史学家撰写的。其他所有的英文著述,均是由美国历史学家完成的。③ 显然,英国人对黎塞留的熟悉几乎没有激发出任何值得郑重一提的学术作品,而美国历史学家们,他们大概不必在对黎塞留的看法(无论是戏剧的还是其他的)这一问题上要与英国同行们一较高下,则已在努力地工作。实际上,当丘奇正在从事这一史学

---

① D. R. Kelly, *Fortunes of History. Historical Enquiry from Herder to Huizinga*, New Haven, 2003, esp.ch. 9; M. Bentley, *Modernizing England's Past: English Historiography in the Age of Modernism*, 1870-1970, Cambridge, 2005.

② 这是罗伯特·克内克特的个人见证。我也感谢《法国历史》的匿名评审专家,他/她注意到,马克·富马罗利(Marc Fumaroli)最近将黎塞留描绘为"反宗教改革的'俾斯麦'"(the Bismarck of the Counter-Reformation),载于 H. T. Goldfarb, *Richelieu, Art and Power*, p.25。这一观点认为,跟俾斯麦一样,黎塞留也信守国家理性这一世俗的意识形态。

③ W. F. Church, "Publications on Cardinal Richelieu since 1945, a bibliographical study", *Journal of Modern History*, vol. 37 (1965), pp.421-444.

"库存"的盘点工作之时,事情正在发生变化。从这一角度来看,英、美两国的历史学家,正如我们业已看到的,在某些方面类似于20世纪50年代他们的德国同行们。丘奇本人就是这方面一个很好的例子,围绕黎塞留与国家理性这一为人熟知的话题,他于1972年出版了一本重量级的著作。在这本著作中,他采取了一种人们并不陌生的立场,这一立场汲取了德国史学界对黎塞留的历史书写之营养;在书中,他还坚持宗教主题在这位枢机主教的思想和政治中的重要性。① 不过,围绕黎塞留在英、美的形象问题,丘奇并未创造出一个学派,而这不单单是因为他在出版这本书几年之后就去世了。

二战后,在那些有兴趣研究黎塞留的英美历史学家们当中,并非政治哲学或国家理性的实践吸引了他们的注意力。事实上,一旦这些历史学家也开始涉足于法国的历史档案时,那么广义上的内部政治问题,尤其是它的实践而非所谓的原则,才是他们最感兴趣的话题。将围绕绝对主义问题而产生的相当程度上是理论的争论搁置一旁,他们尝试着去研究和理解君主政府为统治一个如此幅员广阔而内部又迥然各异的国家可资利用的手段和行动方式。这样的一种学术路径,对他们来说似乎更为正常(normal),因为他们自己的政治文化并不具有抽象国家的概念——这种抽象国家自身就是政治进程中的首要行为者(primary actor)。法国与英美世界在政治文化上的这种差异,是他们努力"破译"(decipher)黎塞留活动其中的政治世界的一种重要且关键的刺激性因素。平心而论,朝着这一方向迈出第一步的是奥列斯特·拉努姆(Orest Ranum),他于1963年(弗里茨·迪克曼发表开创性文章的同一年)出版黎塞留《门客》(creatures)研究一书,该书一经问世就迅速被翻译成法文。这一研究把黎塞留从惯常位于奥林波斯山(Mount Olympus)的高位上拉了下来,而将其重新置入到实实在在的政治世界当中;它展示了黎塞留是如何在自己周围创建起一支由其门客构成的、牢固的大臣团队,并最终取得了成功(不过只是在17世纪30年代)。这些人对黎塞留忠心耿耿,且一致理解到,他们必须维持国王与其手下大臣之间的良好关系。而这一点直至黎塞留去世之前,一直是他政治生涯中孜孜以求的首要目标。② 从拉努姆的研究中我们还可以看出,如果黎塞留将自己描述为路易十三的"门客",那么他有生之年里的整个政治景观呈现出的是,从顶层到底层四处运作的裙带关系,且此种关系是政治制度真正的黏合剂。在拉努姆本人看来,这一类型的政治分析努力将英国古典史学者罗纳德·赛姆(Ronald Syme)用来解释发生在古罗马

---

① W. F. Church, *Richelieu and Reason of State*, Princeton, 1972.
② O. A. Ranum, *Richelieu and the Councillors of Louis XIII*, Oxford, 1963.

的奥古斯都政治革命之方法,以及近代史学者刘易斯·内米尔(Lewis Namier)用来理解乔治三世统治时期英国议会运作特点之方法,应用到黎塞留主政时期的法国。而此种分析后来及时得到更为年轻一代历史学者的扩充,远非国务会议、宫廷和首都所能囊括,他们的方法和研究成果在莎伦·凯特琳(Sharon Kettering)所著的《17世纪法国的中间人、庇护人和门客》这一权威著作中有所体现。可以说,要是在十年之前出现这样的书名,那几乎是不可想象的。①

实际上,这一学术路径是适合美国历史学家的,因为他们的政治文化,还有他们的社会学和政治科学,都习惯于将政治视为一种在各利益集团之间所展开的无休止的谈判和妥协的过程,在这一过程中有得也有失。因此,英美历史学家试图探讨的,主要是组织机构和集团中的政治行动者,而非作为单体的个人。无疑,在一些方面,他们自己的历史已经事先设置好他们要对一些问题而非其他问题给予更多的关注——例如,关注政治性和/或代议制会议,诸如全国三级会议或外省三级会议(在"福隆德运动"爆发之前仍然存在这些会议的省份)。另一更为晚近的研究成果是,出版了详细研究黎塞留主政时期法兰西君主国权力的关键成分(尤其是关于陆军和海军)的著作。上述两种研究揭示了,这些组织机构的结构性缺陷是如何成为这位枢机主教在对外政策上,更确切地说在对内政策上取得成功的主要障碍的。黎塞留也许在海上事务方面有着较大的自由度,且对之有着较大的个人权威,至少从其所持有的职位衡量得出来。不过,法国皇家海军的创立仍然是一项巨大的挑战,面临着重重障碍。阿兰·詹姆斯(Alan James),一位研究黎塞留时期海军的历史学家,抵制那种将黎塞留视为有决心白手起家并创建一支完全现代海军的倾向;相反,他会借用到当时的经典技术,并亲自取代那些反对国家对这一特殊军队进行必要现代化的"封建"元素。詹姆斯总结道,黎塞留"并没有什么全面的改革计划,他也不是一位能预见到海权潜力的先知先觉"。② 至于更为重要的,在陆地上的军事行动,戴维·帕罗特(David Parrott)在《黎塞留的军队》这一包罗广泛的研究性著作中,从根本上挑战了对这位枢机主教主政时期所持有的"国家构建"之传统观点,以及近来的"军事革命"论点;鉴于两者均将黎塞留描绘成在路易十四统治时期得到充分体现的那种军事实力的开创者,那么它们看上去就很容易适合于上述看法。不过,帕罗特为我们绘制了一幅大为不同的图画,这幅图画远远超出了军事活动本身这一狭隘的领域。在他的叙述中,黎塞留付出了艰苦而

---

① S. Kettering, *Patrons, Brokers and Clients in Seventeenth-Century France*, Oxford, 1986.
② A. James, *Navy and Government in Early Modern France 1572-1661*, Woodbridge, Suffolk, 2004, p.167.

又长期的努力,以让法国置身于"三十年战争"之外,不过他的这一愿望并未得到实现;当他最终被迫参战时,不论是军事机器还是行政机器,都不足以有效率来确保他所想象的那种成功。帕罗特强调了为了让军队投入战场并保持他们在 1635 年以后的存在,黎塞留做出必要即兴发挥的程度;作者认为,政治优先使得法国人不愿意考虑接受像"军事实业"(military entrepreneurship)之类切实可行的替代措施。在该书中,黎塞留只是设法保持对军队的充分控制权而已:不是借助于创建新的、"现代的"指挥结构,而是借助于在军队高级指挥官中培植亲信——然而在这一领域此类做法之结果,往往带给他的是军事失利。①

就与哈布斯堡王朝对抗的政策来说,同样关键的是法国王室的财政状况以及由之引发的遍及外省和地方的种种后果。这一话题得到理查德·鲍尼(Richard Bonney)的广泛研究,在其关于外省督办官以及王室财政的著作中,他强调了黎塞留主政期间所发生的那些无计划、临时性的变革。与弗朗索瓦丝·贝亚尔(Francoise Bayard)——她的著作《17 世纪财政官的世界》对财政官、他们的世界及其活动做出了一项社会—结构性的考察——相比,鲍尼则针对财政以及其对顶层政治和用兵本身所产生的影响,提供了一项精致的年谱史研究。② 另一方面,就他们对政治相对广泛的关注范围来说,有一种现象令人惊讶:几乎没有任何英美历史学家对贵族和民众的反叛活动予以认真研究,而这些针对黎塞留和马札然的政策而发生的反叛活动,从 20 世纪 50 年代起引发法国境内众多历史学家的关注。③ 同样,除了个别例外,这一时期法国的思想、宗教和灵修生活——就这一点而言,黎塞留自身在这些方面的生活——仍然是一个英美历史学家鲜有涉足的领域。④

这些例子应该足以显示出,英美历史学家是如何采用一些方法和直觉来研究黎塞留时代的法国的,这些方法和直觉使得他们能够更为确切地考察这位枢机主教在法兰西国家(从亨利四世时起一直到路易十四时代,正处于变化发展状态)内部的实际角色。如果在此不必进一步详细列举出他们所发表的作品,那么有必要做出一些尝试,以确定他们在一幅更为详细具体、更轮廓鲜明的图画上做出何等程度的贡献,而这幅图画是关于这位枢机主教自己在担任首相之前和期间的种种

---

① D. Parrott, *Richelieu's Army. War, Government and Society in France 1624—1642*, Cambridge, 2001.
② R. Bonney, *Political Change in France under Richelieu and Mazarin 1624—1661*, Oxford, 1978; idem, *The King's Debts. Politics and Finance in France 1589—1661*, Oxford, 1981; F. Bayard, *Le Monde des financiers aux XVIIe siècle*, Paris, 1988.
③ 最重要的例外是,W. Beik, *Urban Protest in Seventeenth-Century France*, Cambridge, 1997。
④ 这些领域长期以来要么被法国学者所主导,要么就思想史领域而言,被法国和非法国的文学学者所主导。对于这一情形,A. Levi, *Cardinal Richelieu and the Making of France* (London, 2000)一书的某些章节,尤其是尾注中有着丰富的说明。

活动。用英文发表的黎塞留传记仍然是屈指可数,其中的一些——如伊丽莎白·玛瑞克(Elizabeth Marvick)的《年轻时代的黎塞留:领袖的精神分析基础》和安东尼·列维(Anthony Levi)的《黎塞留与法兰西的形成》等——所冠以的书名即在暗示,他们希望提供的决不仅仅是传记。罗伯特·克内克特撰写的《黎塞留》(Richelieu)一书出现在"名人传略"(Profiles in Power)丛书之中,不过这一丛书绝无意于充当传记作家的"避难所"。① 不过如果说存在一个用传记路径还能做出重要研究成果的领域的话,那就是路易十三统治时期国王与首相之间种种关系中的那个相当关键的方面。在相当长的一段时间里,问世的那些黎塞留传记为这位国王其人和其事留下的空间少得可怜,这就有意或无意地强化了这样一种观点,即作为手握无上权力的大臣,黎塞留对其君主是有恃无恐。正如我们业已看到的,这一做法决不局限于法国作家。由学者勘定的让·埃罗阿尔(Jean Héroard)《日记》(Journal)近来问世,埃罗阿尔是路易十三年轻时的全科医生,他的日记为路易十三传记的纷纷出炉(既有法文,也有英文)提供了动力。而由美国历史学家写就的两本传记,仅在埃罗阿尔《日记》公开披露的几年之前才问世。相比于他们的法国同行,这两本书更多使用了心理学乃至精神分析的方法。在劳埃德·穆特(Lloyd Moote)所写的一本简单名为《路易十三:正义之君》的著作中,他做出如下结论,即路易是一位要求多、难相处的主人,是一位对王室职责有着极为清醒认识,在所谓的黎塞留时代充分参与到政治活动中来的国王;一位拥有无上权力的大臣仅做好国王乐意之事,这不可能有任何的问题。自穆特的研究于 1989 年发表以来,他的这一结论得到进一步的强化。② 在发表于 1986 年的年轻时代的路易十三传记中,伊丽莎白·玛瑞克也大量汲取埃罗阿尔《日记》中的材料,并在书中运用弗洛伊德的精神分析法,用以理解路易十三在婴幼儿和青少年时期的社会化(伴随有许多未被解决的冲突)对其后来的统治所产生的影响。③

相比之下,公开用传记的方式来考察黎塞留本人的英文著作,似乎没有传递出同样富有价值的洞见。在撰写年轻时期的路易十三的传记之前,伊丽莎白·玛瑞克曾试图考察"年轻时期的"黎塞留(一直到 1614 年),以揭示出他在成人时期将承担起的领袖角色(先是在教会任职,后来管理法兰西王国)的"精神分析学基础"(psychoanalytical foundations)。尽管

---

① Levi, *Cardinal Richelieu and the Making of France*; E. W. Marvick, *The Young Richelieu, a Psychoanalytic Approach to Leadership*, Chicago, 1980; R. Knecht, *Richelieu*, London, 1991.

② A. L. Moote, *Louis XIII, the Just*, Los Angeles, 1989.

③ E. W. Marvick, *Louis XIII, the Making of a King*, New Haven, 1986.

玛瑞克小心翼翼地考察了有关黎塞留早年生活的史料（既有手稿，也有印刷材料），以评估这些年月对他后来性格的影响，不过问题是，年轻时期的黎塞留并没有一个埃罗阿尔来记载他的言行举止（不论是生理上的还是其他方面），或更为关键的是，记载他年轻时所生活的环境。因此，我们对他直至步入法国主教职位之前早年生活的知识仍然是极其模糊的，并严重充斥着各种各样的陈词滥调，这就使得一部精神分析的传记不可能改变我们对这位未来集枢机主教和政府首相于一身之人所持有的印象。因此，与她所写的路易十三传相比，玛瑞克的这部黎塞留传显得更为理论化，更带有主观臆断的色彩。20世纪80年代，由于公证档案的使用，采用一种很不寻常的路径来考察黎塞留成为可能。这种材料鲜有出现在以前有关黎塞留的任何研究中（如传记体或其他体裁），也极少被列入其中。在前一本书中，笔者就这位枢机主教积累起大量财富方面，描述了一个相当程度上不为人知的黎塞留：他的财富的增长，是与其职业生涯的不同阶段（从主教到枢机主教和首相）联系在一起的。由于王室对臣子们忠心耿耿的服务给以慷慨的回报，一位大臣的财富总是被其受惠人及其辩护者们以整体的方式来予以呈现，而这总是被批评者们当作贪婪和权欲的象征而加以攻击。然而，对这一财富的形成史作一细致的考察表明，与其内部构成相关的许多个人决定，被证实是多么的处心积虑，为时甚久。在此，我们发现有必要重新思考公与私的界线问题，其方式与我们今天的根本不同。在某些方面，这一研究也是对奥列斯特·拉努姆（Orest Ranum）早在1963年就已提出的论断的一种应用，即黎塞留并不是法国贵族不共戴天的仇敌；步入贵族阶层的最高行列，是这位枢机主教内心深处的雄心之一。① 一些年后，笔者又推出了另一本书，着手重新探讨有关这位年轻天才的神话和传说——他让同时代人相形见绌，他明显应获得他于17世纪20年代获得的高位。而这一研究将诉诸出众天赋（智力上的抑或心理上的）的做法搁置一旁，尝试理解在波旁王朝的早期政治中，像来自黎塞留这一背景的人可能是如何努力谋得重要官职的：在追溯黎塞留的人生轨迹一直到1624年的过程中，该书通过将他牢牢地放回到一种他"天生"适合的环境（家庭、教会和宫廷）中来考察，从而提出了一种不同的分析框架。②

从英美学术成果中呈现出来的"黎塞留"，是一个在相当特殊的政治语境中努力为自己谋得权位之人。在这一语境中，为了成为（或退一步说维持）路易十三的

---

① J. Bergin, *Cardinal Richelieu*, *Power and the Pursuit of Wealth*, London and New Haven, 1985; O. Ranum, "Richelieu and the great nobility: some aspects of early modern political motives", *French Historical Studies*, vol.3, no.2 (1963), pp.184—204.

② J. Bergin, *The Rise of Richelieu*, London and New Haven, 1991.

首相这一职位，他当然不能只是依靠他的智力价值或被公认的天赋。从这一角度来看，作为政治人物和大臣的黎塞留，远非我们过去所认为的那么现代。实际上，他对从事机构改革之类的事务并不怎么关心，而恰是这一点，长期以来让法国历史学家们热衷于将他固定在国家兴起这一光荣柱上。为了巩固他作为首相的职位，也为了实现将黎塞留家族置于大贵族之列（一旦他主动退隐之后也得以维持）的勃勃野心，这位枢机主教采取了各种可资利用的、最为典型的做法，即实行家族联姻，积聚巨额财富，谋取各种头衔（不少于三处公爵头衔）和政府职位等。相比之下，那种被认为使法国统治方式趋于现代化的黎塞留形象，则几乎无处寻觅——他和马札然遗留给路易十四及其继承者们的君主制，相较于王国改革者们的宏伟蓝图，更多是被战争的紧急形势所形塑。不用说，对于法国许多政治人物以及历史学家（如加布里埃尔·阿诺托①，曾写有最为详尽的黎塞留传记的作家）来说，这位天命所归的人物，可以等同于一种抽象的国家概念，不过这在英美历史学家的思想当中简直从未拥有任何位置。

四、结语

本文对围绕黎塞留的历史编纂"生涯"作了比较概述，从中可以看出：当前对这位枢机主教及其历史角色的看法，继续体现出受研究所处的史学文化的独特影响。有充分的理由认为，如今流行的对这位枢机主教存有反差的解释，将在接下来的岁月中也许朝着意想不到的方向继续演化。这是愈益可能的，因为正如对近来上乘著作的阅读所表明的那样，以前各自独立的历史编纂学正日益相互交融，从而汇聚一起提供了一种更为复合的黎塞留肖像画。

对于这一现象，除了学术界以及研究议事日程更大程度的国际化之外，还有许多其他的原因。在此未被直接讨论的一项主要转变是，在法国史学界，亦在国际史学界，年鉴学派的影响走向衰落，这就为学界更大程度上友好关系的建立提供了方便。在过去几十年里，年鉴学派坚决反对各种形式的政治史、外交史和军事史——简言之，国家的历史——认为它们相较于人口史、社会史和经济史并不重要。相比之下，英美以及母语为德语的学术界则从未经历过这么一场广泛的停顿（caesura）。更为关键的是，当他们继续书写政治史时，他们也试图通过借用社会科学的概念和分析来丰富它，所有这一切使得他们能够面对历史，甚至是政治史，远远超出了有关国王和战争的编年史之范畴。

就黎塞留的肖像而言，英美学术界对

---

① 加布里埃尔·阿诺托（Gabriel Hanotaux，1853—1944 年），法国政治家和历史学家，代表作有 *Origines de l'institution des intendants de provinces*（1884）和 *Histoire du Cardinal de Richelieu*（5 vols., 1893-1944）等。——译注

这一"新"政治史的贡献,在一些重要的方面上补充了德国同行们的既有研究,而这是在任何时候都没有明确分工的情况下,他们各自面对那些档案所做出的工作。① 既然相比于过去将近几代外国学术界中业已呈现出来的对黎塞留的各种看法糅合在一起,并将它们与本文未予考察的新一代法国历史学家的研究成果相比较更为容易,那么接下来的挑战将是"想象"(imagine)出一种新的黎塞留,他将越发是不同历史传统的一种合成图像。从这一工作中将呈现出何种黎塞留的肖像?他的这些不同的面相在将来会有着多大的相似性和兼容性?

Three Faces of Richelieu: A Historiographical Essay

Abstract: This article explores the different views of Richelieu to be found in three different cultures, those of Spain, Germany and England (to which America is added). It begins with the perceptions of Richelieu among his contemporaries and how these evolved in subsequent centuries. The figure of Richelieu has fascinated biographers, novelists and playwrights, whose work influenced wider historical judgements of the Cardinal. In recent times, historians have sought to overcome the different stereotypes that abounded in previous centuries and, in German and Anglo-Saxon scholarship, fresh and as yet unreconciled facets of Richelieu and his historical significance continue to emerge, providing the basis for a rather different portrait of the man.

Keywords: France; Richelieu; absolute monarchy; historiography

摘自《法国历史》(*French History*)第23卷第4期[2009年11月]。

作者:约瑟夫·伯金(Joseph Bergin),1948年生,现为曼彻斯特大学历史学荣休教授,英国社会科学院研究员。译者:吕浩俊,武汉大学历史学院博士研究生

---

① 对于将其中的一些主题予以糅合的早期却又有限的尝试,详见 J. Bergin and L. Brockliss eds., *Richelieu and his Age*, Oxford, 1992. 该书收录有一篇来自赫尔曼·韦伯(Hermann Weber, 1928—2014,德国历史学家和政治科学家,他被誉为"德国民主共和国的百事通"。——译注)笔下的英文论文(其作品多用德文撰写,这是唯一一篇英文文章):"Une bonne paix: Richelieu's foreign policy and the peace of Christendom", pp.45-69。

在社会启蒙与激进的秩序思想之间

——意识形态极端年代的欧洲社会之科学化*

□ [德]卢茨·拉斐尔 文

以下关于在欧洲社会的组织机构与日常生活中,社会科学的知识形式如何传播和渗透的欧洲经验之特点的思考,以本书**中占据支配地位的研究假设为起点。冈戈尔夫·许宾格(Gangolf Hübinger)采纳了赖因哈特·科泽勒克(Reinhard Koselleck)的考量推测:在人文科学、社会科学还有社会自我描述这一方面的方法改变,与社会这些无论愿意与否在与某些事件——新兴的、有时令人震惊的、但总是出乎意料的社会集体经历和解释的事件——的对峙中实现的经验转变之间,存在着紧密联系。[①] 按照在此遵循的提问方法,本文的问题具化为:"社会之科学化"(Verwissenschaftlichung des Sozialen)的复杂过程如何被这种时代诊断与方法上的社会观察之间的辩证交互作用所影响?两次世界大战、革命和内战,以及冷战的集体体验,在何种程度上决定了以科学为基础对社会行为和社会过程加以规范与控制的行事方法之速率和范围?欧洲社会之科学化在何种程度上被政治和世界观的高度对抗——这一对立对于我们考察时段内的欧洲关系而言非常典型——所影响?由此,知识分子史的问题视野将再次得到扩展。并且,鉴于冈戈尔夫·许宾格关于"学者-知识分子"[②]之历史角色的思考,下面将考察"社会专家-知识分子"的公众形象和实质面貌。

---

* 译自 Lutz Raphael, Zwischen Sozialaufklärung und radikalem Ordnungsdenken. Die Verwissenschaftlichung des Sozialen im Europa der ideologischen Extreme, in: Gangolf Hübinger (Hrsg.), *Europäische Wissenschaftskulturen und politischen Ordnungen in der Moderne* (1890-1970), München 2013, S.29-50. 本文经作者授权。

** 文中所称"本书"是指 Gangolf Hübinger 所编的论文集 *Europäische Wissenschaftskulturen und politischen Ordnungen in der Moderne* (1890-1970),本文是其中一篇。——译注

[①] Reinhart Koselleck, Erfahrungswandel und Methodenwechsel. Eine historisch-anthropologische Skizze, in: ders., *Zeitschichten. Studien zur Historik* (Frankfurt a. M. 2003) 27-77.

[②] Gangolf Hübinger, *Gelehrte, Politik und Öffentlichkeit. Eine Intellektuellengeschichte* (Göttingen 2006) 10-24;下文引用时简称 Hübinger, *Gelehrte, Politik und Öffentlichkeit*。

跨大西洋比较中的欧洲独特性

如果我们想要对这些问题作一回答——也只是初步地——我们就要弄清楚,究竟"社会之科学化"这一整体现象的哪些视角与本文感兴趣的问题密切相关。我们不应该忘记,为了对在当时足足130年的时间里若干平行发展的、或多或少彼此松散相连的进程之整体关系加以审视,并且同时为了不受特定政治语境的影响,进一步对这一趋势自我强化的自身动力加以重视,"社会之科学化"这一概念本身曾陷入争论。这一概念的出发点是,其涉及的是一个长期的"基础过程",这一过程超越各种政治变革和国家特色共同决定了近200年来欧洲社会的发展。在这一范畴下总结起来的现象之相对独立性和自身动力,是我们总体上谈论一个"基础过程"的基本前提。在一个长时段的视角下,对这一过程的分析要相对独立于事件相关的、短期的或者具有代群特色的经验视域的转变。将社会性的行为举止类别化并对其进行测量和管理的人文科学方法在欧洲社会中的这种渗透,用结构史的方法可以从五个维度来加以描述。

第一,在特殊的观念、隐喻和话语中表现出,哪些科学论点和范畴在政治、文化或者宗教等其他社会领域传播,并且最终甚至在社会的日常生活交往和自我感知中找到了入口。[1]

第二,专家们站稳了脚跟。他们负责以人文科学为基础的相应知识形式与干预形式的应用,并且掌握了一种特殊的知识与技能。

第三,形成了使用者或客户的圈子。他们追问社会科学的知识,或者被当作社会科学专业知识或者干预的对象。

第四,从分析上来看,是进行理解与审视的特殊技术或者说技艺(Technologien)。

第五,社会的每次科学化都是附着在机构上的。这些机构部分或全部以社会之科学化为目标,并且因此关心专业知识的连续性。

上述所有五个维度之间存在紧密联系,但是在这五个维度中描述的过程无论如何不是必然遵循相同的传播节奏。这些过程以完全不同的方式推进,或者说,各自不同地与时代的普遍趋势相联结。首先,上述前两个现象对我们的问题具有阐释效力。话语和专家与文化和政治中具有时代特色的趋势之间存在一种紧密的或者说直接的互动关系,而机构和感兴趣人士或者说客户群体则更容易经受住政治和智力繁荣期的兴衰。干预技术与时代之间的关系同样很复杂:在其起源和最初的应用中,它们经常极其紧密地与时代典型的问题境况和感知模式相关联;然

---

[1] Sabine Maasen, Peter Weingart, *Metaphors and the dynamics of knowledge* (London 2000); David E. Leary, *Metaphors in the history of psychology* (Cambridge studies in the history of psychology, Cambridge 1990).

而,它们通常往往从这些相互关联中抽身而出,而被融入稍后的、相似的、但有时也是完全不同的知识与专家的总体局势中。

接下来首先要研究的是,对隐喻、专家群体和特殊干预技术而言,在他们当中,经验转变与方法改变之间的辩证法是否被正确地理解。毫无疑问,主导观念非常迅速地传达了时代特定经验的集体表现,这些隐喻的沉浮基本上确实可信地向我们传达了同时代人经验空间和期待视域中的基本位移信息。人口发展总是为有公众效应和时代典型性的隐喻提供契机。"变质"(Degeneration)和"消亡"(Untergang)是已经得到很好研究的例子。① 对于集体传记研究而言,"专家"同样是一个十分吸引人的领域,其针对的是两者间的关联,一方是大多数受特定对象影响而略显狭小的专业知识世界(比如社会保障、青少年福利救济、劳动保护),另一方是较为开阔的,具有代群特色或者时代典型性的思想上的、政治世界观的、哲学科学性的问题眼光和时代诊断。在这一领域,那些经常隐蔽起来的小路被发现了,它们从思想场域(Intellektuelles Feld)——这里被理解为文化、社会和政治的相关观念生产与交流的场地——通向专家们专门的知识场域(Wissensfeld)。新的社会观察与社会干预技术的产生,同样允许对新的问题感知与行为预期的形成加以洞察,这些感知和预期本身证明了一种经验转变。接下来,这三种探针也要用来追踪经验转变与方法改变之间的相互关系。

在本文的标题中,略为夸大地用了"意识形态极端年代的欧洲"的字眼。这一术语背后的学术意图在于关注一种独特性,这种独特性使得在欧洲,社会专业知识、政治意识形态、特定代群经验与知识分子之立场表态之间的反馈,变得比世界上其他在政治上较少受灾难和极权影响的区域更为频繁、也更为深刻。在此,美国率先引起注意,它在"社会之科学化"的历史中多次担当先锋者的角色,但是在那里,这一基础过程所植入的框架条件在一些点上与欧洲大陆明显不同。

至少有三个方面区分了北美和欧洲的经验世界:

在美国,人文科学应用领域的发展根植于政治观念形势和受自由主义统治影响的、民主的组织结构。即便是在国家干预主义计划的高涨期,比如1900年前后的进步主义改革运动期、1935至1945年的"新政"或者20世纪60年代中期的"大社会"计划,秩序方案和干预形式也只在自由主义政治模式的界限中活动。关于进一步的技术专家治国主义或者社会民主主义变革的活动余地非常小,而其支持者的活动空间,尤其是在社会专家圈子

---

① Daniel Pick, *Faces of degeneration. A European disorder*, c. 1848 – c. 1918 (Cambridge 1989); Thomas Etzemüller, *Ein ewigwährender Untergang. Der apokalyptische Bevölkerungsdiskurs im 20. Jahrhundert* (Bielefeld 2007).

中,始终受到相应反干预主义的对立浪潮的限制。① 1945年后,将西欧的民主如此紧密地与美国相连的西方同盟国,以一种共识自由主义为依据。这种自由主义的秩序观念基本上归因于,对经济中和带有一定社会自由主义成分的社会国家概念中国家干预主义的接受。

欧洲在20世纪变成了一个对众多机构而言很重要的试验场,这些机构深刻地改变了19世纪的竞争资本和市民社会:我想到社会保险、市场的国家计划与控制,公共媒体系统的组织安排。无论如何,从中产生了国家在经济和社会之规范与控制中的高度参与,这与美国的发展显著不同。

除了少数国家和地区,欧洲过去一直是一个社会之科学化始终屈从于政治世界观的阐释斗争之兴衰的大陆。虽然很多具有实用主义倾向的社会专家关心自己在政治世界观之意见之争中的中立性,但是可以确定的是,在社会技艺与政治世界观态度之间总是存在紧密的反馈。欧洲完全发展成为一个新社会秩序的试验场。仔细琢磨,所有这些新社会秩序处理的都是从19世纪80年代开始在欧洲国家中浮现出来的、不断增长的塑形方法和众多意料之外的问题压力。在欧洲,工业化、城市化、民众不断增长的政治参与性等基础过程,因其方向与形象上悬而未决的活跃变化,虽然常常被认为危机四伏,但是总是被解释为政治世界观的秩序问题。这些基础过程在超过100年的时间里产生了大量新型的秩序模式,而这些秩序模式的源头又直指知识分子和科学的世界。此外,在20世纪的最初40年里,自由主义和保守主义在欧洲明确陷入了自卫防御中。

从政治世界观的秩序模式与社会专家之间的这种紧密联系中,同样变得易于理解的是,为什么从两次世界大战间隔期开始,在欧洲比在美国更早、更清晰地出现了以社会科学为基础的理性秩序方案之极权主义潜在可能。法西斯主义、纳粹主义和布尔什维克主义等极端反自由主义的对立模式的投入实践表明,它们替代性的秩序方案被转化为社会秩序的范畴,并且通过社会驾驭、控制和规划的行事方法得以实现。在此,人文科学家提供了专业知识,并且策划了相应的社会干预的做法。当这些秩序方案形成家庭政策、社会政策或者救济政策时,社会技艺提供了这些秩序方案为之服务的曲目篇章。

当我们对知识分子的角色加以审视时,也能够想到大西洋两岸的不同。② 从19世纪末开始,在欧洲,知识分子作为独

---

① John M. Jordan, *Machine-age ideology. Social engineering and American liberalism*, 1911-1939 (Chapel Hill, London 1994).

② Christophe Charle, *Naissance des intellectuels*, 1880-1900 (Paris 1990);亦参见 Hübinger, *Gelehrte, Politik und Öffentlichkeit*。

立参与者在针对社会世界之意义创设和意义阐释的斗争中站稳了脚跟,获得了关注和知识分子的个人魅力,而在美国的民主公共领域中只有少数这样的例子。此外,欧洲知识分子也始终与社会技术家及其活动领域进行接触,这种做法经常在意识形态争论的聚光灯之外推进了社会之科学化。

由此,在比较的视角下述及了重要的不同之处。基于人文科学之话语、隐喻、技术和专家的转变——这种转变因时代特色而有所不同,然而总体而言非常显著——这些不同能够越过大西洋被观察到。在人文科学之干预技术和概念的应用方式与阐释视野中,美国和欧洲之间引人注目的不同点一再得以突显。

社会自由主义改革专家与时代诊断者的时代

基于上述理由,欧洲大陆上政治观念、社会专业知识和知识分子时代诊断之间交互关系的历史也遵循一种与美国不同的模式,英国的情况一定程度上在这两极之间移动。在一段大致能够以 1890 年和 1970 年为节点覆盖的时间段中,至少可以划分三种配置(Konfiguration),以科学为基础的社会干预根植其中。"配置"意味着五个不同分析要素的特定组合:主导观念、专家、顾客、机构和技艺。

关于第一个配置我想要用"社会改革"这一当时的标志性词语。这肯定不是把 1880 年和第一次世界大战连接起来的唯一纽带,但是在我看来,却是占据支配地位的纽带。正如彼得·瓦格纳(Peter Wagner)所言,社会改革首先以一个话语联盟为基础。① 就像它在 19 世纪的进程中形成起来那样,社会改革的基础是对社会救助和医疗保健政策中经济自由主义与非国家干预的做法加以批判,并且以刚出现的新的社会或者人文科学的进一步发展与实际运用为依托。主要目标群体是"工薪贫困阶层"、产业工人群和与工业化相连的危机与损害。与此同时,这一配置通过对专家之国际网络化及其思想的跨国流通加以推动来标记自我。② 而同时,不应忽视的是,倡导者们把这些改革计划提上国家政策的议程,在一定程度上把国际性的主导观念写进社会政策的刚刚形成的国家路径。③ 因此,这一发现第一眼看来是自相矛盾的:在关于劳动保护、卫生措施和社会改革的国际会议上,

---

① Peter Wagner, *Sozialwissenschaften und Staat. Frankreich, Italien, Deutschland 1870-1980* (Frankfurt a.M. 1990); Peter Wagner (Hrsg.), *Social sciences and modern states. National experiences and theoretical crossroads* (Cambridge 1991); 下文引用时简称 Wagner, *Social sciences*。

② Madeleine Herren, *Internationale Sozialpolitik vor dem Ersten Weltkrieg. Die Anfänge europäischer Kooperation aus der Sicht Frankreichs* (Berlin 1993); Daniel T. Rodgers, *Atlantic crossings. Social politics in a progressive age* (Cambridge, Mass., London 1998)。

③ Wagner, *Social Sciences*.

形成了一个由高级国家公务员,社会自由主义的、温和社会民主主义的和社会保守主义的政治家与新型社会/人文科学家组成的国际性话语联盟;与此同时,这些专家也尽力参与具有国家特色的机构建构,这些机构为20世纪欧洲民族福利国家打下了基础。而对所有人来说,渐进式改革的方法和将有工作意愿的工人阶级内化的目标是共同的。通常,期望和雄心勃勃的计划在这一时期占据上风。具体措施,还有以科学为基础的社会干预方法仍然很稀少,社会专家的数量更加少。但是,1900年前后,这些话语联盟中的活跃分子与就政治和世界观展开讨论的其他舞台之间的联系愈加紧密了。这一时期科学家和高级行政人员的自传也表明了一些共性。作为一个尚未完全建立起来的人文或者社会科学类型的代表者或者倡导者,他们与其时代的科学理论性基本原则争论极其紧密地联系在一起。他们在学者世界的学术争论中找到自己的位置,与此同时,通过在报纸和杂志上发表文章,他们还参与其时代的政治争论。他们中的一部分人还积极投身党派政治。举例而言,埃米尔·涂尔干(Emile Durkheim)的学生们就是如此,他们——比如马塞尔·莫斯(Marcel Mauss)和莫里斯·哈布瓦赫(Maurice Halbwachs)——在社会主义政党中担任职务。[①] 费边社成员和一部分维也纳改革者也是这种情况,他们都与社会主义工人运动关系密切,或者就是其中的成员。另外有人与左翼或者社会主义小团体交好,或者像德国的瑙曼(Friedrich Naumann)是其知名代言人。与此同时,他们积极投身于国际性的专业组织和国家或者地方性的改革协会。引人注目的是舞台的多样性,这一配置中的"专家们"登上这些舞台并且在上面活跃开来。在此,他们对在作家和纯大学学者之外形成新的"知识分子"类型做出了巨大贡献。无论如何,在这一配置的个人传记中能够观察到"社会专家"角色与"知识分子"角色的多样结合。

作为社会工程师的知识分子

对本书提出的问题而言特别有意思的是第二个配置,我们同样可以用一个时代概念——"社会工程"(social engineering)——来标记。这一概念早在一战前就已经能够初见端倪,然而在战时才正式出现,并且在之后成为一种对战争结束期和战后初年的革命、罢工与社会动乱加以应对的方向定位,这一定向可能至少在40年内影响了专家对社会世界的这一类型干预的目标设定与干预形式。从时间上来看,社会工程的繁荣期大致是从1920至1960年。在第一次世界大战期间,主导战争的国家开始利用以科学为基础的社会技艺的优势。战后年代的社会抗议和革命迫使社会改革家和社会专家

---

① Marcel Fournier, *Marcel Mauss*(*Paris* 1994)259-280,403-462,659-682.

直面工人阶级或者说下层阶级的存在,这些阶级不仅表达了直接的物质需求,而且提出了进一步的社会要求,并且在极端社会主义革命的话语中表达了他们乌托邦式的希望。这迫使所有社会专家比战前更加清楚明白地表达自己赞成或反对工人要求和社会主义的立场。政治上的选择由此区别开来,即以法西斯主义和独裁民族主义为一方,布尔什维克主义或者说革命社会主义为另一方,出现了两类针对战前博爱温和的"社会改革"的极端反对计划,这些计划把社会专业知识和社会技术的框架条件置于一个崭新的意识形态语境中。与此同时,民族伤痛被清醒地视为战争遗产,并且为民族主义话语创造了共鸣基础。这些新的政治世界观冲突引发的一个基本后果是,早在1914年前就被定义为人文科学家干预领域的各种"社会问题",以另一种方式更为剧烈地政治化了。有两个例子可以阐明这一点。对所谓"遗传病患者",进一步说对精神病患者的治疗对待,在危言耸听的民族主义大众话语的压力下,被大肆渲染为一个关于劣等性和国家政策性的遗传护理的政治争论,并且最终导致了在两次世界大战间隔期中蔓延到整个欧洲的优生学浪潮。① 第二个例子来自于城市社会政策这一不大的领域。在两次世界大战间隔期中,城市贫民区的改建与工人和职员城市居住区的新建,激起了关于国家和国际建筑关于现代性和传统的文化斗争。这些文化斗争——无所谓如何开始——将建筑学家、城市规划家和社会改革家的讨论政治化了,并且——不管他们愿意与否——把这些讨论提升为两次世界大战间隔期的政治立场对峙和世界观的信念之战。日常生活的政治化,针对新习惯之产生和传播的各种文化斗争的爆发。还有实践,也就是说对"现代"之各种表现方式在世界观上的大肆渲染——文化批判的那一代人乐于将这些"现代"与美洲,与新的消费方式,也与苏联、社会主义以及工人、妇女和少数派激进的解放要求联系在一起。这些构成了社会工程这一配置的其他背景。② 此外,全新干预形式的倡导者和实践者从这一事实中获益,即他们的职业性以及行事方法的技术性增长了,他们更牢固地,特别是更容易地被公认为属于"客观"的或者说——像在法语世界中更乐于表述的那样——"积极"的科学性那一头。得益于托马斯·埃策穆勒(Thomas Etzemüller)之研究团队的工作,我们更好地了解了这一干预类型当时在欧洲和国际上的相关情况,尤其是它的社会民主主义变式——与其独裁主义的亲属相比,这一变式很长一段时间内在研

---

① Mark Mazower, *Der dunkle Kontinent. Europa im 20. Jahrhundert* (Frankfurt a. M. 2002).
② Lutz Raphael, *Imperiale Gewalt und mobilisierte Nation. Europa 1914-1945* (München 2011) 131-165.

究中被忽视。① 以科学为依据的社会干预,通过论证要确保或者说重新赢回民族力量,比1914年前更为明确地被优先合法化了。这一重新赢回民族力量的目标把人口统计学、优生学、文化政策或者社会保障的话语联系起来,来自各种人文社会科学的专家在两次世界大战间隔期中宣传这些话语。社会达尔文主义的隐喻获得了繁荣,而欧洲所有国家的政治阶层都迫不及待地想要为提高社会生物学效率的话语服务。

同样早在1914年前已被发现和传播的第二个隐喻在当时成为中心。滕尼斯(Ferdinand Tönnies)认为的"共同体"(Gemeinschaft)作为"社会"(Gesellschaft)的对立构想,在很多地方被视为应对危机的一种普遍疗法,民族国家由于资本主义、阶级斗争和个人主义而遭受这些危机。"连根拔起"(Entwurzelung)和"背井离乡"(Deracinement)②是那几十年集体语义学领域影响不小的一个隐喻,并且刺激了人文科学专家相应反对策略的积极性,所有这些专家为思考社会关系之翻新或者重建而殚精竭虑。社会工程师的新风格也包括,严肃地对待同龄人的时代诊断,并且预言社会问题状况潜伏着尖锐化的危机,因为他们指出,从现在开始或许只有很短一段时间可以用来从社会技术上解决这些状况。应急计划、即时救助和规划制定是社会干预之一种特殊风格的伴生现象:这种社会干预表现出绝对的无畏,强调必须付出的努力和危机境况的严峻,并且乐于描绘为了实现计划之未来所需要付出的甜蜜代价。社会专家们从今天的眼光看来令人吃惊的自信也有基础,他们发展了新方法和新技术,所有这些都提升了他们客观主义的自欺欺人:制图、摄影、测验、问卷调查和简化的社会统计在实践中提供了有效工具以供使用,这些工具完全使社会干预的新型做法成为可能。

极端的秩序思想也属于社会工程这一不小的社会欧洲语境,它能够在纳粹主义独裁中发展,也能够在布尔什维主义专政中蔓延。③ 目前,极端的秩序思想已经得到广泛研究,其作用已经被总结出来。④ 对我们的主题而言,在我看来重要

---

① Thomas Etzemüller, *Die Ordnung der Moderne. Social engineering im 20. Jahrhundert* (Bielefeld 2009); Thomas Etzemüller, Social Engineering, in: Docupedia-Zeitgeschcihte (2010) 1-12, http://docupedia.de/zg/Social_engineering? oldid=84654.

② 典型的标题和中心思想参见左翼天主教女社会哲学家 Simone Weil 的社会批判研究:Simone Weil, *Le déracinement*, in: dies., *L'enracinement* (Paris 1949) 59-233。

③ Jörg Baberowski, Anselm Doering-Manteuffel, *Ordnung durch Terror. Gewaltexzesse und Vernichtung im nationalsozialistischen und im stalinistischen Imperium* (Bonn 2006).

④ Lutz Raphael, Rdikales Ordnungsdenken und die Organisation totalitärer Herrschaft. Weltanschauungseliten und Humanwissenschaftler im NS-Regime, in: Geschichte und Gesellschaft 27 (2001) 5-40; Michael Fahlbusch, Ingo Haar (Hrsg.), *Völkische Wissenschaften und Politikberatung im 20. Jahrhundert. "Expertise und Neoordnung" Europas* (Paderborn 2010).

的是,要确定社会工程的独裁主义变式毕竟无条件地屈从于政治的优先性,其专家曾听凭或者说曾不得不听凭代言人领导他们的论坛、协会和干预行为。这些代言人将自己塑造成纳粹主义或者共产主义世界观的先行者,并且负责让政治之优先性不被损害。我们不应该忘记这些社会专家在纳粹政权的意识形态领域中的顺从立场,尤其是他们在斯大林时代的苏联对共产党领导的屈服。在这两种情况下,社会专家都放弃了作为知识分子发挥独立作用的要求。

因此,对于研究人文科学家的专家性和知识分子角色之间的关系而言,只有受自由主义或者社会民主主义影响的社会工程的变式才有意思。以这一配置形象分明的代表者为例,在两次世界大战间隔期中在欧洲民主国家出现的知识分子领域与社会专业知识之间的变化,能够得到更详细的研究。我举例性地挑选了四位能够进行有趣观察的社会科学家,两男两女。他们是奥托·诺伊拉特（Otto Neurath）和玛丽·雅霍达（Marie Jahoda）,两位都是维也纳社会民主主义科学文化的代表,以及贡纳·缪达尔（Grunnar Myrdal）和阿尔娃·缪达尔（Alva Myrdal）,这是一对著名的瑞典知识分子夫妇,其在此可以补充作为比较来加以考虑。

奥托·诺伊拉特①,1882年生,1945年在流亡英国时去世。正如维也纳学派和1900年至1934年间小型的、但是超一流的维也纳知识分子团体中的许多同事一样,诺伊拉特出身于一个犹太人家庭,在维也纳和柏林（其中有跟爱德华·迈尔[Eduard Meyer]和古斯塔夫·施穆勒[Gustav Schmoller]）学习了国家经济学、历史学和哲学,成为社会政策协会的成员,并且因此能够被视为战前几十年社会改革型配置中最年轻一代的代表。他的改革信念将他导向奥地利社会民主党一边;他的哲学兴趣,尤其是在科学理论领域,让他积极参与当时的科学理论争论,这对于一战前的情况而言也很典型。他既在20世纪20年代成为一位围绕在卡尔纳普（Rudolf Carnap）周围的维也纳学派的重要代表,又参与了新实证主义的创设,还是维也纳社会民主党内一位重要的社会科学家和专家,这让奥托·诺伊拉特成为一个特别有趣的案例。他向社会技艺或者如他本人所言,向"社会技术"（Gesellschafttechnik）②的转向,可以追溯至一战期间他在奥地利战争部学术委员会中的投入。他对前线部队经济供给之领导和组织的成功,为他之后于1918至

---

① Otto Neurath, Paul Neurath, Elisabeth Nemeth, *Otto Neurath, oder, Die Einheit von Wissenschaft und Gesellschaft* (Wien 1994); Elisabeth Nemeth, Juha Manninen, *Otto Neurath, Encyclopedia and Utopia. The life and work of Otto Neurath* (1882–1945) (Dordrecht, Boston 1996).

② Otto Neurath, *Durch die Kriegswirtschaft zur Naturalwirtschaft* (Leipzig 1919) 229.

1919年在萨克森和巴伐利亚革命时期把自己塑造成社会化计划的专家创造了技术前提。① 尽管他有奥地利社会民主党党员的身份，但是他在两个社会化委员会中工作时首先将自己视为贡献其经济学知识的专家，从而将议会运动的政治意愿恰如其分地提升为通向集体经济的通道。在战争结束后的几个月社会化计划失败，他作为慕尼黑议会共和国成员短暂被捕。之后，他在维也纳政府的干涉下被释放，然后返回奥地利。在那里，直到1934年，他主要作为大众教育运动和住房运动的组织者与策划者投身于"红色维也纳"。这些年中他的职位和不断增长的任务名单非常长：集体经济研究所（1920年创建）所长，奥地利垦荒和小花园联合会秘书长（1921—1925），1925年至1934年维也纳社会和经济博物馆馆长。在此，他大力发展所谓的维也纳图片统计学，组织展览，参加大量国际会议：所有这些工作都致力于经济和社会规划、大众教育以及社会统计学的主题。与之平行的是，他在维也纳学派②及其为创建和传播一种"科学世界观"——正如他从1929年起与卡尔纳普和哈恩（Hans Hahn）共同主编的丛书系列的题目所言③——所做的努力中，也非常积极投入。诺伊拉特在房屋建筑互助运动中的活动导致了其与建筑师的紧密合作，使其与包豪斯建立了联系，并且于1933年参加了在雅典的国际建筑师大会。这位被同时代人视为"实用主义乌托邦者"④的社会科学家和哲人，同时也是社会工程一位善于思考的代言人。在他实用主义科学理论的背景下，他将经验性的社会科学视为天生以行动为导向的科学，他把这些科学的行事方法理解为社会启蒙的工具——顺便提一下，这一工具与18世纪的百科全书编纂者直接相关。在法国杂志《综合期刊》（revue de synthèse）的一篇纲领性文章中，他表达了对以科学为基础的知识进行现实总览的兴趣：

> 对于经验主义观点的代表者而言，谈论一种唯一的、总体的科学体系，是荒谬的。他负责理解他的工作，根据这个理解，他在一个始终变

---

① Otto Neurath, *Wesen und Weg der Sozialisierung. Gesellschaftstechnisches Gutachten*, vorgetragen in der 8. Vollsitzung des Münchner Arbeiterrates am 25. Januar 1919 (München 1919); Otto Neurath, Wolfgang Schumann, *Können wir heute sozialisieren? Eine Darstellung der sozialistischen Lebensordnung und ihres Werdens* (Leipzig 1919); Johannes Merz, Zur Sozialisierungsbewegung 1918/19. Konzeption und Wirksamkeit Otto Neuraths in Österreich, Sachsen und Bayern, in: *Historisches Jahrbuch* 121 (2001) 267–285.

② Elisabeth Nemeth, *Otto Neurath und der Wiener Kreis. Revolutionäre Wissenschaftlichkeit als politischer Anspruch* (Frankfurt a. M. 1981); 下文引用时简称 Nemeth, *Neurath*; Otto Neurath, *Schriften zur wissenschaftlichen Weltauffassung* (Wien 1931); John Symons, Olga Pombo, Juan M. Torres, *Otto Neurath and the unity of science* (Dordrecht, London, New York 2011).

③ 关于科学世界观的系列丛书在1929至1937年间出版了10本。作者有卡尔纳普、石里克（Moritz Schlick）、米塞斯（Ludwig von Mises）、波普尔（Karl Popper）和弗兰克（Philipp Frank）。奥托·诺伊拉特负责第五卷：*Empirische Soziologie. Der wissenschaftliche Gehalt der Geschichte und Nationalökonomie* (Wien 1931)。

④ Nemeth, *Neurath* 83.

化的框架内,在某套百科全书内,致力于详细论述和系统化。我们称之为"百科全书"之物,在我们看来与一种知识的暂时积累并无二致;其并非尚未完全之物,而是我们此时占有的科学材料之全体。①

诺伊拉特可以被视为社会之科学化中某一方向的特殊代表,他的争论对手卡尔·波普尔(Karl Popper)把这一方向标记为"零碎社会工程"(piecemeal social engineering)②。其社会政策举措和专家工作的视野是建立在集体经济基础上的社会主义民主之逐步实施。在他看来,教育和信息是传播其政治信念的最安全的工具,妥协和合作是用来实现社会建构的合适的行事方法。有一个信念将诺伊拉特与独裁主义社会技术统治论者区别开来,他相信,专家的任务不是草拟一个解决方案,而是发展可供选择的道路并建议行动的可选项,这些道路和选项应该接着在公共领域被讨论,并且被政治委员会所选择。诺伊拉特既是社会专家,也是积极

的党派知识分子和科学理论家。对此,我的解释是,他身上体现出一种时代典型的关联,这种关联恰好在社会工程的民主主义阵营中(还)没有被放弃:世界观、新的经验性社会科学在理论上的基础构建和方法上的继续发展,以及能干的社会专家这三者一如既往地彼此相连。与1914年前的时代相比,在两次世界大战间隔期中,有两件事发生了明显改变:政治上的党派参与度在生活实践中更有约束力了;就广阔影响与具体形象而言,知识分子诺伊拉特的活动领域更贴近实践了。③ 在此,新方法和新技术(在诺伊拉特这里首先是统计学的图像语言)之发展赢得了十分突出的地位。

这一视角在玛丽·雅霍达那里还要清晰得多。④ 当1934年2月暴动后,奥地利法西斯主义牢固地确立起来,红色维也纳的研究机构和社会组织被摧毁时,她已经是维也纳社会民主党之社会科学专家圈子的一员,虽然当时她才27岁。还是中学生时,玛丽·雅霍达就已经在青年社

---

① Otto Neurath, L'encyclopédie comme ,modèle', in: Revue de Synthèse 12 (1936),187-201;德语译文引用自 Nemeth, Neurath ,382。

② Karl R. Popper, The Open Society and its Enemies 1 (London 1991),157-168。

③ Frank Hartmann, Erwin K. Bauer, Otto Neurath, Bildersprache. Otto Neurath Visualisierungen (Wien 22006); Otto Neurath, Gerd Arntz, Arbeiterbildung in der Zwischenkriegszeit (Wien u.a. 1982)。

④ Marie Jahoda, Steffani Engler, Brigitte Hasenjürgen, „Ich habe die Welt nicht verändert". Lebenserinnerungen einer Pionierin der Sozialforschung, biographisches Interview mit Marie Jahoda, Steffani Engler und Brigitte Hasenjürgen (Weinheim, Basel 2002); Marie Jahoda, Reinhard Müller, Marie Jahoda, 1907-2001. Pionierin der Sozialforschung: Katalog zur Ausstellung des Archivs für die Geschichte der Soziologie in Österreich an der Universitätsbibliothek Graz vom 3. Juni bis 2. August 2002 (Graz 2002); Christian Fleck, Marie Jahoda (geb. 1907). Lebensnähe der Forschung und Anwendung in der wirklichen Welt, in: Frauen in der Soziologie (München 1998),258-285 and 382-387。

会主义者当中活跃开来,接着在大学时期在卡尔·布勒(Karl Bühler)那里投身社会工作(具体地说,是维也纳城市新的就业咨询处的就业咨询),并且开始为其奠定社会科学的基础。在攻读博士学位期间,她检验了布勒的"履历"(Lebenslauf)概念是否也适用于不那么富裕的居民成员,最后她完成了关于遇到大规模失业问题的工业移民地区马林塔(Marienthal)长期失业现象之后果的著名研究。① 然后,在与保罗·拉扎斯菲尔德(Paul Lazarsfeld)的合作中,把发展心理学的萌芽进一步发展为以经验为基础的社会心理学,成为她在维也纳真正的工作领域。而在她被拘禁、流亡英国、移民美国并且最终在苏塞克斯大学成功结束其学术生涯后,她还是延续了其最初的规划,从事与社会政策之实际问题直接相关的社会心理学的研究。对失业的应对,和种族主义与先入之见的社会心理学基础,是令雅霍达毕生烦恼的问题。② 在我看来,对本文关注的问题而言,重要的是这一现象,即她从维也纳把两个对其学术活动刻上烙印的成分带上了流亡之路:社会研究之经验方法的继续发展和作为政治性的、活跃于社会的知识分子的自我认知。此外,她——我们倾向于说不可避免地——陷入了与批判理论的两位倡导者霍克海默(Horkheimer)和阿多诺(Adorno)的冲突中。这两人始终与同时代的经验主义社会科学之趋势处于批判的关系中;就像对待其他维也纳社会研究者那样,他们将经验主义的新实证主义遗产或者科学理论性的实用主义强加给雅霍达,并且拒绝它们。③ 而这些冲突基本上也表达了就社会理论和社会科学之经验方法的完全不同评价。阿多诺、霍克海默还有马尔库塞(Marcuse)抵制经验性社会研究的高涨,抵制与该研究之方法和个别认知联系在一起的学者和专家的繁荣,捍卫受过哲学训练的理论家的优先权。依这种观点看来,只有学者身份授权知识分子的批判性守卫职责。这恰好反驳了雅霍达和拉扎斯菲尔德的想法,这两位或许是社会研究、社会专业知识和知识分子热忱结成的新的维也纳人联盟中

---

① Marie Jahoda, Hans Zeisl, *Die Arbeitslosen von Marienthal. Ein soziographischer Versuch über die Wirkungen langdauernder Arbeitslosigkeit, mit einem Anhang zur Geschichte der Soziologie* (Leipzig 1933).

② Nathan W. Ackerman, Marie Jahoda, *Anti-semitism and emotional disorder. A psychoanalytic interpretation* (New York 1950); Richard Christie, Marie Jahoda, *Studies in the scope and method of «The Authoritarian personality»* (Glencoe, Ill. 1954).

③ Hans-Joachim Dahms, Marie Jahoda, *Marie Jahoda und die Franfurter Schule. Ein Interview mit einem Epilog zum Verhältnis von Wissenschaft und Politik*, in: *Jahrbuch für Soziologiegeschichte* (1994), 321-356.

最为成功的出口商。①

维也纳人的实践展示了与瑞典变式之间的巨大亲缘相似性,后者比前者晚大约十年,从20年代末起展开。平行性令人惊讶。正如托马斯·埃策穆勒令人信服地所展现的那样,缪达尔夫妇也创造了一种新型的知识分子角色。在其中,社会政策之具体问题领域(优生学、城市居住、儿童教育)的社会科学专业知识,与作为社会民主党知识分子的一种政治热忱联系在一起;在贡纳·缪达尔的事例里,这还同时与对自由主义经济学的科学理论批判联系在一起。② 在瑞典也可以看到与战前争论和实践的回溯关系,但同样明显的是新的焦点由社会改革之兴趣和热忱转向实践性的改革政策、日常生活之塑造和生活改革。在此,缪达尔夫妇与瑞典整整一代年轻的社会专家保持一致。与奥地利的情况相比,当这些专业知识还用权力和控制来取代只是用说服和信息来论证自我时,出现的矛盾心理更明显。瑞典版本中的独裁主义或者说顺应潮流的拱形架构,在此想必并不让我们有进一步的兴趣,在这一点上需要记下的或许只是,当优先权超越个人权利被转让给国家的或者社会爱国主义的理由时(就像在瑞典经常出现的那样),用较短的路径来对社会专业知识进行独裁主义转化的这一手段在一定程度上更受喜爱。而且,当时,民主主义社会国家的机构配置增长了,人文科学专家们变成了这一新的社会管理的一部分,或者作为内部专业技术顾问在官方当局和政府部门的相应委员会中获得了位置,按照这一情况,人文科学专业知识与直接国家干预之间的通道变得更加短了。

在此得到进一步考量的奥地利和瑞典的情况十分清楚地表明,在社会工程时期,政治知识分子的社会角色也仍然与社会工程师的角色紧密联系在一起。然而,在这一点上,在两次世界大战间隔期时的欧洲,独裁或者说极权政权的道路与民主政权的道路已经有了分岔。与战前时代相比,知识分子的作用更为明显地反映于在大众教育中的积极投入,还有以应用为导向的社会科学之世界观基础的进一步发展或者重建。作为社会专家,诺伊拉特、雅霍达和缪达尔夫妇同时也特别热心于经验主义社会观察之新方法和新技术

---

① 面对玛丽·雅霍达对其研究建议的专业批判,霍克海默表达了学者式的愤怒,在其中,这些不同表述得非常清楚:"您完全不可能对我指手画脚。此外,倘若不得不将自己限制在伪精确的装备中的现代社会学从业人员想要不被顾客扔出去,不但想要让自己变得独特,而且想在自己和我面前展现知识分子之正直、责任感和廉洁的风采,那么,他们这种长期以来受目光远大者所指责的处境也是完全行不通的。"(1945年11月28日霍克海默致雅霍达的信),引文参见:Rolf Wiggershaus, *Die Frankfurter Schule* (München 1988) 441;下文引用时简称 Wiggershaus, *Frankfurter Schule*。

② Thomas Etzemüller, *Die Romantik der Rationalität. Alva & Gunnar Myrdal – Social Engineering in Schweden* (Bielefeld 2010);Yvonne Hirdman, *Alva Myrdal. The passionate mind* (Bloomington, Ind. 2008);William J. Barber, *Gunnar Myrdal. An intellectual Biography* (Basingstoke 2008);Pauli Kettunen, Hanna Eskola, *Models, Modernity, and the Myrdals* (Helsinki 1997)。

的继续发展。

没有"经验转换",具体地说,没有社会主义工人运动提升至社会政策塑形力量的位置以及世界大战的合理化束缚与推动,在工作、居住和儿童教育等主题领域向具体细节的转向几乎是无法想象的。与此同时,在维也纳的例子中,被改变了的期待未来的力量也变得非常明显:对社会主义者及其追随者而言,对自我之生活现实的改造逐渐向社会主义未来的方向靠拢。奥托·诺伊拉特于1928年这样表述道:"在无产者那里越来越经常地出现'社会主义式'地管理生活的渴望,这在今天不只是一种乌托邦式的爱好,而已经是历史真实越来越接近社会主义的标志。"[1]当时的居住计划是期待视野中的这种移动最鲜明的迹象。

在我看来,对知识分子角色与社会专业知识之间的结构性联合而言,第二个经验同样变得很有影响。党派性和位置束缚——人们倾向于这些时代术语——作为存在的基本体验被社会科学家们所感知,并且由此接着作为科学理论或者更普遍地说认知理论的中心主题被反映出来。一战以来的社会和文化冲突及其对世界观的负载或者说上色再度引发了相应的政治化浪潮。这一集体性的经验转变在社会专家的定位中找到了它的回响。

然而,它同时在逆向潮流中找到了其边界,即在新方法(尤其是以图像和数字为依托的行事方法)中看清一些工具,凭借这些工具客观的社会观察和实事求是的社会技艺得以成为可能。新"社会数据"的客观主义阐释增长起来,正如专家世界被"职业化",新的人文科学之知识储备变得更稳固、更广阔那样。

现代化的专家和批判者

在第二次世界大战中,社会工程师又更经常地被利用,尤其是在美国和英国;其专业知识受到欢迎,但是政治世界观的坐标随着二战的开始发生了巨大的移动。因此,从欧洲视角对二战的回顾是很复杂的,无论如何比美国的情况要更含糊不清。在美国,以科学为基础的社会技术之应用领域急剧增多,专家和顾客的数量增长,重要的新方法被发展出来。具有纳粹主义特色之极端秩序思想的代言人,在德意志帝国军事扩张最高点的短暂胜利后,就经历了他们到那时为止政治世界观定向的突然中断。在被削弱的独裁主义—技术专家治国主义的类型中,在犯罪侦查学、福利事务或者人口学等社会管理和专业学科中,他们的思维风格常常还存活至20世纪70年代。在东欧,短暂的过渡期后,苏联模式再度或多或少地强制性地得到了贯彻,极端秩序思想的共产主义变式由此对20世纪50年代早期刻下了烙印。因此,隐喻和话语发生了戏剧性变化:"建设"成了关键词,但是至少在斯大林时期,

---

[1] Otto Neurath, *Lebensgestaltung und Klassenkampf* (Berlin 1928),15.

在极端秩序思想的东方变式中也仍然保有威胁持续和危机恶化的氛围。欧洲人民民主制度中社会专业知识与社会工程的继续发展通路不得不在此逐渐消失。在组织上,知识分子之公共委托与各种不同的人文科学专家团队之间在规划机构和社会管理部门中的关系,被进一步缩短了;在反对共产主义政党权力垄断的社会反对派的形成中,社会专家的活动范围和角色作用在各国都各有不同。①

因此接下来只对冷战时的西方一边进行审视。就知识分子史而言,冷战拉开了一个完全独特的时期的序幕,因为二战中开始的秘密警察身份、学者身份和知识分子角色之间的联系在西方世界得到了进一步发展。对西方知识分子文化史而言,其后果已经被详细研究过了,在此只对其略作指陈。② 它也触及在此研究的主题,但是基本上更多地涉及大学学识、政治权力与文化公共领域之间的关系。

在战争期间,已经能清楚看到一种配置的初步尝试,它不久之后对整个时代刻上了烙印。这一配置在此应被标记为策划的现代性或者现代化的秩序模型。它用现代化理论或者说发展理论形成的社会科学模型,变成了普遍意义上西方世界的知识分子畅销商品。在战后时期,受去殖民化影响并且鉴于亚洲和非洲的建国浪潮,一系列的国际委员会被创建起来,社会科学的专业知识在其中发挥了卓越的作用:尽管两大势力集团彼此对峙,但在从世界银行、世界卫生组织、联合国粮农组织到联合国教科文组织这些国际性咨询和计划委员会中,一个国际性的人文科学专家网络发展起来了,这些人致力于宏大且具有决定意义的发展目标,这些目标能够在冷战时期在两大势力集团和意识形态阵营中达成共识。去殖民化时期的建设或者说发展话语提供了拱架在双方之上的语义。

最后,这种以现代化为导向的类型的社会专业知识也是"发展政策"的重要因素。由于日益增长的国际压力,这一政策在战争结束后立刻被西方殖民势力变为其殖民政策的核心因素,其首先反映在社会和教育政策之改革努力和干预的短暂繁荣中。③ 在从前的殖民地独立后,专家的派遣也仍然是确保政治影响和经济利

---

① 参见 Joachim von Puttkamer, Gesellschaftliche Selbstbeschreibungen und soziales Krisenbewusstsein in den ostmitteleuropäischen Volksrepubliken, in: Lutz Raphael (Hrsg.), *Theorien und Experimente der Moderne. Europas Gesellschaften im 20. Jahrhundert* (Köln, Weimar 2012) 227-249。

② Tim B. Müller, *Krieger und Gelehrte. Herber Marcuse und die Denksysteme im Kalten Krieg* (Hamburg 2010); Michael Hochgeschwender, *Freiheit in der Offensive? Der Kongress für kulturelle Freiheit und die Deutschen* (München 1998); Pierre Grémion, *Intelligence de l'Anticommunisme. Le congrès pour la liberté de la culture à Paris 1950-1975* (Paris 1995)。

③ Andreas Eckert, "We are all planners now". Planung und Dekolonisation in Afrika, in: *Geschichte und Gesellschaft* 34 (2008) 375-397; Andreas Eckert, Spätkoloniale Herrschaft, Dekolonisation und internationale Ordnung. Einführende Bemerkungen, in: *Archiv für Sozialgeschichte* 48 (2008) 3-20。

益的重要因素。①

像国际劳工组织和联合国教科文组织这样的国际委员会成为来自东西方的社会专家彼此会晤的中立之地。这些机构及其专家氛围也成了20世纪50年代中期以来被西方知识分子所宣扬的"意识形态之终结"的一个独特共鸣板：来自西方、东方和第三世界的人文科学家聚集在技术专家治国主义的自我认知中，这一认知把进步取向、科学信仰和计划思维彼此联合在一起。不但进步和计划是社会主义集团的关键词，而且现代化的雄辩术也在西方国家蔓延，这一浪潮在联邦德国迟来且短暂的成果倒是例外。②铁幕这边和那边的欧洲专家们都参与这些国际网络的建构，巴黎成了联合国教科文组织总部所在地，罗马成了联合国粮农组织总部所在地。

在这具有一定规模的语境中，在欧洲的西方国家和中立国家中，现代化理论发展成了从心理学到经济学的人文科学的一种基本话语。③现代化理论超越其反对苏维埃集团共产主义思想体系的意识形态斗争立场，在其具有专业特征的变式中提供了更灵活的概念，这些概念为社会专家的国际沟通提供了出发点。尤其是在当时迅速得到认可的唯科学主义的自我认知，使得摆脱意识形态之坟墓而互相达成谅解成为可能。从美国开始，行为主义和客观主义作为跨学科的科学理论和研究模式也在西欧的社会科学中传播开来。"同化"和"适应"成了两个主导隐喻，在重建期的欧洲国家中，它们恰好适合于用社会政策的专业知识为工业化和城市化的各种方案做伴。在欧洲各地，人们必须适应工业劳动；家庭生活、消费习惯和居住必须与新建的"现代"城市街区相符合。这些隐喻和科学模式尤其还给了许多专家一个机会，使其略显陈旧的社会生物学思维样式与新时代相适应。

这一局势对知识分子领域的发展有哪些影响，而在经验转变与方法改变之间能够观察到哪些关联？一方面，引人注目的是，知识分子角色与专家工作分道扬镳了；集团对峙和克服过去、意义创设和历史哲学，而非社会科学和社会技艺，得到了重视。在战争刚结束时和冷战高潮期的大型知识分子争论中，哲学家或者文学家倒更站在聚光灯下。虽然，社会科学

---

① Frederick Cooper, Randall M. Packard, *International development and the social sciences. Essays on the history and politics of knowledge* (Berkeley 1997).

② Alexander Nützenadel, *Stunde der Ökonomen. Wissenschaft, Politik und Expertenkultur in der Bundesrepublik 1949–1974* (Göttingen 2005); Gabriele Metzler, *Konzeptionen politischen Handelns von Adenauer bis Brandt. Politische Planung in der pluralistischen Gesellschaft* (Paderborn 2005).

③ Michael E. Latham, *Modernization as Ideology. American social science and "nation building" in the Kennedy era* (Chapel Hill, London 2000); David C. Engerman, Nils Gilma, Mark H. Haefele, *Staging Growth. Modernization, Development, and the global Cold War* (Amherst, Mass. 2003).

家,尤其是政治学家和社会学家,也受冷战影响参与欧洲民主体制高度政治化的民族知识分子领域中的大型论战和争论。但是,无法忽视的是,社会哲学和历史哲学经历了一场巨大的复兴。存在主义统治了西欧知识分子舞台将近15年。看起来,可以把同时代的专业知识联结起来的主题既不是纳粹主义罪行,也不是极权主义危险和世界和平威胁。举例而言,特奥多尔·阿多诺(Theodor W. Adorno)不得不获得对他来说"令人恼怒的体验",①即他耗费巨大心力进行的关于具有"独裁特征"之反犹主义的研究,得到了与萨特之《犹太人问题反思》②广泛相同的描述和结论,而后者为了得到本质上相同的结果则使用了哲学论文的经典方法。萨特著作的直接影响要比阿多诺的出版物大得多。面对当下的时代问题,社会专业知识和经验性的社会研究被证明成本太过高昂,并且仔细想来其实帮助甚微。

它们不大的、但是略有社会中期效用的作用似乎存在于平和地制定无争议的未来计划,或者克服战后的痛苦。借助社会观察的客观行事方法对一个更好的未来做好准备,是社会专家们必须耕耘的领地。未来乐观主义已做好准备,并且与不断增长之职业精神的体验和社会认可非常好地联系在一起。但是,其基础是与知识分子领域在实践上保持距离。来自20世纪30和40年代之经验的其他结论只吸引了少数"批判性"的社会科学家。在这一点上,当时在美洲占据统治地位的社会专业知识之主要潮流所进行的批判,基本上是这种非正统的、一定程度上肯定是反对性的社会研究的出发点。鉴于他们在社会专业知识机构中确实边缘化的位置,他们的作用首先仍然是有限的。

一个尤为复杂、但也极富启发性的事例是法兰克福学派在联邦德国的回归。③与传闻不同,霍克海默回国后作为法兰克福研究所所长维持着对经验性研究的巨大兴趣,促进了对诸如群体谈话等新的社会科学研究方法的探求,这恰恰也是为了研究独裁主义和极权主义统治中反犹主义、种族主义和偏见的社会心理学前提条件与伴生现象。④

第二个主题分支早已与社会技艺更为紧密地联系在一起,并且针对军队和大企业中受独裁主义影响的机构和人群之民主化。正如我们由于新近的研究所了解的那样,法兰克福研究所通过研究与咨询参与了联邦国防军的组建。最后,工业

---

① Wiggershaus, *Frankfurter Schule* 464.
② Jean-Paul Sartre, *Réflexions sur la question juive* (Paris 1947).
③ Wiggershaus, *Frankfurter Schule*.
④ Alex Demirović, *Der nonkonformistische Intellektuelle. Die Entwicklung der Kritischen Theorie zur Frankfurter Schule* (Frankfurt a.M. 1999); Alex Demirović, *Forschungsarbeiten 1950-1990 am Frankfurter Institut für Sozialforschung* (Frankfurt a.M. 1990).

社会学的研究发展成了研究所经验性研究工作中一个突出的重点。[1] 在此,阿多诺和霍克海默在知识分子领域的行为仍然继续与这些计划脱离开来,而当人们对研究所直至20世纪60年代中期的历史加以审视时,不同领域的分离画面就会不由地出现。

正如我们所知,"意识形态之终结"的社会技术专家治国主义的短暂梦想突然在20世纪60年代终结了,并且首先导致了,针对从那时起在机构上固定下来之社会专业知识与无政治立场之计划话语展开的批判迅速成了"批判的"、不久后是新马克思主义的社会科学家的标签。在联邦德国,这逐渐积聚为德国社会学内部的"客观主义之争",其对整个知识分子领域的辐射很难被评价,但肯定不应被低估。[2] 在接下来的时代,"批判"、"解放"和"党派性"成为众多尤其是年轻一些的社会科学家政治世界观取向的主导隐喻。无法忽视的是,批判社会科学家的时代诊断在当时占据了知识分子争论的中心位置,并且导致社会学的论据和作者在欧洲民主政体的几乎所有民族知识分子领域中拥有了统治权。诸如马尔库塞、之后的哈贝马斯(Habermas)、福柯(Foucault)或者布尔迪厄(Bourdieu)这样的一些作者,远远超越了狭隘的民族坐标框架,拓展了国际影响。在他们那里,对从"社会之科学化"中产生的结果和伴生现象的批判性反思很典型地在其思想中占据了重要位置,并且他们把所有三个隐喻与20世纪50年代、60年代"现代化模式"高潮期时的经验和发展联系在一起。而在我看来,这一批判的出现——通常是在哲学与社会科学的接触空间中——也从时间和内容上标记了60年代晚期的第三个配置达到的边界。就社会技术之结果和副作用的反思,还有就其有效性以及与民主和基本权利之相容性的怀疑,增长了。

不断增长之距离:一种充满张力之联系的消解?

从20世纪70年代起,社会科学大学专业方向的扩充,和针对其毕业生在公共管理机构、以应用为导向的研究机构以及社会职务中大量新职位的创设,创造了比以往西欧社会中数量庞大得多的受过学术训练的职业社会专家。以应用为导向的研究机构数量增长了,同时增长的还有其顾客和受委托的任务。社会科学的方法大体上成为描述社会世界的常规性行事方法,而且越来越多的人在日常生活中与人文科学专家及其方法进行接触。在

---

[1] Johannes Platz, *Die Praxis der kritschen Theorie. Angewandte Sozialwissenschaft und Demokratie in der frühen Bundesrepublik*, 1950-1960 (Dissertation, Trier 2008).

[2] Christoph Weischer, *Das Unternehmen ,Empirische Sozialforschung*. München, 2004, 280-283;下文引用简称 Weischer, *Unternehmen*。

直至 1980 年左右的加速增长期和之后的"正常运作"中,①大学研究与应用研究之间、学者与管理机构或者其他实践领域的专家之间的道路变得更长了。对社会专业知识之塑形力量的高度期待不可避免地回落了。它变成了劳动分工组织的、经常面对技术与科学的社会中几乎普普通通的一个组成部分。"既非社会技艺,亦非启蒙?"就是这个题目,概括了德国科学研究会一个重点项目的成果,这个项目针对的是社会科学知识在 20 世纪 80 年代的应用。② 知识分子的角色日益明显地与社会专家强化的职业角色相矛盾;而与此同时,对知识分子而言,媒体的框架条件也发生了如此深刻的改变,以至于几乎可以谈论一个完全不同的局面,其轮廓从 20 世纪 80 年代起才开始逐渐变得明显可见。③

作者:卢茨·拉斐尔(Lutz Raphael),德国特里尔大学历史系教授;译者:范丁梁,华东师范大学思勉人文高等研究院讲师

---

① 这一分期参见 Weischer, *Unternehmen* 235-442, 366。
② Ulrich Beck, Wolfgang Bonβ (Hrsg.), *Weder Sozialtechnologie noch Aufklärung? Analysen zur Verwendung sozialwissenschaftlichen Wissens* (Frankfurt a.M. 1989).
③ 研究参见 Ariane Leendertz, *Die pragmatische Wende. Die Max-Planck-Gesellschaft und die Sozialwissenschaften 1975-1985* (Göttingen 2010)。

史学史与史学理论

魏涛

从全球史的视角来反思美国革命：迈克尔·朱克曼访谈录

摘要：2013年5月30日至6月1日，为了探讨美国革命研究的新主题和新趋势，大卫·美国革命图书馆（David Library of the American Revolution）、宾夕法尼亚大学麦克尼尔美洲早期研究中心（McNeil Center for Early American Studies of University of Pennsylvania）、美国革命博物馆和美国哲学协会在宾夕法尼亚州费城市的本杰明·富兰克林大厅共同举办了"美国革命重生：21世纪的新视角"国际史学会议。会议的四个主题分别是"全球视野""权力""暴力"和"内战"。2014年5月，由美国古文物协会（American Antiquarian Society）资助的网络史学杂志《公共平台：美洲早期生活互动杂志》（Common-Place: The Interactive Journal of Early American Life）为此次会议组织了一场网络研讨会。它不仅搜集了会议报告人和评议人的论文，而且整理了由历史（HISTORY）网站所提供的会议视频。考虑到这场史学会议对国内学者的重要性，我邀请会议组织者宾夕法尼亚大学历史系荣休教授迈克尔·朱克曼接受这次访谈，并从多视角来反思美国革命研究的新趋势、新主题和新研究取向。

关键词：美国革命重生；迈克尔·朱克曼；全球视野；权力；暴力；内战

2013年5月30日至6月1日，在大卫·美国革命图书馆（David Library of the American Revolution）、宾夕法尼亚大学麦克尼尔美洲早期研究中心（McNeil Center for Early American Studies of University of Pennsylvania）、美国革命博物馆和美国哲学协会的共同资助下，"美国革命重生：21世纪的新视角"国际史学会议在宾夕法尼亚州费城市的本杰明·富兰克林大厅顺利召开。为了探讨美国革命研究的新主题和新趋势，这场会议邀请来自世界各地的著名历史学家前来交流他们的最新研究成果。除报告人外，这次会议还吸引了三百多人的参会人士。2014年5月，由美国古文物协会（American Antiquarian Society）资助的网络史学杂志

《公共平台：美洲早期生活互动杂志》（Common-Place: The Interactive Journal of Early American Life）对此次会议进行了详细报道，并整理和收录了与这场会议相关的论文和视频等。①

2014年6月，由于我当时没有采访的计划，错过了采访会议组织者的机会。那时候，我有幸获得了大卫·美国革命图书馆的短期项目奖学金。在大卫·美国革命图书馆做档案研究的那段时间，我遇到了会议组织者宾夕法尼亚大学历史系荣休教授迈克尔·朱克曼（Michael W. zukerman）和马萨诸塞州威廉姆斯学院（Williams College）历史与政治领袖研究所的助理教授帕特里克·斯佩罗（Patrick Spero）。但由于我研究任务繁忙，没有请求他们接受我的史学采访。

9月，我终于鼓起勇气请求朱克曼教授接受采访。9月5日，宾夕法尼亚大学麦克尼尔美洲早期研究中心在大卫·美国革命图书馆组织了2014年秋季学期的第一次研讨班。作为大卫·美国革命图书馆的一名奖学金获得者，我有幸被邀请参加这个盛大的学术讨论会。在那里，我再次碰到了朱克曼教授。考虑到"美国革命重生：21世纪的新视角"这场会议对中国历史学家和研究生们了解美国革命研究新动向的重要性，我觉得很有必要对朱克曼教授进行一次访谈。朱克曼教授为人随和、友善且职业，就如同我于2007年在天津第一次见到他时一样。于是，我向朱克曼教授提出了这个访谈计划。没有丝毫的迟疑，朱克曼教授热情地接受了这个邀请。为了完成这个访谈，我们一致同意用电子邮件的方式来进行交流。在做完这个访谈后，我把它翻译成了中文。

迈克尔·朱克曼教授的研究方向是美国文明史。他分别于1961年和1967年在宾夕法尼亚大学和哈佛大学获得本科和博士学位。他的研究课题涵盖从民主到家庭生活再到商业；从美国人的身份认同到宪法再到宗教；从大学到儿童权利再到种族和思想史。他研究的政治人物包括：从托马斯·杰斐逊到菲尼亚斯·泰勒·巴纳姆（Phineas Taylor Barnum）再到奥利弗·诺思（Oliver North）；从霍雷肖·阿尔杰（Horatio Alger）到刘易斯·芒福德（Lewis Mumford）再到儿科医师本杰明·斯波克（Dr. Benjamin Spock）。作为美国"新社会史"的先驱人物之一，朱克曼教授于1970年出版了他的第一本研究专著——《和平的王国：十八世纪新英格兰地区的村镇》（Peaceable Kingdoms: New England Towns in the Eighteenth Century）。1982年，朱克曼教授把研究兴趣从新英格兰地区转向了大西洋中部殖民地。于是，他负责编辑了《友与邻：美国第一个多元社会的集体生活》（Friends and

---

① Common-place: The Interactive Journal of Early American Life, Vol. 14, No. 3, Spring 2014, http://www.common-place.org/vol-14/no-03/, accessed September 10, 2014.

Neighbors: Group Life in America's First Plural Society)①。1993年，为了重新探索质朴的美国国民性格，朱克曼教授出版了《几乎就是上帝的选民：美国土地上的隐晦传记》(Almost Chosen People: Oblique Biographies in the American Grain)。② 2003年，朱克曼教授与发展心理学家和文化史学家威勒姆·库普斯（Willem Koops）一起合作出版了《超越儿童的世纪：文化史与发展心理学》。③ 同年，他还积极参加并编纂了四卷本《社区的百科全书：从村落到虚拟世界》。2005年，作为编委会的一员，朱克曼教授编辑了《新美国百科全书：美利坚合众国的兴起（1754—1829）》。④

目前，朱克曼教授正在跟帕特里克·斯佩罗（Patrick Spero）合编《美国革命重生：21世纪的新视角》国际史学会议的纪念文集。这本书将在2015年年底或2016年年初由宾夕法尼亚大学出版社出版。

魏涛：您好，朱克曼教授，请问您为什么要组织"美国革命重生：21世纪的新视角"这个国际史学会议？您是否认为美国革命研究需要一次重生？如果是的话，您可否具体谈谈？

迈克尔·朱克曼：我之所以要组织这个史学会议，是因为我的朋友弗朗西斯·福克斯（Francis S. Fox）希望我这么做。弗兰克（弗朗西斯的昵称）是一个非常了不起的人，我们一直保持着深厚的友谊。弗兰克曾是一名士兵、一个爵士音乐家和一名教科书出版商。后来，他自学成才，并成为一名一流的历史学家。2000年，他出版了第一本关于美国革命的史学专著——《自由的甜蜜之地：宾夕法尼亚殖民地北安普顿县在美国革命时期的苦难》(Sweet Land of Liberty: The Ordeal of the American Revolution in Northampton County, Pennsylvania)。⑤之后，当他在撰写第二本史学专著的时候，他坚持认为美国革命的故事还是会在尘土飞扬且收藏地方军事官员记录的旧档案中发掘出来。当然了，他也感到很苦恼，因为这样的军事和政治史在青年学者那里似乎显得有些过时了。于是，弗兰克提议组织一场史学会议。他希望召集青年学者，尤其是那些对旧档案

---

① Michael W. Zuckerman ed., *Friends and Neighbors: Group Life in America's First Plural Society* (Philadelphia: Temple University Press, 1982).

② Michael W. Zuckerman, *Almost Chosen People: Oblique Biographies in the American Grain* (Berkeley and Los Angeles: University of California Press, 1993).

③ Willem Koops and Michael Zuckerman eds., *Beyond the Century of the Child: Cultural History and Developmental Psychology* (Philadelphia, PA: University of Pennsylvania Press, 2003).

④ Paul Finkleman ed., *Encyclopedia of the New American Nation: The Emergence of the United States*, 1754-1829 (New York: Charles Scribner's Sons, 2005).

⑤ Francis S. Fox, *Sweet Land of Liberty: The Ordeal of the American Revolution in Northampton County, Pennsylvania* (University Park: Penn State University Press, 2000).

感兴趣的史学工作者。他希望青年学者们可以用现在更加流行的(now-more-fashionable)社会和文化史研究方法来对政治和军事史进行新的整合。他招募了我,以及他的好朋友帕特里克·斯佩罗去构想和组织这么一个学术会议。为了促成这次会议的顺利召开,他还资助了一大笔资金。①

帕特(帕特里克的昵称)和我要衷心感谢弗兰克,不然我们是不会接受这份挑战的。但是,关于这个会议的组织,帕特和我并不认同弗兰克的那种构想。弗兰克的研究兴趣主要集中在美国革命时期的军事和政治史。每当发现军队集合名单和军队工资表时,弗兰克都会显得异常兴奋。但在美国史学界,就我和帕特看来,弗兰克的这种构想似乎不大可能激发青年史学者们对军事和政治史的研究热情。尽管如此,弗兰克和我们一致认为现在的美国革命史学研究显得过时且令人沮丧。在最优秀的青年学者中,他们很少有人专门研究美国革命时期的历史。至于专门研究美国革命史的,那就少之又少了。个中的原因是不难看到的。

在过去的半个世纪里,两种史学范式占据了美国革命史研究。一种史学范式试图从政治精英们在思想观念上的冲突来解释美国革命,另外一个则尝试着从精英和普通民众之间的阶级对抗来解释美国革命。刚开始,这两种史学流派在史学问题上的分歧很有启发性。后来,当每个史学阵营里的代表人物巩固好他们在历史学界的重要地位后,就不屑于从其他学派那里聆听批评的声音了。他们之间的争议就显得越来越乏味,甚至令人颇感尴尬。在评估完史学界的研究现状后,有抱负的年轻历史学家觉得这两种史学论争毫无吸引力,也就没有更好的理由加入到他们的史学论战中去了。于是,青年历史学家把研究美国历史的主题转到其他对象上去了。

我们称这次会议为"美国革命重生",是因为我们想重振(revitalize)美国革命研究。我们想让美国革命年代再次成为美国历史中不可或缺的一部分。美国革命史关联着我们国家的起源神话。或者说,在过去,它至少一直是。我们对美国革命的研究似乎有掉进一种枯燥的无关紧要性(desiccated irrelevance)中去的危险,这将使美国历史的整个弧顶不能收拢(unmoored)。我们希望年轻一代的学者们对美国革命的事件、情境和影响的研究更有生机(more vivifying)。我们希望这次会议的召开能再次激发学者们对我们国家诞生的兴趣。

魏涛:在参加这个会议之前,你们要求每位报告人提供一份长达10页左右的会议稿,并将它们上传到会议网站上,以

---

① 关于这个会议的组织过程,见 Patrick Spero and Michael Zuckerman, "Introduction: The Conception of a Conference," http://www.common-place.org/vol-14/no-03/intro/#.VV4rgGTBzGc, accessed November 20, 2014。

便让参会人士提前阅读。在会议上,你们只给每位报告人 8 分钟的时间完成他们各自的会议报告。这种会议形式很新颖,你们是怎么想到要以这种方式来组织这次会议的呢?

迈克尔·朱克曼:当我们开始构思和组织这场会议的时候,我们就很清楚:如果我们想重振美国革命史的研究,这场学术会议模式必须富有活力。它既要使观众活动起来,也要让观众参与到会议讨论中来。它必须鼓励学者之间的相互对话,而不只局限在提问人和报告人之间的问答。这次学术会议必须跟其他会议不一样。

当然,其他会议也尽量鼓励学者之间在学术问题上的轻松交流。但是,这些学术会议的做法通常只是把会议报告人的论文提前上传到网站上,并让参会人士简明扼要地概括他们的论文内容,然后与听众进行问答对话。但是,一份 12 至 30 页的会议论文事实上需要听众们花许多时间提前阅读它。会议报告人当然知道这个道理。于是,他们更泛泛地总结他们自己的长论文。这就使他们花更多的时间来完成他们的会议报告。做会议报告不是为了给听众催眠,但是给听众催眠的现象在学术会议上却经常发生。等到报告结束后,恍恍惚惚的听众们几乎很少有时间对论文的复述进行实质性的回应。当然了,对那些早已提前阅读过报告人论文的听众来说,大段的概括是会激怒他们的。

我们创造了一种新的会议形式。我们仍然要求会议报告人准备一份长达 30 页左右的论文。这些论文会收录在纪念这次会议的论文集里。但是,它们不是为会议报告而准备的。在会议上,我们要求每位报告人从他们的论文中提取精华,并将它们整理在一份 10 页左右的文章里,并让它足以传达报告人的论点和证据。随后,我们把这 10 页论文上传到会议网站上,并要求听众们提前阅读它们。大体而言,14 篇论文就相当于 140 页的阅读量。确切地说,大部分听众可以完成这个阅读任务。结果证明我们这么做是对的。10 页的提炼使得 8 分钟的报告得以成为可能。报告人可以完成这个任务,而且报告人理所当然地知道听众期待着什么。8 分钟的限时也是一种双重解放,它允许报告人从他们的 10 页论文稿自由离开,它也保证每个会议讨论小组有两倍多的时间来让报告人和听众之间相互交流,而不仅仅是完成问答环节。我们的观众总是满腔热情,并经常不守规矩地发表许多难以置信的提问和评论。

魏涛:在这次会议上,你们选择了四个主题:"全球视野""权力""暴力"和"内战"。为什么要集中讨论这几个主题呢?

迈克尔·朱克曼:在第一次会议方案设计上,帕特和我会见了会议顾问委员会。我们花了许多时间共同讨论会议征稿的主题。我们都清楚地知道,我们的会议主题将会自相矛盾。我们希望我们的会议主题足够新颖，以便能重振甚至改变美国革命研究的现状。但是，我们也需要合适的会议主题以征集会议稿件。换句话说，这些会议主题不那么新颖，但是历史学家们还在研究它们。最后，我们选取了在美国革命研究领域中尚未被完全开发的四个主题。尽管如此，历史学家仍然可以用新方法来对它们进行雕琢，仍然可以给它们充电而使它们动力十足。在更广义的美国历史研究上，这些研究主题还有相关性。同样，这四个会议主题看起来凸显了当代美国人的生活。因此，我们希望这些主题可以增进美国革命在我们这个时代的共鸣感。

在第一次讨论过程中，我们选取的四个会议主题分别是权力、暴力、内战和宗教。当我们征集到论文稿后，发现许多论文的主题都集中在权力、暴力和内战上。令我们颇感惊讶的是，我们几乎很少收到与宗教相关的论文稿件。在我们的征稿信息里，并没有使用大西洋视角或者全球史视角。但是，我们发现许多颇具吸引力的会议论文提案都是以跨国（transnational）视角来研究这三个主题的。因此，我们把全球史视角作为一个研究主题也就顺理成章了。

当然了，如果把这四个研究主题视为重振美国革命史研究的唯一动力议题、革新性或者说是唯一方向，那就显得很愚蠢了。我们最终选择了这四个研究主题，但不得不忍痛割爱并放弃了许多其他有价值的主题。尽管它们确实是在改变美国革命史研究，但我们并未发现有知名学者在做这些项目。

尽管如此，我们是这样安慰自己的：我们只是第一次倡导"美国革命重生"，但它并不是唯一的一次，也不是最后的一次。我们设想这种会议每过几年就可以连续举办。等到2126年，也就是美国独立250周年纪念日的时候，我们希望那时候可以举办一个大型的且专门研究美国革命的学术会议。

魏涛：大西洋史，正如您所知道的，在美洲早期史研究领域非常受欢迎。全球史也是如此。但是，为什么你们要求报告人从全球史的视角而不是从大西洋史的视角来研究美国革命呢？

迈克尔·朱克曼：正如我刚才提到的，我们事实上并未要求学者们从全球史视角来研究美国革命。我们收到了他们的会议论文，但是我们并未要求他们这么做，我们只不过使用了我们所收到的论文而已。同样，我们也可以视他们的论文为"大西洋史视角"。事实上，以全球史视角为主题的第一个小组会议的四篇论文全是关于大西洋史的。我们用"全球史视角"来给第一个会议小组命名，就我个人而言，是因为我们感觉到大西洋史已走过了它的兴盛期（cutting edge）。正如你所提到的，在美洲早期史领域，它已非常流行。现有的研究文献甚至开始悲叹大西洋史的能量快要走向一个枯竭点（a point of exhaustion）了。在一个更加全球化而不是大西洋化的世界里，全球史视角看起来更合适、更有新意,且更有前途。事实上,越来越多的美洲早期史学者开始发现东方,尤其是中国,在美洲人的想象和意愿上扮演着越来越重要的作用。而在传统的美洲早期史研究过程中,这些是不曾出现的。

魏涛:会议报告人是怎么从全球史或者大西洋史的视角来讨论美国革命的呢?您能否具体谈谈?

迈克尔·朱克曼:我可以试试。但事实是,我们的报告人所讨论的问题相当广泛,就如地球本身那么宽广。他们谈到了世界上的不同地方,问了许多不同的问题,并让所有参会人员狼狈不堪地试图寻找彼此之间的共同点,或者更有意思的关联。凯特·卡特·恩格尔(Kate Carté Engel)重点考察了美国革命时期北欧和北美的新教主义纽带;凯特琳·菲茨(Caitlin Fitz)讨论了革命时期美国对拉丁美洲天主教所领导的革命运动的回应;亚伦·福格尔曼(Aaron Fogleman)分析了美国革命时期欧洲和非洲人口在美洲移民比例的变化特征;另外,莱德·兰斯曼(Ned Landsman)讨论了英国和苏格兰宪法联盟(constitutional union)后的分立主权(divided sovereignty)问题及其对美国革命的影响。① 恩格尔发现美国革命标志着英国和英属北美持不同政见者之间(dissenters)的长期合作关系的结束;菲茨发现美国革命造成了拉丁美洲长达近半个世纪反抗当地殖民政府的叛乱;福格尔曼认为,美国革命对大西洋世界中人口迁移影响重大,因为非洲和欧洲的许多契约劳工跨过大西洋后变成自由劳工了;兰斯曼认为,《联盟法案》(Act of Union)对1776年达到高潮的宪法危机根本就没起过任何作用。

他们四位报告人的论文并没有提到任何共同关注的问题,也就别提共同的论争或者共同的结论了。这意味着一种全球史的视角来考察美国革命还只在起步阶段。但是,在美国革命对美国本土以外的事务,以及美国本土以外的事务对美国人理解美国革命等问题上,这四位报告人提供了变革性的见解(transformative insights)。这也意味着这种起步研究是非常有前景的。

学者们一致认为,尽管新成立的美利坚合众国公民存在政治分歧,但他们仍然维持了他们与英国人之间的亲密纽带。恩格尔的论文认为美国革命拆散了他们之间的亲密关系。学者们也同样认为,美国革命并未削弱在美国抑或在巴西、古巴和美洲其他地区的奴隶政权。福格尔曼指出,美国独立战争后,奴役劳动大幅减少,而自由劳工却成指数级别增长。同样,菲茨和兰斯曼提出了我们从未问过的

---

① Kate Carté Engel, "Transatlantic Protestantism and the Challenge of the Revolution;" Caitlin Fitz, "The United States in the Age of Revolutions: A Reconsideration;" Aaron Fogleman, "The Changing Nature of Transatlantic Migration in the Age of Revolution;" and Ned Landsman, "British Union and American Revolution: Unions, Sovereignty, and the Multinational State."

问题,解答了我们从未思考过的困惑,并得出了我们从未期待的结论。重塑我们传统智慧的前景看起来是很鼓舞人心的,但它也充满着不确定性。

魏涛:如果我没说错的话,我觉得这是美国历史学家们第一次试图从"内战"的视角来考察美国革命。如果美国革命是一场"内战"的话,"内战"对美国革命时期的革命分子意味着什么呢?

迈克尔·朱克曼:美国革命分子并不认为美国革命是一场内战,很大程度上是因为这种观点否认了他们参加这场革命的道德制高点(moral high ground)。一场内战不可避免地夷平了反对派的力量。美国叛乱者认为殖民地是合乎德行的(virtuous),而大英帝国中心却是腐化的。他们视自己为无辜的受害者,视国王和议会是霸道的压迫者(high-handed oppressors)。更重要的是,内战这个概念承载着17世纪英国内战时期的革命内涵(connotations),传递着内战时期革命双方的不恰当行为,以及正义之士(good guys)的模糊缺席。自封的(self-styled)爱国者既不认为他们要争取的是一个模糊的革命目标,也不认为他们要在道德上与敌人进行一场平等的较量。他们认为美国革命是一场任何人都不想错过的战役,要么争取自由,要么继续忍受专制。

历史学家们并不认为美国革命是一场"内战",这是因为他们大体上采用了当代人架构(framed)当代事务的术语。当然了,南方的美国人最终认识到美国革命是一场内战,但他们是想为南方各州脱离联邦的分离运动提供合法性的依据。但是,南方叛乱州不仅失去了这场修辞性的战争(rhetorical war),而且也失去了实际意义上的战争。1865年后,在战场上获胜的国家主义者也同样在教室、法庭和讲坛上获胜了。南方邦联军队诉诸武力的行动使得攻陷萨姆特堡之前那段时间里的宪法模糊性(constitutional ambiguity)得以呈现出来。但是,当邦联军队在阿波马托克(Appomattox)向联邦军队投降后,美国人就不再认可(discredited)以战争方式来解决国家分歧了,也就不允许南北内战继续下去了。

在组织这场学术会议的时候,我们认为把美国革命视为一场内战的时机或许已经成熟了。会议的召开证实了我们的判断。在这四个会议主题上,内战是内容最丰富的,也是得到回应最多的一个。无论是视内战为一个讨论主题,还是视它为一个解释框架,它都挑战了我们对美国革命的认识。

魏涛:"内战"当然是美国历史学家用来分析美国革命的一个有用术语。但是,我担心的是,历史学家们可能过于强调美国革命时期爱国者和效忠派之间的冲突。如果是这样的话,"内战"这个术语可能会偏狭或者过于简化我们对美国革命的理解。您觉得呢?

迈克尔·朱克曼:不必担心这个问题。会议上的论文和讨论使用了相当开放(capacious)的内战概念。事实上,几乎很少有会议报告和讨论仅仅关注在爱国者和效忠派之间的冲突上。一些人提醒我们范围更广的战争才是一场内战：毕竟，美国革命时期的革命人士都是英国人；等到革命人士取得胜利，美国革命也不过是一场英国臣民（British subjects）反对其他英国臣民的叛乱。

会上，许多扣人心弦的学术讨论和评述反映了美国革命时期爱国者和效忠派的普遍不满。正如一些论文所指出的，更大规模的殖民地人民试图不加入到革命中的任何一方，这些数量是我们不曾想到的。在许多方面和许多地方，爱国者对那些仍然保持中立的中立派发动了战争，这比爱国者对效忠派发起的战争甚至还要多。另外，跟那些坚持殖民地自治或者主张依附国王的殖民地人民相比，主张独立的殖民地人民并不比他们多多少。正如马卓琳·卡尔斯（Marjoleine Kars）和其他学者所指出的，殖民地的人民只是跟他们的同胞们（fellow citizens）在战场上厮杀。在南卡罗来纳地区，边疆人士与沿海地区的政治精英们相互对抗。在18世纪60年代的规治运动中（regulator movement），边疆人士的起事被沿海地区的政治精英们给镇压了；等到18世纪70年代，当沿海地区富裕的白人种植园主发起美国革命运动时，皮埃德蒙特平原的边疆人士继续反抗沿海地区的政治精英。

会上的许多报告人和评议人认为，战争不仅在公共地方而且也在私密空间里创造了情感裂痕。规模小的内战使得共同体和家庭得以分裂。以纽伯特（Newport）和费城这两个城市为研究案例，特拉维斯·格拉森（Travis Glasson）和艾伦·沙利文（Aaron Sullivan）展示了这两个城市的人民在革命时期的情感裂痕。通过专门研究一个费城家庭，金伯利·纳特（Kimberly Nath）发现了丈夫和妻子以及父母与子女之间引人入胜的情感裂缝。此外，如果只是心照不宣的话，更折磨人的战争肆虐了许多个体的内心和头脑，并让他们不得不在忠诚和独立以及安全与信念之间做出抉择。

魏涛：几年前，美国南方史学家沃尔特·埃德加（Walter B. Edgar）指出，为了帮助我们重新认识美国革命史，美国历史学家做出了重要的历史贡献。但是，历史学家们似乎对美国革命时期的南方战场仍然关注不够。据埃德加所知，历史学家们对美国革命时期北方战场上的军事战役，诸如莱克星顿和康科德战役、萨拉托加战役以及约克镇大捷等早已耳熟能详。但是，他们对南方战场上的战役诸如卡姆登战役（Battle of Camden）和国王山战役（Battle of King's Mountain）等知之甚少。我想知道：在这次会议上，为什么就没有一个专门讨论军事史的会议小组呢？这是否意味着军事史已无关紧要？

迈克尔·朱克曼：这个会议并不缺乏对军事史的关注。如果没错的话，与最近研究美国革命的手册和读者文摘相比，它提供了研究战争史的更多可能性。我们会议中的两个主题——暴力与内战，就要求学者们讨论美国革命冲突中的军事因素。显然,在会议稿件中,我们并没有收到许多关于军事史研究的稿件。唯一例外的是丹佛·布鲁斯曼(Denver Brunsman)。布鲁斯曼研究的是海军人员的征用(naval impressment),这与革命时期的海事问题是直接相关的。扎拉·安妮珊斯琳(Zara Anishanslin)研究了美国革命时期的普通士兵,但那更多的是从物质文化和记忆的角度来研究的,而不是关于美国革命时期的军事战斗。军事史仍然是高中生教科书里谈论美国革命时期的那种类型。当然了,军事史书籍有时候也会入围畅销书籍的榜单,也会推动电影改拍。但是,在过去很长一段时间里,军事史并没有吸引主流学术界的研究兴趣。

我不清楚为什么会这样,但它就是如此。专门研究军队的学者似乎只有查尔斯·罗伊斯特(Charles Royster)和约翰·塞(John Shy)两人。在过去的半个世纪里,他们的研究著作影响了许多军事史学家。到现在,他们的著作已经有四十多年的历史了。在我们生活的这个世界里,军事史学家通常只与对军事史感兴趣的同行进行对话,尽管他们也会偶尔给普通听众做讲座。但是,在学术界的历史学家通常只与他们在学术界的同行相互对话。学术界的历史学家与军事史学家之间一直存在着不可逾越的对话鸿沟,并各自保留了探视彼此的探视权(visitation rights)。

在某种情况下,埃德加抱怨了历史学家对美国革命时期南方战线关注不够。但是,他和军事史学家们的许多研究成果已很好地做出了对这个问题的回答。毫无疑问,构成历史学学科主流的政治、经济、外交、社会、文化和宗教史学家等因为无知而对美国革命时期的南方战线毫无热情。但是,他们对南方战线的冷漠丝毫不逊色于他们对革命时期北方战线的冷漠程度。

魏涛:1986 年,普林斯顿大学历史学家琼·瓦拉赫·斯科特(Joan Wallach Scott)在《美国历史评论》上发表了她广为人知的史学论文《性别:一个有用的历史分析术语》①。继斯科特之后,女性历史学家对妇女在美国革命时期的经历越来越感兴趣。与此同时,女性学者开始关注性别差异及其对男性和女性在认识美国革命上的影响。很明显,在这个会议上,妇女史和性别史的研究是缺失的。我想知道:为什么没有一个专门讨论妇女和性别的会议小组呢?

迈克尔·朱克曼:无论是帕特还是我,抑或是这个会议的顾问委员会的任何一名成员,并非没有意识到性别的相关性。如果我们可以有五个会议主题的话,那第五个很有可能是它了。但是,由于我们在每个会议主题上使用了非常多样的研究案例,我们意识到了把它们随意抽取

---

① Joan Wallach Scott, "Gender a Useful Category of Historical Analysis," *American Historical Review* 91(1986):1053-75.

出来的重要价值。如果可以这么说的话，我们认为斯科特在学术转变过程中的成功鼓励着我们把性别史研究引向其他方向。我们希望这次会议的召开可以推动现在的性别史和妇女史研究，并探索它们尚未被开发的研究领地。

2012年，当我们聚在一起并规划会议方案的时候，性别史早已在研究生们的美国早期史研究中占据着重要地位。我们没必要继续推动对它的研究了。我们想到的是这个会议可以更有效地推动这个领域里的新研究和新思考。在会议征稿信息里，我们已对此进行了说明。我们认为工作、家庭、科技、奴隶制、语言、地理学、土著印第安人、环境、食物、性、社交网络和媒体等可能会帮助历史学家开辟美国革命史研究的新远景。尽管如此，我们从未认为我们的这四个研究主题将会终结这种研究。

到2026年的时候，我们知道类似的会议会把美国革命研究推动到一个高潮（a climactic one）。到时候，通过采纳其他会议主题，它会为美国革命研究提供更充足的机会。我们甚至可以想象在"美国革命重生"会议上看起来严重缺失的研究主题会成为后面其他会议上最迫切需要讨论的话题。

魏涛：当我在大卫·美国革命图书馆做档案研究的时候，我遇到了参加这场会议的报告人熊大维（David Hsiung）。他跟我进行了好几次热情的对话，并向我分享了他从环境史的研究路径来研究美国革命的个人经验。熊教授告诉我，受他父母的影响，他从小就对化学很感兴趣。熊教授在耶鲁大学念的本科，主修分子生物物理学和生物化学。大三的时候，他转到历史专业。大四的那个秋季学期，他选修了环境史学家威廉·科罗农（William Cronon）的本科生课程——"1840年以前的美国西部史"。这门课上，科罗农讲授了许多后来收录到他的开拓性著作《土地的变迁：印第安人、殖民者与新英格兰地区的生态》中的内容。[1] 受科罗农那门课的影响，熊教授决定做美国革命的环境史。在密歇根大学获得历史学博士学位后，熊教授开始了他的职业生涯，但他一直对化学保持着浓厚的兴趣。在这个会议上，通过研究革命时期火药制作过程中的一种特殊化学物质——硝（saltpeter），熊教授从环境史的视角来考察了美国独立战争。而在三十年前，几乎很少有历史学家用环境史方法来研究美国革命。但现在，正如您所知道的，受环境史学家诸如理查德·怀特（Richard White）和科罗农的影响，熊教授在探索美国革命史的新领地。您是怎么看待这种环境史取向的美国革命史研究的呢？

迈克尔·朱克曼：熊大维的表现实在

---

[1] William Cronon, *Changes in the Land: Indians Colonists, and the Ecology of New England* (New York: Hill and Wang, 1983).

是太棒了。在会议上,他绝对出尽了风头。他的报告几乎跟他的论文毫无关系。但听完他的报告后,全场听众为他起立鼓掌。他向《公共平台》特刊撰写了会议评注。他的论文已被收录到了我们即将出版的《美国革命重生》会议论文集里。在所有报告人中,他是唯一有此殊荣的历史学家。就我个人看来,如果大维要把环境史和美国革命结合起来的话,他还有很长一段路要走。他对硝的研究只照亮了故事中某个角落里一个非常狭小的地方。他的论文并没有勾画,甚至提出一个更加完整的蓝图。不管怎样,提出一种新的研究视角通常都很困难。尤其是向大维这样一人独自研究,那就难上加难了。我们之所以从众多的会议提案中选择大维,其中的一个原因就是因为他是唯一指出美国革命时期环境史问题的历史学家。

我们希望这个会议可以鼓励新的思考方式。我们很高兴收到了一份环境史的论文。我们关注火药和暴力之间的关系,所以我们邀请了他。但是,我们也很清楚这种连接很牵强(far-fetched)。我们对火药不感兴趣,但我们更热衷于发出这么一个信号,美国革命可以从环境史的视角来理解。无论是现在,还是在不久的将来,我们不知道该怎么做。我也不认为大维知道该怎么做。但是,一切历史都是当代史,环境界定了我们这个时代的问题。毫无疑问,更多的历史学家会加入到大维的探索队伍中去。他们中的一个或者某些人,当然也有可能是大维本人,会弄清楚环境与美国革命之间的关系。

魏涛:最近,这次会议上的报告人爱德华·康区曼(Edward Countryman)与朱莉安娜·巴尔(Juliana Barr)合编了一本新书《美洲早期史中的争议空间》。① 通过详细研究美洲早期史领域中的地图学史,巴尔和康区曼重新考察了诸如政治权威、殖民秩序、白人殖民者和土著印第安人之间的殖民遭遇和边陲等主题。您是怎么看这种地图学取向(cartographical approach)的美国革命史研究的?

迈克尔·朱克曼:只要新的研究取向能给我们的美国革命研究提供新的研究前景,并超越我们长久以来对美国革命的理解,我就喜欢它们。我经历过的许多解释性突破(interpretive breakthroughs)都来自于对历史文献的分析。那些文献就摆放在那里,但一直以来,历史学家就没对它们进行认真研究。伯纳德·贝林(Bernard Bailyn)对美国革命时期精英思想意识的解释就源于他发现了已被遗忘长达两个世纪的革命小册子(pamphlets)。在尘土飞扬的历史档案里,贝林的批评者发现了因为遗忘而未被考察的税收目录、遗嘱和清单。于是,这些批评者用阶级冲突来批评贝林的解释方法和观点。当我们

---

① Juliana Barr and Edward *Countryman eds*, *Contested Spaces of Early America* (Philadelphia: University of Pennsylvania Press, 2014).

试图重新考察美国政治史的旧问题,并探索家庭、法律、地方、性别、经济、宗教和性经验史研究里的新主题的时候,很少有人去挖掘法庭档案中的宝贵资源。

文献档案的数量相当丰富,但很少有历史学家对它们进行梳理。尽管如此,这些文献档案还是不能跟物质文化研究所呈现出来的丰硕前景(teeming possibilities)相媲美。在历史学家未开发的"历史文献"清单里,它们有房屋、家具、衣服、马车和货车、垃圾坑、田野和围栏、食品以及人物肖像等。历史学家没有挖掘这些资源。历史学家也不可能接受所有专业的训练以挖掘这些不胜枚举的研究主题。确切地说,在物质文化研究领域,地图是那些最具研究前景的历史证据中的一种。但是,长久以来,历史学家对地图就是看不上眼,或者把地图留给其他学科的专家们去研究。物质文化研究的巨大吸引力在于:人人都生活在一个房子里、穿衣服、使用工具、享用美食,并把不要的东西扔出去。物质文化使历史学家可以研究每一个人,而不只是有特权的那些人。

地图也有这种功能。地图可以使历史学家接近普通民众:通过街道调查,历史学家可以绘制普通民众的社区;通过研究他们的契据,历史学家可以绘制普通民众的财产界限;通过考察保险政策,历史学家可以绘制普通民众的房屋。与此同时,地图还起着其他更重要的作用。地图使我们了解帝国政府官员、国家统治者和雄心勃勃的企业家们的观点和远见。最近一些年,我们一直在研究这些。但是,在绘制(plot)真实这个问题上,地图并不投射人对现实的假设和想象。到现在,我们还有许多需要学习。

魏涛:非常感谢您接受这次访谈。祝您今天心情愉快!

迈克尔·朱克曼:你也一样!

Rethinking the Amreican Revolution from Global Perspectives: An Interview with Michael W.Zuckerman

Abstract: From May 30 to June 1, 2013, aiming to identify new directions and new trends in scholarship on the American Revolution, the American Philosophical Society, the David Library of the American Revolution, the McNeil Center for Early American Studies, and the Museum of the American Revolution co-sponsored an international conference, "The American Revolution Reborn: New Perspectives for the 21st Century," at Benjamin Franklin Hall, Philadelphia, PA. The four themes are "global perspectives," "power," "violence," and "Civil War." In May 2014, Common-Place: The Interactive Journal of Early American Life, an online magazine supported by the American Antiquarian Society, organized an online symposium on the conference, not only including the essays written by presenters and commentators, but also collecting videos from official website of HISTORY (http://www.history.com/). Considering its significance for domestic scholars, I invited Michael W. Zuckerman, an emeritus professor of history at the University of Pennsylvania, to accept my interview, reflecting new tendency, new themes, and new approaches on the American Revolution studies.

Keywords: American Revolution Reborn, Michael W. Zuckerman, Global Perspectives, Power, Violence, Civil War

作者:魏涛,纽约州立大学石溪分校博士候选人与讲师

评论

[英] 彼得·曼德勒 文

两种文化回顾：1945年以来英国大学的人文学科[①]

我们这些教授人文学科的人——或者用传统观念来看，是教授"艺术"的——在英国的大学里都习惯了将自己的思想视为高等教育体系的灰姑娘。半个多世纪以来，我们一直不断地被专家、资助者以及政府告知，我们在大学体系的历史主导地位是一个时代错误，而且现代对于有用的知识、技术技能的需求，以及对于最重要的经济增长之需求，都要求从今以后我们退居二线。上述观点在20世纪50年代末加剧，以现在熟悉的形式即"两种文化"的话语出现。正如其他历史学家所证明的那样，这种话语持续为一种扭曲的镜头，通过它我们来观察战后英国生活等诸多方面。在本文中，我重新审视了战后英国大学关于艺术和科学的实际记录，并恢复了另一个角度——曾迷失在白厅和威斯敏斯特过度保护和喃喃自语的泡沫之中——学生和他们的父母的角度：关于大学教育是什么，他们有相当不同的理解。该记录将表明，人文学科有着相当不错的时光，事情远不是喋喋不休的各阶层道德恐慌所暗示的那样。对于所谓人文学科优势地位之于经济表现的作用这类令人沮丧的诊断，不是我要做的论述，甚至不是我这篇致辞的主旨。我与大卫·埃杰顿（David Edgerton）和吉姆·汤姆林森（Jim Tomlison）持同样的观点，即对"两种文化"的批判——一般还伴随着衰落论——是当代各种争论的一个非常片面的、

---

① 对于在这里致辞的问题（本文系2013年秋作者在英国皇家历史学会年度会议上的致词，译者注）进行的持续讨论，我非常感谢我在英国皇家历史学会的同事，特别是科林·琼斯（Colin Jones）、玛戈特·芬（Margot Fin）和乔·英尼斯（Jo Innes），并感谢剑桥大学的同事，尤其是乔尔·艾萨克（Joel Issac），斯特凡·柯里尼（Stefan Collini）和安德鲁·贝尔（Andrew Bell）以及德博拉·科恩（Deborah Cohen），盖伊·奥托拉诺（Guy Ortolano）和大卫·埃杰顿（David Edgerton），对早期的稿子提出了非常有益的意见。早期版本中提及了在圣安德鲁斯、剑桥、兰开斯特和伦敦的事件，我感谢这些细心和富于想象力的读者。最热烈的致谢，给予给2014年邀请我参加平洛特讲座（Pimlott Lecture）的《二十世纪英国史》的编辑们，感谢牛津大学出版社的慷慨，以及听众的建设性反馈意见，特别是来自吉恩·锡顿（Jean Seaton）的意见。

和富于争论性的介入。① 和他们一样,我同意科学在战后初期的强势地位——无论如何在 20 世纪 60 年代变得更强一些——虽然不是强多了,尽管辩论家和决策者都竭尽所能地为科学辩护。这是因为,从长远来看,更广泛的社会和文化的发展趋势看好非理科科目且在这些条件下的人文学科令人惊讶地表现出色——对于经济表现却没有明显的影响(无论是好是坏)。然而不论这些比较好的时光是否能够继续,对于另外一些问题,我会得出自己的结论。

一

1930 年,美国教育家亚伯拉罕·弗莱克斯纳(Abraham Flexner)创立了一个关于英国、美国和德国大学的有影响力的比较研究。他在文中提供的英国大学的图景,在其后的一代人中影响广泛甚至在一定程度上直到今天依旧清晰可辨。相较于民主化的美国大学和精英专业化的德国大学,英国大学提供了一个类似德国精英的高品质职业教育,但他们的毕业生看起来更像美国人,仿佛是由宽松的而非职业训练的教育培养出来的业余爱好者。该系统是小型的、紧凑型和相当学术性的——并没有弗莱克斯纳所谴责的、美国的"学业狂欢"和"怎么都行"的迹象,但

浪费资源并且和现代民主社会生活之广泛性共存,而且卷入到了与世界所有其他部分的知识和行业竞争中去。②

弗莱克斯纳的概括假设在一定程度上是正确的,即英国系统(如果是这个措辞所要表达的意思)是参照古老的英国大学牛津大学和剑桥大学,并保留了美国常春藤联盟已经失去的国家权威之机构。该系统包括弗莱克斯纳写作时的十所新英国大学、一所在北爱尔兰的大学,它们都是新近建立的;两所伦敦和威尔士的联邦大学,五所伦敦大学授权可授予学位的"大学学院";此外还有四所古老的苏格兰大学,它们比牛津大学和剑桥大学小得多,也有更多的本地特色,虽然像其他机构一样越来越多地模仿"牛桥"(Oxbridge)模式。

牛桥模式界定了大学的公众形象,即假设学生将以全日制的方式学习一个学科三年,结束于单一学士学位。他们将住在一起,最理想的地理位置是靠近他们的老师,并将自己的研究和同样严格的课外活动结合在一起,包括宗教、业余运动以及相关的塑造个性的业余爱好。他们的学习由导师监督——指导和教授他们的学术人员中的一员或者是一个小组,他们的性格由"道德导师"监督。他们会选择

---

① 两个重要的参与该问题的历史编撰,可参见 David Edgerton, *Warfare State*: *Britain*, 1920-1970 (Cambridge, 2006), ch. 5; Jim Tomlinson, 'Inventing "Decline": The Falling Behind of the British Economy in the Postwar Years', *Economic History Review*, 2nd ser., 49 (1996), 731-57.

② Abraham Flexner, *Universities*: *American*, *English*, *German*, 1st pub. 1930 (London, 1968), 224-9, 264, 274-8.

自己的单独研究领域,不一定与他们将来的职业直接有关,但却与该研究领域具有相当深度的、与一般智力和道德优势有关的以及与他们的长辈密切相关的研究主题(其本身就是性格建构的主题)。

这种模式,在 20 世纪中叶关于第二次世界大战后相关体系大扩张之讨论的背景下盘旋。其高昂的成本,被认为一定要限定在不牺牲它的高质量学术产品的前提下,且限定在该系统可以扩展的范围内。该模式在一定程度上是由大学教育资助委员会(UGC)网络强制监督的,这个政府机构于第一次世界大战后建立,它向大学提供了越来越多的收入,因此在其组成和精神上也有着越来越多的发言权。UGC 本身具有绅士特色的阵容,其成员多有牛津剑桥显贵的背景,通常由前任或现任牛津的"院长"来主持。

在这种情况下,1945 年之后英国经历了与几乎所有其他工业化国家同样的高等教育扩张,只是数量和质量上相对有限。英国经历的数字上的膨胀,主要原因是因为安置从战场返回的军人,次要因素是一种不太明晰的、不断扩大的人口增长,使越来越多的人获得中学教育(与高考资格),也产生了不断上升的教育愿望。但是按照经合组织(OEDC)标准,其学生人数占总人口的比例仍然很低。[①] 在战争之前,英国只有 5 万全日制大学的学生,占总人口的千分之一,与其他显而易见的比较者相比远远落后,虽然这些数字到 1960 年翻了两番至 20 万(占总人口的千分之四),但是英国仍落后于其他国家,它们之间的差距也越来越大。这种滞后还没有引起人们太多的关注。缓慢的增长被视为质量标准得到维系的一个标志。教资会对于学校发展的性质和程度行使相对较轻的权力。人们认为,学生和他们的父母是谁应该学习以及应该学习什么的最佳判断;因此,增长被理解为是对适合资格的申请人之需求的响应。教资会最坚定地保持整个基调,战后又在某些方面驱使非牛津剑桥的机构变得更像牛津剑桥,例如要求他们提供更多的住宿安排,更低的工作人员与学生的比例。[②]

长期以来有一种普遍的假设,即该系统会赋予艺术而非科学以特权,虽然对此种偏差的兴趣和关注随着时间的变迁有相当大的变化。古典早已被认为是理想的牛津剑桥课题,因为它融合了学术严谨性和道德修养,虽然在历史上古典学只是在牛津才是占主导地位的课题,而在剑桥大学是通过数学才占有一席之地的。个人或小组指导产生的亲密关系似乎旨在

[①] 学生人数占总人口的比例是一个粗浅的衡量标准,但它可能是比各种其他计算参与比较率的方法更为准确。由于不同高等教育系统中学生入校年龄有很大差别,这项措施可能低估了英国的落后,因为它可能少算了非全日制学生,英国的兼职学生比其他高等教育系统要少。

[②] University Grants Committee [hereafter, UGC], *University Development*: *Interim Report on the Years* 1947 to 1951, Cmnd. 8473 (1952), 9; UGC, *University Development* 1952-1957, Cmnd. 534 (1958), 10.

创造人文的热情——19 世纪末是对希腊的崇拜,在 20 世纪初是"实用批评主义"的理念,20 世纪中期是"日常语言"哲学,20 世纪后期则是"底层历史"。此外,这种密集教学方法的代价,被认为是束缚住了整个系统的扩展机会,因而趋向于冻结人文和科学间的平衡,从而有利于人文学科的发展。对于毕业生而言,理想的职业目标——国内或帝国的公务员、律师、神职人员,或者专业化程度较小的公共服务——也与人文学科而不是科学相关。虽然人们认为古老的职业自然会从古老的大学招募,但由于他们的传统人文偏见,从那时到现在,在招募新兴国内公务员时,还是会把更多注意力集中在牛津大学和剑桥大学的霸权上——或者至少是把注意力集中在它们的精英,即主要来自历史学科、古典学科的毕业生身上。①

然而,这些随意的假设,即使在 20 世纪中叶也没有被实际的大学学生档案证实。自 20 世纪初以来,随着学位课程不断增多,整个图景变得更加复杂。当古典学的文化威信逐渐黯淡之后,各种各样的学科都声称提供以前是与古典学相关的知识和道德修养,于是这种"单学位"而不是古典学本身,成了护身符。历史和法律在剑桥获得戏剧性的增长,工程和自然科学也是如此。较新的"城市"大学急不可待却又无法与牛津剑桥学生的优势地位竞争,于是尝试了更广泛的课题,包括针对当地产业的应用科技攻关课题。至 1939 年,约 45% 的大学生是攻读文科学位的,其余的一半在读科学技术,另一半则在读医学。②

并没有出现大量的或者不断增长中的证据,表明大学毕业生无法满足寻求技术专长的雇主之需求。正如伦纳德·施瓦茨(Leonard Schwartz)指出,大多数大学毕业生达到和超过第二次世界大战前就业于老师职位的数量。在 1937—1938 年施瓦茨的抽样调查中显示,伯明翰毕业生中在学校就业的文科男毕业生占男毕业生总数的 84%,文科女毕业生则占 88%,但也有 54% 的理科男毕业生和 90% 的理科女毕业生从事教师行业。大多数雇主都只是在这个阶段才刚刚开始认识到离校资格(学历证书,约 16 岁时取得)是质量的重要标志,并满足于自己培训他们的非学位员工获得他们所需要的技术技能。20 世纪 60 年代,随着大学生的人数暴涨,雇主们发现,能提供给他们的、具有熟练技能的高中毕业生数量在萎缩,于是开

---

① 一些古典学规划,参见例如:Henry Parris, *Constitutional Bureaucracy* (London, 1969), 288-92; Correlli Barnett, *The Collapse of British Power*, 1stpub. 1972 (Basingstoke, 2002), 38-43; Martin J. Wiener, *English Culture and the Decline of the Industrial Spirit*, 1850-1980 (Cambridge, 1981), 22-4,并参见 below n. 13;对这种传统的批评,参见 Edgerton, *Warfare State*, 108-12。

② UGC, *University Development* 1952-1957, 8; 参见 David Edgerton, *Science, Technology and the British Industrial 'Decline'*, 1870-1970 (Cambridge, 1996), 18-22,展示了科学更强劲的势头。

始从大学毕业生当中招收代替人选,但他们仍然对科学或技术学位没有特别的兴趣。英国雇主被认为是最有可能在整个欧洲内为本科生职位做广告的,而无须任何他们所需要的特定学位。无论如何,战后几年内,毕业生们在各种各样的就业机会中流动——当地政府的高层文职工作,社会工作和其他福利行业,法律界、会计、教学行业中的较低职位——很少需要高级的技术技能,而且任何种类的单学位都能去做。如果没有这样的轻推作用,学生修读文科学位的比例会保持在非常稳定的数量上——1962年是44%。① 在此期间,据称中产阶级终于逐渐发现大学教育的"位置"不错,仿佛正是这种相当势利愿望的状态,使得人们再次不合逻辑地偏袒文科。但它看起来却像是相当一部分家长和学生进行了简单的、寻求普通的教育质量的学历,以便进入对文科和科学都相对冷漠的、日益增长的劳动力市场。②

这并不是说,没有有利于科学而非艺术的现代话语,相反,恰恰有。战后左派与右派的政府决心恢复英国的工业霸主地位,都把大学视为一个日益强大的、帮助实现这一目标的工具。一系列政府调查均建议加强科学、技术和工业人力,教资会也为自己是一个传达这些"国家需求"的有效渠道而骄傲,这同时又不损害大学的独立性。然而,直到50年代后期,上述关切只是低声表达的,并在实践中没有强硬的方法用来促使大学在科学和技术的发展方向提供相应的课程。通过扩大大学总人数而不是大学教育性质发生变化,人力资源的需求得到了照顾。正如我们所看到的那样,这种基本上由需求驱动的系统并没有在预期的或预测的方向发生变化。教资会注意到这种反复,百思不得其解,也许是不安,但是并不很恐慌。③ 当20世纪50年代接近尾声时,这一态势将发生巨大的变化。

二

正如历史学家最近承认的,20世纪50年代末到60年代初,英国社会的各个方面通过特定的分析视角受到密切关注,并被定位为"衰落"。德国、法国和意大利经历的战后经济奇迹——在很大程度上得益于人口相对较晚地从农村转移到

---

① "更多的学生在学习科学"之印象,于20世纪60年代又因为医药被排除出科学整体之外而变得更为夸张。Michael Sanderson, "Higher Education in the Post-War Years", *Contemporary Record* 5 (1991), 418; Edgerton, *Warfare State*, 179。学习人文科学和纯科学的比例仍然非常稳定,而学医的比例下降,那些研究技术的人数则上涨。在20世纪50年代有一个在A级大学和大学A级别数学和科学会考中向科学摆动的趋向,从1952年的49%上升到1959年的55%,而科学学位的比例则从1950年的49%上升到1965年的55%——但A级摆动1959年开始逆转,学位摆动则在1965年逆转。

② A. H. Halsey, *Decline of Donnish Dominion: The British Academic Professions in the Twentieth Century* (Oxford: Clarendon Press, 1992), 10, 104, 106-9.

③ UGC, *University Development* 1947-51, 7-8; UGC, *University Development* 1952-57, 8; UGC, *University Development*, 1957-62, 2, 25, 82-3, 153-4, 159-60.

城市,如同英国在一个世纪以前早已经历的一样——在英国被认为不是趋同或"追赶",而是英国经济的相对衰落。1955年保守党连续第二次大选获胜后,越来越多的左翼和自由派知识分子开始辩论,指出在英国社会中使它显得落后甚至是封建化的缺陷;在1959年保守党连续第三次获胜后,甚至是右翼知识分子,尤其是那些具有按照美国模式迅速增长资本欲望的和不满保守党政府管理风格的人,都开始采取这一分析。① 大学远非这种批判的主要对象,但它们提供诱人的目标:牛津剑桥的霸主地位被视为一种隐喻,代表着外行、绅士阶层、古典等过时的知识追求,成为一种简单的原因,用以解释英国宣称的科学、技术和工业成就落后,以及教资会未能在大学的艺术和科学之间平衡并使之成为整个系统换血的标志。②

始于这一时期的对人文优势地位的两个论战,一直有经久不衰的影响力,一个在普通文化教育领域,另一个则在文化战后英国"衰落"的学术对策上。首先是斯诺(C. P. Snow)的著名论文"两种文化与科学革命",系在1959年5月的剑桥里德讲座(Rede Lecture)上首次发表。后来这个论题发展成为一个主题,从专业化学家变成小说家的斯诺自1956年以来已经写了一系列的著作。斯诺指出,不仅现代英国的知识生活分裂成了"两种文化"——一个实质上是"文学"的,另一个基本上是"科学"的——两者无法互相沟通,而且更有争议性的是,那些"传统文化"和当代文化总的来说束缚着"人文知识分子",使他们相当敌视科学和工业,因而妨碍英国乃至发展中世界的进步。在保守党连续第三次获胜的那一年,斯诺的论题触及到了时代精神,于是人文学科再次成为英国经济增长失败的替罪羊,甚至是左派未能采取措施使英国和世界进入一个新的繁荣时代以及推进社会正义的罪责所在。③

在斯诺的"两种文化"论断的普及率达到高峰期的时刻,即1964年初,当时的马克思主义知识分子佩里·安德森(Perry Anderson)也在《新左派评论》(*New Left Review*)上以"当前危机的起源"为标题发表了自己的论点,对英国文化提出了强烈批判。他援引在斯诺那里没有明确的"衰落论"的文本作为他的分析起点,并将英国衰落的原因也同样定位在人

---

① 关于"衰落论"的新近书目,参见诸如 Marcus Collins, "The Fall of the English Gentleman: The National Character in Decline c. 1918-1970", *Historical Research* 75 (2002), 90-111; Richard English and Michael Kenny (eds.), *Rethinking British Decline* (Basingstoke, 2000); Jim Tomlinson, *The Politics of Decline: Understanding Post-War Britain* (London, 2000).

② 比如,这种传统的代表性例子之一:Anthony Sampson, *Anatomy of Britain* (London, 1962), 197-205, 209, 213-14; Michael Shanks, 'The Comforts of Stagnation', in Arthur Koestler (ed.), *Suicide of a Nation?: An Enquiry into the State of Britain*, 1st pub. 1963 (London, 1994), 60.

③ Ibid., 55.

文学科对发展的耽误上。作为一个有结构主义、马克思主义倾向的人,安德森投入他的大部分精力用来鉴别导致那种历史性缺陷的令人遗憾的状态——英国的不完整的资产阶级革命,它那不适当的、蔓生的贵族统治,它的不幸服从的工人阶级——但这些结构性缺陷的最关键的当代表现形式之一,是"牛津剑桥特有的显著性"("与欧洲大陆正常的情况对比")和"仍然在很大程度上是贵族框架"的文化,其中"由董事会操作的科学与技术"以及统治阶级的态度仍然占主导地位。①在之后几年的后续文章中,安德森更为精确地界定了贵族框架具有什么样的知识上的错误——源自于经验主义和反智主义的、由"大学和学院反复灌输的反动文化",这阻止了社会科学(比如"古典社会学"和马克思主义提供的社会科学)的正常、健康发展。的确,其结果是,两种文化——一方面,自然科学没有告诉我们任何有关社会科学的内容;另一方面,"处理社会中的人文问题"的文科,"并没有向我们提供相关理念"。因此,正如斯诺一样,安德森的解药不是人文学科成分较少而科学成分较多,而是科学和人文科学成分更少以及社会科学成分更多。安德森对于英语和历史两门学科是有一些同情的,但他认为它们被英国的经验主义(以及它的对应面,浪漫主义)令人绝望地恶

化了,因而也像斯诺一样将它们目前在英国的做法视为进步的障碍,并且亟须改革。②

所谓的英国大学中人文学科的优势以及其对进步和社会正义的恶性影响,不仅成为这些年来自由派和左翼知识分子的谈论焦点,也成为制定公共政策的依据。1961年2月,保守党政府委托一个委员会对国家和高等教育的发展前景做调查,由伦敦经济学院的经济学家莱昂内尔·罗宾斯(Lionel Robbins)主持。由此产生的报告——该报告1963年10月发布,是经常被誉为英国高等教育政策的一个里程碑;战后扩张时期通常被称为"罗宾斯时代",虽然正如我们所看到的,扩张在20世纪50年代早已展开,并且其高等教育不断扩大的基础被恰如其分地定位为"罗宾斯原则"。该原则本身的出现就相当乏味。教资会认为罗宾斯留下的事项,是将大学从长期响应"国家需求"而运作的、需求指向的体系中移出。然而罗宾斯关于高等教育扩张的主要原则还是需求指向的原则,即高等教育应该是"适用于所有那些有能力和有资格去追求,并且有意愿去追求的人"。该报告的主要部分,是讨论如何将大学的组织和资金加以有效管理,以适应占人口中较大部分的"有意愿去追求"的人。关于"有时

---

① Perry Anderson, "Origins of the Present Crisis" (1964), in *English Questions* (London, 1992), 41, 45.

② Perry Anderson, "Components of the National Culture" (1968), in *English Questions*, 48, 50, 53-6, 57-8, 73-7, 96-103.

会被忽略或低估"的"需要特殊训练的技能"的规定,报告给予了适当的但尚未过度的重视。另一方面,关于高等教育更为传统的存在理由,即"学习的进步""共同文化的传播",也得到了重申。经济生产是重要的,但是生产"有教养的男人和女人"也同样重要。罗宾斯坚持,"这一切并不意味着减少……招生录取的文科生比例","这是我们应该关注的……即任何人文科学研究的下滑和减弱,都将削弱这个国家的知识和精神的生活"。但最重要的是,部分是出于人文学科自身的原因,部分是由罗宾斯爵士自己偏爱市场驱动选择,它维系了学生和家长们愿意选择的行进方向。无论他们怎么选择,经济都不会受到影响。"我们希望,大多数毕业生拥有足够多的才艺能够适应多样化的就业机会。"①

评论家们(尤其是在左派阵营中)抱怨说,罗宾斯已经将视野降得太低。扩张被周密地考虑到了,但最多只有法国业已取得的年龄组群入学率的微薄水平。虽然罗宾斯曾呼吁在大学级别要实行低专业化,但在住宿高校集中授课并授予单一学位的老紧箍咒上似乎保持不变。新的大学做了规划,但它们看起来像旧的大学一样。对于这些批评家来说,幸运的是,经过连续三次失败后,工党赢得1964年的大选,在"衰落论"的怒火和多年来对大学制度的控诉中已经快要窒息的那些政治家们掌权了。新首相哈罗德·威尔逊(Harold Wilson),承诺要使技术革命达到"白热化"的程度来使之对英国病产生有利作用。斯诺被擢升到上议院,并在新的技术部中给了他一个显要位置。一个激进的教育改革者,安东尼·克罗斯兰(Anthony Crosland),被任命为教育和科学大臣——这本身就是两个部门新奇而又生动的结合。克罗斯兰试图用明确提出某些倾向性学科的方法,来转移罗宾斯的扩张。他把现存的高级技术学院(CATS)提升到大学的位置,从而一举大幅度地改变了教资会的投资组合。他将一些较小的、当地政府运作的民办高校组合成大学型的机构,称为理工学院,并将它们置于可以自行授予学位的国家学术奖励委员会(Council of National Academic Awards)之下,使它们在教资会的束缚外可以扩大新的实验。教资会得到信息:公众感到遗憾的是,罗宾斯没有更多地公开挑战需求指向模式,因此教资会现在接受计划的扩展,以完成新政府一直赋予他们的满足"国家人力资源需求"之使命。到了20世纪60年代末,情况看上去更像一个横扫人文学科主导地位的"衰落论"秘诀,扫荡了人文的主导地位而代以一个现代的、进步的、更加注重以科技为先导的体系终于被采用。

在这种情况下,难怪一些评论家提到了"人文学科的危机"。在由剑桥大学历

---

① Robbins Report, 6-8, 163-5, 170; UGC, *University Development*, 1957-62, 2.

史学家普拉姆(J. H. Plumb)编辑并于1964年出版的同名著作中,普拉姆宣布,鉴于在旧世界中精英高等教育由历史、古典、文学与神学(公认的还有"数学")组成,那么在现代世界中,随着"科学和工业社会的潮流,再加上两次世界大战的重创",人文不得不"要么改变他们目前的形象,适应社会之以科学技术为主的需求,要么退回到社会的细枝末节中去"。诸如历史和哲学这类学科,不得不迫使自己适应"工业—科学社会",正如一位贡献者欧内斯特·盖尔纳(Ernest Gellner)所说,写作或者死亡。这个宣言不太像它表面上所说那样,与其说是一个从人文学科的特洛伊木马心脏中钻出来的强烈抗议,不如说是斯诺在人文学科的亲密朋友中提供养分,而且它蕴含的信息,从本质上讲,是"你若不能击败它们,就加入它们"。然而,20世纪60年代"衰落论"的胜利似乎并不是意味着人文学科的危机,只是导致了一个和20世纪50年代的扩张之于科学的影响相类似但却更温和的假设。

三

为什么事实上20世纪60年代科学并未战胜人文学科? 当然还有一个"衰落论"的解释——旧秩序的持续霸权,正如罗宾斯显而易见的懦弱。就像我们所看到的,这种论点直到20世纪末一直持续为争论的一部分。但是,在每一次反复中,该论点显得越来越薄弱。至少,需要考虑其他观点。

首先,应该指出的是,并不是每个人都认可斯诺和安德森关于英国文化之缺陷的异曲同工的分析。众所周知,无论斯诺还是安德森都遭到来自左派内部强大的反驳。斯诺最著名的对手,剑桥文学批评家利维斯(F. R. Leavis)自己本身并不是左派,但这一学派的人——诸如雷蒙德·威廉斯(Raymond Williams)和斯图亚特·霍尔(Stuart Hall),都受益于利维斯的传统——共同发起的强大文学批判,却是可以理解现代世界民主化的重要工具。安德森最著名的反对者,汤普森(E.P. Thompson)决然是属于左派,在他1965年名为"英国的特殊性"(The Peculiarities of the English)的尖锐反击中,提出了英国历史发展的一种替代性叙述:既澄清了知识文化的健康性,又以历史学科的生产性用途作为实例来处理"目前的危机"。在指出反资本主义的安德森和许多发出英国之不足哀鸣的支持资本主义的衰退论者之间的相似性后,汤普森得意扬扬地重申,"英国生活的确定实力和人文传统,在其他国家那里并不总是显示出这些特征——包括那些有高级设施的机场的、马克思主义很成熟的,以及推销技术高超的国家"。[1] 因此,无论利维斯对斯诺的反驳还是汤普森对安德森的反驳,都

---

[1] E. P. Thompson, 'The Peculiarities of the English', *in The Poverty of Theory and Other Essays* (New York, 1978), 266.

证明了即便是 20 世纪 60 年代初的反人文主义批判,也并没有能够完全我行我素。

但是其次,也是臭名昭著的是,20世纪 60 年代早期持现代化观点者充满轻信地期盼着科学和技术的胜利,却对英国一般意义上的知识生活和特殊意义上的大学之实际发展并未有所认知。正如盖伊·奥托拉诺(Guy Ortolano)最近的研究表明,新左派的崛起和大学的激进化,很快就把 1964 年的斯诺和利维斯的争议搁置一边。① 英国大学并未出现技术革命的白热化,相反,它们接受了法国哲学、后结构主义文学批评以及政治的冲击波。在一个基本上保持需求指向的体制中,新的需求不是科技,而是在人文学科的某些元素,特别是"社会研究"。教资会做了一些微弱的尝试来解释"社会研究"为什么可以作为科学和人文科学之间的"桥梁",但事实上,他们的定位决非科学而是更人文学科——包括法律和商业研究和新兴学科,如文化、媒体研究,更多来自文学批评和历史学而非社会科学。即使是"硬"的英国社会科学(经济学除外),也是首选非定量的方法。统计工作者统计了学生的主体选择,他们集中在艺术而不是社会科学,艺术和科学的差距还是和以前差不多,1967 年是 46%的艺术与 54%的科学——所谓社会研究是一半左右的艺术研究。在社会研究的持续热潮中,天平开始转向科学,使得 1975 年的比例基本上接近艺术和科学 50%对 50%。②

当然,政府试图向有利于科学平衡的失败,不能全部或者甚至不能在很大程度上归罪于席卷大学的激进政治,那是永远只能影响到少数人的浪潮,虽然它们创建了一种氛围。远离教学的毕业生劳动力市场之多样化趋势,在 20 世纪 60、70 年代特别是最近一个时期在"非工业化"出现时又开始加速,无论是毕业劳动力市场的新雇主还是甚至于工业本身(前者包括地方和中央政府、专业人士、电子商务,后者则是越来越多地寻找管理而不是科学和技术技能),都并不特别需要科学和技术的毕业生。迄今为止,课题选择暗示了职业选择,"社会研究"之所以显著,不仅是因为它似乎令人兴奋的"相关性",还因为它似乎在为地方政府、社会工作、商业和管理的职业生涯做好准备。③ 在 1968 年 2 月的丹顿报告中指出,六年制中学生课题选择远离科学,这多少令人担忧。这种现象 60 年代初已经开始,但没有显示出减弱的迹象,不仅在社会研究中

---

① Ortolano, *Two Cultures Controversy*, ch.7.

② 参见:Fig. 1 and n.49 below。

③ *Robbins Report*, Appendix II (B): Students and Their Education, 154; W.A.C. Stewart, *Higher Education in Postwar Britain* (Basingstoke, 1989), 203.

如此,在音乐、戏剧和视觉艺术中亦然。①

"丹顿摆动"(Dainton Swing)的循环圈子表明,英国正在陷入更深的衰落泥潭。不过,教资会依旧感觉良好。它指出,"中学六年级从某些特殊学科偏离,再加上六年级学生偏好能衔接艺术和科学学科的桥梁性课程,不仅在英国如此,在德国和荷兰亦然。"②最近的研究则已经开始怀疑科学教育与经济增长之间的相关性。经合组织(OEDC)的报告显示,英国的科学教育远远不是落后,而是对"高等教育中的科学和技术给予了最大限度的关注",并且与所有的发达经济体(包括美国、德国和日本)相比,拥有相较于人口与劳动力市场的最大比例的合格科学家和技术人员(应届毕业生、文凭和证书持有人)。其实,大多数国家曾有过一个"丹顿摆动",比英国更不利于科学技术的发展。③ 此外,1974年教资会终于发现文科毕业生并不是劳动力市场的弱势群体,雇主们对罗宾斯归之于任何一所大学教育的"知识的总体能力"很感高兴,尤其是20世纪70年代的服务和专业都优先于工业的情况下。④ 经合组织曾指出,其他国家也都向英国的模式转换,只是在教育课程和就业的性质之间建立松散的联系。⑤ 教资会以最快的速度紧跟经合组织结论的是,妇女在高等教育体系中的比例大约占四分之一,现在正稳步上升到40%;而她们在高等教育系统和研究生劳动力市场上更高的参与率,则成为更为坚决地反对科学摆动的需求因素。⑥ 无论

---

① Council for Scientific Policy, *Enquiry into the Flow of Candidates in Science and Technology into Higher Education*, Cmnd. 3541 (1967-8), 8, 30-1 [hereafter, Dainton Report].

② UGC, *University Development* 1962-1967, 101. This was based on the research of Celia Phillips at the LSE which had been available to both Dainton and the UGC before its publication in 1969: *Changes in Subject Choice at School and University* (London, 1969).

③ UGC, *University Development* 1967-1972, Cmnd. 5728 (1974), 25. This was based on OECD, *Development of Higher Education* 1950-1967 (Paris, 1971), 125-6, 129-33, 227. The same report showed that Britain had a relatively low proportion of its students in higher education in the humanities. Ibid., 134. In fact, Robbins had shown some awareness of these international comparisons even before the Dainton swing had really got under way: Robbins Report, Appendix V: Higher Education in Other Countries, 11; the UGC was keenly aware of them by the late 1960s: National Archives, Kew, UGC 7/1245.

④ UGC, *University Development* 1967-1972, 25-8; Schwarz, 'Professions, Elites and Universities', 961-2; and see further Kenneth Gannicott and Mark Blaug, 'Scientists and Engineers in Britain' (1973), in Carolyn Baxter, P. J. O'Leary and Adam Westoby (eds.), *Economics and Education Policy: A Reader* (London, 1977), 128-46, and Laurence C. Hunter, 'Employers' Perceptions of Demand', in Robert Lindley (ed.), *Higher Education and the Labour Market* (Guildford, 1981), esp. 15, 20-2, 38-9.

⑤ OECD, *Towards New Structures of Post-Secondary Education* (Paris, 1971), 11. An even stronger statement from OECD circles was made somewhat later, suggesting that the UK had trained too many highly-specialized scientists and technologists in the 1960s: Eric Esnault and Jean Le Pas, 'New Relations Between Post-Secondary Education and Employment', in *Towards Mass Higher Education: Issues and Dilemmas* (Paris, 1974), 133-4, 140, 145.

⑥ Stewart, *Higher Education*, 278。性别在经合组织的报告中也是一个因素,正如阶级一样。人文学科在整个欧洲范围内都被视为更容易进入,相较于那些声望很高的专业,诸如医药或者法律或者工程。*Development of Higher Education*, 130, 134-5, 138, 149, 227。经合组织对于性别的长期影响更敏感,因为向更大规模的女性参与率转换,在英国来得较晚。

是丹顿还是教资会,当然都没有可能挑战以需求为主导的系统,这种体系似乎满足民主和市场的需要。① 在这种情况下,对现有系统的批判开始较少关注人文学科的主导地位,而更专注于系统的其他属性,包括早期的专业化和高性价比,它被认为将制约高校对劳动力市场的功用。②

20世纪70年代的高等教育景观——"后罗宾斯时代"——也因此变得更为多种多样,更少科学成分,但仍然没有如许多人希望的那么广泛。英国不仅未能在学生数量的相对规模上赶上法国,即便在增长速度上,相较于法国以及其他比较者来说,20世纪70年代的差距也在拉大。束缚似乎没有松动:英国高等教育是昂贵的、大量补贴的、相对精英主义的。它提供了相当高的质量水平和高水平的成功——1971—1972年工作人员与学生的比例基本保持在1956年的1:8,虽然它的适龄参与率在欧洲是最低的,但是毕业率却是最高的。

这也是一个人文学科兴旺的体系,肯定超过了20世纪60年代的预期。九所新的大学已经在20世纪60年代创建出来,高级技术学院也已经晋升为大学地位,1959年和1973年之间创建了不下30所理工学院。正如我们已经看到的,老大学里的人文学科位置仍然安全,并由社会科学而得到强化。"衰落论"批评家嘲笑新大学模仿牛津剑桥模式——坚持单一学位,自己组织起住宿学院,很势利地宁愿选择农村或大教堂城遗址:华威大学被无情地嘲弄为选择郡的名称,而不是所在城市考文垂的名称。此外,新大学在无视"丹顿摆动"、反科学上也紧跟着旧大学——然而,这肯定也是学生的需求。即使是高级技术学院,作为罗宾斯报告的证明,曾预测自己的学科分配为:65%技术,15%科学,10%社会科学,10%艺术;却发现自己在20世纪70年代的学科比例是:43%技术,25%科学,20%社会科学,13%的艺术。③

在理工学院,大多数罗宾斯时代的增长已经发生的结果,更是令人惊讶的,也产生出更多误解。理工学院被普遍视为代表了"白热化"的技术革命,而正是"理工学院"这个词——其实只是意味着"许多艺术"——被认为暗示"机械"或"工匠"的技能,并通过"理工学院"在这个"工作"和"技术"被广泛地误解为同义词的时代"公开宣布的职业定位"而进一步强化了其含义。理工学院董事委员会

---

① *Dainton Report*, 84-5. Cf. Michael Shattock, *The UGC and the Management of British Universities* (Buckingham, 1994), 11, which considers the UGC's acceptance of these trends to be complacent, and John Carswell, *Government and the Universities in Britain: Programme and Performance* 1960-1980 (Cambridge, 1985), 65-6, which argues that to have attempted otherwise would have been 'impracticable, and perhaps conceptually unsound'.

② 例如 *Dainton Report*, 85-6; Williams and Blackstone, *Response to Adversity*, 4-6。

③ Sanderson, "Higher Education in the Post-War Years", 424.

1974年写了一本名为《多种艺术,多种技能》的书,以表达批评意见并纠正这种误解,但很少有专家倾听。① 当然有些理工学院尝试与本地产业相关联,就像战前的"民用工业"所做的那样:因此兰彻斯特理工学院——事实上是设于考文垂(并且它的名字是1987年起的),延续了当地技术学院的工作以及与当地的飞机制造业的长期关系。但是兰彻斯特像许多理工学院一样,是合并了不同的机构而创建的,它的主要部分也与许多理工学院一样,是艺术学院。理工学院是著名的20世纪70年代的学生激进主义的温床,不仅仅是飞机设计专业的学生很可能成为托洛茨基主义者,而且艺术类学生也是如此。在20世纪70年代末理工学院的学科比例,"正如丹顿报告的读者曾经期待的"(一位资深公务员指出),据估计34%的技术,14%科学,30%的社会科学,22%的艺术——只是稍微超过了最古老的大学科学。即使这样,也有可能低估了人文的存在,作为理工学院的职业研究是出了名的难以归类;理工学院董事和其他评论家把技术和科学放在一起的只有约35%,而社会、商业、行政、专业教育课程加在一起约占50%。② 一个在理工学院中增长最强劲的领域是现代语言,这在当时是作为一个高度职业课题和国家要加入欧洲共同体的前瞻性课题来对待的;理工学院对"语言研究"的贡献,往往是在媒体或文化研究的领域,使得这个课题直到20世纪90年代初都保持着很大活力。③ 关于理工学院在这一时期游离科学是由于"学术漂移"以及他们试图模仿大学的观点,是错上加错的:高等教育的所有部分都在应对学生需求的转变,而理工学院也需回应自己组成部分的非常独特的需求。④

四

虽然人文学科在20世纪70年代很繁荣——尤其是相较"衰落论"所培育出来的预估——高校并没有像其他公共部

---

① Committee of Directors of Polytechnics, *Many Arts, Many Skills: The Polytechnic Policy, and Requirements for its Fulfilment* (London: CDP, Nov. 1974).

② Carswell, Government and the Universities, 139; CDP, *Many Arts, Many Skills*, 9; Stewart, *Higher Education*, 202-5; Halsey, *Decline of Donnish Dominion*, 112-13, 118-19. 科学和技术在公共部门机构的所有"高等课程"中占的份额更小——大约30%,而社会研究占另外30%; DES, *Statistics of Further Education* (1980), Historical Data for 1970-1980, Table F17(1).

③ James A. Coleman, 'Modern Languages in British Universities', *Arts and Humanities in Higher Education* 3 (2004), 149-52.

④ 对学术漂移的指控,参见 例如 Tyrrell Burgess, 'Autonomous and Service Traditions', in Leslie Wagner (ed.), *Agenda for Institutional Change in Higher Education* (Guildford, 1982), 73; Stewart, *Higher Education*, 140-1; Sanderson, 'Higher Education in the Post-War Years', 425; Robert Anderson, *British Universities Past and Present* (London, 2006), 158-9; and cf. the very conflicted views of Peter Scott, 'Has the Binary Policy Failed?', in Michael Shattock (ed.), *The Structure and Governance of Higher Education* (Guildford, 1983), 172-4, 182.

门那样在经济上陷入困境。这些年来不仅仅是"质量"制约着高等教育的发展,而且还有公共财政上的巨大压力,也许最重要的是,普遍存在的对高等教育的信心危机。公众对高等教育信心的下降,在 A¯水平的高校忽然水平下降或者起飞时均变得非常明显。然后是高等教育,没有达到罗宾斯在 20 世纪 70 年代预期的目标,这引起普遍的困惑。学生人数停滞不前,预算被削减,在人口统计上处于增长期的 60 年代,大学却惶惑地看到了"生育低谷"。但更糟糕的事情来了。在保守党内部,对大学的不满早已积累。在左翼激进主义和福利国家的双胞胎角色上,他们已经被打上了一个"麻烦事"的印记,而且是一个昂贵的麻烦事。此外"衰落论"现在已经从左向右转了。大学未能重新定向到工业,是保守党知识分子用来解释 20 世纪 70 年代英国僵化经济表现的众多原因之一。但是当 1979 年保守党政府上台后,人们清楚地看到,对于大学而言,右翼衰落论带来的政治后果与左翼衰落论的后果完全不同。撒切尔夫人是没有与大学为友的规划的。她的确不相信,教资会应该或可以进行调整,以把它引向她想要的目的。尽管她自己从牛津大学获得化学学位,她也没将大学视为她的经济增长的至关重要之战略。它们的政治活动和顽强执著于人文学科使它们看起来更像是敌人,而不是增长的动力。在任何情况下,她坚定的支持者都是没有接触过高等教育或对高等教育没兴趣的小企业家。他们和她的首选工具是自由市场。这意味着打破国家垄断和既得利益,削减国家补贴和投资——大学与其他行业国有化都肯定因为这一策略而吃亏。①

从 1981 年开始,五年"破败期"宣布开始,教资会被要求采取削减 13%的资金缩减。尽管放弃了规划,作为"破败"的结果,撒切尔政府忍不住对科学—艺术的平衡做出有利于科学的调整。② 而教资会 20 世纪 60 年代则忙于在全国各地设立新的院系——特别是亚洲、非洲、拉丁美洲、斯拉夫和东欧研究——到 20 世纪 80 年代就发现自己更可悲的是要负责巩固和清理过剩的院系。在一系列"学科评议"中,亚洲和非洲的研究获得了持续的投资,拉美研究、哲学、古典学败北了——但继而许多小的理科科目如地球科学和采矿工程也受到这样的待遇。事实上,它证明更容易收缩科学的工作人员,因为他们可以更便捷地推向私营部门的就业市

---

① 这是对一个非常复杂的局面的不充分解释,至于对 20 世纪 70 年代和 80 年代的高等教育不景气做深入解释的尝试,参见:"Educating the Nation II: Universities", *Transactions of the Royal Historical Society*, forthcoming 2015。

② 在白厅,无论是对人力研究的单位(更具有可预见性)还是数据加密标准(DES)都非常敌视回到"人力资源规划",而中央政策检讨工作人员是最敏锐的。参见:M. Elliott to C.H.K. Williams, 4 Nov. 1982; TNA, CAB 184/712。

场。① 撒切尔的市场定位确实鼓励了保留需求指向的模式,这种模式一直是保持为教育经费的核心标准。1987年克罗汉姆(Croham)主持的教资会评议指出,"追求总体规划的高等教育输出是一种不切实际的妄想"。克罗汉姆提出了一个新的模型,其中教资会将公开放弃特定主题的规划,只是"选择性"地在效率和市场测试基础上将整笔拨款给机构。该模型已在1989年被正式替换掉,教资会被一套新的高等教育拨款委员会替代。② 总体上来说,人文学科在"衰败时期"令人惊讶地在市场份额方面幸存了下来,虽然预算削减和提高效率的措施引起了道德败坏和质量下降。③

很难预测,人文学科如何会在"衰败"中继续运行下去。虽然给学生带来的需求压力和对人文学科的旺盛需求,并不一定意味着灾难。事实上,学生的需求依然活跃——实际上是起飞——甚至是一种非同凡响的彻底改变,在20世纪80年代后期撒切尔政府的政策下,开始从"衰败"转向杂乱无章的扩展。目前还不清楚是什么促成了这个转向。撒切尔可能觉得她的市场化改革做了驯服大学的工作。随着更为柔和的肯尼斯·贝克(Kenneth Baker)的到来,更是给予了教育部门一些压力。但是正如70年代早期对大学的批判,导致对衰落论者提出了质疑,20世纪80年代后期人们也越来越认识到,国际比较显示了英国在高等教育入学率方面落后于它的竞争对手。④ 随着20世纪80年代经济增长的恢复,人们开始有了新的关注,即教资会的束缚可能确实会制约它。⑤ 撒切尔的核心选民即中产阶级选民显示出更多的让自己孩子上大学的欲望,教育工作者也显示了比教资会的紧箍咒更为迫切的接收他们的欲望。提倡扩大者巧妙地利用了撒切尔的消费主义——如果有明显的学生需求,而且可以照顾效率,并且至少是沿着模仿一个自由市场的路线,那么政府为什么不站在他们的立场上呢?⑥

因此刚刚在"衰败"期主政的政府,

---

① House of Commons, Education, Science and Arts Committee, "Higher education funding. Minutes of evidence together with appendices Monday 28 March 1983", HC 293 (1982-83), 1-2, 27, 34, 35, 38.

② *Review of the University Grants Committee. Report of a committee under the chairmanship of Lord Croham*, GCB, Cmnd. 81 (1986-87), 18, 24-5, 30, 43-5; and see Robert Lindley, "Education, Training, and the Labour Market in Britain", *European Journal of Education* 16 (1981), 7-27.

③ Stevenson, "End of History?", 70.

④ Sanderson, "Higher Education in the Post-War Years", 427; Stevenson, "End of History?", 76; Halsey, *Decline of Donnish Dominion*, 5.

⑤ This is the dominant rhetoric of the White Paper that first signalled the U-turn, *Higher Education. Meeting the Challenge*, Cmnd. 114 (1986-87), 3-5, 7.

⑥ Halsey, *Decline of Donnish Dominion*, 98-9, 105-9.

现在又迎来了高等教育大众化的时代。学生人数从20世纪80年代末到21世纪初的持续增长，意味着通过这一措施，英国不仅取得媲美法国的长期期待的目标，而且也超越日本和德国（其中固然有这一时期自己的深层次问题），并已经开始追赶丹麦和瑞典。18和19岁的入学率，长期维持在15%以下，到2001年飙升至35%。由于这个数值，新工党政府已经把入学率的目标设定在50%（尽管现在由于受到新的指数衡量又狡猾地将英国的入学率定在40%或以上）。①

这些水平都基本是在"衰败"时期由撒切尔政府构建的更加商业化、以需求为主导的系统内完成的。1992年，理工学院和综合大学之间的"二元鸿沟"被删除；理工学院被重新贴上了综合大学的标牌，两组都被放在了单一的资助体制中。"前1992年"和"后1992年"大学都被鼓励竞争更大的资助学士学位课程名额的分配，依据是他们吸引申请人和更多快好省的教学能力。"资金单位"——分配到每个学生的公共基金——1996年实质上下跌了大约三分之一，虽然90年代初期伊始经历过高等教育的公共开支总额的进一步下降，此刻也开始显著地增加了。

"资金单位"在新工党政府于1997年赢得大选之前已经趋向稳定，在这之后则稳定下来，而且新工党1998年推出了学生缴费（以学费的形式）后，结合了公共资金和学费的"资金单位"于2009年已经攀升到了20世纪90年代初的水平。随着一种全新的收费制度的到来，即将大多数用于大学教学的公共开支用于学生贷款，"资金单位"还在进一步攀升，虽然现在大多来自学生而不是来自政府。②

这次革命对高等教育的影响仍然会被记录在案。目前，意见有很大不同，即这场革命是否代表英国大学的救赎，是否最终把人口中的大多数人带到他们所能及的范围；或者它们倒台，消除二元鸿沟以及由此而来的后续扩展，从而最终结束学术质量的黄金时期；又或，这简直就是一个冷酷的现实，是调整以适应一个公共支出下降而个人期望上升的新自由主义时代——这可能是多数人的意见，而且是大家默认的或者经得起分析的。就目前而言，我们不仅要问什么是艺术和科学之间平衡的影响。鉴于已经说明以需求为主导的长期趋势，得知从科学的偏离还在继续，将很难令人吃惊。而科学学位的比

---

① 直到2000年，政府使用API（适龄入学率指数，Age Participation Index），之后API被HEIPR取代（高等教育首次入学率指数，Higher Education Initial Participation Rate）；2000—2013年资料来自："Participation in Higher Education", Commons Library Standard Note SN02630, Sep. 2014; http://www.parliament.uk/briefing-papers/SN02630/participation-in-higher-education-social-indicators-page [accessed 16 Dec. 2014]。

② 资料为2010年12月高等教育资助委员会（HEFCE）分析服务机构的Mario Ferelli提供。1989—1998年的资料来自：Department for Education report, The Effects of Public Funding on Higher Education Institutions, July 1996, and DfEE update 3 April 1998; 1998以后的资料依据教育部给高等教育委员会的资助信。

例已经从早期的60年代的峰值开始缓和地下降了,20世纪80年代只有不到50%,一旦扩张开始这一比例下降更为迅速,1992年是45%,2003年则下跌到40%,至2013年依旧保持这个数值(图1)。[1]

图 1

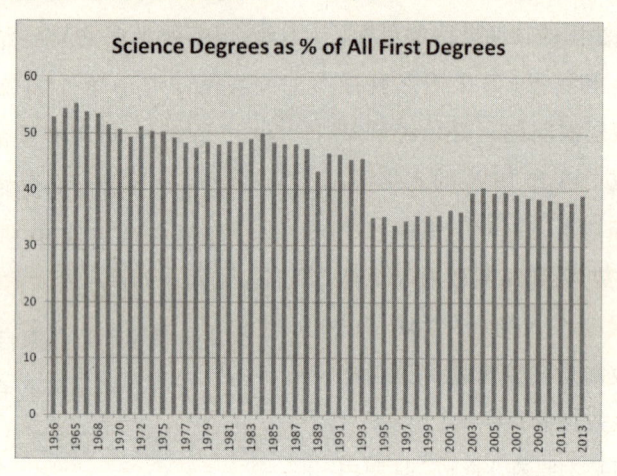

但是,在科学的份额下降并不意味着人文的份额上升,甚或"艺术"的份额也没上升,除非把这件事解释为科学之外的任何事物。正如罗宾斯时代的扩张见证了所提供的课程组合的扩大——在该阶段,扩大的主要受益者是"社会研究",这可以在广义上理解为"艺术"——1992年后扩大(这在定量上要大得多)可以看到所提供课程的性质有较大的质的变化。在较近期的阶段就变得很难说清楚谁是受益者了,这不仅是因为很难归类课程。不过,只是做一些泛泛的概括还是可能的。

"社会研究"已经衰落并且过了高峰期;在1967年这些科目的学生占了近20%,到2013年只有10%。在非科学学科方面得到增长的一直是法律和商业,目前所占比例接近20%(虽然这当中的大多数被归入"社会研究"计数)。人文的份额却保持了良好增长。传统的人文学科——历史、哲学、语言和文学——已经通过加入大学里新的人文学科——主要是艺术和设计,继续保持强劲增长,并通过教育和宣传使人文学科形成学生教育

---

[1] Data in Fig. 1 from UGC reports (to 1967), DES, *Education Statistics of the United Kingdom* (1967-1978), DES, *Statistics of Education*, vol. 6: *Universities* (1979), Universities' Statistical Record, *University Statistics*, vol. 1: *Students and Staff* (1980-1992), HESA, *Higher Education Statistics for the United Kingdom* (1993-1997), HESA online statistics, https://www.hesa.ac.uk/content/view/1973/239/ [accessed 16 Dec. 2014] (from 1998). 1994—2002年的评估被人为地压低了,因为理工学院的合并引进了太多无法分类的"组合"因素,但是至2003年统计学家设法重新分配大部分的现有预设类别。"科学"包括医药及其相关科目,但不包括建筑及其相关科目。

的重要一部分。这取决于你如何划分这些接受教育和宣传的学生,约有四分之一的大学生今天在大学里学习广义的人文学科,这个比例非常类似1967年注册的学生。① 即使我们将之定义为传统人文学科的——历史、哲学、语言和文学——我们会发现它们今天稳定维持的数量共计不到10%。那是多还是少?这并不比美国更少,根据美国的声明,类似学科只有不到8%的份额。② 更确切地说,作为在大学部门的迅速扩张的整体结果,总人口中持人文学科学位的比例当然极大地扩大了。在20世纪80年代早期共计10000万名学生学习历史并获得单学位或者双学位,而今天每年都授予10000名学生历史学位——历史学科毕业生数量的两倍增长,或多或少是与所有学科毕业生人数的双倍增长相类似的。③

这些数字告诉了我们人文学科在扩张时期究竟是什么命运,以及他们预示着怎样的未来。首先,我们必须承认,仍然是一个衰落论的解释——"绅士风度"导致国家衰落的论调依旧不断被哀叹着,特别是在二元鸿沟被消除的背景下,理工学院已经失去了其使命,并一直被吸入[就像前一代"城市(大学)"一样]牛津剑桥的一切非实用性学科的旋涡中时。正如我试图表明的,这挽歌是基于什么样的理工学院排在首位的误解上的,但它可能也代表了对1992年后扩张时代什么一直在推动学生选择的一种误解。

首先,备受指责的单学位,继续被公认为提供那种高强度的知识培训(不分学科),家长和学生以此来衡量自己的权利而英国雇主则已经将之接受为质量的标志。正如对单学位的两种激烈批评已经被允许一样:

> 它是集中在一门学科的理念:知识或一系列题材的"抱成团"的证明方式的连贯体,以及提供公认的分析方法。如果成功的话,它是培养学生思维的一种特殊的方式,并提供了他或她与已经更广泛的、在知识界已经合法化了的认识论。它不鼓励肤浅,并且在了解相当的知识和在自己选择的领域有一定深度的基础上制造

---

① UGC figures for 1967; HESA figures for 2013.
② 美国的数据基于Ben Schmidt的研究,"Some long term perspective on the 'crisis' in humanities enrollment", http://sappingattention.blogspot.co.uk/2013/06/some-long-term-perspective-on-crisis-in.html#more, accessed 30 Sep. 2014. 正如施密特的研究显示,传统人文学科的入学率所占份额在过去30年中基本得以维持。20世纪60年代曾有一个人文的热潮,尤其是妇女,然后在上世纪70年代大幅度下降,但并不比20世纪50年代更糟糕,至20世纪80年代则又趋于稳定。施密特并没有提供社会科学信息,但一个良好猜测是,美国人文学科的繁荣等同于(被一些相同的动机所驱动)英国社会研究热潮。
③ 这些统计数据来源于HEIDI(高等教育信息数据库的机构),基于JACS(联合学术编码系统,Joint Academic Coding System)主要论题的第一、二、三卷(按时间,区域和主题的历史)。一个连续系列来自于2002—2010年,作为一个以前盛行的不同主题分类系统。感谢华威大学的Margot Finn和Natalie Snodgrass代表我作了HEIDI咨询并且将之向我做了解释。

毕业生。①

许多理工学院寻求在1992年扩大招生后对新入学者提供复杂的美式课程套餐,但他们发现申请人更加趋向于单学位选择,无论是因为熟悉还是因为简单或是因为被公认的聪明睿智。雇主受到政策制定者的鼓励,继续大声谈到有关"转移的技能",但同样继续寻求一般性而不是特殊技能的毕业生申请。在这种情况下,一个单一人文学科学位和其他任何学科一样,被看作是有前途的一种选择。②

其次,如同其稳定的市场份额所表明的,人文学科的学位继续吸引着未来的学生并获得用人单位的一致好评,甚至远远超出了传统精英堡垒学生队列的数量和性质。这一事实已经有所遮蔽了1992年前和1992年人文学科学生在各部门之间的此消彼长。1992年后的大学立即看到了传统的人文学科,如英语、历史的持续吸引力。起初他们试图通过积极提供单学位和双学位课程来与1992年前的学校竞争,尤其是对首次进入高等教育的社会群体——他们往往离校考试成绩低于1992年以前大学习惯接收的平均水准。然而,随着时间的推移,随着1992年前的大学也希望扩大,并由于不断提高的考试成绩使得那些申请者更大比例地处于下游区,它实际上是比1992年前的大学更迅速地吸收了大部分的、汹涌澎湃的对艺术以及包括传统的人文学科在内的学位之需求。因此,1992年后高校的扩张吸纳了大部分更职业性质的课程,它们被普遍关联,不是在技术上,而是在商业、通讯和艺术创作上。女性在高等教育中的比例再次持续上涨,现在是57%,反映了她们在劳动力市场上更大的参与比例,想必也对1992年前和1992年后各部门的课题选择的组合有很大的影响。③

自1998年引进的学生支付学费制度以来,尤其是从2012年起大部分学生支付的学费增加了两倍,学生们更是从职业训练的角度来考虑他们的专业选择。鉴于学生往往从家长、决策者和声称代言雇主的权威人士那里不断得到建议,让他们从"实际"角度考虑问题,所以那些所谓不切实际的人文学科的持续生命力便是令人印象深刻的了,其中包括非精英入学者。正如我们所看到的,从1998年学费收费时代以来,人文学科学位的绝对数量在持续增加,它们的相对比例也保持着稳定,甚至略有好转。

在高学费时代至今的这两年,尚没有出现任何大规模的学生在学科之间转专业的迹象。这可能反映了传统的说法,雇

---

① Williams and Blackstone, *Response to Adversity*, 42-3.

② Peter J. Beck, "History, the Curriculum and Graduate Employment", in Alan Booth and Paul Hyland (eds.), *History in Higher Education: New Directions in Teaching and Learning* (Oxford, 1996), 244-8.

③ 除了与医药联合的学科外(如护理、药学),20世纪80年代之后的大部分增长是因为当地妇女都大幅度占据了非科学科目,特别是教育、艺术创作及法律(但不包括企业)。

主不寻求毕业生在特定领域的持续信誉一直很好,如果你对工作的世界没有更好的准备,或者寻求像其他任何人一样的一般生活,那么一个人文学科的学位足够好了。① 但是,今天的平衡被精心地安排着。无论是政府,抑或大学本身似乎决定——再次——谈起来科学,现在不是更多地以"民族需求"的名义,而是以诸如"就业"这种更个性化事业的名义。② 我们已经看到过了"衰落论"的威胁,人文学科现在面临着一个更强大的对手,即大学教育是什么的狭隘职业理解形式。③

作者:彼德·曼德勒(Peter Mandler),剑桥大学康维尔科斯学院现代文化史教授、英国皇家历史学会主席。译者:洪霞,南京大学历史学院世界史系副教授

---

① David Nicholls, *The Employment of History Graduates: A Report to the Higher Education Academy Subject Centre for History, Classics and Archaeology* (2005), 3-7.

② 参见,诸如 Universities UK, *Trends in Undergraduate Recruitment* (August 2014), 28-32。

③ 对这一主题的近期论述,参见 Jonathan Bate (ed.), *The Public Value of the Humanities* (London, 2011), and Stefan Collini, *What Are Universities For?* (London, 2012)。

评论

英国皇家历史学会主席彼得·曼德勒在中国学术访问

□ 管洪亮

2015年3月19日至3月28日,英国剑桥大学康威尔科斯学院现代文化史学教授、英国皇家历史学会主席、著名历史学家彼得·曼德勒(Peter Mandler)先后在南京大学、复旦大学、上海国际问题研究所、北京大学和北京外国语大学进行学术访问,并在英国驻华使馆开展了学术交流活动。彼得教授早年毕业于牛津大学,后获哈佛大学博士学位,长期关注1800年之后英国的政治、文化、社会和思想史,英美社会科学领域发展史,文化史中的概念和方法以及教育史及其政策演变研究等,在相关领域出版了9部个人专著,并参与了15部相关合著著作。目前研究领域有三大类:一是社会科学领域发展史研究。2013年出版的《回归本土民众:玛格丽特·米德是如何赢得了第二次世界大战却输了冷战》,是关于玛格丽特·米德及其同僚如鲁斯·本尼迪克和杰弗里·格尔等的研究,即她们是如何试图用所谓"民族性格"这一人类学和心理学的方法和范式,解释以迅速全球化为背景的国际关系问题。目前进一步进行的是对社会科学的语言是如何在各种非小说类畅销书、新闻和高等教育等媒体的影响下,被日常生活所稀释的问题。二是英国教育史研究。他在皇家历史协会中的项目是关于一系列当代学界就历史学在现代英国社会中地位问题的研究,目前具体方向是对一些皇家历史协会演讲的讨论文本做深入的分析,即将出版的著作暂定名为"精英治理的危机:二战后不列颠向大众教育的转型"。三是维多利亚时期研究。他曾指导一个由英语、古典学和科学史组成的团队项目,名为"过去与现在:在进步时代对'过去'的废弃"。该项目虽已结束,但项目组内的五位主任、八位研究员和三位博士仍然保持学术联系并持续进行单独或联合的研究和著述。他的研究聚焦于对"发展和进步"的态度问题,特别是社会对包括导致环境改变等一系列"创新性破坏"的态度问题研究。此外,对于当下"全球民众和文化"在知识领域的获取和组织机制问题,特别是对区域最新发展问题也是研究的重点之一。访问期间他分别就英国大众教育自二战后的转型问题,以及英国大众社会形成初期等两个问题做了学术报告。

讲座一,英国大众教育转型:自二战结束至今

彼得教授首先介绍了二战前英国大学入学率、高等教育和普通技能教育选拔体制、与欧洲和美国等同时期比较等情况。其中1938年英国在校大学生数只占总人口比例约千分之二,但从20世纪60年代开始急速攀升至目前约千分之四十。1944年的教育法案强化了英国当时教育的三分流体系,在60年代教育改革前,学生在11岁就根据学习和家庭等因素,被决定接受中学教育乃至升入大学,或进入技能学校为工作做准备,可见此时英国高教选拔机制是精英化的。因当时美国和欧洲一些学者对欧美各国高教状况进行研究,往往得出英国高教体制落后的结论,而此种论调又与二战后英国"衰落论"联系在一起,导致很多人认为政府推进高教改革是对"国力衰落"的应对之举。对此教授认为这完全是一种误解,因为无论战前或战后,与同时期其他欧洲国家如法国和德国等相比,英国大学生占人口比例并不落后,此后上升曲线在时段和比例上也几乎同步,欧洲也总体经历了高教由精英化向大众化的转变,与英国大同小异。而美国原先就与欧洲不同,其一直遵循"大众的高等教育"理念,因此无论战前或战后其高教人口比例也始终比欧洲高一截,加之二战后美国经济远比欧洲景气,所以美英之间也不具可比性。

英国自1959年开始,有若干份针对初等和高等教育的研究报告面世,引起社会巨大反响并对政府形成很大压力,这最终逼迫政府进行教育体制改革,具体改变如下:首先,若干新型大学在60年代得以组建,高等教育规模扩大,形成了今日英国高等教育主干力量。其次,废除在11岁就进行分流以决定学生能否上大学的陈旧体制。再次,建立了高中进行分流,在高等预备教育或职业教育间双向选择的制度。最后,在高教学费、政府投入、学术研究等方面一系列改革,以适应高教规模急剧扩大的新形势。

他认为,英国高教重大改革主要推动力是其民主化因素。二战后工党政府执政并推行了一系列社会政策改革,与此同时普通民众对过度精英化且歧视普通民众子弟的高教体制愈发不满,追求受高等教育的权利意识高涨,结合着建立福利社会的诉求一起,促使政府推进高教大众化改革,而保守党政府迫于选票压力,也不敢大幅偏离此趋势,这种机制保证了高教改革方向的稳定性。不过与60年代高等教育大爆发相比,在70年代至90年代英国高教规模发展进入一个低潮期,不过从1991年开始又进入一个新的扩张期。

当然,随着英国高等教育进入大众化时代,一些新问题也开始出现。例如,大学生中女性比例已超过男性且差距仍在不断拉大;持续扩大的高等教育规模使得政府财政不堪重负,而学费不断高涨,给

学生家庭也带来沉重负担;大学生规模持续扩大,也给大学生就业带来很大压力;高教规模的扩大对教学和科研质量也带来很大隐患等。不过这些问题并非仅英国独有,随着全球范围内高等教育大众化的发展,类似问题都带有普遍性,因此如何推进高教大众化,在质量和规模之间、大众化和精英化之间取得平衡,仍是一个需要继续研究的课题。

讲座二,1780—1860 年英国大众社会的起源

18 世纪后半期至 19 世纪前半期是英国急速工业化、城市化的时期,也是向现代大众社会转型的初期。彼得教授先以经济、社会、个人和社会在大转型时的关系变化等四个维度为标准,划分了几种不同解读流派。浪漫式批判流派的代表人物包括 J. B. 哈蒙德和 E. P. 汤普森等人,其关注点主要集中于对普通民众凄惨境遇的批判、对不同阶级之间矛盾的分析和对社会底层民众受到压迫和统治的不满等。后现代式批判则以福柯为代表,他认为现代大众社会转型本身就是对权力的重新组织和分配,国家迅速集中了新式权力,而普通民众在这一进程中处于被动地位,被新权力体系重新俘获和塑造。相比前两派描绘的黯淡凄惨图景,功能学派的解读如格里芬和维农等人,则提供了更为光明的图景,他们认为大众社会转型过程中,各阶层实际上是有机互动的,民众也有主动适应和参与塑造的功能。

在城市化进程开始前,英国已形成一个商业化和手工业化的社会,从 1780 年英国开始迅速城市化,至 1850 年英格兰城市化率已达到 40.8%,苏格兰也有 32%,在欧洲排名前两位。另一方面,1750 年英国只有两个城市进入欧洲城市人口排名前四十,但 1850 年英国上榜城市达到 20 个,这不仅说明英国城市化进程之快,同时也表明此时英国城市化率在欧洲首屈一指,其城市化主力军则是来自农村转变为新兴普通中底层的群体。大量农村人口涌入城市,导致原先乡村体制对此群体的规范机制土崩瓦解,他们进入城市后,实际上又游离于城市原先的管理体系之外,因此给城市带来很大冲击和压力。为此教授分别从犯罪、言语、饮酒和性行为等四方面,以长时段对比和考察,揭示了这一时期城市新群体如何在自我适应或自我控制以及在外部治理机构的发展下,实现有序城市化和现代化的过程。

对于犯罪问题,因新居民涌入城市,犯罪率确有提升,但随着人们自我防范意识提高和守望相助行为增加,加之现代警察局体系建立,其中很多新警局和警员就扎根于新城市居民社区,因此犯罪率又开始下降。在人们的语言交流方式上,城市的聚集大大增加了人们交流的机会,也提高了冲突的概率,但人们逐渐感到在狭小区域频繁交流的现实并做出适应,人们自发和自觉地以一种更有礼貌的方式进行交流,大大减少了产生冲突的困扰。在饮

酒方面,原先在乡村想要酗酒并不容易,但迁入城市后酗酒行为变得非常方便和普遍,在19世纪30年代前英国城市的年人均饮酒量一直是持续上升,但此后便开始逐年下降,究其原因在于人们对酗酒导致的一系列问题有更深刻的认识,社会舆论也对酗酒和相关问题持更加负面评价,所以酗酒现象开始减少。最后,在新居民的性生活方面,城市也提供了比乡村更多机会,有数据显示无论是婚内性行为还是婚外性行为都呈大幅上升趋势,但随着新社区趋于稳定,人们出于维护自身公共形象需要,以及维多利亚时代社会的保守价值准则等原因,不合法的性行为得到抑制。此外,宗教等因素也参与了对社会中下层群体的自我控制和约束机制。

总之,这一时期英国向大众社会转型,是一种失序和秩序不断平衡,且需要较长时间的过程,最终建立了符合大众社会需求的新式"个体性"(Individuality)。这其中既有新群体的自我控制和自我塑造,也有外部新体系的建立和强制,最终使得他们融入并适应了工业化城市的新发展,而这与后现代式的悲观解读确有很大不同。

作者:管洪亮,南京大学历史学院博士研究生

评论

凿通埃及古今的艰难跋涉
——读王海利教授著《埃及通史》

□ 娄 滔

摘要：王海利著《埃及通史》一书是我国世界史学界取得的一项重要研究成果，它为我国学者深入研究埃及历史提供了新的参考。该书体系完整、纵贯古今、涵盖甚广，始自埃及文明的起源，经古王国时期、中王国时期、新王国时期、托勒密王朝、罗马帝国时期、拜占庭帝国时期、倭马亚王朝、法蒂玛王朝、马木路克王朝、奥斯曼土耳其帝国时期、穆罕默德·阿里王朝，至英国统治时期和埃及共和国时期，终篇于2011年穆巴拉克总统下台。该书具有三个鲜明的特点：通史体例和通史精神兼备；作者点评言近旨远，启人心智；讲故事式的叙史手法。

关键词：埃及通史；通史体例和精神；叙史手法

埃及是世界上历史最悠久的国家之一，也是世界上获得文字描述最多的国家之一，古往今来，它给世界各地的学者提供了无穷的灵感。关于埃及历史方面的著作可谓汗牛充栋，但迄今为止，涵盖埃及古今的历史著作却极为少见。现有著作几乎都局限于埃及历史的某一个阶段（或时期）。因为在学者看来，"似乎埃及历史的诸多阶段都是滴水不漏的车厢，彼此完全隔离开来"。[①] 如此一来，导致涵盖埃及古今的通史著作在国内外都比较少见。的确，由于埃及历史古老、漫长、曲折等特点，以及屡经历史变迁、民族融合、文化转型等因素的影响，使得撰写一部涵盖古今的历史著作，实在不是一件容易的事情。

迄今为止，国内能见到的涵盖埃及古今的著作只有两部：一部是彭树智教授主编的《中东国家通史·埃及卷》，[②] 它是由我国学者撰写的第一部埃及国家通史。全书共11章，以"文明交往论"[③]为线索贯通埃及古代、近代、现代史，

---

① [美]詹森·汤普森：《埃及史：从原初时代至当下》，郭子林译，商务印书馆2012年，第2页。
② 雷钰、苏瑞林：《中东国家通史·埃及卷》，商务印书馆2003年。
③ 参见《中东国家通史·埃及卷》中，彭树智教授撰写的"中东国家通史"卷首叙意，第5—9页。以及彭树智：《文明交往论》，陕西人民出版社2002年。

是国内学者编撰埃及通史的一次有益尝试。另一部是国内引进翻译的美国学者詹森·汤普森著的《埃及史：从原初时代至当下》。① 正如汤普森本人在前言中所说的那样："尽管这本书也对社会、文化、宗教、经济和历史的其他方面进行阐述，但这本书的组织主要以政治为中心。"②

王海利教授新著《埃及通史》③一书的出版，是我国世界史学界取得的一项重要研究成果，它为我国学者深入研究埃及历史提供了新的参考。《埃及通史》全书40余万字，共16章，始自埃及文明的起源，经古王国时期、中王国时期、新王国时期、托勒密王朝、罗马帝国时期、拜占庭帝国时期、倭马亚王朝、法蒂玛王朝、马木路克王朝、奥斯曼土耳其帝国时期、穆罕默德·阿里王朝，至英国统治时期和埃及共和国时期，终篇于2011年穆巴拉克总统下台。该书体系完整、纵贯古今、涵盖甚广，具有以下三个鲜明的特点：

一、"通史体例"和"通史精神"兼备

在中国，"通史"是一个经常使用而且容易理解的词。例如，我们在书店里会经常看到"中国通史""世界通史"之类的历史书籍；在大学历史系，通常开有"中国通史""世界通史"等课程，大家一看也都很明白，知道那不是某朝某代或者某一时期的"断代史"，也不是专门史。不过，在西方的历史书名里，一个国家的历史就直接以国家名冠于"史"字之前，尽管那本书在时间上贯彻古今。如果该书是断代史，则往往在书名题下注明起讫年代，即何时至何时的某国历史。总之，非断代的某国历史，也只称为某国史，并无某国"通史"之说。④ 其实，通史是中国史学特有的一种编撰传统。中国之有通史，自司马迁作《史记》始。其书始自黄帝迄于汉武帝太初之年，概括了当时所知各代的历史。不过，司马迁并没有以通史为其书名。自司马迁之后，通史著作在中国蔚然成风。刘家和先生指出："通史之所以为'通'，与其体裁之为纪传体、编年体或为何种专门史体毫无关系，关键全在时间上的朝代的打通。有了时间上的通，就叫做'通史'"⑤。不过他又进一步指出说，这样的通史严格说来，尚不能称为真正的通史，因为"我们讨论和研究通史，实际上是在两个既有联系又有区别的层面上进行的。"⑥这两个层面分别为"通史体例"和"通史精神"。从体例层面上说，通史似乎是最容易理解的。一部历史著作，只要

---

① ［美］詹森·汤普森：《埃及史：从原初时代至当下》，郭子林译，商务印书馆2012年。
② ［美］詹森·汤普森：《埃及史：从原初时代至当下》，第3页。
③ 王海利：《埃及通史》，上海社会科学院出版社，2014年。
④ 刘家和：《论通史》，《史学史研究》2002年第4期，第3—4页。
⑤ 刘家和：《论通史》，《史学史研究》2002年第4期，第5页。
⑥ 刘家和：《论通史》，《史学史研究》2002年第4期，第9页。

是时贯古今的,那就是通史。但这只是作为通史的必要条件,还不具备作为通史的充分条件。真正的通史还要涉及问题的另一个层面,即必须具备通史精神。施丁先生说"不通古今之变,则不足以言通史"①。也就是说,"通古今之变"就是通史的精神。因此,只有"通史体例"和"通史精神"兼备的著作,才称得上真正意义上的通史。

《埃及通史》一书以"通变"作为贯穿全书的主线。由于该书是单一作者撰写的一部埃及通史,写作过程中作者始终带着"通埃及古今之变"这个困惑,从作者熟悉的法老文明开始写起,采用"从古至今"的特别视角,一步步延展埃及社会发展变迁的历史画面,关注埃及社会、文化变迁的内在动力,探讨埃及历史变化规律。② 概而言之,该书主要通过以下三种方式来贯彻"通变"思想。

1. 以内容体现"通变"思想。作者充分发挥自身作为埃及学(研究古代埃及文明)者的优势,将国际埃及学的产生、发展、演变,贯穿于近代埃及以来的两百多年来的历史之中。如在第 9 章中,作者写道:"一门新兴学科——埃及学的诞生,使得西方人可以更加深入地了解古埃及文明,当然,这门学科在某种程度上也成为西方发达国家掌控埃及的工具。"③在第 10 章中,作者撰写了"本土埃及学的艰难起步"一节内容,指出"埃及学自 19 世纪在法国诞生以来,一直被欧美发达国家所掌控。令人欣喜的是,自 20 世纪 20 年代以来,随着埃及民族意识的觉醒和民族解放运动的不断高涨,埃及学这门诞生于西方的学问已经在埃及本土上生根发芽。本土埃及学开拓者筚路蓝缕,迈出了艰难的第一步,但是由于长期遭受西方殖民者的统治,刚刚起步的埃及学屡屡遭受西方殖民者的打击和破坏"④。在第 16 章中,作者又撰写了"大力发展本土埃及学"长达 6 页的内容,介绍本土埃及学的发展情况,指出"埃及人努力发展本土埃及学的决心已经彰显,以哈瓦斯为代表的本土埃及学学者,试图从西方学者手中夺回对古埃及文明的研究和解释权"⑤。书中的这些内容,有力加强了该书所贯彻的"通古今之变"的通史精神。

作者意识到了埃及历史的断裂性,也意识到了埃及历史的继承性,并力求在这两者之间找到一个弥合点。作者写道:"埃及,这个古老沧桑的国度,屡经历史变迁和民族融合。从地域上讲,现代的埃及

---

① 施丁:《说通》,《史学史研究》1989 年第 2 期,第 10 页。
② 参见 2014 年 5 月 6 日,中国社会科学网记者就《埃及通史》一书的出版对王海利的专访:《埃及通史》:凿通埃及古今的艰难跋涉。http://news.cssn.cn/zx/bwyc/201405/t20140506_1149460.shtml
③ 王海利:《埃及通史》,第 179 页。
④ 王海利:《埃及通史》,第 192 页。
⑤ 王海利:《埃及通史》,第 334 页。

人与古代埃及人仍旧一脉相承,法老文化在这块国土上曾绽放出美丽耀眼的花朵。当今的埃及如何在时空和文化上架构起连接其祖先的桥梁,这无疑是摆在每一位埃及人面前的当务之急。"①作者看到了作为研究古代埃及文明的埃及学,很难与当今埃及的伊斯兰文化相调和,并进一步指出:"如今绝大部分中等阶层和上等阶层的埃及民众,对于法老文化所知甚微。作为世界上收藏法老文物最丰富的开罗博物馆,每天吸引着来自世界各地的络绎不绝的参观者,但是埃及人即使是居住在开罗的埃及人,却几乎从来不去参观。当身穿阿拉伯长袍的埃及人,手里拿着导游书穿梭于各个古代遗址之间时,他们的脸上往往充满了疑惑之情。因为他们不理解自己国土上的这些破烂不堪的古迹和遗址,为什么能吸引如此众多来自世界各地的络绎不绝的游客前来造访。对于广大下层的埃及民众来说,法老文化只是他们发展旅游、吸引外国游客、赚钱谋生的工具而已。"②作者怀有强烈的问题意识,提出的一些现象非常具有启发意义。这种问题意识也有力强化了该书所贯彻的"通变"思想。

2.以作者点评体现"通变"思想。该书每章正文之后的作者点评,使用精练的文字,评述某一个历史时期对其后埃及历史的影响,加强了"通变"这一思想。当然,作者点评的作用还远不止这点。鉴于对作者点评所发挥的作用,本文第二部分将展开详细的探讨,故兹不多述。

3.以结语凸显"通变"思想。该书结语"法老形象的演变与埃及历史的未来"使用了近万字的篇幅,以法老形象的演变作为反映埃及历史变迁的一面镜子,透视了埃及走向现代文明的艰难历程。作者指出:"在古埃及历史中,法老的形象是如此高大……公元1世纪中叶,基督教开始传入埃及,法老的形象开始发生了改变。《圣经》中记载的法老形象开始变得专横残暴起来③。……7世纪,阿拉伯人统治埃及之后,大量埃及人皈依伊斯兰教。……在《古兰经》中,如同《圣经》中所描绘的一样,法老是充满邪恶的压迫者,他强迫他的臣民像对待神一样崇拜他。其后的伊斯兰传统往往将一些法老的故事描绘成暴君原型,他迫害百姓,愚昧无知。因此,法老被彻头彻尾地与'邪恶'联系起来④。……纳赛尔只是一个开明的法老、接地气的法老,他的统治仍旧依靠专制来维护……与纳赛尔相比,萨达特是一个不接地气的法老,尤其是他在不被埃及人所理解的情况下,擅自与埃及的宿敌以色列签订了和平条约,从而他被埃及人痛

---

① 王海利:《埃及通史》,第343—344页。
② 王海利:《埃及通史》,第344页。
③ 王海利:《埃及通史》,第340页。
④ 王海利:《埃及通史》,第340页。

斥为'叛徒',自然萨达特最终倒在了伊斯兰激进分子的枪口之下,并成为名副其实的埃及历史上被刺杀的法老。……从纳赛尔、萨达特到穆巴拉克,埃及共和国的领袖虽也曾想运用现代化的意识治理国家,但他们却沉湎于运用各种强制手段和严密的政权体系来约束人民。穆巴拉克的铁笼审判注定他成为埃及历史上最后一位法老,他的下台宣告了强权政治的倒台。"①作者巧妙地将法老形象的变化,作为贯穿埃及古今历史的一条线索,再次强化了该书所贯彻的"通变"思想。

正是由于以上这些方法的使用,使得《埃及通史》一书,上下贯通、纵横交错、浑然一体,凸显了中国传统史学特有的"通古今之变"的史学意蕴。

二、"作者点评"言近旨远,启人心智

《埃及通史》每一章正文之后附有"作者点评",这是该书的一大亮点(或创新点)。其作用大体可以概括为几点:一、总结本章的主旨要义。二、补充作者的学术观点。三、引导出下章的内容。四、连接起历史和现实。兹列举几例如下:

作者对第3章中王国时期统一王国的重建,这样点评说:"继中王国崩溃后,喜克索斯人入侵是古埃及历史上发生的一个重大事件,它对古埃及历史产生了深远的影响。喜克索斯作为埃及历史上第一次外族入侵,对古埃及人的心理造成了严重创伤,播下了复仇的种子,继而唤起了埃及民族意识的觉醒,成为世界上最早的民族意识的肇端。尽管埃及人后来多用厌恶的口吻提到喜克索斯人,但喜克索斯人的统治在很多方面却对埃及产生了积极影响。喜克索斯人带来了更好的金属加工技术,也带来了一些新式武器,如马拉战车、复合式强弓、盔甲等,埃及人学着把所有这一切都用于对抗入侵者。埃及人复仇的洪水一泻千里,他们要以其人之道,还治其人之身,甚至变本加厉,彻底挽回埃及人的尊严和威风。因此,喜克索斯王朝在埃及的统治,也改变了埃及人对待外部世界的态度,直接导致了新王国时期的扩张主义政策。"②这段点评文字运用辩证唯物主义史学观点,对喜克索斯人的入侵对埃及历史产生的影响进行了辩证的认识,同时也很自然地引导出了下一章的内容。

作者对第4章新王国时期帝国的辉煌,这样点评说:"新王国时期的埃及还具有一个常常不被人们注意的特点,即该时期'女权高涨''群芳荟萃'。……在新王国时期,母后、王后、公主三者形成了'三位一体'的关系,这种关系很像一个连环锁链,环环相扣,紧密联系。"③作者进一步指出:"新王国时期的埃及是古埃及历

---

① 王海利:《埃及通史》,第343页。
② 王海利:《埃及通史》,第44页。
③ 王海利:《埃及通史》,第79—80页。

史上的鼎盛时期,同时也是一个巨大的转型时期。为了应对一个如此庞大的帝国,古埃及国王必须加强王权,捍卫自己作为国家甚至世界之主宰的地位。古埃及王权观念是与女神,尤其是与哈托尔女神密切相连的。为了提升王权,国王显然必须提升王后权,因为王后不仅是国王的保护者,而且是国王的合作者,王后权与王权的结合形成了一个完美的、牢不可破的伙伴关系,这种关系可以使得他们更好地服务神灵、统治国家,同时可以挫败混乱和无序。因此,新王国时期王室女性权力和地位的提升,有助于我们更清楚地认识新王国时期埃及王权的本质,同时也为我们深刻认识该时期古埃及的政治和社会提供了新的视角。"[1]这段点评文字不仅有效地总结了本章内容的主旨要义,而且对作者的学术观点做了进一步的补充和升华。

作者对第9章近代埃及,这样点评说:"1798年拿破仑入侵埃及这样一个小小的历史事件,却对埃及的历史产生了无可估量的影响。法国人入侵埃及,同时打开了埃及的两扇大门,一扇是近代埃及的大门,另一扇是古代埃及的大门。虽然法国人在埃及的占领仅仅持续了不到三年的时间,法国人的目标一项也没有实现,但这段短暂的插曲却宣告了近代埃及的诞生。尽管这次占领之后,法国和英国都没有在埃及逗留,但却把埃及直接带入了巴黎和伦敦的外交视野,而且这种关注维持了一个半世纪之久。因此,法国占领埃及是短暂的,但影响却是持久的。国门洞开后的埃及,西方资产阶级的意识形态、政治观念、科学技术和生活方式,像潮水般冲击着这个古老的国度,埃及人从中世纪的酣梦中惊醒过来,从此开始了追赶西方的漫长征程。……其后埃及的历史与西方列强的历史相互缠绕,难以摆脱;埃及的命运与西方的命运相互纠缠,难以自拔。"[2]这段点评文字将埃及古代历史与近代以后的历史,通过1798年拿破仑远征埃及这样一个事件,进行了连接,同时也有力加强了该书所贯彻的"通变"思想。

作者对第15章穆巴拉克时期,这样点评说:"作为世界文明古国的埃及,背负了太多的苦难和重负。在一场场如火如荼的革命斗争中,埃及人民用自己的勇气和智慧来发泄对现实的不满。然而随着穆巴拉克的倒台,埃及民众蓦然回首,竟发现自己脚步蹒跚、泪眼蒙眬。……埃及人在仰羡西方的意识思潮中逐渐失去了自我。埃及人使用西方人惯用的手段——示威游行,然而获得的却不是他们期待已久的最终目标。……颠覆了穆巴拉克权威体制的埃及,并没有进入法制、稳定和发展的正常轨道,而是深陷泥沼,

---

[1] 王海利:《埃及通史》,第80页。
[2] 王海利:《埃及通史》,第178—179页。

难以自拔:社会严重分裂,局势持续动荡,政治对抗加剧,经济危机恶化。穆巴拉克政权的突然倒台,使长期受到钳制和打击的各种政治势能得到释放,然而,并不成熟的公民社会无法适应由万马齐暗向万马奔腾的剧变,多极力量迅速分化组合,明争暗斗,试图在'后穆巴拉克时代'的埃及权力和利益格局中获得更大的主导权。动荡使得埃及旅游、投资、贸易等康复经济生活充满风险,进而使经济危机无法化解,相反会促成新的不满,新的焦虑和新的革命。恶性循环,周而复始。"①作者通过这段点评文字,将埃及历史与现实进行了巧妙的连接,为我们认识当今埃及扑朔迷离的政局走向提供了历史的参考,从而"以史为鉴",达到"述往事,思来者"的目的。

以上这些作者点评文字,读起来令人眼前一亮。作者提出的一些观点具有相当的见地,凝结了作者多年来的治史心得,言近旨远、启人心智。

三、"讲故事式"的叙史手法

在当今学术著作大多言辞晦涩、曲高和寡的情况下,《埃及通史》没有"高头讲章"式的烦琐考证和"引经出典",而是将埃及历史寓于明白通晓的叙述之中,这种"讲故事式"的叙史手法使得该书颇具可读性。该书文字流畅、文采飞扬、深入浅出、一气呵成。

钱乘旦教授在《英国通史》(与《埃及通史》等书同属"世界历史与文化丛书"系列)一书中这样说:"历史原本是生动的,它原本是故事,是活人演绎的活报剧。"②因此,如何把一部历史著作写得好看、好读,让人想读并愿意读下去,在于如何理解"历史",以及如何通过历史叙述传递历史的"精神"。葛兆光教授曾这样说:"怎样把历史放在一个好的叙述思路中,通过精心选择的情节和文字,传递学术思考的深度和难度,使阅读者理解和感受历史。这是一个相当重要的技巧。"③他还进一步指出,"没有个性化眼光的历史叙述未必真的就包含了公正的知识,因为历史'知识'并不是背诵的社会发展史,教条和死记硬背的事件、年代和人名……历史知识的教学和传授,其更恰当的途径应当是通过写作者或讲授者的'叙述',来'激活'读者或听众的记忆、体验与经验,调动心底的'储备',唤回心中的'记忆',重新建构并认同这一历史和传统的过程"④。《埃及通史》以政治史为主线,描绘埃及历史发展进程中的时代更替、政治演变和社会文化,力求体现史著的血肉丰满,以生动的笔触描绘了一幅绵

---

① 王海利:《埃及通史》,第313—314页。
② 钱乘旦、许洁明:《英国通史》,上海社会科学院出版社2012年,前言,第2页。
③ 葛兆光:《古代中国的历史、思想与宗教》,北京师范大学出版社2006年,第228页。
④ 葛兆光:《古代中国的历史、思想与宗教》,第236页。

延五千年的埃及历史的斑斓画卷。虽然该书写作笔法通俗,但是立意却是学术的准确性,书中的观点和结论,或是作者广泛参阅相关论著,斟酌再三后而做出的取舍,或是作者独立研究的心得。

另外,《埃及通史》一书使用了百余幅图片。这些图片不是文字的附庸和点缀,而是埃及通史的一个有机组成部分,反映了埃及历史每个阶段的时代风貌。一幅幅图片犹如一个个不时闪回的历史镜头,一下子拉近了历史与现实的距离,让读者深刻地体悟历史。

《埃及通史》一书并不完美,本人认为,该书不足之处主要表现在两个方面。首先,由于受整套丛书("世界历史与文化丛书")体例和篇幅的限制,作者针对某些问题和观点,未能展开详细的论述,有待于今后围绕这些问题进行更加深入的阐述。其次,该书篇幅虽然洋洋洒洒达40余万字,但对于一个拥有5000余年历史的文明古国埃及来说,这样的篇幅似乎还是显得"单薄"了一些,希望作者将来能对相关问题进行扩充,使之不断丰富和完善。

作者在后记中坦言:"本书从开始撰写直到书稿最终完成,前后经历了近10年的时间。"[①]因此对作者来说,可谓"凿通埃及古今的一次艰难跋涉"。《埃及通史》一书作为国内史学界由单一作者撰写的第一部埃及通史,相信该书必定会成为我国埃及史研究中的一个亮点。希冀该书的出版能引起国内更多读者、专家、学者,对埃及这个古老文明国度的关注,从而将我国的埃及史研究推进到一个更加深入、成熟的阶段。

Abstract: The History of Egypt by Wang Haili is a great achievement in the field of the world history studies in China. The book begins from the origins of Egyptian civilization, covering the Old Kingdom, Middle Kingdom, New Kingdom, Ptolemaic Period, Roman Period, Byzantine Period, Umayyad Dynasty, Fatimid Dynasty, Mamluk Dynasty, Ottoman Empire, Muhammad Ali Dynasty, to the British Occupation and the Republic of Egypt, ending with the downfall of President Hosni Mubarak in 2011. The book has three distinct characteristics: the style and the spirit of the general history; the inspiring and far-reaching comments; the story-telling method.

Keywords: The History of Egypt, The Style and Spirit of General history, The Story-telling Method

作者:娄滔,北京大学历史系博士研究生

---

① 王海利:《埃及通史》,第363页。

光启讲坛

『伊斯兰国』(ISIS)现象探讨和研究四人谈

□ 朱威烈 李伟建 黄民兴 王建平

时间：2014年12月8日（星期一）上午9:00
地点：上海师范大学会议中心第五会议室

1. 上海外国语大学中东研究所名誉所长 朱威烈教授："ISIS"组织的出现与走向

2. 上海国际问题研究院外交政策研究所所长、中国中东学会副会长 李伟建研究员：当前中东安全形势与中国中东外交——谈"伊斯兰国"问题

3. 西北大学中东研究所所长 黄民兴教授：从民族国家构建的视角看"伊斯兰国"的兴起

4. 上海师范大学哲学学院 王建平教授：以"伊斯兰国"为教训走伊斯兰教中国化的道路

王建平：各位专家学者，各位研究生们，我们高端学术沙龙"伊斯兰国"现象探讨和研究现在开始。这个项目是从2014年11月开始立项的，时间是非常仓促的。当时社科处处长陈恒教授问我伊斯兰研究课题上有没有热点，他提议是不是找一个大家关注的课题，在上师大搭建一个平台，请一些资深的专家做演讲。今天我们非常荣幸地请到了上海外国语大学中东研究所的名誉所长、国内中东问题研究的资深专家朱威烈教授，请到了上海国际问题研究院中国对外政策研究所所长李伟建研究员，请到了西北大学中东研究所所长黄民兴教授，我们还邀请了法政学院副院长、国际政治学科负责人朱新光教授也来参加研讨会。赵银亮副教授还没有赶到。上师大图书馆的马凌云副教授也来了。在座还有一些硕士研究生和博士研究生。我们很高兴，虽然规模很小，但可以深度地交换意见和看法。下面请朱新光教授代替上海师范大学社科处处长陈恒教授主持会议。

朱新光：关于"伊斯兰国"的现象与探讨，是国际关系地区研究中的一个热点，今天非常高兴请到了国内学界在这方面非常有造诣的教授给我们谈谈对这一问题的看法，首先请上海外国语大学的朱威烈教授给我们讲解关于"ISIS"

的问题,欢迎。

朱威烈:王建平教授今天请我来谈一谈,很荣幸。"ISIS"是当前中东政治或地区问题甚至国际政治中的一件大事,我今天讲的题目是《"ISIS"组织的出现和走向》,跟大家一起探讨。我想分几块来讲,先讲一讲背景,包括国际背景和地区背景。谈中东问题离不开谈美国,因为美国在中东的影响迄今为止仍然非常强大,离开美国的中东政策来谈中东的热点问题,恐怕很难谈到关键点上。从新世纪美国的中东政策看,我觉得有明显的调整。从20世纪90年代克林顿总统主政时,美国的中东政策实际上是八个字:"东扼两伊,西促和谈。"东面扼制伊朗和伊拉克,西面推进以色列和阿拉伯国家的和谈。阿以和谈分几条线,一是巴以谈判,二是以色列和约旦的谈判,三是以色列和叙利亚的谈判,主要是这三条线,当然还有以黎的谈判。这是当时美国中东政策的主轴,应该说取得了成就,如1993年奥斯陆协议的签订,使阿拉法特主席1995年回到故土。中东和平进程一直到拉宾总理遇害之前,应该是一步步取得了艰难的进展,到拉宾总理遇害以后,以色列国情发生变化,中东和平进程就举步维艰了。

但是进入21世纪以后情况发生变化,一方面是巴以双方矛盾尖锐,引爆了巴勒斯坦人的第二次起义,双方关系顿趋紧张。更大的变因是"9·11"事件的出现,"9·11"事件的出现导致美国中东政策出现很大变化,把中东问题提到了美国全球战略的核心。小布什总统上台后,主要关注的是西太平洋中国的崛起,但是"9·11"以后,美国的全球战略出现了调整,小布什第一任期确定的全球安全战略是反恐,反大规模杀伤性武器扩散,反"无赖国家";到2005年他连任时,改成反恐,反大规模武器扩散,推动伊斯兰国家的民主改革,用民主改造伊斯兰国家,取代了反"无赖国家",提出了大中东民主倡议。到奥巴马上任,美国全球战略再次调整,最重要的是重返亚太,实施亚太战略的再平衡,跟小布什的全球战略有很大不同。这是鉴于小布什2003年的伊拉克战争引起地区、国际社会乃至美国国内的强烈不满,奥巴马做出的大调整,在中东的表现就是收缩美国在中东的战略空间,具体反映在两个方面:一是从伊拉克撤军,2011年全部完成,2014年年底从阿富汗撤军,因为阿富汗是被列入美国大中东范围之内;二是减少美国在中东的军事存在,缩小它的国防开支,行动上也退居二线,竭力不出头露面,包括在应对利比亚危机和叙利亚危机上。解决利比亚危机的联合国安理会决议,是设立禁飞区,但被美英法篡改,变成了空中打击利政府军。出面打的主要是英法,美国主控但不站在第一线。去年9月本来美国是要对叙利亚动武的,最后接受了普京提出的交化武换和平的建议,停了下来,这跟美国的中东政策分不开,即美国不想再陷入中东。奥巴马政策的这么调整,客观上造成了中东的大国力量骤然之间失衡,从2009年奥巴马入主白宫到现在,中东的大国力量骤然失衡。在二战结束以后的冷战时期,美国和苏联两个超级大国在中东问题上,既合作又争夺。1991年苏联解体,进入后冷战时期,美国在全球特别在中东是它说了算,亦即是一超多强格局。美国仍主控中东,它的中东政策延续了三大核心关切:确保以色列的绝对安全和绝对优势,主控中东油气的走向,以及掌控中东主要事务的主导权。在这些方面迄今为止美国在中东还没有受到过俄罗斯、中国等大国的挑战。

美国在中东战略调整的必然性。为什么奥巴马在这个时期做出对中东战略的调整?主要有两个原因。一是伊拉克战争的负面反应,包括美国国内与国际社会的负面反应。伊拉克战争缺乏国际合法性,是绕过联合国发动的一场战争;也缺乏证据,说萨达姆·侯赛因政权与"基地"组织有联系,并拥有大规模杀伤性武器,但联合国调查组进去多次没有找到证据。因此,这场战争是美国中东外交的一个转折点,也是美国从极盛走向相对衰落的一个转折点。二是2008年美国出现了金融危机。奥巴马政府上台以后,它的主要关注点首先是国内,而不是在国外。国际关注的重点则是亚太,亚太已成为当今世界的经济中心,美国必须进入到这个经济中心来。这两方面的原因造成了美国中东战略政策的大调整,也是ISIS出现的重要国际背景。

地区背景是伊斯兰主义势力的崛起。二战结束将近70年,冷战结束也有四分之一个世纪,中东各国特别是阿拉伯国家都没有妥善解决和平与发展这两大问题。同时,伊斯兰国家的核心价值观也没有与时俱进,赋予它时代的内涵。伊斯兰价值观主张和平,主张正义、宽容、平等、友爱、温和,但每个历史阶段都应有结合时代发展的侧重点。阿拉伯伊斯兰国家的核心价值观主要有两条:一是它的民族主义,二是伊斯兰教信仰。1967年"六五战争"后,阿拉伯的民族主义受到重创,埃及纳赛尔总统所推行的民族社会主义路线走不下去了,埃及的地区影响力下降,纳赛尔也郁郁而终。随之而起的是伊斯兰教信仰成为阿拉伯国家的精神支柱,形形色色的伊斯兰主义组织空前活跃,且持续到现在。各种组织非常之多,都提出要建立伊斯兰国家、伊斯兰政府,要奉沙里亚即伊斯兰教法为唯一法源,全面恢复到先知时代。作为解决之道,这种主张到2010年年底,突尼斯的一个青年小贩自焚自杀引发了阿拉伯国家的动荡,已持续了三年多时间,他们称之为阿拉伯革命,美国和西方称为阿拉伯之春,实际上是阿拉伯国家社会转型期的初始阶段。以穆兄会、萨拉菲派为代表的伊斯兰主义势力公然登上了政治舞台。近年出现了非常多的萨拉菲派,有圣战萨拉菲、政治萨拉菲、改革萨拉菲派等。萨拉菲这个词的意思就是尊古,尊重祖先或者复古。这种思潮到今天仍没有完结,反映了通过伊斯兰教来找出路的地区背景,导致伊斯兰主义上升了,包括 ISIS 的出现。

关于宗教极端主义和恐怖主义滋生的土壤。首先是美国中东政策的弊端。伊拉克战争无证据,无国际授权的合法性,战后建立的国家政权是美国设计的,不是按照省区来划分选票,而是按照民族和教派,这是一个大倒退,造成了什叶派上台。伊拉克境内 3000 多万人,虽说什叶派占 60%,逊尼派占 40%,但自 20 世纪 20 年代以来,伊拉克一直就是逊尼派主政的国家。伊拉克战争后,美国还通过了几个决定,如根除复兴党法,把一大批复兴党党员排除在政权之外,并解散了军队和警察。这样一来就惊动了逊尼派阿拉伯国家。2004 年约旦国王阿卜杜拉二世就指出,正在出现一个什叶派的新月地带,即伊朗、伊拉克、叙利亚、黎巴嫩南部的真主党已连成一条线。这个教派版图的变化引起了逊尼派国家的强烈反感。以沙特为首的逊尼派海湾国家对于伊朗的势力向西延伸始终十分警惕和惊恐。教派斗争的潘多拉盒子在 2003 年伊拉克政权改变以后被打开了。这是一个方面,美国政策导致的教派斗争。

其次是以色列不接受两国方案。进入新世纪将近 15 年,以色列从沙龙到内塔尼亚胡的历届政府都坚决反对巴勒斯坦建立以东耶路撒冷为首都的独立国家。美国小布什提出的两国方案,始终难以落实。奥巴马政府在去年明确宣布要在 2014 年 4 月签署巴以两国方案的框架协议,现在已经 12 月了,仍是一纸空文。奥巴马政府对中东的很多承诺都没有兑现,造成了阿拉伯国家民众特别是巴勒斯坦民众的失望。巴勒斯坦内部哈马斯是 1987 年出现的,今天在巴勒斯坦内部和地区阿拉伯国家中的影响都已不容小觑。哈马斯在巴勒斯坦内部和地区伊斯兰国家,都是合法组织,但却一直被美欧视为恐怖组织。它与巴政府和阿拉伯国家反对美国对以色列的偏袒立场,反对美国在巴以和反恐问题上的双重标准,反对近年来以色列在东耶路撒冷和约旦河西岸扩建犹太人定居点,这也是各种伊斯兰组织和势力的共同主张。因此,以色列的强硬立场实际上已被极端主义和恐怖主义组织利用来实施暴恐活动的依据和借口。

再次是阿拉伯国家内部的体制机制长期滞后于现代化国家建设进程。阿拉伯国家内部社会不公、贫富悬殊、贪污贿赂等经济社会矛盾尖锐突出。久拖不决的民主民生问题,涉及制度和法律,却提不上改革日程。三年多来大规模的急风暴雨式的群众运动,给了宗教极端和恐怖主义势力以可乘之机。

ISIS 是当前恐怖主义的典型代表。ISIS 的出现和蔓延有一些特点。第一,它是趁乱而生、借乱壮大的一支力量。ISIS 的前身是 2004 年伊拉克逊尼派扎卡维所建立的"统一与圣战组织"。当时扎卡维的目标主要是反对美国占领伊拉克,反对伊拉克的什叶派政权。2006 年扎卡维被美军炸死,该组织曾几经改名。现在的领导人叫阿布·伯克尔·巴格达迪,这个名字是他改的,改成与穆罕默德去世以后的第一位哈里发同名。2011年时,叙利亚爆发内战,各种外部势力借推翻巴沙尔·阿萨德政权为由,渗透到伊拉克境内从事暴力恐怖活动,这个组织也进去了,开始是想跟"基地"组织的分支支持阵线联手,进而欲予吞并未成。2014年夏天,阿布·伯克尔再次回到伊拉克,出现第四次改名,叫ISIS。它占据的是叙利亚的西北部和伊拉克的北部这块比较偏僻的地区。这是因为当时的伊拉克有可乘之机,伊拉克境内安巴尔省费卢杰地区的逊尼派部落武装与政府军接连交火,动荡不定;另外2013年伊拉克正面临议会选举,在反对伊拉克马利基政府方面,ISIS能够得到许多逊尼派组织和人士特别是海湾产油国国内的基金会、民间组织人士的资助。客观地看,教派斗争是ISIS的重要掩护,也是它可以利用的重要资源。ISIS进入伊拉克,占领第二大城市摩苏尔,接连攻城略地,并大肆杀戮什叶派人、库尔德人、雅兹迪人和西方人质,遂迅速引起国际社会的高度关注和惊恐。

ISIS的发展历程表明,如果不是伊拉克内部教派斗争造成的暴恐活动如此频繁,如果不是伊拉克境内与叙利亚境内这样的乱局,ISIS就不可能在乱中生存,更不可能发展壮大。同时,ISIS的筹资途径,即借助教派斗争聚敛财富,也是一个很大的特点。它被西方舆论称为最有钱的恐怖主义组织。此外,2003年伊拉克战争后扎卡维建立的"统一与圣战组织"

里基本队伍是什么人?有萨达姆政权里的逊尼派人,复兴党人,大多是前高官,还有被美国解散的前军警部队里的中下级军官和士兵,均属逊尼派。这样的一支队伍懂管理,懂军事,也会打仗。实际上这支代表遭受什叶派打压的伊拉克逊尼派力量,在伊朗势力坐大、伊拉克什叶派化的形势下,特别容易获得阿拉伯逊尼派国家,特别是海湾产油国国家的民间组织、基金会和个人的资助。他们进入叙利亚表面上打着推翻什叶派巴沙尔政权的口号,也同样能够得到上述国家社会团体和个人的鼎力支持。应该指出的是,ISIS领导层不乏懂军事、懂管理的人,他们对逊尼派民众示好,对什叶派、库尔德人,则杀其性命,夺其钱财。他们占领一个城市、一个地方,就洗劫银行和金库,控制油田,低价出售石油,因此成为国际舆论声称的最有钱的恐怖主义组织。一般估计,ISIS拥有约20亿美元的资产。

更值得注意的是,"伊斯兰国"组织通过歪曲和滥用伊斯兰教义对穆斯林民众具有极大的欺骗性和蛊惑力。ISIS已经是阿拉伯国家、中亚、南亚、非洲的伊斯兰国家,甚至是欧美国家穆斯林社团中所谓圣战战士舍家前往投靠的目标。这是因为这些人把宗教的极端主义即经过歪曲和滥用的伊斯兰教义作为自己的信念和信仰,这种精神力量并不是能从物质利益层面看清楚说明白的。

这里,仅试讲几条。一是对时代的定性,宗教极端主义把当今的时代说成是蒙昧时期，亦即伊斯兰教出现前的公元5、6世纪。时代定性是一个大问题。把这个时代定性为蒙昧时期，意味着必须重新宣教，传播伊斯兰教。二是混淆大小杰哈德（圣战）。大杰哈德就是用心、用嘴、用笔、用手，通过著书立说，宣讲教义，以维护内心的伊斯兰教信仰，这是讲内心的修炼；小杰哈德是在遭遇进攻、占领、侵略的时候，要用宝剑，亦即用军事手段，但是它是有前提条件的。宗教极端主义解释杰哈德，大小杰哈德不分，都称杰哈德，用小杰哈德掩盖了大杰哈德。还有伊斯兰教里有五功，即每个穆斯林的五门功课，五个基础，分别是念、礼、课、斋、朝。现在极端分子和恐怖分子把杰哈德（圣战）作为第六功，就是圣战成了必须要做的事情，这是什叶派和逊尼派从来都反对的。公元680年后出现的哈瓦利吉派曾提出过这样的主张，该派是极端主义的老祖宗，在什叶派和逊尼派历史上从不认可哈瓦利吉派的教义。

三是曲解穆罕默德传教时期的迁徙。现在包括我国新疆在内不少宗教极端分子和恐怖分子很多人都在利用这个名称，把它当作开展暴恐活动的一种载体和行为方式，许多暴恐分子跨越边境四处流窜，四处渗透犯罪，他们内心还觉得这是合法的，符合伊斯兰教义。这些教义的被篡改，对广大穆斯林来讲，很难分辨清楚。ISIS把自己的暴恐行动都说成是打击新十字军、犹太人、叛教徒，对各国穆斯林具有很大的欺骗性。当前也很令人担心的是开了那么多民办的阿拉伯语学校，电视上有一次报道，恐怖主义组织正在训练哈萨克斯坦的小孩子，手段是直接让他们学阿语，因为学会阿语以后容易传播教义。这些问题都应引起我们的注意。

ISIS的走向。ISIS的迅速崛起，大肆逞凶施暴，已经受到国际社会的高度关注，联合国安理会于8月15日和9月24日先后通过两份决议，主要是从信息和资金方面切断ISIS的供应来源。美国组织起了60多个国家参与的国际反恐联盟，对ISIS进行空中打击。从效果来看，对ISIS的打击力度显然不够，具体表现在以美国为首的阿拉伯国家和北约国家参与的打击都是空袭，地面作战主要依靠伊拉克政府军和叙利亚所谓温和的反对派，后者主要指叙利亚自由军，但其实力有限。美国还在约旦训练新军，并提供武器装备。地区的阿拉伯国家和土耳其迄今没有派地面部队参战，即便愿派，伊叙政府也不会同意。现在美国或国际反恐联盟对ISIS是只打不灭的态势，难以达到彻底摧毁的目的，原因在于奥巴马对中东乱局没有明确的中东政策，或者说奥巴马的中东政策是机会主义，是功利主义，见招拆招，伺机而动。现在对中东乱局奥巴马政府仍然疑虑重重，不打，担心失去对中东事务的主导权；放开打，又怕陷入中东的泥沼。美国的核心战略还是重返亚太，亚太战略再平衡。虽然11月又派出1500名美国军士去训练伊拉克政府军，但伊拉克政府军要达到能消灭ISIS的能力，将要经过长期的锻炼，这是伊拉克这一块。

打击叙利亚的ISIS，美国和叙利亚政府并没有合作。叙利亚政府军也在打ISIS，但与美国打ISIS相互是不通气的。叙利亚要求美国尊重其主权、领土完整，叙利亚驻联合国代表也赞成美国打ISIS，但美国拒绝与叙利亚政府军联手，因为一旦公开化非但在美国国会通不过，美国国内舆论、阿拉伯盟国、土耳其、叙利亚反对派那里也通不过。美国对叙利亚是这样，在伊拉克境内也一样受到牵制。它虽然希望跟伊朗联手打ISIS，但又担心引起国内共和党、以色列政府和海湾国家的不满。另外，打击ISIS必须要兼顾两个国家，伊拉克和叙利亚，它们涉及到多个中东热点问题。例如，ISIS在伊拉克的重镇是摩苏尔，比邻的是库尔德自治区，伊拉克什叶派政府担心这一拥有石油资源的库尔德人地区是否会借打击ISIS增强实力，形成自己的武装，独立性倾向进一步上升。现在这是一个受人关注的热点，即库尔德问题的走向；伊朗是否会全力以赴打击ISIS，要看在五加一谈判中美国到底对它能做多少让步，因为这两件事现在绑在一起了。虽然ISIS表面上反对什叶派，但毕竟没有对伊朗造成直接威胁。

叙利亚问题就更加复杂。巴沙尔政权背后有伊朗、黎巴嫩真主党、伊拉克什叶派和俄罗斯的支持，美国、土耳其和阿拉伯海湾国家迄今为止仍然要推翻巴沙尔政权。俄罗斯现在提出再开第三次日内瓦政治解决叙利亚危机会议，美国并不理睬。显然，目前大国之间、地区国家内部，是相互纠结、纠缠，还理不清的局面，要形成打击ISIS的地区合力和国际合力，条件还不成熟。

现在，ISIS占据着两大重镇，一个在摩苏尔，一个在叙利亚北部的拉卡，要拔除这两个据点，光靠空袭能否做到？即便摧毁了，仍四散流窜，没有地面作战部队又怎能剿灭？

结论性的看法，一是打击ISIS的反恐行动将会长期持续，奥巴马说三年，最近美国国务卿克里表态要进行多年，看来至少得持续到奥巴马任期结束了；二是中东的反恐形势，随着分散的各自为战的"基地"组织和形成集中力量的ISIS相互呼应的态势，此起彼伏，中东地区的反恐形势将更趋严峻。

李伟建：今天会议的主题是"伊斯兰国"现象的研究与探讨，而我报的题目是中东总体安全和中国中东外交，主要是考虑到今天有好几位老师会谈及"伊斯兰国"，担心内容上难免会有重叠，而"伊斯兰国"的出现对中国的中东外交也构成潜在的安全挑战，所以我重点想谈谈中国层面怎么应对以及对中东外交方面的一些启示。我想从三个方面谈这个话题。一是中东的总体安全，二是怎么看美国牵头的国际联盟对"伊斯兰国"的打击行动，三是中国的外交怎样应对。

第一点，关于当前中东总体安全。"伊斯兰国"的出现确实是影响中东安全局势的重要因素，它构成了中东安全局势的最严峻的一个部分,但是它并不反映当前中东安全问题的全部,不能说当前中东安全问题主要就是"伊斯兰国"的出现。很大程度上说,它只是中东整体安全形势不稳情况下的产物。试想一下,如果没有伊拉克战争,没有所谓的"阿拉伯之春"发生,"伊斯兰国"就没有机会出来。本地区的极端思想一直是有的,但是要组建这样的极端组织并很快壮大起来,是需要条件的,而伊拉克和叙利亚持续的乱局就是"伊斯兰国"趁乱而起的条件。所以我们要将"伊斯兰国"现象放在中东整体安全局势背景下来观察,如果只强调"伊斯兰国"的威胁性,而不能对整体形势有准确的判断,中国中东外交如何去应对就有问题了。

我认为中东总体安全形势主要由三部分构成,第一是所谓的"阿拉伯之春"所引发的地区复杂形势,这是构成中东安全重要的一个部分。

最明显的一个特点是威权体制和专制政府或被推翻,或是受到极大的冲击,如突尼斯的本·阿里、埃及的穆巴拉克、利比亚的卡扎菲都被推翻了,叙利亚的巴沙尔政府现在正面临反对派的严重挑战。但现在的问题是,威权制度推翻之后,权威也没有了。推翻旧政府的时候大家目标都非常明确:把统治者打倒,但是之后谁来接替?国家由谁来领导,谁来治理?没有一个众望所归的政党或者是一个非常有权威的个人能够担当此任。20世纪70年代末伊朗爆发伊斯兰革命的时候,霍梅尼身后有千军万马跟随,现在没有这样的人物出现,所以这就造成了一个混乱局面:各种宗教势力和政治力量纷纷登台亮相,互相争权夺利,争夺国家发展道路及意识形态的主导权。埃及就是一个典型的例子:穆巴拉克倒台后,具有深厚民众基础的伊斯兰势力就乘势而上,有着穆斯林兄弟会背景的穆尔西被选为总统。在中东历史上,每当民族主义者遇到挫折时,伊斯兰教总是首先被视为一种替代的价值选择。这次也一样,你可以发现,从突尼斯到埃及再到利比亚,在旧政府被推翻后的初次选举中,获胜的差不多都是伊斯兰政党。但这并不意味着"回归伊斯兰"是这次民众运动的主要诉求。事实上,伊斯兰势力在最初的民众运动中表现得非常低调,它们只是利用了专制被推翻后出现的权威缺失局面,依靠传统的宗教基础和组织能力赢得选举。但是正如前面说的,回归伊斯兰并不代表真正的民意。尤其在埃及,世俗和宗教力量的博弈由来已久。那些参与街头革命的世俗力量不能容忍有穆斯林兄弟会背景的政治人物来主导国家意识形态和发展道路,因此,穆尔西自上台第一天起就遭遇来自世俗力量的种种反对,最终由军队出面罢黜穆尔西总统,并取缔穆斯林兄弟会,宣布其为恐怖组织。但这种做法在埃及造成很大的社会分裂,也为今后埃及的政治斗争埋下隐患。旧的政治体制垮台后,造成政治权威的缺失,导致各种政治力量、宗教派别之间互相斗争,这是"阿拉伯之春"那些爆发了所谓的"革命"的国家的基本特征,这种博弈和斗争导致国家陷入新的动荡。突尼斯表面上看似乎是比较平稳地过渡,但是突尼斯在三年里换了五届政府,因为谁也不买账。这种长期的政治博弈造成了下面要讲的第二个困境,那就是制约了经济的重建和发展,从而酝酿了新的不稳定情绪。

第二是由于缺乏强有力的政党或者政治家来领导这个国家迅速走出政治重建困境,因而严重制约了经济重建和发展,进而引发老百姓和民众新的不满情绪,突尼斯、埃及、利比亚都存在这种情况。我最近几年每年都会去中东,"阿拉伯之春"刚开始的时候,这些国家还会跟你讨论"民主与专制"的问题,但是后几年去,他们更多的是谈经济问题,希望中国可以施以援手,帮助他们走出经济困境。突尼斯是一个很好的例子,我在突尼斯革命前、革命中以及革命之后去了三次。革命后去时我发现,我住的旅馆门口还有很多人在搭帐篷静坐示威,我就跟那些年轻人聊,问他们为什么革命成功了还要游行呢,他们说我们的问题没解决,当时出来游行是因为失业,找不到工作,现在这个问题还是没有解决,所以还要继续"革命"。在与突尼斯的学者交流时,他们说,这三年来突尼斯经济只退不升,已经在民众中造成很大的负面情绪,如果再这样拖下去,萨拉菲主义等极端思想就会出来了。

"阿拉伯之春"引发的最严重的后果之一,是由于政治不稳定,社会秩序混乱,经济持续下滑,导致伊斯兰势力,特别是极端的伊斯兰思潮和恐怖主义在地区日趋活跃。极端分子和恐怖组织利用地区乱局,在一些国家布网落脚,并乘乱扩大影响。"伊斯兰国"在宣布成立之前,那些成员已经活跃在这一地区,从这个国家跑到那个国家,哪里混乱他们往哪里跑,在这些国家安营扎寨,扩大影响。他们利用了叙利亚和伊拉克的乱局以及民众的不满情绪,趁这一地区因为旧体制被推翻,新秩序未建立而出现的一个安全真空,高调打出了"伊斯兰国"的旗号。

"伊斯兰国"并不是一个简单的恐怖组织,它既是这个地区混乱的产物,也是本地区宗教意识形态长期争斗的结果和延续。这也是为什么到现在为止当地还有很多人资助它、支持它的原因之一,还有一些普通的阿拉伯人表示很佩服这些人的战斗精神。许多人不明白,为什么有那么多欧洲国家的人跑到那里去。事实上,这些人当中很多都是穆斯林移民的后代,他们虽然在欧洲国家生活了很长时间,但始终找不到自己的定位,得不到主流社会的认同,所以他们很容易被"伊斯兰国"的思想和理念诱惑,觉得在这里才能找到他们的认同。有些人是因为他们本身是穆斯林的后代,信仰伊斯兰教,有些是因为对社会不满而皈依了伊斯兰教,他们被"伊斯兰国"宣传洗脑,认为在那样的"国家"里,他们能够获得最大的尊重。

第二是中东传统的热点问题有了新的发展，比如巴以问题、伊朗核问题等等。巴以问题最近不断爆发新的冲突，而每次冲突都会引发伊斯兰世界广大穆斯林群众对以色列和被认为是一贯偏袒以色列的美国的不满情绪，这些情绪不仅会在巴以问题中表现出来，还会表现在其他问题上，比如说美国打击"伊斯兰国"，阿拉伯世界的反应就不是非常积极，民间就会觉得巴勒斯坦问题到现在没解决，在加沙地带老百姓到现在还生活在以色列的管控之下，过着十分艰苦的日子，美国为什么不去管呢？为什么我们要和美国一起去打"伊斯兰国"？中东国家穆斯林的这种情绪很强烈，包括我们国内有些穆斯林在谈这个问题时也有情绪，认为美国为何不去关注巴勒斯坦问题。所以巴勒斯坦的问题不解决，对地区安全形势也会有影响，虽然没有直接的联系，其实情绪上会影响到穆斯林群众对这个问题的看法。伊朗问题也是，美国与伊朗要签协议，沙特阿拉伯等与伊朗有矛盾的国家都盯着这个问题，担心美国与伊朗走近。所以当美国需要地区国家出面一起打击"伊斯兰国"极端组织的时候，这些问题都会成为这些国家考虑的因素。中东的许多问题都是互有联动的，所以地区热点问题的发展也会影响到整体的局势安全。

第三是由于美国战略中心的转移，把重点从中东转移到亚太来，比如美国从伊拉克撤军，现在又要从阿富汗撤军等等引起了一系列地缘政治的变化，对地区安全局势也产生了重要影响。我们知道，地区内很多国家原来都把自己捆绑在美国的战车上，认为只要跟随美国，安全就有保障。现在美国突然要撤了，重心不在这了，这些国家就感到不安。这也引发地区国家之间关系新的紧张。过去很多国家站在美国一边来对付伊朗，美国要跟伊朗签署核问题协议，并因此可能改善双边关系，一直与伊朗对立的一些海湾国家就觉得不爽，所以美国要拉地区国家一起反恐，打击"伊斯兰国"，一些国家就不愿配合，甚至有消息说沙特一度准备联合以色列对伊朗实施打击。所以，美国战略的调整引发的地区国家之间的关系紧张，也是影响中东整体安全局势的一个重要部分。

今年，中东形势虽然依然错综复杂，但还是出现了一些新的变化：

从外部影响看，美国战略重心转移的态势未变，但是它现在又被"伊斯兰国"牵扯住，到底美国最后会不会改变它的战略，重新回归到中东，这里面有很大的争议。这个问题如何判断，对我们下一步如何在中东开展外交非常重要。我个人认为，奥巴马在中期选举以后，已经是一个跛脚总统，他的外交政策受到国内政策很大的制约，他不可能一方面在乌克兰问题上跟俄罗斯长期对峙，同时又在"伊斯兰国"问题上纠缠不清，美国已经没有这个能力或者这个意愿来同时把重心放在几个方面。对美国而言，更重要的是还要应对中国的崛起。所以，我认为，美国迄今应对"伊斯兰国"的所做所为还只是策略上的而不是战略上的调整。美国主动空袭"伊斯兰国"军事目标,很多时候是为了做出表率,真实目的是拉更多的国家来参与对抗。我个人觉得,美国战略重心转移到亚太,这一点是没有变化的。奥巴马说对"伊斯兰国"要进行三年甚至更长时间的打击,直至摧毁这个极端组织。但很多国家对此说法不以为然,且不说奥巴马还有不到两年就下台了,未来的总统是否还会继续这样的政策还不好说,仅就目前的军事打击效果而言,要想彻底摧毁极端组织尤其是消除地区极端主义思想是非常困难的。因此美国未来究竟会做什么调整,现在还不好说,但总体上,地区国家都认为,美国对本地区的影响力会进一步下降。对中东同样有影响力的大国,比如说俄罗斯,因为现在自身碰到很大的问题,所以它在中东的影响力也在下降。欧洲其他的一些国家,现在都忙于本国的事务,总体上对中东政治的兴趣都在下降,今后更多看中东国家内部怎么整合,怎么把握自己的命运,而不是如过去那样主要靠外部的支持过日子,这是一个趋势性的发展。

从中东内部看新的动向有两点,第一,2010年开始暴风骤雨般的变革动荡,经过三年多之后,像埃及这样的"因变而乱"的转型国家现在正在向"乱后求治"的方向发展。说到底,老百姓要吃饭,要工作,这是最基本的诉求。2014年有两个案例很有代表性:一是由塞西领导的有军队背景的埃及政府用有争议的手法打败有穆兄会背景的民选总统摩尔西,不仅控制了局面,而且还站稳脚跟;二是10月30日由87岁高龄的突尼斯前外长和前议长埃塞卜西领导的、明确反对伊斯兰主义的"突尼斯呼声党"赢得议会选举,改变了之前由"伊斯兰复兴运动"控制议会的局面。这两个案例表明:1.伊斯兰力量在中东阿拉伯各国虽然有深厚的群众基础,但回归伊斯兰不是民众在这次变局中的核心诉求。2.恢复经济和社会秩序是民众衡量政府治国能力的基本标尺,民生问题是百姓关注的主要议题。

中东早期转型的国家,如埃及、突尼斯、利比亚等,它们为所谓的"革命"付出了惨重的代价,也为后续转型的国家提供了警示。中东现在已经进入到一个系统的转型期,中东的转型需求积压了很多年,内部体制、机制各方面都已经不能适应当今世界发展的潮流,所以它的转型是必然的。由于需求很强烈,开始几个国家的转型都是以极端的形式表现出来,是以一种"革命"式的激进方法实现变革,但是它们都付出了很大的代价。我们国家的改革开放持续了30年以后才开始进入深水区,因为我们有"文化大革命"的惨痛教训,所以我们这次转型就是要强调稳定、发展、改革,这个可以说是我们实践的经验。阿拉伯人在经历了三年多疾风暴雨式的变革之后,感受到了"革命式"转型带来的负面后果,所以后续国家就相对谨慎。"阿拉伯之春"为什么到了叙利亚就戛然而止了?这里面包含了各方面的反思。我觉得这是一个重要的看点，也是一个重要的变化。

第二，我们也可以看到"伊斯兰国"的发展也出现了一些新的动向。"伊斯兰国"今年6月宣布成立，但在这之前那些极端分子和恐怖组织已经存在。"伊斯兰国"刚开始势头很猛，但到年末的时候，已经受到很大的制约。它一开始的强大，是它制造了很多假象，很多媒体报道它如何轻而易举地攻城略地，如何残忍地杀戮，客观上扩大了它的影响。其实它没有那么强大，它迅速壮大的原因之一是因为它最初攻打的这些城市本身就是逊尼派集聚地，逊尼派的士兵不愿为伊拉克的什叶派政府卖命，主动放弃抵抗。萨达姆倒台后，马利基所代表的什叶派政府对逊尼派民众采取了压制政策，教派矛盾因此变得十分尖锐，逊尼派对马利基政府的仇恨甚至超过了对"伊斯兰国"的矛盾。在这种情况下，"伊斯兰国"才得以在伊拉克迅速发展。后来，"伊斯兰国"武装去攻打到库尔德人的领地就不那么容易了，库尔德人进行了顽强抵抗，因为对库尔德人来说这是关系到生死存亡的战斗。"伊斯兰国"武装打到什叶派聚集区，同样遭到顽强抵抗，因为什叶派也不会让出自己的地盘。此外，伊朗也明确表示，如果"伊斯兰国"敢于冲击什叶派领地，尤其是冒犯什叶派在伊拉克的圣地，伊朗绝不会坐视不管。在伊朗看来，什叶派在整个穆斯林中是少数派，伊朗作为最大的什叶派国家有责任去保护。所以，伊朗一定要千方百计

保护叙利亚的巴沙尔政权，因为巴沙尔是阿拉维派，也算是什叶派的一支，黎巴嫩的真主党也几次出面帮助叙利亚政府同反对派武装交战。因为真主党也是什叶派的。所以"伊斯兰国"刚开始的嚣张跋扈是有一定背景的。越到后来，它的恐怖主义面目就越清晰地呈现在全世界面前，国际社会认定这就是一个恐怖组织。到后来大部分逊尼派穆斯林也不认可它了，因为它破坏了伊斯兰形象。这也给增进支持它的一些国家和个人很大的压力，至少不敢公开支持了。我觉得"伊斯兰国"的军事实力被明显地夸大了，而最具威胁的是它的极端思想，在中东乱局之下，这种思想还是有一定的市场。但我个人而言，往后"伊斯兰国"的日子只会越来越不好过，它的钱财会越来越少，参与的人员也会越来越少，我觉得这是个趋势。现在有些恐怖组织表示要效忠它，但也有一些组织不认它的账，甚至出现矛盾和冲突。所以我觉得未来它要么被彻底打掉，要么主动调整策略，最后变成另外一个像基地组织一样的极端组织，跟政府斗，或者在地区寻事，但它能走出伊拉克，也走不出叙利亚。美国希望土耳其出力，但即使"伊斯兰国"武装打到了土耳其边境，土方依然按兵不动，这是因为，土耳其知道"伊斯兰国"根本没有能力进犯土耳其。土耳其最后同意境内的库尔德人与"伊斯兰国"交战，是因为在土耳其眼里，库尔德人问题比"伊斯兰国"问题更严重，土耳其库尔德人之前一直跟政府作

对，土耳其现在乐见库尔德人与"伊斯兰国"开战，互相消耗。但如果"伊斯兰国"武装真的打进土耳其去了，土耳其一定不干。

关于美国牵头组建国际反恐联盟，有专家认为美国这次要准备对"伊斯兰国"长期作战。但我觉得，到现在为止美国在应对中东极端思潮和中东恐怖主义问题上，还没有一个长期的战略构想，也没有打持久战的准备。美国所谓的三年打击计划，更多的是要以身作则，拉更多国家参与行动。因为在这个问题上，西方的盟国一直不是很起劲。我们看到，美国如果不是亲自去轰炸，其他国家就不会跟上，美国不派地面部队，其他国家就不会走在美国前面。利比亚战争后，许多国家都学乖了，当时打卡扎菲的时候，美国叫得最凶，但真要打了，美国却躲在了后面，不出一兵一卒，最后是北约国家去打。还有一个案例是叙利亚的化学武器事件，当年美国曾对叙利亚画了一条红线，称如果叙政府使用化学武器，美国就会不客气，后来叙利亚发生化学武器事件了，尽管没有证据证明这是叙利亚政府所为，但西方把控的国际舆论似乎一边倒地指责是叙利亚政府干的，并就此对美国施加压力，认为这次美国肯定要对叙利亚动武，但结果令许多分析人士大跌眼镜，美国不仅没有动武，还就此与俄罗斯达成了销毁叙利亚化学武器的协议。所以这次大家都看美国，美国不动，其他国家也不动，美国因此才不得不率先开始采取军事行动。所以，我认为美国现在没有一个战略上的调整，迄今所为都是一些策略上的变化。未来美国还是要更多地动员地区国家和国际力量来共同应对"伊斯兰国"威胁。

最后讲一下中国的中东外交。最近我们一直在做这方面的课题，为了这个课题，我们做了大量的调研，参加了多次国内外研讨会，发现中国中东外交认知上的一些问题。我们认识上的偏差不解决，就很难对我们的中东外交提出合理的可操作性建议。这里先把我们碰到的一些问题跟大家说一下。首先是对中东形势的判断。以前我们说得最多的就是形势怎么判断，可见形势判断的重要性。现在，我们发现，在对形势的判断上有很大的分歧。至少在学者层面，许多人看中东现在是一片混乱。于是问题就来了，既然中东这么乱，那中国还要不要进去？要不要更多地参与？有著名学者说，中东这么乱，美国人都要离开，我们去干什么？前段时间这确实是主流想法，在北京那些对决策有影响的专家都这么看。所以你可以发现，当前中国外交那么活跃，但是在中东问题上依然十分谨慎。当然这也是正常的，毕竟中东形势还是比较复杂。但是中国的中东外交在很大程度上与我们对形势的判断还是有密切联系。我个人认为，中国的外交已经走到今天这样的全球布局的程度，中东是躲不过绕不开的。我们在分析中东形势时，既要看到中东有乱的一面，更要看到有乱中求治的一面。各国求稳定、求发展还是主流的方向，中东对我们既有挑战的一面,但是更有提供机遇的一面。事实上,大家看到的形势是差不多的,但为什么有不同的看法?我想这与我们看问题时的立场和角度有关。举例来说就像看世界杯足球赛,因为我们不在参赛队伍里面,只是在外围看,心态就是一个普通球迷,看热闹而已,谁输谁赢与我们关系不大。但是如果中国是世界杯的参赛国,我们看球时的心态就会完全不一样,即使是其他球队比赛,我们也会算计其结果对中国队的利弊,我们会希望本国球队如何去扬长避短,争取最大的胜利。现在有许多人看中东问题常常是站在局外人的立场,用看热闹与己无关的心态和视角去看的,而事实上我们在中东的情况与我们参加世界杯的情形是不一样的。世界杯我们想进去但始终没机会进去,中东我们不但已经进去了,而且已经有很大的利益在这里,所以必须要作为一个玩家的身份去看。那边的任何情况都跟我们的利益有关。所以我们要仔细分析形势找出利弊,然后知道我们如何扬长避短,趋利避害。现在很多人还没从这个角色去看问题,所以会有认识上的偏差。这是我们在研究中东政策时碰到的一个很现实的问题。

第二个问题,也是我们经常碰到的,就是我们已经习惯了所谓上面怎么看下面怎么办,而下面在领会上级意图时往往高处拔,作过度解读。比如去年习主席提出了"一带一路"的构想后,似乎一夜之间就成为一种显学,现在人人都在谈这个话题,都在争做这个课题。这确实是值得认真研究的课题,但现在真正的客观的研究不多。许多人对情况不熟,也没认真调研,随随便便就写文章,有的专著也出来了,但仔细看,除了书名,绝大部分内容与"一带一路"毫不相干。还有的文章是随意拔高,将"一带一路"的战略意义无限泛化,以至于"一带一路"计划尚未实施,已经有相关国家质疑这一计划背后到底有什么战略意图。

对"伊斯兰国"现象的研究也有同样的问题。现在国家非常重视这个问题,尤其关注对中国安全的影响,所以仿佛一夜之间就有许多这方面的研究文章出现。但大部分研究只是应景,很多是根据西方的报道,夸大和渲染事态的发展,而真正客观深入的分析不多。

第三个问题,我们没有看到中国外交正从被动应对向主动塑造的转型,许多人看问题依然延续一种应对性的思路。我看了很多文章,讲到中东形势,最后有一个必定是挑战与对策。一方面,这是对的,确实是有挑战,问题是我们已经习惯性地看到的都是挑战,所以我们的对策都是应对性的。现在,我们更应该习惯看看另一面,看看我们有没有机遇的一面,比如同样看中东形势,如果我们能从自身的发展优势来思考就会发现,其实在中东"乱后求治"的过程中,我们会找到很多机遇。中东现在已进入漫长的转型期,而我们转型已经那么多年了,我们有很多经验和教训,尤其是有很多发展和治理理念可以与中东国家分享，这在很大程度上也是中国软实力的输出，甚至可以成为我们加强人文外交的一个新亮点，这一点做好了可以极大地提升中国在中东的影响力。

让我们再回到中东外交的话题上。中东外交属于中国大外交的一部分，服务于中国总体外交。现在中国已经明确确定了大国外交的战略定位，国家领导人明确宣布我们要走中国特色的大国外交之路。我们也已经看到，新一届政府成立以来，中国的外交已开始在全球布局，我们领导人多次走出国门，从周边走到非洲、欧洲再到拉美。与此同时，一些外交大举措、大手笔以及外交新理念纷纷亮相，显示中国已经确确实实走上大国之路，所以尽管中东地区仍有许多不确定的风险，但未来中国要更多地参与到中东事务是大势所趋。

最后再回到"伊斯兰国"的问题。最近美国一直在忽悠我们与其合作反恐，联手打击"伊斯兰国"恐怖组织，对此，我们一定要冷静以对，要用自己的眼光去审视形势，既要密切关注极端思潮和恐怖主义的动向，尤其是对我们安全的影响，但是也不能让美国反恐宣称扰乱我们的既定战略。对美国提出的国际反恐合作，我们既不能置之度外，毕竟全球都在关注这个问题，但是我们也要防止引火烧身。在这个问题上，我们应该尽快建立自己的国际话语体系。美国的反恐话语更多是强调军事打击，我们的话语是什么呢？我认为我们更应该强调恢复地区稳定对于消除中东地区极端思潮以及打击"伊斯兰国"等恐怖组织的重要性，我们可以高调表明我们愿意在推动地区稳定方面发挥更大的作用，可以以更积极的姿态，以更务实的做法去做推动中东稳定的工作。比如，在打击"伊斯兰国"的问题上，我们可以高调地去推动叙利亚问题的政治解决。现在各方面都面临一个共同的危险，"伊斯兰国"不仅对叙利亚政府，也对叙利亚反对派构成威胁。我们是不是可以以这个作为抓手，呼吁各方先搁置争议，也就是说叙利亚政府和反对派之间先不谈彼此争议，而是共同协商如何应对"伊斯兰国"威胁，因为"伊斯兰国"的存在和发展，对双方都是威胁。如果我们以此作为抓手，来促进叙利亚问题的政治解决，恐怕美国也不好反对。并且，这个设想提出来后，肯定会得到俄罗斯、伊朗及国际社会很多国家的支持，因为叙利亚政局稳定了，恐怖分子的活动余地就会大幅度缩小。我想，这是我们现在可以做的事情。叙利亚政府已经多次提出可以参与美国打击"伊斯兰国"的计划，而美国现在的做法是扶植、训练叙利亚温和的反对派，希望他们去打"伊斯兰国"，这样的做法极具风险，因为在这些反对派当中，当前真正反对的目标还是巴沙尔政府。美国帮助训练他们，而他们说不定反过来去对付政府，这对反恐局势是十分不利的，美国国内也有人意识到这个问题的风险。但是美国政要已经说过不与叙利亚政府合作，所以要转变立场很难。但是我们可以这么做，我们可以以推动叙利亚问题的政治解决来应对美国要我们合作反恐的压力。

黄民兴：非常感谢主办方的邀请，有机会到上海师范大学来参加这样一个高端的学术沙龙。刚才朱老师和李老师就"伊斯兰国"以及相关的一些问题进行了详细的阐述，我就不重复了，我就谈简单一点，从理论上来探讨一下"伊斯兰国"兴起的背景，具体情况不会讲太多。我要讲的理论就是民族国家构建理论，因为最近一些年来我一直在关注，自己也用这个理论，当然这是一个来自西方的理论，对西方的民族和政治问题进行探讨。

民族国家构建，首先要谈民族国家。民族国家我们都知道，是近代以来国际关系的一个主要单位，它主要是出现于欧洲，实际上民族国家这个词，我们后面谈到有单一民族国家和多元民族国家，实际上民族国家在外文里面原来的意思就是单一民族国家。和这个相关的，民族国家就涉及这样一个问题，民族国家是如何形成的、如何发展的。民族国家构建包括两个方面，一个是民族构建，一个是国家构建，所以它可以拆开成这样两个方面。民族构建讲的是什么呢？它说的就是一个民族作为文化政治共同体构建的过程与民族认同的形成过程。在这里我们所说的民族，在术语上很容易出现混乱。我们说中国指中华民族，又说我们有56个民族，这本身就是一个概念上的矛盾，因为中华民族指的是我们960万平方公里，这个在英文里面是nation，而这56个民族在英文里是nationality，这是和国家作为同一民众共同体的概念。所以我们在这里所说的民族构建指的是类似于中华民族这样的nation，所以是民族构建，这样的一个民族，它本身是一个文化的共同体，所以这就是斯大林所说的民族形成的一个要素，你要有共同的心理状态。原文我可能说得不太准确，但是他说的就是这个意思，所以在文化上必须要有统一性。在文化上的统一性相辅相成，在政治上是一个共同体，作为一个单一的国家，你只要是这个民族的一个成员，你也就是这个国家的公民，所以建立这样一个共同体，是一个发展过程。和这个密切相关的是要形成一种民族认同，举个例子，作为中华民族的成员，我们对中国这个国家就要有一个认同，只要有这个认同，就能保证这个民族共同体的稳定性、凝聚力，但是这样的文化政治共同体和民族认同有一个发展的过程。另外一个是国家构建，相对来说更直观一些，它指的就是这个国家的政治结构，它的制度和法律的建设，这里包括很多，我们说到的政府结构，即中央政府和地方政府，包括军队、警察等国家机器的组成部分，还有法律制度等等，有了这一系列的东西，才能算一个真正的国家，或者有良好治理能力的国家，所以民族构建和国家构建是相辅相成的。实际上有一个治理良好的国家，才能形成一个良好的国家和民族认同，两者是相互促进的。

另外，民族国家的发展过程，既是一个自然的过程，也是一个人为的过程，这点我们都很容易理解。从自然的过程来说，就是说这是一个共同体，有共同的语言和文化。但是在这个过程当中，也有人为的因素，比如说一个国家和政府，某种语言不一定是这个政府的官方语言，像最近以色列就取消了阿拉伯语的官方语言地位，这就是一种人为的干涉。这种干涉既会促进，也会妨碍，我们这里强调的是促进的作用，这种人为的干预在近代的欧洲国家的形成过程中就已经表现出来了。这是第一个方面。

下面我们来谈两个具体的构架，就是叙利亚和伊拉克民族构建的特点，因为"伊斯兰国"目前活动的范围，影响的主要是叙利亚和伊拉克这两个国家，我们就来看看这两个国家在民族构建和国家构建方面的一些主要特点。我们大致可以总结为五个特点。第一，他们都是奥斯曼帝国的领土，奥斯曼帝国是近代在中东形成的一个庞大帝国，奥斯曼是土耳其人统治，所以有时也称为奥斯曼土耳其。但是叙利亚和伊拉克又有一个共同点，这两个地区都是阿拉伯地区，是土耳其人统治下的阿拉伯地区。叙利亚原来也包括大马士革，包括其他哈马斯等。伊拉克在奥斯曼时期有三个省，就是巴格达、巴士拉和摩苏尔，所以本身在奥斯曼时期都不是一个单一的行政单位，不是按照现在的领土形成单一的行政单位，它的领土的形成就像朱老师提到的，它是英国和法国委任统治的结果。所以说从这点来看，我们可以说这两个国家有一个共同的历史命运和共同的发展潮流，它的历史命运是一样的，它的民族基本状况也是接近的，所以它有一个共同的发展潮流。阿拉伯民族主义在这两个国家独立的过程中发挥了重要的主导性的地位。阿拉伯民族主义就是主张在阿拉伯地区，尤其是在西亚地区，建立一个统一的阿拉伯国家。在奥斯曼的晚期有这样一个主张，但是这个主张由于英法帝国主义的干涉最后没有能够实现。

第二，它有地理位置和社会结构的共同点。如果打开地图看，这两个国家都位于阿拉伯世界的边缘地带，为什么这样说呢？因为他们的北边和东边都不是阿拉伯国家，北边是土耳其、高加索地区，高加索民族也主要不是阿拉伯人。再往东边是伊朗。我们经常认为叙利亚是阿拉伯民族主义的发源地，但是实际上叙利亚本身又处于阿拉伯世界的边缘，这个确实是值得我们关注的情况。和这个有关的，它的地理位置的边缘性导致了一个后果，这个地区民族宗教的多元化，一个你在边缘地区，不是中心地区，比如说中心地区，这个地区的政治经济不一定发达，你看阿拉伯半岛，它是在中心，但是这个国家反而是落后的，但是在民族性方面比较纯洁，基本上都是阿拉伯人，其他的民族比较少，这是我自己的理解。

这两个国家的多元性体现在什么地方呢？我们简单来说，像叙利亚有大量的基督教徒,在伊斯兰教兴起以前,中东最重要的宗教实际上是基督教,伊斯兰教发展以后,基督教最后的堡垒就是在今天的叙利亚、黎巴嫩和土耳其,土耳其最后被突厥人占领,但是叙利亚和黎巴嫩这个堡垒一直保留了下来。另外还有库尔德人,库尔德人从叙利亚延伸到土耳其、伊拉克和伊朗,这四个国家的边境都是相连的,都是库尔德人分布的地区,伊拉克因此也有很多库尔德人。伊拉克还有一个情况,它的主体居民是什叶派,而不是逊尼派,所以伊拉克有三个族群:逊尼派、什叶派和库尔德人。所以这两个国家最大的特点是它的多元性。从这点我们很容易得出一个结论,作为一个民族国家,要有凝聚力,作为一个文化的政治共同体,族群的多元性意味着民族国家构建面临一个很大的挑战。

第三,这两个国家另有类似的政治结构和权力结构,我们从两个方面来看:第一,在政治上,复兴党执政,也就是阿拉伯复兴社会党,这两个国家是阿拉伯世界或者世界上仅有的由复兴党执政的国家,所以他们的意识形态和权力结构基本上相同。在权力结构方面,有这样的特点,都是一党执政,权力高度集中,而且执政党对于整个国家机器及其他党派和社会团体、媒体实行严格的控制。他们还有一个特点,就是家族政治,这个是中东传统社会的影响,比如叙利亚是阿萨德家族长期控制政权,而伊拉克是萨达姆家族控制政权。这是从权力架构上讲。从意识形态上来看,都是复兴社会主义,也就是复兴社会党的意识形态,这种思想一般被认为是属于阿拉伯社会主义潮流,主要口号就是统一、自由和社会主义。

当然这个情况到现在又发生了一个很大的变化,这个主要发生在伊拉克。伊拉克因为美国的入侵,国家的政权改变了,所以掌握政权的不再是复兴党,而复兴党和谁是等同?和阿拉伯的逊尼派。现在掌握政权的是阿拉伯的什叶派,这是很大的变动,这个和"伊斯兰国"的崛起是有直接关系的。这是政治上的第一个特点。政治上的第二个特点,它是少数派执政,这两个国家都是少数派执政。叙利亚是阿拉维派,人口的比例应该是不到20%,一般认为是属于什叶派。叙利亚的主要人口是阿拉伯逊尼派,所以用一个什叶派的教派来掌握政权,来统治一个逊尼派的国家,这本身是一个很大的问题。伊拉克也是这样,在萨达姆时期是逊尼派掌握政权,来统治什叶派的人口,什叶派大概占这个国家人口的60%。他们都是少数派统治多数派,这是一个很大的问题。

第四,社会经济发展战略,这两个国家是接近的,因为意识形态都是阿拉伯社会主义,所以他们就在建国以后推动土地国有化、农村合作化,而且在发展战略上推动国家的工业化。当然我们要看到作为少数派执政的国家,这两个国家对被统治的主体族群也好,少数族群也好,包括库尔德人,也采取一些政策来笼络,如果不笼络的话,这个国家就很难稳定下去。

它也采取了社会经济方面的改革政策,甚至政治方面也有改革,但是我们应该说这个政策的力度是有问题的,不是没有政策,问题是力度有问题,所以才导致了今天这种情况。

第五,国家构建的特点。这两个国家大力推动国家认同,这就是我们刚才所说的,作为一个国家,要存在下去,就必须要有国家认同。叙利亚是一个非常有意思的国家,统治国家的是一个少数派,但是它所宣传的意识形态却是代表多数派的意识形态,所以这一点是它能够维持国家稳固的一个非常重要的原因。我们前面谈到了它是复兴党,复兴党的意识形态是阿拉伯民族主义,这代表的是阿拉伯逊尼派,所以这一点是很受逊尼派的欢迎,这是叙利亚政权维持的一个根本原因。伊拉克是另外一种情况,伊拉克虽然奉行阿拉伯民族主义,但是它在执政的后期强调伊拉克的历史起源,就是古代的美索不达米亚,它是一个统一的国家,有悠久的历史,然后用这点掩盖逊尼派掌握政权的现实,来笼络什叶派和库尔德人,也就是强调我们都有一个共同的历史,我们是一个国家,所以这是它在国家认同方面所做的工作。

以上我们谈了这两个民族国家构建的五个特点,但是仍然存在问题,问题可以简单概括为四个方面:一是经济发展的问题。实际上阿拉伯世界的经济发展问题是很多的,你不能简单看 GDP,人均 GDP 不是太差,但是问题在于一个是发展的速度,一个是发展的质量。我们讲发展,不是讲增长,增长就是看 GDP,发展要看内容,看教育、医疗等等,包括政府治理各个方面。

二是社会整合的矛盾。就是我们刚才说的,对于一个多元化国家,如何能够实现社会整合,这个方面的问题是很多的,也就是说这个矛盾始终没有解决。以伊拉克为例,伊拉克的什叶派的社会经济地位是比较低的,像伊拉克逊尼派在执政以后,有的政策表面上看是意识形态,实际上背后隐含着教派的内容。比如它的土地改革,像 1958 年以后伊拉克搞的土地改革是要打击什叶派的大地主,因为什叶派在农村的影响很大。另外在政治上,伊拉克 1963 年以后,复兴党执政时期,什叶派和库尔德人在内阁当中的比例在下降,还不如君主统治时期,这就证明它在国家整合方面存在着问题。所以当这两个国家的统治者在推动阿拉伯民族主义,要求统一时,实际上他们的少数族群是反对统一的,尤其是在伊拉克,什叶派和库尔德人都反对统一,如果统一起来了,这个阿拉伯大国主要的族群将是阿拉伯逊尼派,什叶派和库尔德人的地位将进一步下降,所以他们是反对统一的,这种社会整合的矛盾始终没有解决。

三是政治上的独裁。我们刚才已经提到了,有一个例子,比如说伊拉克,伊拉克的提克里特人,和萨达姆是老乡,他们占据伊拉克的党政军警各个部门。叙利亚从 20 世纪 60 年代就开始实行紧急状态化，开始实行戒严，到今天已经过去了 50 年了，50 年以后，这样一种政治上的独裁势必引起少数族群的反对。所以我们看到在伊拉克库尔德人很早就开始反叛了，实际上 1958 年建国以前就开始反叛，以后持续不断，什叶派后来也开始反对宪政，所以这两个国家政治上也面临很多的问题。正是因为经济、社会、政治上的种种问题，最终的后果就是 2010 年的"阿拉伯之春"，当然伊拉克这个问题不是很突出，伊拉克是通过另外一种形式来解决这个问题的，就是美国的打击，美国摧毁了萨达姆政权，建立起了一个刚才朱老师谈的教派政治，什叶派掌握了政权。叙利亚的情况跟其他国家差不多，阿拉伯之春，陷入了混乱，很多反对党反对它，主要是伊斯兰政党，包括温和派、极端派。伊拉克的问题，我们看到的情况是什叶派掌握了政权，过去受逊尼派压迫，但是上台以后没有展现你的大度，展现的是教派的狭隘，用过去的那种教派的歧视政策来对付逊尼派。所以对于这些国家来说，要真正地发展一种成熟的现代政治，还有很长的路要走。

四是外部干预。我们知道在冷战结束以后，西方国家，尤其是美国在中东地区所奉行的外交政策就是打压中东的地区大国，尤其是伊拉克，也包括叙利亚。因为这两个国家都是阿拉伯社会主义，都是和西方的意识形态不一致的。美国支持这两个国家的反对派，无论是世俗的还是伊斯兰的反对派，来反对当局，而且美国还对伊拉克进行制裁，联合国通过了决议对伊拉克实行制裁，对于这两个国家的政权都造成了很大的破坏。因此我们说，伊拉克和叙利亚这两个国家可以用西方最近一些年来提出的很流行的词来描述，就是失败国家，你不能够对自己的国家进行良好的治理，导致社会、经济、政治各个方面种种的问题，这样的国家就是失败的国家。冷战结束以后，威胁世界安全，导致各种不安定的很重要的一个原因就是失败国家，无论在亚洲、非洲还是其他地区。

因此在这样一个情况下，"伊斯兰国"的崛起就是不可避免的，因为正像朱老师所说的，伊斯兰国家会利用传统的意识形态，就是伊斯兰教作为反对政府的一种武器，它反映出一个教派的冲突，中东的逊尼派国家利用这个时机支持反对派来反对这两个政权，为什么呢？这两个政权无论是叙利亚还是现在的伊拉克都是什叶派当政的，但是非常具有讽刺意味的是，当叙利亚和伊拉克因为民族国家构建的困难遇到目前局面的时候，"伊斯兰国"恰好把问题的实质抓住了，它在统治范围内进行了比较成功的国家建设，也就是民族国家构建，它有充足的财政能力，有完善的行政管理，而且它大力争取民意，进行非常巧妙的宣传。比如强调它的哈里发的名称，这都是过去的伊斯兰组织不太使用的，而且它有很明确的建国目标，它划出了一个范围，虽然这是一个非常荒唐的范围，但是它有范围，过去的伊斯兰组织说要建立一个国家,你有领土范围吗?没有。而且它这个范围不是和现有的国家一致,它有设置哈里发的职位,它完全像一个真正的国家,它敢于挑战现有的民族国家,因此"伊斯兰国"的影响前所未有,它威胁到了本地区的许多国家,包括约旦、沙特、以色列、土耳其和黎巴嫩等,因此就成为国际社会反对的对象。

我简单说到这里,谢谢。

王建平:刚才已经讲了关于 ISIS 的起源、问题、走向以及中国的对外政策,这方面我就不多讲了,也没有时间允许我多讲。我主要关注我们国内,也就是中国的伊斯兰教发展的走向,如何避开中东地区的宗教极端主义思潮,这个也是我在过去二三十年里面一直观察和关注的。

十多年前我在中国社科院工作,2001年发生了9·11事件的时候,中国社科院从上到下对9·11事件的发生,都认为本·拉登干得好,是英雄,甚至有些学者在学术研讨会上公开提出未来是不是像亨廷顿提出的文明的冲突,儒家和伊斯兰联合起来对抗西方的犹太教和基督教这样一个国际政治格局。原来认为恐怖主义离中国很远,这十多年来亲眼看着一次又一次在中国发生这样的恐怖袭击,愈演愈烈,这个我也不多说了。今年出现了 ISIS,它提出的版图范围包括中国的新疆,同时 ISIS 里面还有中国人,网上至少有这样的视频,我一直关注中国穆斯林的网站,ISIS 出现以后,中国很多穆斯林是同情甚至欢呼,认为 ISIS 会实现穆斯林一直长久的梦想,伊斯兰世界一直处于乱象,软弱、分散、落后、挨打,提出忽然有人要建立一个哈里发政权,要统一伊斯兰世界,他们觉得很受鼓舞。更多的穆斯林学者认为,ISIS 是媒体的单方面报道,是美国西方新闻炒作起来的,所以对 ISIS 研究还不成熟,因为是单方面的。我觉得 ISIS 代表着一个极端的思想,这方面不多讲了,因为几位专家学者都说了,各位老师从源头上已经讲了 ISIS 这样一个极端主义的倾向。

我就讲中国特色的伊斯兰教,这种中国化的伊斯兰教是保障中国穆斯林不受中东和阿拉伯世界宗教极端主义思潮侵袭的最好武器。我们国家改革开放以后,落实宗教政策,伊斯兰教的发展是很快的,也有很好的一些情况,但是也出现了跟中国文化不和谐的因素。实际上从伊斯兰进入中国以后,中国的穆斯林先贤,像王岱舆、马注、刘智、马德新,实际上做得非常好,他们把中国的儒家、道家、佛教的一些思想和中国的伊斯兰融合起来,融会贯通,形成了一个非常好的中国伊斯兰的特色,这个特色有很多的特点,这些特点使得伊斯兰教传入中国以后,在 1400 年间,发展还是比较健康的,尽管有乾隆或者咸丰、同治年间穆斯林的起义,但是总的来说从唐、宋、元、明、清朝一直到民国,还是跟从中国的主流文化,形成了一些好的特色。

第一,就像我刚才讲的,它吸收了儒

释道这样的优秀文化成分,不歧视和抵制中国传统宗教,而且在伊斯兰汉文典籍里面用了大量的儒释道的宗教名词术语以及精髓思想来解释伊斯兰教教义和教理,特别吸纳了儒家的新理学概念。

第二,在遵照《古兰经》的同时,也提出要尊重国家管理者和主事者。中国穆斯林的先贤,以王岱舆、刘智为代表,总结出来"忠主顺君",以及近现代学者提倡的爱国爱教,甚至王岱舆提出来把一元忠诚改造为两元忠诚,这可以算是在伊斯兰教义上很好的创新或者革命了。

第三,承认中国穆斯林要遵纪守法,要遵守国家制度和法规,树立自己首先是一个中国公民,同时还是一个穆斯林,认为遵纪守法是坚守教义的一个重要部分,因为国家的法律体现了人民的最大利益,包括穆斯林的利益。

第四,宣扬爱国是信仰的一部分,以爱国为基础。所以中国的穆斯林在历史上和现在一样,都是维护国家的统一、领土完整,既然生活在中国,就以捍卫中国的国家利益为宗旨。

第五,海纳百川,有容乃大,学会包容,与其他的宗教文明友爱相处,而不是排除异己,这是对中国伊斯兰教,特别是它作为一个外来的宗教,怎么来适应主体文化的问题,我觉得这点是非常重要的。中国的穆斯林先贤把孔子看作是东方的圣贤和先知,这就代表了包容其他宗教、尊重其他宗教、虚怀若谷的一种精神。

第六,在坚守自己的传统文化习俗和生活习惯的同时,也要学会尊重其他民族文化和习俗。一些地方的穆斯林仍然保持这样一个很好的传统,庆祝自己的传统喜庆节日的时候邀请非穆斯林来作客,在非穆斯林节庆的时候也积极参加活动,哪怕是自己带着锅灶炊具、碗筷,自己带着清真食品,来庆贺中国的传统节日。

第七,遵行伊斯兰教法当中涉及个人功修的五功六行,所以中国的穆斯林先贤是不强调在中国社会里应用伊斯兰教法里的刑法、民法、商业法、教育法等等这些,或者跟中国宪法和法律相抵触的东西,强调的是个人的礼仪功修。

第八,在修建清真寺方面,中国从元明清时期一直到民国,都可以看到它的建筑形式吸收了中国传统文化,所以清真寺外表都是中国传统庙宇式的,但是里面绝对是按照伊斯兰教的反对偶像这样的精神,所以出现了中国传统建筑和伊斯兰建筑的融合,而且这样的中国伊斯兰建筑形式也得到了伊斯兰世界的认可。

第九,在宗教功修当中吸收了中国宗教传统中有益的养分,拉近与主流文化的距离,培育一种能够交流交往和容纳其他文化的亲和力,而不是持狭隘、贬斥的态度坚守唯我的文化是最优秀的,我的宗教最高乘的。我觉得中国的穆斯林先贤在这个方面做得很好的。

第十,理性解释经学,以合理解决实际问题为要务,所以处理问题很灵活,而不是教条、僵硬和死板。中国穆斯林先贤"以儒诠经",根据实际情况有应变能力,比如在民国时期，中国的穆斯林很多都是将领，包括白崇禧这样的高级将领，他们见到孙中山画像的时候都是鞠躬，他并不认为这样做就是违反了伊斯兰教的教义。

第十一，遇到了与非穆斯林发生纠纷和矛盾，处理的方法态度是根据正义、公平的标准，而不是袒护本民族的利益。在牵涉到司法纠纷时，主张通过法律途径来解决，我觉得现在穆斯林真的是要学习先辈们好的传统。

第十二，遇到困难尽可能依赖社区的力量和集体的力量来解决问题，而不是一味向国家伸手，或者是自恃少数民族或信仰特殊的群体地位，要优惠，要特殊照顾，要政策倾斜，或者向国家提出不切实际的要求。实际上新中国成立以来有少数民族的优惠政策，但是从唐朝到民国时期，没有这样的优惠政策，那个时候除了短暂的时段以外，中国的穆斯林跟周边的民族都是处得很好的。现在有优惠政策，但民族关系却出了问题。

第十三，优遇妇女，允许她们参加学习和工作，鼓励参与社会活动。中国穆斯林在历史上出现了中国特色的伊斯兰，就是有女学，妇女可以在清真寺里面礼拜，有女阿訇、有师娘，师娘带领这些妇女学习和交流，参加宗教活动。这个也是中国的特色。

第十四，学习伊斯兰知识的同时也学习主流文化知识，既学习阿拉伯文，也学习汉文，在交流当中不排除使用汉语。从明代以来，中国的穆斯林就开始用汉语、改汉姓、穿汉族的服饰等等，所以形成了今天的回族，甚至在经堂教育里面编写《三字经》《孝子经》《百家姓》这样的附会儒家典籍的通俗教材。

第十五，在伦理道德教育，积极采纳儒家的五常、五伦行为规范，把它们与伊斯兰教的五功相比拟，把儒家文化的纲常伦理和伊斯兰教的伦理道德相联系，都是"同此心，同此理，圣人之交，东西通，今古明"，我觉得这个也是非常好的。

第十六，在文化习俗上尽量采纳与主体民族文化习俗方面同意、同愿、同义、同理的成分来比较、交往，相联系，比如清真寺和民居建筑图案上采用莲花、蝙蝠、仙鹤、麒麟、龙凤等吉祥符号表达美和幸福，这种外表上的采纳一点也不影响清真寺内部的无形象、无偶像、无拟人化这样的教义。

第十七，借鉴儒家社会的宗教传统，扩展伊斯兰教的伦理观，中国有儒家传统，强调尊老爱幼、仁爱精神等等，中国的伊斯兰也是这样，强调忠孝，孝敬父母。

第十八，注重实际和实效，不尚浮夸奢侈，待人接物实在质朴，讲究人情和友情，宽恕他人之过，奉行中庸之道，以和为贵。我觉得中国穆斯林做得很好，特别是穆斯林社区里面有人做了违法乱纪的事情，他们配合政府积极去处理，对那些十恶不赦的人加以惩罚。

第十九，中国穆斯林在族内传教，一直保持低调，中国伊斯兰教有一千多年的传统，即一直不向外族传教，即便中国穆斯林处于有利的地位，像赛典赤赡思丁，元朝的时候作为一个总督省长的官员，在云南推行儒家文化。元朝的时候有30多个穆斯林曾经在朝廷里面任高官，他们都是很低调的，甚至不传教，也不搞伊斯兰扩张，也不强制外族人皈依或者改信伊斯兰，这种谦和低调的生活态度确保了中国穆斯林能够在儒释道文化占主流的中国社会影响下，长期得到生存和发展。

第二十，发扬忠恕之道，学会宽人律己，遇到不顺和不平时，善于委曲求全，坚持忍耐的精神，相信不合理不公平的现象是暂时的，主体文化、主体民众有纠错的能力和治愈过错的能力，主流社会也能够善待穆斯林少数民族。新中国成立以后，宗教改革一直到"文化大革命"，我觉得中国穆斯林即便在这样的灾难时期，也是跟中国主体民众一样，委曲求全，并没有起来进行大规模的运动。这个是中国伊斯兰教的特点。

当然中国三十多年来改革开放，出现了很大的变化。相比较中国穆斯林先贤的时代来说，当今的中国穆斯林中出现了一些倾向，就是要去中国化，要把麦加或者是中东的伊斯兰模式引进中国，比如把那些传统庙宇式的清真寺都拆掉，建那种完全是阿拉伯式的，我觉得这也不是不可以，现在多元化，但是你强调中国寺庙式的清真寺是不符合伊斯兰教，要强行拆掉，这就有点极端化了，是去中国化了。有些地方甚至于什么都要清真，要清真水、清真出租车、清真日用品等等这样的

一些现象，我觉得也是违背了中国的传统。新中国成立以后有很多的优惠政策，这也是考虑到政府在20世纪50年代、60年代认为少数民族的确是受过去的压迫，比如教育方面、经济方面比较落后的状态，所以采取了一些这样的优惠政策，但是一定要强调这样的优惠政策并非天经地义，甚至于借优惠政策向国家漫天要价，这都是不谨慎的，也不符合中国伊斯兰教的优良传统。在伊斯兰法上现在出现了一些新的情况，在婚姻、商业、遗产问题上等等，都开始引进用伊斯兰教法，这个也是不谨慎的态度，各方面还是要考虑到中国的国情、中国的法律情况。还有意识形态方面，在中国生活一千多年，很多穆斯林改用汉姓，用汉语，穿汉族的服饰，这个也是发展的结果，现在又开始出现了回潮，甚至阿拉伯半岛游牧民族的方巾在西北地区也开始出现了，比如新疆原来有特定的伊斯兰传统，最近二十年来也出现了阿拉伯的罩袍，就是阿富汗、中亚地区和山区偏远地区的罩袍，还有蒙面的习俗等，当然个别的也可以，但是现在出现越来越多的这样的现象。我觉得从中国穆斯林的利益来考虑，你既然生活在中国，还是尽量要走中国特色伊斯兰教的发展道路，与主体文化保持一个和谐关系，而不要照搬阿拉伯或者中东的模式，跟中国主体文化造成一种张力，从长远来看这对中国的穆斯林也是一种很大的伤害，是不符合广大穆斯林的根本利益的。

以上仅仅是我个人的看法，不对的地

方请专家们批评指正。

我问李伟建研究员一个问题，我也跟阿拉伯的外交官和学者交流过，他们觉得中国二三十年来国际地位上升很快，中国可以算是一个世界大国，很有可能在未来替代美国，但是中国在中东的政策上，他们觉得令阿拉伯国家非常失望，在宗教极端主义和国际恐怖主义的问题上没有旗帜鲜明地站出来，我也听他们讲过这个问题，能不能谈谈？

李伟建：我觉得有两方面原因，一方面是我们这边的原因，我们过去长期以来的政策，根据我们自己的国情来制定，而不是根据对方的需求来制定，是考虑我们自己的。在这之前很长一段时间，我们的外交重点是美国、大国或者是周边。我们接受的教育是韬光养晦，总体超脱，很多年都如此。还有就是不要让美国解套，让美国在那里搞，对我们有好处，因为我们整天面对美国，如果美国被锁在那里，我们就可以有更大的发展空间。我们讲的大都是原则性的，首先有个前提，即不要过度参与，我们也发挥不了什么作用。巴以问题讲讲原则可以，美国那么大的力量都没有解决，这么多年冲突，我们怎么能解决？所以你看过去整个的政策都是一些原则性的，我们外交的目标方向决定了不可能有大的动作。到现在为止，我们还没有完全转过来，很多人的观念还是停留在这儿，所以这次 ISIS 出来了，美国在那边，我们去干什么，是有这种想法，在过去很长一段时间主导了我们的外交，所以我们就不会有太多的行动。除了石油，我们讲中国的中东利益，讲来讲去都是一些具体利益，石油、能源、市场，这些东西我们是在抓的，这是我们的方面。对方来说，你听到的太多了，我们没办法满足。你说我们对这种极端恐怖分子，当时很多的阿拉伯人求我们站在他们那边去对付美国，不是去对付 ISIS，是对付美国，你们应该跟我们站在一起，而我们是想跟随美国，至少表面上是一种合作关系，这个关系要处理好，合作依靠只是外交表面，内部都有自己的目标所在，所以两边的情况都有。现在有点不一样，原来不想做的，或者可以逃避的东西，现在逃避不了了，作为一个大国，所谓大国的责任，人家对大国的要求都提出来了，大国对这个地区的热点问题，必须要参与，所以我们现在开始试图去参与。过去是不参与。刚才说我们取代美国的说法是忽悠人的，我们永远也不可能取代美国，这是我个人的想法。我们这次进去更多地强调国际合作，在中东问题上没有一个国家可以单独去解决，一定是国际合作的层面，我们不是利用过去的想法把美国套在里面，是我们一起，美国也不要跑，大家一起来做，这个才是我们现在要做的。

朱威烈：现在实际上是两种需求，第一个需求是地区国家和阿拉伯国家包括伊朗，都希望中国在中东问题上发挥更大作用；第二个需求，从 2010 年开始到现在，中美如何在中东加强合作，现在的问题摆在中国外交面前。我们说作为一个世界级别的大国，如何更加有所作为，从哪条渠道去考虑？首先我们的思路要搞清楚，我们不是应谁的要求来做什么，而是跟我们的中国梦战略，跟我们的外交战略是合拍的，要谋划这件事情。"一带一路"对阿拉伯国家已经提出来了，包括软硬两方面，6月5日已经明确了，以能源合作为主轴，投资便利化和中国海合会自贸区为商业方向，然后是新能源、核能、外太空合作，那是经济方面的。人文方面增加培训多少人，举办中阿友好年（2014—2015），在未来10年当中有1万名中阿艺术家互访等等这样一些活动，这是一个方面。问题是中国在中东如何发挥影响，指导思想是什么？我们现在先要搞清楚。从20世纪90年代我们定了外交政策是总体超脱适当介入，到了2006年以后开始提出来大周边的概念，因为你不提大周边你就没法放了，因为大国是关键，周边是首要，发展中国家是基础，多边合作是舞台，这25个字的外交政策里面，中东在哪儿？中东是大周边，中东也是发展中国家，这个定位就比较清楚。现在是什么情况？到现在为止最大的困惑就是习和李都还没有出访，只有中东没有出访，请问怎么部署？怎么开这个局？当然这个月马上要接待埃及总统来访，下星期去访还是来访，我是赞成来访，因为如果是去访，马上面对穆兄会。在穆兄会仍然游行示威不断的情况下，你给总统支持一下，他出来，他毕竟代表的是埃及，那就好谈，谈什么项目，中国怎么表示，你的软实力怎么施加影响，所以现在问题已经非常具体了，我们能出什么样的主意让这条道路走通，确实达到最后互利共赢的目的，这个题目是很难做的。

李伟建：明年可能习去伊朗。

朱威烈：都在谋划之中，因为你去伊朗，海合会你去不去？我们讲以能源为轴心，我们从海合会国家进口的油占的比例是非常高的，因为2013年中国进口石油量是54%左右，从阿拉伯国家进口是47%，总进口量的一半是这个地区来的，像沙特我们是5000万吨的。跟俄罗斯说30年、40年合作协议，才1500万吨。我们搞中东研究的人，会觉得这个算什么数量啊，大头还是中东。中亚跟中东怎么比。我们如果离开了油和气，别说现代化建设马上就受阻，而且气候变化我们根本就没有牌可打。中国的核心问题是用煤太多，把煤变成油、变成气，现实吗？一条道路，就是必须把煤的消耗量降下来，把油气的消耗量弄上去，要不然北京雾霾、上海雾霾会不断出现，所以这一块必须确保。

在这个确保过程中，中国还能够做什么？我是明确提过建议的，我被《环球时报》记者逼急了？说ISIS闹事中国应该派军队，因为那里中国的项目最多，在伊拉克应该派军队保护项目，伊拉克境内长途电话也过来了，说朱老师你一定关注一下，这个项目不能撤，中国的项目主要在这儿，包括石油和电力。上海是电力，2500人，上海老想把人撤回来，这是绝对不可以的,因为两期工程到明年春节就完工了,你凭什么说要撤?人家副总理、部长到场了,希望你这个项目能够做下去,因为缺电,有油有气,但就是没电。中国的项目好不容易竞标上来,说撤就撤了,一个是加强你的保卫措施,这是应该的。我的建议是这些事情要按合同办的,当然也应该加强保卫,中国的军警特警、退休人员是可以做民间保安公司的,可以高薪聘请,我们有些退休人员身怀绝技。我们在叙利亚的使馆,那天张勋大使回来,我问他,你8个保镖怎么样,他说一个人能对付50个人,长短武器都行,我们是有这种人手的,退休下来有个安排问题,所以像这样的公司,我们中国也应该组建。我们应该信守合同.另一方面形势判断要对,巴格达能打下来吗?巴格达打下来中国、美国首先遭殃。还有一个要关注的,我是不主张派军队的,因为《环球时报》老跟我讲派军队,我说你秀肌肉给谁看?而且里面深层次的问题就是中国应该千方百计避免跟伊斯兰国家结仇,特别是不要有血仇,莫名其妙你去打,有血仇就没完了。美国出的问题在那儿,小布什一反历届总统的做法,所有的国家靠边站,我来打,这是美国荒唐之极的举动。二战以后美国从来没有人这么干,1948年第一次阿以战争,美国就是不出人,美国人有去的,那叫志愿兵。帮助以色列去打阿拉伯人美国出动的犹太青年不是军人,身份是志愿兵,美国没有派过军人,美国派军人是联合国有决议的,把萨达姆从科威特赶出去,那时美国才出兵。但是老布什见好就收,不直捣黄龙,把他赶出去以后又回来了,不再往前走。小布什打伊拉克以后,那是血仇,那是美国人结下来的。中国跟伊斯兰国家传统友好关系不要丢,没有历史恩怨,没有利益冲突,更没有血仇。今天美国组建的60多个国家的国际反恐联盟是不应该参加的,因为中国的反恐政策很清楚,联合国为主导,这个反恐联盟美国是主导,又不是联合国,中国干吗要自告奋勇,没有必要,这个不叫发挥更大作为,这是盲目性,所以我想的问题就是民主和民生、经济和军事,我们更多要考虑民生,更多要考虑经济。中国的大国崛起,"一带一路"的核心是经济带,中国没有说我要建一个"一带一路"的军事带,甚至也没有说要建安全带,那可以在里面,但是它明确讲的是经济带,所以中东外交的主旋律打的是经济牌,思路要朝那方面去想,而不是去替补谁,帮谁出力,都不是我的事。所以这是一个非常敏感的题目,政策性非常强,因为国内还有两千多万穆斯林,他们的想法跟上层的想法不一样,一方面新疆问题很大,要想对策。现在有些内参领导人批得太快,此人不一定懂中东,别瞎写,听来的,你去过中东吗?你跟人家生活过?你是想当然,没有影子的事情,不能形成文字,你要形成文字,要有经验,要有实践,这一块是蛮要紧的,我就讲这些。

朱新光:让我们以热烈的掌声感谢四位专家的演讲。

文献与史料

描述匈人的最早文献

□ 刘衍钢

摘 要：匈人是欧洲历史上最重要亦是争议最大的民族之一。古典文献中对匈人的最早记载主要集中在马塞里努斯的《历史》一书中。本文提供完整的译文，以供研究者参考。

关键词：匈人；阿兰人；晚期古典；马赛里努斯

译文简介

匈人（Huns，拉丁语为 Huni 或 Hunni，希腊语为 Ovoι 或 Ovvoι）是晚期古典史上的重要民族。这个来自东方草原的游牧族群于公元 375 年左右始为古典文明世界所知，之后他们活跃于欧洲历史舞台约八十年，凭借强大武力称雄于欧洲两大草原[①]，推动亚欧草原西部与温带欧洲森林地区诸民族的大迁移（Die Völkerwanderung），间接促成了西罗马帝国的灭亡以及之后欧洲的民族分布格局。[②]

关于本文作者马塞里努斯（Ammianus Marcellinus）的卓越历史地位，笔者已有专文论述，[③]这里不再赘述。马塞里努斯在其《历史》（Res Gestae）的最后一卷（第 31 卷）中记录了他所生活年代的最巨大灾难——由匈人入侵欧洲所引发的一连串事件，最后的高潮是公元 378 年的阿德里安堡会战（Battle of Adrianople），罗马皇帝瓦伦斯（Valens）阵亡于是役。这一卷的基本架构模仿古典悲剧，开篇第一章讲述种种灾难的预兆，渲染悲剧气氛。随后在第 2 章追溯"悲剧的源头"，也就是匈人这个"野蛮超乎想象"的族群。这一章也就是本篇译文。

这篇记载之所以重要，是因为它是有关匈人起源的最早、最重要甚至可以说是唯一的记载。还有其他关于匈人

---

① 即南俄平原与多瑙河平原。
② P. Heather, "The Huns and the End of the Roman Empire in Western Europe" *The English Historical Review*, 110 (1995), pp. 4–41.
③ 刘衍钢：《马塞里努斯生平考》，《古代文明》2012 年第 2 期，第 27-34 页；刘衍钢：《马塞里努斯的撰史风格》，《史学理论研究》2011 年第 2 期，第 55-65 页。

的历史记载,比如普里斯库斯(Priscus)史著残篇中有作者出使匈人王廷的亲身经历,内容更真实生动。但普里斯库斯的时代已是匈人历史的最后阶段,此时的匈人与八十年前的祖先已有天壤之别。匈人进入欧洲时极端落后,不可避免在之后的扩张过程中大量吸纳周边民族的文化习俗与社会组织等。因此普里斯库斯笔下的匈人社会生活虽翔实丰富,但较之早期的匈人早已面目全非。此外还需要指出,马塞里努斯的历史见识与求真精神在晚期古典史家中首屈一指,远胜他人。① 因此,要了解匈人起源及其早期社会文化,马塞里努斯这篇记载的价值无疑是最大的。

这篇古典文献国内已有翻译。其中最重要者为齐思和先生的译文,②齐先生的译文译自英文,内容不完整,部分内容跟原意有偏差。另有一些零星译文与原文含义差别很大。③ 这些译文之所以不准确,部分是因为译者并非专业古典史学者,对古典历史与相关研究成果缺乏全面深入的把握。例如齐思和先生在有关匈人史的代表作《匈奴西迁及其在欧洲的活动》中谈道:

> 匈王阿提拉在述说他的先世时,自豪地说,他可以将他的先世追溯到一千多年前的著名匈奴领袖们。他列举的名字和中国史书中记载大致吻合。这显然是根据他们的部落传说,绝非出于臆造;也进一步证明,匈人是匈奴的后代。④

引文中一些不严谨之处不予多论,本段最关键的内容,即"匈奴领袖"的名字"和中国史书中记载大致吻合"之说是不能成立的。由注释看,齐文这段叙述引自20世纪初著名古典学者布瑞(J. B. Bury)的《晚期罗马帝国史》(*History of the Later Roman Empire*)。⑤ 而核对布瑞的原文可知,布瑞的记述来自德国汉学家夏特(F. Hirth)的论文。⑥ 夏特之说带有极大的是似而非成分,故而布瑞也未将其写入正文,只在引文中当作一种观点加以介绍。实际上,布瑞本人对于这类说法一直抱怀疑态度。⑦ 齐文断定这些传说"绝非出于臆造"有失客观。如果深入分析,那些所谓的"部落传说",现在已能大体确定是臆造。

首先需要说明:古典史料中并无关于阿提拉祖先的记载,所谓"阿提拉先世"的内容,最早出现于15世纪末匈牙利史

---

① E. A. Thompson, *The Huns*, Oxford: Blackwell Publishers, pp. 11–14.
② 齐思和:《中世纪初期的西欧》,商务印书馆1962年版,第28—34页。
③ 例如《草原帝国》,商务印书馆1998年版,第108—109页。
④ 林幹选编:《匈奴史论文集(1919—1979)》,第135页。
⑤ J. B. Bury, *History of the Later Roman Empire*, London: Macmillan and CO. Limited, 1923, p. 273.
⑥ 夏特的论文《阿提拉世系》(Die Ahnentafel Attilas),1900年发表于《圣彼得堡科学院通报》。
⑦ E. A. Thompson, *The Huns*, p. 1.

著——图罗兹的约翰（Johannes de Thurocz）所著《匈牙利编年史》（Chronica Hungarorum）。当时匈牙利人以匈人后裔自居，因而书中有少量篇幅谈及匈人。这部分关于匈人的内容采集自民间传说，内容非常含混。由于约翰的时代距离匈人时代已逾千年，加之匈牙利人与匈人间的传承关系早已被现代学者否定，因此现在看来这部分记载并无历史价值。另外夏特对于这些匈人祖先名称与中国史籍中匈奴单于名的对应亦颇为牵强，有的近乎荒唐。比如"米克"（Mike）这一明显带有基督教色彩的名字按照读音被对应为老上（Lau-schang）单于。① 事实上，中国史籍中的"老上单于"是意译而非音译，这位单于的真正名称为稽粥（Ki-jok），②因为即位时年事已高而号"老上"。由上述分析可知，如此读音对比臆想成分居多，并无实际意义。现代学者经过深入研究《匈牙利编年史》已得出结论：这些所谓"阿提拉祖先"的原型实为 10 至 13 世纪的匈牙利人领袖，他们的名字在数百年间经改头换面融入民间传说，成为匈牙利人心目中英雄国王的祖先。③ 自然，这些领袖不可能与千年之前的匈奴领袖有任何关系。夏特的说法在欧美学术界早已无人支持。

为了方便国内学者对这段古典史的研究，笔者将这一章由拉丁语原文重新译出。为保持内容的完整连贯，同时也便于比较分析，与匈人关系密切的阿兰人部分也一并译出。马塞里努斯将匈人与阿兰人合在一章介绍，固然因为阿兰人是匈人入侵欧洲的盟友，同时也是考虑到两个民族间的密切联系以及他们的共同点和差异。④ 事实上阿兰人是远比匈人重要的民族，这个民族在亚欧草原历史中一直扮演重要角色，其影响远达中国。⑤ 直到今天，阿兰人后裔依然是高加索地区的重要族群。⑥ 因此，对于这个民族的相关记载我们也应当予以重视。

马塞里努斯著作中有大量地理学和民族志篇章，其中匈人部分最为独特，因为这部分内容皆来自当代人的叙述与作

---

① 米克这一名称源自《圣经》中的天使米迦勒（Michael），见《但以理书》《犹大书》及《启示录》。
② 稽粥的汉语读音为"鸡育"，一般认为这个名称与 13 世纪的蒙古大可汗贵由的名字来源相同。
③ 参看德国学者利盖提（Von Ludwig Ligeti）的论文《阿提拉的家谱与匈人单于名释》（L. Ligeti, "Die Ahnentafel Attilas und Die Hunnischen Tan-hu-namen", Asia Major, 2, (1925), pp. 290-301）。
④ 事实上马塞里努斯在其史著的第一部分早已提到过阿兰人。见 Ammianus Marcellinus, XXIII.5.16.
⑤ 13 世纪蒙古势力扩张至南俄草原后大量招募阿速人（即阿兰人，因生息于亚速海一带而得名）充任精锐部队。在忽必烈灭亡南宋的战争中，阿速军队曾发挥重要作用。后来阿速军队参与了元帝国的众多战争与政治活动，比如 1323 年元英宗就是被阿速禁卫军谋杀。此外，阿速人也是中国境内最早信仰天主教的民族。见《元史》卷 29，卷 132 等；勒内·格鲁塞：《草原帝国》，第 387-388 页。在欧洲历史上阿兰人同样扮演过重要角色，为参与晚期帝国民族大迁徙的重要民族之一。见 D. Sinor, The Cambridge History of Early Inner Asia, pp. 113-117.
⑥ 阿兰人的后裔即今高加索地区的奥塞梯（Ossetia）人。

者的亲身观察，未借鉴前人记载。① 马塞里努斯喜欢引经据典，在叙述各民族特性时尤其如此，但在述及匈人时完全未提到别人的说法。有关这部分记载的真实性，多少仍存争议。主要是因为对当时的古典史家而言，匈人乃全新民族。马塞里努斯记载匈人时，罗马人知道该民族的存在不过十五年。另一个原因在于马塞里努斯与匈人接触不多，所获得的资料多为二手，更有学者认为马塞里努斯从未见过匈人。② 然而，对于这些记载的可靠性我们也不应低估。马塞里努斯治史态度非常真诚，在记述匈人时坦承资料有限，"我们的古代历史记载中很少提到这个民族"，③因而所言内容的可信度相对较低；而对于其他某些民族，比如与匈人并列的阿兰人，则"经历长时间的各种探寻和了解，最终我们已经对这个民族的内部实情有所了解"④，因此相关记载自然更可靠。实际上在马塞里努斯撰写其历史时，罗马人对匈人已并非全然陌生。在晚期罗马帝国，任何有权势的人都能轻易雇佣到匈人战士。阿德里安堡会战中就有匈人参战；⑤马塞里努斯也提到战后劫掠色雷斯及围攻君士坦丁堡的蛮族队伍中有不少匈人；⑥此后罗马军队中也一直不乏匈人雇佣兵。⑦ 因此马塞里努斯极有可能与匈人有过直接交往。⑧ 马塞里努斯这篇关于匈人的记载被罗斯托夫采夫赞誉为"现实主义杰作"，⑨其基本内容的真实性已获得现代学者充分肯定。⑩

笔者的译文以美国哈佛大学洛布（Loeb）古典丛书本为主要参考文献，译文全部由拉丁语原文直接译出。在翻译过程中为求精确，参考了英国企鹅（Penguin）古典丛书本，同时部分参考了德国的克拉克（C. U. Clark）本与图布纳（Teubner）本与其他较早译本。主要版本如下：

Ammianus Marcellinus, *The Later Roman Empire*. London: Penguin Books, 2004.

Marcellinus, *Ammianus Marcellinus*, Vol. I–III, The Loeb Classical Library. Lon-

---

① Ammianus Marcellinus, *The Later Roman Empire*, London: Penguin Books, 2004, p. 474.
② E. A. Thompson, *The Huns*, p. 10.
③ Ammianus Marcellinus, XXXI.2.1.
④ Ammianus Marcellinus, XXXI.2.12.
⑤ E. A. Thompson, *The Huns*, pp. 29-30.
⑥ Ammianus Marcellinus, XXXI.8.3-4, XXXI.16.5.
⑦ P. Heather, "The Huns and the End of the Roman Empire in Western Europe", p. 9.
⑧ 门琴黑尔芬认为马塞里努斯见过一些匈人商人。见 J. O. Maenchen-Helfen, *The World of the Huns*, Berkley & Los Angeles, University of California Press, 1973, p. 361.
⑨ E. A. Thompson, *The Huns*, p. 11; J. O. Maenchen-Helfen, *The World of the Huns*, p. 9.
⑩ Cameron, A. & Garnsey, P. *The Cambridge Ancient History*, Vol. XIII, Cambridge: Cambridge University Press, 1998, p. 500; E. A. Thompson, *The Huns*, p. 24.

don: William Heinemann, 1958-1982.

Ammianus Marcellinus, *Res Gestae*, C. U. Clarke (ed.). Berlin: Weidmann, 1963.

Ammianus Marcellinus, *Ammiani Marcellini Rerum Gestarum Libri Qui Supersunt*, W. Seyfarth (ed.). Leipzig: B. G. Teubner, 1978.

译文

XXXI. 2. De Hunnorum et Alanorum, aliarumque Scythiae Asiaticae gentium sedibus et moribus

第31卷第2章,关于匈人、阿兰人以及其他亚洲斯基泰民族的位置以及习俗

1. Totius autem sementem exitii et cladum originem diversarum, quas Martius furor incendio solito miscendo cuncta concivit, hanc conperimus causam. Hunorum gens monumentis veteribus leviter nota ultra paludes Maeoticas glacialem oceanum accolens, omnem modum feritatis excedit.

不过我们要追溯悲剧的源头,也就是彻底的毁灭以及众多失败的起因,是马尔斯的雷霆之怒以吞噬一切的永恒烈焰将其唤醒。这就是匈族,这个居住在麦奥提克(Maeotic)沼泽①地以外冰冻海洋之滨的民族,我们的古代历史记载中很少提到这个民族。

2. Ubi quoniam ab ipsis nascendi primitiis infantum ferro sulcantur altius genae, ut pilorum vigor tempestivus emergens conrugatis cicatricibus hebetetur, senescunt imberbes absque ulla venustate, spadonibus similes, conpactis omnes firmisque membris et opimis cervicibus, prodigiosae formae et pavendi, ut bipedes existimes bestias vel quales in commarginandis pontibus effigiati stipites dolantur incompte.

匈人孩子刚一出生,他们的面颊就被刀深深刻划,这样当他们长大时,脸上的刀疤纹路会阻止胡须生长。因此成年后的匈人相貌丑陋,没有胡须,形同阉人。所有匈人都有着紧凑强壮的四肢,肥短的脖子,而且身材畸形,样子可怕。如果见到他们,你会觉得他们像双腿野兽,或者是排列于桥梁上那些粗制滥造的雕像。

3. In hominum autem figura licet insuavi ita visi sunt asperi, ut neque igni neque saporatis indigeant cibis sed radicibus herbarum agrestium et semicruda cuiusvis pecoris carne vescantur, quam inter femora sua equorumque terga subsertam fotu calefaciunt brevi.

匈人相貌凶残,外形粗陋可怕,不过他们生活需求却极低:他们不需要火,也无须可口食物,他们食用野草根和半生不熟的肉类。至于肉类来自何种牲畜,他们概不计较。为了加热,他们会把肉放在自己大腿与马背之间捂一小段时间。

4. Aedificiis nullis umquam tecti sed haec velut ab usu communi discreta sepulcra

---

① 指亚速海。

declinant. nec enim apud eos vel arundine fastigatum reperiri tugurium potest. sed vagi montes peragrantes et silvas, pruinas famem sitimque perferre ab incunabulis adsuescunt. peregre tecta nisi adigente maxima necessitate non subeunt: nec enim apud eos securos existimant esse sub tectis…

他们从不盖房子，而且避之如同我们躲避坟墓。在匈人之中，你甚至找不到一间哪怕是芦苇编成的陋室。他们漫游于森林和群山，从出生之日起他们就惯于忍受饥渴与严寒。即便身在其他民族之中，他们也不会待在房屋里，除非是迫不得已。因为他们认为身处别人屋顶之下很不安全。

5. Indumentis operiuntur linteis vel ex pellibus silvestrium murum consarcinatis, nec alia illis domestica vestis est, alia forensis. sed semel obsoleti coloris tunica collo inserta non ante deponitur aut mutatur quam diuturna carie in pannulos defluxerit defrustata.

匈人以亚麻衣服或缝在一起的森林鼠皮蔽体，无论在私人场合还是在公开场合，他们都只穿一种衣服。他们偶尔也会穿上我们的束腰外衣，不过这些衣物都很破旧，而且他们不懂得换洗。直到衣服被磨损撕扯成布条，他们才会把它们脱下。

6. Galeris incurvis capita tegunt, hirsuta crura coriis munientes haedinis, eorumque calcei formulis nullis aptati vetant incedere gressibus liberis. qua causa ad pedestres parum adcommodati sunt pugnas, verum equis prope adfixi, duris quidem sed deformibus, et muliebriter isdem non numquam insidentes funguntur muneribus consuetis. ex ipsis quivis in hac natione pernox et perdius emit et vendit, cibumque sumit et potum, et inclinatus cervici angustae iumenti in altum soporem ad usque varietatem effunditur somniorum.

他们戴着弯形皮帽，以羊皮遮盖他们多毛的双腿。他们穿的鞋子没有硬底，这使得他们在地面上行走不便。因此之故，匈人完全不适于徒步作战，但说来令人难以置信，他们几乎完全生活在马背上。他们骑乘的马匹非常丑陋，但不可否认其忍耐力超群。匈人骑马姿势奇特，犹如女人，[①]他们就骑在这些马匹上从事日常活动。这个民族的人能够整日整夜待在马背上，他们在马背上做买卖，在马背上吃喝，还会弯下身子伏在他们矮马的脖颈上沉沉入睡，进入梦乡。

7. Et deliberatione super rebus proposita seriis, hoc habitu omnes in commune consultant. aguntur autem nulla severitate regali sed tumultuario primatum ductu contenti perrumpunt quicquid inciderit.

即便是遇到重大事情需要认真商议时，他们也待在马背上保持这种姿势。匈

[①] 可能指双腿都在马背一侧的姿势。相关讨论见 J. O. Maenchen-Helfen, *The World of the Huns*, p. 203.

人们不对任何君主效忠,但接受分散首领的统治。① 在这些首领的统驭之下,他们摧毁所遇到的一切。

8. Et pugnant non numquam lacessiti sed ineuntes proelia cuneatim variis vocibus sonantibus torvum. utque ad pernicitatem sunt leves et repentini, ita subito de industria dispersi vigescunt, et inconposita acie cum caede vasta discurrunt, nec invadentes vallum nec castra inimica pilantes prae nimia rapiditate cernuntur.

匈人有时会主动挑衅发动战争,②他们的作战阵形为楔形,作战时发出各种凶猛的吼叫。为了行动便捷,他们轻装上阵,因而总能出敌不意。在战场上他们会故意遽然分散,然后从各个方向列队进击,他们凭借此战术克敌制胜,给敌人造成惨重损失。由于他们移动极为迅速,他们攻入壁垒与洗劫城堡时,敌人往往尚未察觉。

9. Eoque omnium acerrimos facile dixeris bellatores, quod procul missilibus telis, acutis ossibus pro spiculorum acumine arte mira coagmentatis, et distantia percursa comminus ferro sine sui respectu confligunt, hostisque, dum mucronum noxias observant, contortis laciniis inligant, ut laqueatis resistentium membris equitandi vel gradiendi adimant facultatem.

因此可以确定地说:匈人是一切战士中的最凶猛者。与敌人相隔一段距离时,匈人会向敌人放箭。他们用的箭头与我们的不同,由削尖的骨头制成,他们连接箭头与箭杆的技术非常高超。冲过这段距离之后,匈人会以刀剑与敌人近身肉搏,他们作战勇猛,全然不顾虑自身安危。当敌人全力阻挡他们剑刺时,他们会趁机用编结的绳索(或罩网)③捆住敌人,使敌人丧失骑马或行走能力,动弹不得。

10. Nemo apud eos arat nec stivam aliquando contingit. omnes enim sine sedibus fixis, absque lare vel lege aut victu stabili dispalantur, semper fugientium similes, cum carpentis, in quibus habitant: ubi coniuges taetra illis vestimenta contexunt et coeunt cum maritis et pariunt et ad usque pubertatem nutriunt pueros. nullusque apud eos interrogatus respondere, unde oritur, potest, alibi conceptus, natusque procul, et longius educatus.

匈人从不耕作,他们甚至不愿触碰犁把。实际上所有匈人皆居无定所,四处漫游。他们没有固定村落,不举炉火,不识法度,其生活方式如同流放犯人,与定居民族迥异。匈人主要安身之处是他们的马车,他们在马车里出生,在马车里把孩子养大。如果你问一个匈人他是哪里人,

---

① 古典史家一般称这类首领为弗拉尔科斯(φλαρχο)。
② 也可意为"有时匈人会因为受到挑衅而开战"。
③ 即套索(lasso),几乎所有游牧民族都把这种牧马工具用于作战。

他肯定无法回答。可能的情形是：他的母亲在某地受孕，而在另一处很远的地方生下他，然后又在其他更遥远的地方将他抚养成人。

11. Per indutias infidi inconstantes, ad omnem auram incidentis spei novae perquam mobiles, totum furori incitatissimo tribuentes. inconsultorum animalium ritu, quid honestum inhonestumve sit, penitus ignorantes, flexiloqui et obscuri, nullius religionis vel superstitionis reverentia aliquando districti, auri cupidine inmensa flagrantes, adeo permutabiles et irasci faciles ut eodem aliquotiens die a sociis nullo inritante saepe desciscant, itidemque propitientur nemine leniente.

即便是在休战时期，他们也反复无常，毫无信用。只要一有机会，他们就会全力以赴投入行动。他们没有是非观念，就像那些用于献祭的无知牲畜。他们的意识晦暗不明，令人难以捉摸。他们行事从不为宗教与迷信所困扰，而是受对黄金的无穷贪欲所支配。他们善变易怒，即便是对于自己的盟友，他们也会无缘无故加以背弃，随后又会不假思索与其和好如初，如此情绪反复有时在一天之内会发生数次。

12. Hoc expeditum indomitumque hominum genus, externa praedandi aviditate flagrans inmani, per rapinas finitimorum grassatum et caedes ad usque Halanos pervenit, veteres Massagetas, qui unde sint vel quas incolant terras – quoniam huc res prolapsa est – consentaneum est demonstrare, geographica perplexitate monstrata, quae diu multa indagans acute et varia, tandem repperit veritatis interna.....

这个无法无天的未开化种族，心中燃烧着对掠夺的无穷贪欲。他们一路上不断洗劫和屠戮临近的民族，最后抵达了阿兰人(Alans)的地域。阿兰人即古代的马萨格泰人(Massagetae)①，他们本来是这片土地的主人。既然叙述到这里，就有必要也介绍一下阿兰人。如前所述：过去人们对这个族群地理位置的了解非常含混，后来经过长期多方面的探寻，最终我们已经对这个民族的内部实情有所了解……②

13. Abundans Hister advenarum magnitudine fluenti Sauromatas praetermeat, ad usque amnem Tanaim pertinentes, qui Asiam terminat ab Europa. hoc transito in inmensum extentas Scythiae solitudines Halani inhabitant, ex montium appellatione cognominati, paulatimque nationes conterminas crebritate victoriarum adtritas ad gentilitatem sui vocabuli traxerunt, ut Persae.

---

① 击败并杀死波斯居鲁士大王的中亚游牧民族，见希罗多德的记载。
② 原文此处有残缺，因此意思有些含糊。

伊斯特河(Hist)①有不少水量丰沛的境外支流，它们流经撒乌罗玛泰伊人(Sauromatians)②的领地——远达塔纳伊斯河(Tanais)③，塔纳伊斯河在这里形成亚洲与欧洲间的天然分界。在这些伊斯特河支流经过的地域为广袤伸展的斯基泰(Scythia)荒野，这里居住着阿兰人，他们的名称来自同名的山脉。这些阿兰人跟波斯人一样，不断击败与削弱周边民族，然后逐步将他们纳入自己的族群。

14. Inter hos Nervi mediterranea incolunt loca, vicini verticibus celsis, quos praeruptos geluque torpentes aquilones adstringunt. post quos Vidini sunt et Geloni perquam feri, qui detractis peremptorum hostium cutibus indumenta sibi equisque tegmina conficiunt bellatoria. Gelonis Agathyrsi conlimitant, interstincti colore caeruleo corpora simul et crines, et humiles quidem minutis atque raris, nobiles vero latis, fucatis et densioribus notis.

这类民族之中有内尔维人(Nervi)④，他们生活于靠近高耸群山的内陆地区，高山上北风呼啸，冰霜刺骨。在他们后面居住着凶猛异常的维狄尼人(Vidini)⑤与格洛尼人(Geloni)，他们杀死敌人后剥下敌人的皮，用它们制成衣服和马匹的战衣。⑥格洛尼人之外则是阿迦泰尔西人(Agathyrsi)的领地，他们在自己的身体与头发上涂上蓝色斑点作为装饰。一般平民身上只是零星的小斑点，贵族身上的图案则更大，数量也更多。⑦

15. Post hos Melanchlaenas et Anthropophagos palari accepimus per diversa, humanis corporibus victitantes, quibus ob haec alimenta nefanda desertis finitimi omnes longa petiere terrarum. ideoque plaga omnis orienti aestivo obiecta usque dum venitur ad Seras, inhabitabilis mansit.

据一些来源各异的材料记载：在更远的地方有梅兰希莱奈人(Melanchlaenae)⑧与安特罗波法吉人(Anthropophagi)在四处游荡。他们以人肉为食，因为这一可憎的生活习俗，周边民族皆弃他们而去，跟他们保持很远距离。结果是形成了一片广阔绵延的无人地带，从他们的东北面一直延伸到中国。

16. Parte alia prope Amazonum sedes Halani sunt orienti adclines, diffusi per populosas gentes et amplas, Asiaticos vergentes

---

① 即多瑙河。
② 一般认为即早期萨尔马特人。有关这个传奇民族的记载见希罗多德。
③ 即顿河。
④ 希罗多德所记载的内乌利人(Neuri)。古典史学家菲罗斯托尔吉乌斯(Philostorgius)认为这个民族就是后来的匈人。
⑤ 希罗多德所记载的布狄尼人(Budini)。
⑥ 彭波尼乌斯·梅拉(Pomponius Mela)的著作中对该民族也有记载。
⑦ 普林尼的《自然史》中对此有记载。
⑧ 据希罗多德记载，他们穿着黑衣，故而得名。

in tractus, quas dilatari ad usque Gangen accepi fluium intersecantem terras Indorum, mareque inundantem australe.

阿兰人居住在靠近亚马逊人领地的另一片地域，其领土向东伸展。他们分布广泛，远至亚洲，形成一些庞大且人口众多的部落。据我所知的信息，阿兰人的势力甚至延伸到恒河流域。这条大河把印度人的土地分开，最后流入南方的大海。

17. Bipertiti per utramque mundi plagam Halani - quorum gentes varias nunc recensere non refert - licet dirempti spatiis longis, per pagos ut Nomades vagantur inmensos, aevi tamen progressu ad unum concessere vocabulum et summatim omnes Halani cognominantur ob mores et modum efferatum vivendi eandemque armaturam.

阿兰人的居住地横跨世界两大部分①，该民族群所包含的不同民族这里不再赘述。各种阿兰人分散居住于非常广大的地域，他们像游牧民族一样在无边的原野上游荡。尽管如此，他们还是具有很大同一性，他们的各类习俗、野蛮的生活方式，以及他们的武器装备等等都是一样的，因而他们共同拥有"阿兰人"这一名号。

18. Nec enim ulla sunt illis vel tuguria, aut versandi vomeris cura, sed carne et copia victitant lactis, plaustris supersidentes, quae operimentis curvatis corticum per solitu-

dines conferunt sine fine distentas. cumque ad graminea venerint, in orbiculatam figuram locatis sarracis ferino ritu vescuntur, absumptisque pabulis, velut carpentis civitates inpositas vehunt, maresque supra cum feminis coeunt et nascuntur in his et educantur infantes, et habitacula sunt haec illis perpetua, et quocumque ierint, illic genuinum existimant larem.

阿兰人没有固定居住的房屋，也绝不会去扶犁耕作。他们以肉类为主食，还饮用大量乳汁。他们分散居住于广阔无边的荒野，以马车为家，他们的马车式样独特，带有树皮制成的弧形车篷。当阿兰人新到一片牧地时，他们先把马车排列成环形，然后在这马车构成的"城"中间举行狂野庆祝仪式。如果该地区的牧草告罄，他们会把"城"移向其他地方。这些马车实为阿兰人的永久居所：男人们在车中与女人交合；孩子们在车中出生，然后在车中长大。不管阿兰人走到哪里，他们都视马车为自己的天然家园。

19. Armenta prae se agentes cum gregibus pascunt, maximeque equini pecoris est eis sollicitior cura. ibi campi semper herbescunt, intersitis pomiferis locis: atque ideo transeuntes quolibet, nec alimentis nec pabulis indigent, quod efficit umectum solum et crebri fluminum praetermeantium cursus.

---

① 指欧洲和亚洲。

阿兰人的放牧方法是：把牲畜分成牧群，他们在牧群后驱赶牲畜。他们对马匹特别重视，花很多精力照料马匹。阿兰人的土地总是牧草丰美，其间还有很多地方生息着众多野兽。因而不管他们走到哪里都不缺食物与饲料，湿润的土地以及土地上众多河流为他们提供了一切。

20. Omnis igitur aetas et sexus inbellis circa vehicula ipsa versatur, muniisque distringitur mollibus: iuventus vero equitandi usu a prima pueritia coalescens, incedere pedibus existimat vile, et omnes multiplici disciplina prudentes sunt bellatores. unde etiam Persae, qui sunt originitus Scythae, pugnandi sunt peritissimi.

阿兰人中的不适合战斗者，无论其年龄与性别，都待在马车附近承担较轻义务。而那些年轻人则接受各种复杂的作战训练，从孩提时代起就练习骑马。所有年轻阿兰人皆为优秀的马上战士，他们看不起步行作战。阿兰人与波斯人[①]颇为相似，他们有着同样的斯基泰族源，也都非常骁勇善战。

21. Proceri autem Halani paene sunt omnes et pulchri, crinibus mediocriter flavis, oculorum temperata torvitate terribiles et armorum levitate veloces, Hunisque per omnia suppares verum victu mitiores et cultu, latroci-

nando et venando ad usque Maeotica stagna et Cimmerium Bosporum, itidemque Armenios discurrentes et Mediam.

大体上所有阿兰人都身材高大，相貌漂亮。他们的头发为金色，色泽有些偏暗；他们的目光颇为凶蛮，让人害怕。他们使用轻巧的武器装备，因而在战场上行动迅捷。在生活方式与开化程度方面，阿兰人比匈人要略好一些。阿兰人一路劫掠与狩猎，范围遍及麦奥提克湖[②]与辛梅里安博斯普鲁斯海峡[③]，他们也以同样方式洗劫过亚美尼亚与米底地区。

22. Utque hominibus quietis et placidis otium est voluptabile, ita illos pericula iuvant et bella. iudicatur ibi beatus qui in proelio profuderit animam, senescentes enim et fortuitis mortibus mundo digressos ut degeneres et ignavos conviciis atrocibus insectantur, nec quicquam est quod elatius iactent quam homine quolibet occiso, proque exuviis gloriosis interfectorum avulsis capitibus detractas pelles pro phaleris iumentis accommodant bellatoriis.

阿兰人喜爱冒险和战争，一如平和安静的人喜爱安逸舒适。他们以战死沙场为荣，对那些有幸寿终正寝者则大加恶语嘲讽，视之为懦夫和低等人。[④] 对阿兰人

---

① 这里指曾经统治波斯的帕提亚人。
② 指亚速海。
③ 今刻赤海峡。
④ 这段话跟第 23 卷第 6 章介绍帕提亚人的话完全一样，可能因为马塞里努斯知道这两个民族同源。

而言，最值得夸耀的事便是杀人，至于被杀者是谁他们倒不在意。他们还会把被杀者的头颅割下，剥下头皮①作为战利品用于装饰战马。

23. Nec templum apud eos visitur aut delubrum, ne tugurium quidem culmo tectum cerni usquam potest, sed gladius barbarico ritu humi figitur nudus, eumque ut Martem, regionum quas circumcircant praesulem, verecundius colunt.

在阿兰人之中看不到神庙或神龛，也没有一间哪怕是最简陋的草顶小屋。但他们还是有类似于其他蛮族的宗教仪式：把一柄无鞘的剑插于地上，把它当作战神加以虔诚膜拜。在阿兰人游牧的一切地域，战神都是最高保护神。

24. Futura miro praesagiunt modo. nam rectiores virgas vimineas colligentes, easque cum incantamentis quibusdam secretis praestituto tempore discernentes, aperte quid portendatur norunt.

阿兰人的占卜方式非常奇特：他们挑选特定时间收集一些很直的柳枝，然后将它们分散排列，同时口念咒语，②如此这般他们就能清楚预知未来。

25. Servitus quid sit ignorabant, omnes generoso semine procreati, iudicesque etiam nunc eligunt diuturno bellandi usu spectatos. sed ad reliqua textus propositi revertamur.

阿兰人不知奴隶制为何物，他们皆出身贵族，而且他们只选择那些公认久经沙场的战士为首领。③现在让我们再回到我们的历史叙述。

The Earliest Literature on the Huns

Abstract：The Huns are one of the most important ethnic groups in European history. They are also one of the most controversial ones. The earliest ancient literature about the Huns is Ammianus Marcellinus' Res Gestae. This article gives a complete translation of the pertinent texts for reference.

Keywords：Huns, Alans, Later Classical, Ammianus Marcellinus

刘衍钢，华东师范大学历史系讲师。本文为国家社科基金一般项目"匈人史文献及相关争议研究"的阶段性成果，项目号：14BSS006

---

① 根据行文无法判断是头皮还是整个身体的皮，一般认为是头皮。
② 较为详细的此类记载见希罗多德的《历史》（Herodotus, IV.46, IV.59），恺撒的《高卢战纪》及塔西佗的《日耳曼尼亚志》。
③ 文中的"首领"本意为"裁判官"。

征稿

人文科学在20世纪发生了巨大变化,尤其是最近几十年来,这种变化更为显著,波及发达国家与发展中国家。这就要求我们必须加强与国际学术界的对话和交流,与一流学者、学术机构和学术杂志直接联系、对话和合作。

我们在这方面做了初步尝试,取得了《历史与理论》(History and Theory,美国)、《观念史杂志》(Journal of the History of Ideas,美国)、《世界史杂志》(Journal of World History,美国)、《评论》(Review,美国)的中文翻译许可。我们希望通过《新史学》把这些著名的杂志陆续介绍到国内。当然,随着交流的进一步深入,我们的合作也会进一步深化、扩展,也希望让我们的本土学术走向国际。

来稿注意事项:标点符号用法要求符合国家质量监督检验检疫总局和国家标准化管理委员会2011年发布的《标点符号用法》;数字用法要严格遵循国家质量监督检验检疫总局和国家标准化管理委员会2011年发布的《出版物上数字用法》;文章要有中英文内容摘要、关键词;翻译文章要有原文,以备核对,要有文章翻译的授权许可。

具体要求:

1.论文必须是首发,理论上有创新,注重资料的收集,不应在网上发表过。作者在可能的情况下,可为每篇文章配10幅左右的高清晰插图。

2.文章中出现的外文专门名词(人名、地名、专有名词等),除常见的以外,一律译出并附外文原文,用"( )"标明;人名、地名、专有名词等术语的翻译一定要符合传统习惯,标准主要依据《辞海》《中国大百科全书》等常见工具书。

3.题目翻译成英文;300字左右的中文摘要;3~4个关键词。

4.翻译文章原来的注释一律采用尾注,译者注则采用脚注的形式。尾注按顺序依次为1、2、3、4……要连续编号;脚注则以①②……的形式;每页重新编号。

5.原创文章采用脚注,置于每页下端;文中注释使用圈码,上标;所有由词组、语句构成的中文、外文引文内容,都需要标明出处,即作者(或编者):《书名》,(译文还要在这个位置注明译者),出版城市:出版者,出版年,页码。例如:

5.1 中文著作引述范例:

①何兆武:《中国思想发展史》,北京:外文出版社,2003年,第55页。

中文引文相同时,如下:

②同上,第66页。

③康德(作者):《历史理性批判文集》,何兆武译,北京(出版城市):商务印书馆(出版社),1996年(出版年),第43页。

5.2 中文论文引用时注明:作者:《论文名》,《刊物名》发表年、期,页码。如:

④陈节:《论存在与时间》,《哲学研究》1987年第43期,第40页。

5.3 外文著作全部不译成中文,书名使用斜体;外文字之间、字与标点符号之间不能连排,空一格,一定要符合外文排版规范:

⑤ Jane Dempsey Douglass, *Women Freedom and Calvin*, Philadelphia: Westminster Press, 1985, p.445.

5.4 外文期刊论文引用,刊物名使用斜体,文章名加引号,不用斜体:

⑥Sheryl O'Donnell, "Mr. Locke and the Ladies: The Indelible Words on the Tabula Rasa", *Studies in Eighteenth Century Culture*, 8(1979):151-164.

或者处理如下:

⑦Moi, T., *Appropriating Bourdieu: Feminist Theory and Pierre Bourdieu's Sociology of Culture*, in D. Robbins, ed., *Pierre Bourdieu*, Vol.IV, London: Sage Publications, 2000, p.315.

外文引文如果与上面相同,注释如下:

⑧Ibid., p.155.

6.有一些著作采取正文夹注方式,则依照原样保留原注解方式。例如:

他从法律秩序中消除了约翰·奥斯丁(John Austin)的命令理论的含义;这种理论到那时为止一直很有影响(Michelman, 1988),但今天它的影响很小。

7.如遇注释中原作者加上其解说或讨论,此部分需全部译出。如:

Cf. my "A Sociological View of the Secularization of Theology", *Journal for the Scientific Study of Religion*, Spring 1967, for a more detailed analysis of this constellation.

顺序译出即:

参见我的"A Sociological View of the Secularization of Theology", *Journal for the Scientific Study of Religion*, Spring 1967,其中对这类问题做了较详细的分析。

竭诚欢迎各界人士赐稿,文章的内容和风格不做统一要求,不以行文长短论优劣,而以学术内涵为准绳。所有来稿一律匿名评审,不论是否刊用,均尽快予以答复。文稿发表后即付稿酬与样刊。

通信地址:上海市徐汇区桂林路100号上海师范大学西部行政楼705室,《新史学》编辑部收,邮编:200234。

E-mail:ch68@shnu.edu.cn

经过若干年积累,本刊在学术界产生了一定的影响,被中国社会科学研究评价中心正式列入"中文社会科学引文索引(2012—2013年)来源集刊目录"(CSSCI)。这是对我们过去工作的充分肯定,也是对我们未来工作的更高要求。恳请学术同人一如既往地支持本刊工作,进一步帮助提升办刊质量。